21 世纪“应用型本科”会计学系列规划教材

财 务 管 理

主　编　周丽萍　王利敏　李德满
副主编　刘　磊

东南大学出版社
·南京·

内容简介

财务管理是以资本为运作对象，利用价值形式对企业生产经营活动进行综合性管理的活动。如何合理地筹集资金、运用资金和分配资金，如何进行筹资决策、投资决策和分配决策是财务管理的基本内容；追求企业价值最大化或者说追求股东财富最大化，是财务管理的根本目标。企业管理的核心曾经从生产管理转变到市场管理，而今天，财务管理作为企业管理的核心地位，已不可动摇。本书以财务管理的内容和方法为主体来安排和组织内容，对财务管理的基本原理、基本方法和基本技能作了理论上的分析和实务上的探索。

本书适用于经管、财会专业学生作为专业课教材使用，也可供企业单位员工用来学习财务管理知识。

图书在版编目(CIP)数据

财务管理／周丽萍，王利敏，李德满主编．—南京：东南大学出版社，2014.12

ISBN 978-7-5641-5269-7

Ⅰ.①财… Ⅱ.①周… ②王… ③李… Ⅲ.①财务管理 Ⅳ.①F275

中国版本图书馆CIP数据核字(2014)第246734号

财务管理

主　　编	周丽萍等	**文字编辑**	孙纯杰
电　　话	(025)83793329/83790577(传真)	**电子邮箱**	liu-jian@seu.edu.cn
出版发行	东南大学出版社	**出 版 人**	江建中
地　　址	南京市四牌楼2号	**邮　　编**	210096
销售电话	(025)83793191/83794561/83794174/83794121/83795801/83792174 83795802/57711295(传真)		
网　　址	http://www.seupress.com	**电子邮箱**	press@seupress.com
经　　销	全国各地新华书店	**印　　刷**	凤凰数码印务有限公司
开　　本	787mm×1092mm　1/16	**印　　张**	20　**字　　数**　483千字
版　　次	2014年12月第1版		
印　　次	2014年12月第1次印刷		
书　　号	ISBN 978-7-5641-5269-7		
定　　价	38.00元		

前　言

随着我国经济发展的步伐加大，企业财务活动的重要性得到了前所未有的重视，而这一切的基础，是对财务管理的概念有正确和深入的认识。财务管理是以资本为运作对象，利用价值形式对企业生产经营活动进行综合性管理的活动。如何合理地筹集资金、运用资金和分配资金，如何进行筹资决策、投资决策和分配决策是财务管理的基本内容；追求企业价值最大化或者说追求股东财富最大化，是财务管理的根本目标。企业管理的核心曾经从生产管理转变到市场管理，而今天，财务管理作为企业管理的核心地位，已不可动摇。

无论是一家企业的经营者、管理者抑或是不同层次的员工，都应该对财务管理有或多或少的了解：经营者学习财务管理，可以站在决策层的角度统领全局，对企业资金的流向、分配、投资、规避风险有明确的认识，以便于决策，以期将企业利益最大化，将风险最小化；作为一名合格的管理者，也需要具备财务管理方面的相关知识，以方便调配劳动力和各种企业资源，协调各种与经济、财务有关的矛盾，不至于在管理层面出现盲区；作为一名企业的普通员工，具备一定的财务管理知识也是十分有益的，一方面可以通过对财务运作的了解积极参与到企业的发展中去，另一方面可以对个人家庭理财储备一些理论基础。

可见，财务管理已经渗透到了我们生活、工作的方方面面。作为一个现代人，既然无法回避这个问题，我们就应该积极地面对它，利用这个工具使我们的生活更美好，使我们的企业发展更上一层楼。因此本书的编写者按照由浅入深、由抽象概念到具体实例的顺序，照顾到各个层次的读者需求，以财务管理的内容和方法为主体来安排和组织内容，对财务管理的基本原理、基本方法和基本技能作了理论上的分析和实务上的探索。在每一章的最后，还附有"思考与练习"，方便读者温习每一章节的知识。相信通过学习本书，读者对财务管理这一先进、实用的知识会有一个正确的理解，并能在实际生活中应用到它。

本书由山西工程技术学院的周丽萍老师作为第一主编，编写了第一、二、六章，共十三万字，由山西工程技术学院的王利敏老师作为第二主编，编写了第三、九章，共十万字；由黑龙江省教育学院李德满老师作为第三主编，编写了第四、五章，共十万字；由吉林工程技术师范学院刘磊老师作为副主编，编写了第七、八、十章，共十四万字。

由于编者水平有限，书中疏漏之处在所难免，衷心希望得到专家与读者的批评指正。

目　　录

第一章　财务管理总论

学习目标：通过本章学习，要求学生掌握财务管理的概念、内容、原则、方法；理解财务管理目标的主要观点；了解财务管理的产生与发展、财务管理环境、财务治理和财务管理体制。

第一节　财务管理的概念

一、财务管理的概念

为了研究财务管理，首先要对财务活动和财务关系有一个基本的了解，企业财务是企业财务活动及其所体现的经济利益关系的总称。

（一）财务活动

企业财务活动是以现金收支为主的企业资金收支活动的总称。在市场经济条件下，企业再生产过程具有两重性，它既是使用价值的生产和交换过程，又是价值的形成和实现过程，在这个过程中，物质价值的货币表现就是资金，资金的实质是再生产过程中运动着的价值。为了保证生产经营活动正常地进行，企业就要筹集一定数量的资金。企业拥有一定数量的资金是进行生产经营活动的必要条件。

随着企业再生产过程的不断进行，企业的资金总是处于不断的运动之中，在生产经营中，现金变为非现金资产，非现金资产又变为现金，这种流转过程称为现金流转。这种流转无始无终，不断循环，称为现金循环或资金循环，资金循环体现着资金运动的形态变化。企业财务活动包括企业为生产经营需要而进行的资金筹集、资金运用和资金分配以及日常资金管理等活动。

1. 筹资引起的财务活动

在建立一个新企业时，必须要筹集一定的资金，作为最初的资本。在生产经营过程中，企业也必须要筹集一定数量的资金，来维持简单再生产或扩大再生产，企业通过发行股票、发行债券、吸收直接投资、银行借款等方式筹集资金，表现为企业现金的流入，企业偿还借款，支付利息、股利以及付出各种筹资费用等，则表现为企业的现金流出，这便是企业筹资所引起的财务活动。

2. 投资引起的财务活动

企业是以盈利为目的的经济组织，为了实现其目的，需要把资金用于生产经营活动以便取得盈利，不断增加企业价值。企业把筹集的资金投资于企业内部用于购置固定资产、无形资产等，形成企业的对内投资；把资金用来购买其他企业的股票、债券或与其他企业进行联营投资，形成企业的对外投资。无论是对内投资还是对外投资，都将引起企业的现金流出，而收到股利、利息或将这些投资变现时，则会引起现金的流入。这种因投资而产生的现金收支，便是由投资所引起的财务活动。

3. 营运所引起的财务活动

企业在正常生产经营过程中，会发生一系列的现金收支。首先，企业要采购材料或商品，以便从事生产和销售活动，同时还要支付工资和其他营运费用；其次，出售商品或提供劳务时可取得收入，收回现金。上述所产生的现金收支活动便是营运所引起的财务活动。

4. 利润分配所引起的财务活动

企业在生产经营过程中会产生利润，也可能会因对外投资而产生利润，这表明企业的资金实现了增值或得到了投资报酬。企业的利润按规定的程序进行分配。首先，要依法纳税；其次，要提取盈余公积金；最后，向投资者分配利润。这些便属于由利润分配而引起的财务活动。

以上财务活动是企业生产经营活动的重要组成部分，不是相互割裂、互不相关的，而是相互联系、相互依存的。

（二）财务关系

企业财务关系是指企业在组织财务活动过程中与各相关利益集团发生的经济利益关系。企业的财务关系可概括为以下几个方面：

1. 企业与投资者和受资者之间的财务关系

企业一方面从各种投资者那里筹集资金，进行生产经营活动，并将所实现的利润按各投资者的出资额进行分配；另一方面，企业还可将自身的法人财产向其他单位投资，这些被投资单位即为受资者，受资者也应将其所产生的利润向投资企业进行投资收益的分配。企业与投资者、受资者的关系，实质是共同分享收益的关系，在性质上属于所有权关系，反映着经营权和所有权的关系。

2. 企业与债权人、债务人、购销客户之间的财务关系

企业购买材料、销售产品，要与购销客户发生货款收支结算关系，在购销活动中由于延期收付款项，要与有关单位建立商业信用——应收账款和应付账款。当企业资金不足时，要获取各种银行借款、发行债券；当企业资金闲置时，可能购买其他单位债券。企业与债权人、债务人、购销客户的关系，在性质上属于债权债务关系。

3. 企业与国家之间的财务关系

企业应按照国家税法的规定计算并缴纳各种税款。国家以社会管理者的身份向企业征收有关税金，保证国家财政收入的实现，满足社会各方面的需要。企业及时足额纳税是其对社会应尽的义务，而税务机关代表国家行使税收征管权力，反映了企业依法纳税和税务机关依法征税的税收权利义务之间的关系。

4. 企业内部各单位之间的财务关系

它是指企业内部各单位之间在生产经营各环节中相互提供产品或劳务而形成的经济关系。在实行内部经济核算制的条件下，部门之间相互提供产品和劳务要进行计价结算，这样，企业财务部门同各单位及各单位之间就发生资金结算关系。处理这种关系，要严格分清有关各方的经济责任，以便有效地发挥激励机制和约束机制的作用。

5. 企业与职工之间的财务关系

它是指企业在向职工支付劳动报酬的过程中所形成的经济关系。职工是企业的劳动者，他们以自身提供的劳动作为参与企业分配的依据。企业根据劳动者的劳动情况，用其

收入向职工支付工资、津贴和奖金,并按规定提取公益金等,体现了职工个人与集体在劳动成果上的分配关系。处理这种关系,要正确执行有关的分配政策,切实保障职工的合法权益。

财务管理是基于再生产过程中客观存在的企业财务活动和财务关系而产生的,是组织企业财务活动,处理企业财务关系的一项综合性的管理工作,其主要内容是筹资、投资、营运资金管理和收益分配,主要的工作环节是预测、决策、计划、控制和评价。

二、财务管理的内容

企业财务管理集中于企业怎样才能创造和保持价值,即如何实现企业价值最大化。企业价值最大化的途径是提高报酬率和减少风险,企业报酬率的高低和风险大小又取决于投资项目、资本结构和股利政策。因此,财务管理的主要内容是投资决策、筹资决策和收益分配决策及营运资金的管理。

(一)投资

投资是指以收回现金并取得收益为目的而发生的现金流出。投资决策主要涉及资产负债表的资产方(左方),决定企业投资于哪些资产和提出诸如是否新建厂房的问题。企业的投资决策,按不同的标准可以分为以下类型:

1. 直接投资和间接投资

直接投资又称项目投资,是指把资金直接投放于生产经营性项目,形成经营性资产,以便获取利润的投资。例如,购置设备、兴建工厂、开办商店等。

间接投资又称证券投资,是指把资金投放于金融性资产,以便获取股利、利息收入或资本利得的投资。例如,购买债券、股票、基金等。

这两种投资决策所使用的一般性概念虽然相同,但决策的具体方法很不一样。证券投资只能通过证券分析与评价,从证券市场中选择公司需要的股票和债券,并组成投资组合。作为行动方案的投资组合,不是事先创造的,而是通过证券分析得出的。项目投资要事先创造一个或几个备选方案,通过对这些方案的分析和评价,从中选择一个足够满意的行动方案。

2. 长期投资和短期投资

长期投资是指影响所得超过一年的投资,例如,购买设备、建造厂房等。长期投资又称资本性投资。用于股票和债券的长期投资,在必要时可以出售变现,而较难以变现的是生产经营性的固定资产投资,所以有时长期投资专指固定资产投资。

短期投资是指影响所得不超过一年的投资,如对应收账款、存款、短期有价证券的投资。短期投资又称为流动资产投资或营运资金投资。

长期投资和短期投资的决策方法有所区别。由于长期投资涉及的时间长、风险大,决策分析时更重视货币的时间价值和投资风险价值的计量。

由于企业拥有的经济资金具有稀缺性,因此,有效投资、提高投资效率、实现风险与收益的均衡,是进行投资决策所必须遵循的基本原则。

(二)筹资

投资决策一经作出,公司就必须为满足投资对资金的需要而进行筹资。筹资是为了满足公司对资金的需要而筹措和集中资金的经济行为。例如,公司发行股票、发行债券、银行借款、赊购等。筹资决策主要涉及资产负债表的负债及股东权益方(右方),表现为对公司资金需要的确定，对筹资方式的选择，对公司权益资本与长期负债比例的规划等方面。筹资决策的关键是决定各种资金来源在总资金占用中所占的比重，即确定资本结构，以使筹资风险和筹资成本相配合。

筹集的资金按不同的标志，可将其分为：

1. 权益资金和借入资金

权益资金是指公司股东提供的资金，它不需要归还，筹资风险小，但其期望的报酬率高。

借入资金是指债权人提供的资金，它要按期归还本金，并支付利息，有一定的风险，但其要求的报酬率比权益资金低。

所谓资本结构，主要是权益资金和借入资金的比例关系。一般说来，完全通过权益资金筹资是不明智的，不能获得财务杠杆的好处，但负债比例大则风险也大，企业可能陷入财务危机，所以筹资决策的一个主要内容就是确定最佳资本结构。

2. 长期资金和短期资金

长期资金是指企业可长期使用的资金，包括权益资金和长期负债。权益资金不需要归还，企业可以长期使用，属于长期资金；此外，长期借款也属于长期资金。有时，习惯上把1年以上至5年以内的借款称为中期资金，而把5年以上的借款称为长期资金。

短期资金一般是指1年内要归还的短期借款。一般来说，短期资金的筹集应主要解决临时的资金需要，例如：在生产经营旺季需要的资金比较多，可借入短期借款，渡过生产经营的旺季即归还。

长期资金和短期资金的筹资速度、筹资成本、筹资风险以及借款时企业所受的限制有所不同。如何安排长期资金和短期资金的相对比重，是筹资决策要解决的另一个主要问题。

（三）收益分配

收益分配是指在公司当年的净利润中，应拿出多少用于支付现金股利，多少保留下来用于再投资。过高的股利支付率，影响企业再投资的能力，会使未来收益减少，造成股价下跌；而过低的股利支付率，则可能引起股东不满，股价也会下跌。

收益分配决策是确定当年净利在股东股利和企业留存收益之间的分配比例，即制定公司的股利政策。每个公司根据自己的具体情况确定最佳的股利政策，是财务决策的一项重要内容。

收益分配决策，从另一个角度看也是保留盈余决策，是企业内部筹资问题。因此，有研究者认为股利决策属筹资的范畴，而并非一项独立的财务管理内容。

（四）营运资金管理

营运资金管理的基本任务是短期资金的筹集以及短期资金周转效率的提高。营运资金管理是通过有效地进行资金的日常调度和调剂，合理配置资金，以提高资金使用效率，增强短期资金流动性。

营运资金管理的首要任务是合理安排流动资产和流动负债的比例关系，确保企业有较强的短期偿债能力；其次，加强流动资产管理，提高其周转效率，改善企业财务状况，也是营运资金管理的重要内容。

三、财务管理的产生和发展

财务学已成为经济管理界最热门的领域之一。1990 年，三位美国经济学家哈里·马科维茨(Harry Markowitz)、威廉·夏普(William F. Sharpe)、默顿·米勒(Merton Miller)因其在财务学方面的杰出贡献获得诺贝尔经济学奖。他们之所以能够获此殊荣，其主要贡献就在于为投资者提供了衡量不同投资的风险和收益的工具以及股票和债券的估价办法。西方财务学主要由三大领域构成，即公司财务管理、投资，以及金融市场与中介。公司财务管理是本书的重点，然而，财务原则和理论也适用于个人的财务交易。100 多年来，西方企业财务管理理论获得了飞跃性发展。

(一)财务管理的产生

随着商品经济的繁荣，15—16 世纪，地中海沿岸一带的城市得到了迅速发展，意大利的许多城市发展成为欧洲与远东之间的贸易中心。这种超地区的商业发展，使得在某些城市中出现了邀请公众入股的商业组织，股东有商人、王公、大臣及一般市民。这种股份组织一般由官方设立并监督其业务，股份不能转让但投资者可以收回。这虽然还不是现代意义上的股份公司，但已开始向公众筹集资金用于商业用途，也存在红利的分配和股本的回收等问题。因此，国外的许多学者认为，这时已经有了财务管理的雏形，只不过这时的财务管理还没有作为一项独立的职能从商业经营活动中分离出来。

随着资本的原始积累，金融业兴起，工业技术的发明和应用，生产和交易规模的不断扩大，股份公司在许多国家中发展起来。特别是 19 世纪 50 年代以后，欧美产业革命即将完成，制造业迅速崛起，新机器、新技术不断涌现，企业规模不断扩大，组织企业需要大量的资金，股份公司得到迅速发展。19 世纪末 20 世纪初，随着股份公司迅速发展，企业规模不断扩大，一项新的管理职能出现，即企业如何筹集资金，如何发行股票，如何寻找资金来源，筹集到的资金如何使用，盈利如何分配等。一个新的管理部门——财务管理部门就应运而生，专门来承担以上职能。财务管理从企业管理中分离出来，专业化的财务管理也就产生了。

(二)财务管理的发展

财务管理自从产生以来，经历了融资财务管理、内部控制财务管理和投资财务管理三个阶段。

1. 融资财务管理时期

20 世纪初期，西方国家股份公司迅速发展，企业规模不断扩大，市场商品供不应求。公司普遍存在如何为扩大生产经营规模筹措资金的问题。当时公司财务管理的职能主要是预计资金需要量和筹措公司所需资金，融资是当时公司财务管理理论研究的根本任务。从一定意义上讲，当时财务管理问题就是融资管理问题，融资管理问题就是财务管理问题。因此，这一时期称为融资财务管理时期或筹资财务管理时期。

适应当时的情况，各个公司纷纷成立新的管理职能部门——财务管理部门，独立的公司理财活动应运而生。财务管理理论研究的重点也主要是融资问题。1910 年美国学者米德(Meade)出版了 20 世纪第一部专门研究公司筹资财务管理的著作——《公司财务》，1938 年戴维(Dewing)和李昂(Lyon)分别出版了《公司财务政策》和《公司及其财务问题》。这些著作主要研究企业如何卓有成效地筹集资本，形成了以研究公司融资为中心的“传统型公司财务管理理论”学派。所罗门(Solomon)认为这种传统财务研究为现代财务管理理论的产生与完善奠定了基础。但这种财务理论忽视资金使用问题,存在很大的局限性。

1929 年爆发的经济危机和 20 世纪 30 年代西方经济的不景气,造成了众多企业破产,投资者损失严重。为保护投资人利益,西方各国政府加强了证券市场的法制管理。如美国 1933 年和 1934 年相继出台了《联邦证券法》和《证券交易法》,对公司证券融资作出严格的法律规定。此时财务管理面临的突出问题是如何遵循和适应金融市场制度与相关法律规定。财务管理首先研究和解释各种法律法规,指导企业按照法律规定的要求,组建和合并公司,发行证券以筹集资本。因此,西方财务学家又将这一时期称为"守法财务管理时期"或"法规描述时期(Descriptive Legalistic Period)"。

1929 年至 1933 年的经济危机,也使如何维持公司生存成为投资者和债权人关注的首要问题。危机使许多公司意识到,财务管理的任务并不仅是融资问题,还应包括对资金的科学管理与使用,只有注重资金的使用效益,保持资本结构的合理性,严格控制财务收支,才能使企业立于不败之地。这样,20 世纪 30 年代后,财务管理的重点开始从扩张性的外部融资,向防御性的内部资金控制转移,各种财务目标和预算的确定、债务重组、资产评估、保持偿债能力等问题,开始成为这一时期财务管理研究的重要内容。

一些专家、学者根据 20 世纪 30 年代后出现的这种趋势,认为 30 年代后西方财务管理理论进入了新的发展时期。实际并非如此,直到 40 年代末,公司财务管理的理论与方法仍然没有实质性进展。财务管理的重点仍停留于外部融资,财务理论的内容仍以介绍法律、金融市场和金融工具为主。至于怎样提高资金使用效率和强化内部控制等问题,尚未达到应有的重视程度。

2. 内部控制财务管理时期

20 世纪 50 年代以后,面对激烈的市场竞争和买方市场趋势的出现,在总结历史经验教训的基础上,财务经理普遍认识到,单纯靠扩大融资规模、增加产品产量已无法适应新的形势发展需要,财务经理的主要任务应是解决资金利用效率问题,做好资金利用的决策。公司内部的财务决策上升为最重要的问题,而与融资相关的事项已退居到第二位。这样,公司财务决策与生产决策、营销决策一起,构成决定公司生死存亡的三大决策支柱。美国各大公司纷纷设立财务副总经理,由其制定公司的重要财务方针和计划,编审财务控制预算和评估重大投资方案等。基于这一原因,西方财务学家将这一时期称为"内部决策时期(Internal Decision-Making Period)"或"综合财务管理时期"。

在此期间,资金的时间价值引起财务经理的普遍关注,以固定资产投资决策为研究对象的资本预算方法日益成熟。最早研究投资财务理论的美国人迪恩(Joel Dean)于 1951 年出版了《资本预算》,对财务管理由融资财务管理向资产财务管理的飞跃发展产生了决定性的影响。此后,财务管理的中心由重视外部融资转向注重资金在公司内部的合理配置,使公司财务管理发生了质的飞跃。由于这一时期资产管理成为财务管理的重中之重,因此也称之为"资产财务管理时期"。

20 世纪 50 年代后期,对公司整体价值的重视和研究是财务管理理论的另一显著发展。实践中,投资者和债权人往往根据公司的盈利能力、资本结构、股利政策、经营风险等一系列因素来决定公司股票和债券的价值,所以需要进行重大决策时,首先必须评估决策对公司价值将会产生何种影响。由此,资本结构和股利政策的研究受到高度重视。1958 年至 1961 年,米勒(Miller)和另一财务学者莫迪格利亚尼(Modigliani)经过大量研究,提出了著名的"MM 定理",即在有效的证券市场上,公司的资本结构和股利政策与其证券价值无关。

西方财务界对此反响强烈。最初,该定理被看作离经叛道的奇谈怪论,但今天它已被学术界公认为显而易见的道理,大多数财务学者认为它是财务管理理论中最重要的贡献,奠定了现代公司财务理论的基础。

总之,在这一时期,以研究财务决策为主要内容的"新财务论"已经形成,其实质是注重财务管理的事先控制,强调将公司与其所处的经济环境密切联系,以资产管理决策为中心,将财务管理理论向前推进了一大步。

3. 投资财务管理时期

第二次世界大战结束以后,科学技术迅速发展,产品更新换代速度加快,国际市场迅速扩大,跨国公司日益增多,金融市场日益繁荣,市场环境日益复杂,投资风险日益增加,企业必须更加注重投资效益,规避投资风险,这对已有的财务管理提出了更高的要求。20 世纪 60 年代中期以后,财务管理的重点转移到投资问题上,因此称为投资财务管理时期。

早在 1952 年,马科维茨就提出了投资组合理论的基本概念。1964 年和 1965 年,美国著名财务管理专家夏普和林特纳(J. Lintner)在马科维茨的基础上做了深入研究,提出了"资本资产定价模型(Capital Asset Pricing Model,简称 CAPM)"。这一理论的出现标志着财务管理理论的又一飞跃发展。

投资组合理论和资本资产定价模型揭示了资产的风险与其预期报酬率之间的关系,受到投资界的欢迎。它不仅将证券定价建立在风险与报酬的相互作用基础上,而且大大改变了公司的资产选择策略和投资策略,被广泛应用于公司的资本预算决策。其结果导致财务学中原来比较独立的两个领域——投资学和公司财务管理的相互融合,使公司财务管理理论跨入了投资财务管理的新时期。

20 世纪 70 年代后,金融工具的推陈出新使公司与金融市场的联系日益紧密。认股权证、金融期货等广泛应用于公司融资与对外投资活动,推动财务管理理论日益发展和完善。70 年代中期,布莱克(F. Black)等人创立了期权定价模型(Option Pricing Model,简称 OPM);罗斯(Stephen Ross)提出了套利定价理论(Arbitrage Pricing Theory,简称 APT)。在此时期,现代管理方法使投资管理理论日益成熟,主要表现在:一是建立了合理的投资决策程序;二是形成了完善的投资决策指标体系;三是建立了科学的风险投资决策方法。

一般认为,20 世纪 70 年代是西方财务管理理论走向成熟的时期。由于吸收了自然科学和社会科学的丰富成果,财务管理进一步发展成为集财务预测、财务决策、财务计划、财务控制和财务分析于一身,以筹资管理、投资管理、营运资金管理和利润分配管理为主要内容的管理活动,并在企业管理中居于核心地位。1972 年,法玛(Fama)和米勒(Miller)出版了《财务管理》一书,这部集西方财务管理理论之大成的著作,标志着西方财务管理理论已经发展成熟。

新中国成立以前,社会经济发展缓慢,始终未形成独立的财务管理工作体系和财务管理学科。新中国成立以后,在前苏联的影响下,我国根据计划经济的特点,建立了集中计划管理和统收统支的财务管理体系,它对恢复和发展国民经济曾起到十分重要的作用。但在此体制下,企业财务管理的任务是完成国家下达的计划指标,按计划取得资金和按规定使用资金,无自主筹集资金的必要,也无自主使用资金的权利。企业实现的盈利全部或大部分上缴国家,亏损由国家弥补,财务管理相对薄弱。改革开放以后,国家对经济工作十分重视,对财务管理体制实施了一系列的改革措施,企业理财的自主权逐渐加强。随着改革开放的逐渐深入,我国建立社会主义市场经济体制,国家主要通过间接的调控手段对经济进行调节和管理，国家宏观调控下的市场在资源配置方面起基础性作用。企业直接面向市场，成为自主经营、自负盈亏、自我积累、自我发展的独立商品生产的经济实体。这样的变革，为企业自主理财创造了可能性。随着社会主义市场经济的深入发展，竞争日益激烈，财务管理已经成为促进我国经济发展的重要手段，财务管理在企业管理中的战略地位日益明显，受到极大的重视。

（三）财务管理发展趋势

从财务管理的发展趋势可以看出，财务管理学科还处在不断变化和日趋完善中。我们认为，企业财务管理进入了深化发展的新阶段，并正朝着国际化、精确化、电算化、网络化方向发展。

1. 通货膨胀财务管理一度成为热点问题

20 世纪 70 年代和 80 年代初期，西方世界普遍遭遇了旷日持久的通货膨胀，价格不断上涨，严重影响到公司的财务活动。大规模的持续通货膨胀导致资金占用迅速上升，筹资成本随利率上涨，有价证券贬值，企业融资更加困难，公司利润虚增，资金流失严重。严重的通货膨胀给财务管理带来了一系列前所未有的问题。20 世纪 70 年代末和 80 年代早期，西方各国开展了关于通货膨胀条件下怎样进行有效财务管理的研究工作。严酷的经济现实迫使企业财务政策日趋保守，财务管理的任务主要是对付通货膨胀。21 世纪一旦发生严重通货膨胀，通货膨胀财务管理仍将大行其道。

2. 国际财务管理成为现代财务学的分支

伴随现代通讯技术和交通工具的迅速发展，世界各国经济交往日益密切，公司不断朝着国际化和集团化的方向发展，国际贸易和跨国经营空前活跃。在新的经济形式下，财务管理理论的注意力转向国际财务管理领域。20 世纪 80 年代中后期开始，进出口贸易融资、外汇风险管理、国际转移价格、国际投资分析、跨国公司财务业绩评估等，成为财务管理研究的热点，并由此产生了一门新的财务学分支——国际财务管理。随着 21 世纪经济全球化时代的到来，国际财务管理将更加得到重视和发展。

3. 财务风险问题与财务预测、决策数量化受到高度重视

20 世纪 80 年代中后期，拉美、非洲和东南亚发展中国家陷入了沉重的债务危机，前苏联和东欧国家政局动荡、经济濒临崩溃，美国经历了贸易逆差和财政赤字，贸易保护主义一度盛行。这一系列事件导致国际金融市场动荡不安，企业面临的投融资环境具有高度不确定性。因此，企业在其财务决策中日益重视财务风险的评估和规避，其结果是效用理论、线性规划、对策论、概率分布、模拟技术等数量方法在财务管理工作中的应用与日俱增。

4. 网络财务管理是 21 世纪企业财务管理的发展方向

20 世纪 60 年代以来，随着数学方法、应用统计、优化理论与电子计算机等先进方法和手段在财务管理中的应用，公司财务管理理论发生了一场“革命”，财务分析向精确方向飞速发展。80 年代诞生了财务管理信息系统，90 年代中期以来，计算机技术、电子通信技术和网络技术发展迅猛。随着 21 世纪网络时代的到来，财务管理的一场伟大革命——网络财务管理，已经悄然到来。

第二节　财务管理的目标

企业财务目标是指通过企业财务管理的融资和投资等活动所要达到的根本目的。在现代财务管理的理论体系及理财实践活动中，财务管理目标是一个逻辑起点，决定着财务管理各种决策的选择方向，是企业各种理财决策的标准。科学的理财目标，有助于企业日常理财的规范化，有利于科学理财理念的树立，有助于提高企业的理财效率并支持企业的可持续发展能力。

一、财务管理目标的基本观点

关于财务管理目标的综合表述，主要有以下几种观点：

（一）利润最大化

这种观点认为，利润代表了企业新创造的财富，利润越多则说明企业的财富越多，从而使社会财富实现最大化。

但是，以利润最大化为目标存在着以下的不足或缺陷：

（1）概念模糊不清。利润有许多定义，譬如是指会计利润还是经济利润？是计量民间利润还是社会利润（包含对社会各方面而不仅是对所有者的影响）？是使短期利润最大化还是长期利润最大化？

（2）利润最大化忽略所获货币的时间差异。这种差异因货币的时间价值而显得非常重要。利润最大化没有明确区别今天所获 1 元和未来（如一年后）的今天所获 1 元。当成本和利益随着时间（如若干年）延续发生时，利润的计量无法恰当地调整时间差异对价值的影响。

（3）利润最大化忽略不同方案之间的风险差异。当就两个报酬相同而风险不同的方案进行选择时，大多数人都选择风险较低的方案。这就使低风险方案更有价值，而利润最大化却无视这种价值上的差异。

（4）没有考虑投入与产出之间的关系，当就两个报酬相同而投资额不同的方案进行选择时，人们会选择投资少的方案，这就使低投资方案更有价值，而利润最大化则不考虑这种投资上的差异。

（二）每股盈利或净资产收益率最大化

每股盈利是税后净利与发行在外的普通股股数之比，净资产收益率是指税后净利与所有者权益的比率，它们是同一含义指标的不同表达形式。这两个指标是利润最大化目标的演进。同利润最大化相比，每股盈利的高低取决于税后净利润的高低，并且考虑了所获利润同所投入资本之间的比例关系。但它与利润最大化一样，仍然没有考虑每股盈利取得的时间差异，没有考虑每股盈利的风险差异。

（三）股东财富最大化

股东财富最大化是指企业应以达到股票的市价最高为目的。该种观点认为，股东创办企业的目的是扩大财富，他们是企业的所有者，企业价值最大化就是股东财富最大化。但是股东财富最大化不一定是企业价值最大化。在财务管理中，股票的市价是投资者根据企业未来的现金流量对股票所做的价值估量，反映了货币的时间价值；股票的市价与风险成反比，投资者所冒风险越高，投资收益越不稳定，要求的报酬率就越高，股票的价值就越低，反映了投资的风险价值。

但是，按照现代经济理论，股东财富最大化不能成为理想的公司财务目标。首先，股东财富最大化的目标忽略了公司其他相关方面的利益，公司是利益相关人的集合体。其次，在契约参与的其他方利益固定的前提下，以“股东财富最大化”为财务目标并不可能保证实现“社会财富最大化”。如果以股东财富最大化作为唯一追求的目标，将会导致公司做出种种损伤社会财富的行为，比如削减工资以增加股东财富，恶意兼并其他企业以降低员工成本或逃避国家税收等。再次，以股票市价最大化作为理财目标实际上很难普遍采用。上市的股份公司在全部企业中只占极少一部分，而且即使是上市公司的股票市价也要受多种因素包括非经济因素的影响，不是总能反映企业的经营业绩并准确体现股东财富的。

（四）企业价值最大化

企业价值是指企业未来现金净流量按照公司要求的必要报酬率计算的总现值，也是公司的市场价值。企业价值取决于公司未来创造的现金净流量、公司要求的必要报酬率和公司存续时间等因素，在理论上它等于公司股东的价值与债务的价值之和，即金融化的资产价值。以企业价值最大化作为公司理财的目标，是现代企业发展的必然要求。它具有与相关利益者利益的一致性，保证公司战略发展的长期性，考虑了收益取得的时间差异性及投资的风险性等特征。

企业的价值，在于它能给所有者带来未来的报酬，给利益相关者创造财富。如同商品的价值一样，企业的价值只有投入市场才能通过价格表现出来。

我国企业按出资者的不同，可分为三类，其价值分别为：

（1）独资企业，即只有一个投资者，对企业债务负无限责任，企业的价值是出资者出售企业可以得到的现金。

（2）合伙企业，即有两个以上的出资者（合伙人），合伙人对企业债务负连带责任，该企业的价值是合伙人转让其财产份额可以得到的现金。

（3）公司企业，依照《中华人民共和国公司法》（简称《公司法》）设立，分为有限责任公司和股份有限公司，均为企业法人，并对公司债务负有限责任。有限责任公司有 1～50 个出资者（股东），该企业的价值是股东转让其股权可以得到的现金，其中的国有独资公司只有一个出资人即国家授权投资的机构或部门，该公司的价值是出售该公司可以得到的现金。股份有限公司的股东在 5 人以上，该企业的价值是股东转让其股份可以得到的现金。总之，企业的价值是其出售的价格，而个别股东的财富是其拥有的股份转让时所得的现金。

二、财务管理目标协调

企业的理财目标是企业价值最大化，但是由于公司制企业的各利益主体包括股东、经营者、债权人等经济人，具有独立的经济利益，利益的冲突使得企业不会自行沿着企业价值最大化的轨道运行。如何解决他们之间的利益冲突，成为当代经济学的前沿问题，即代理经济学。

代理理论是由著名经济学家迈克尔·詹森（Michael C. Jensen）和威廉·麦克林（William H. Meckling）于 1976 提出的。代理理论阐明了企业存在的两种主要代理关系之间的问题，即债权人与股东之间的代理冲突及协调，股东与经营者之间的代理冲突及协调。

（一）股东和经营者财务目标的冲突与协调

股东和经营者的代理冲突源于在自利行为的假设下，股东与经营者目标的不一致性。

股东的目标是实现股东财富最大化，而经营者的目标是报酬和所获得的非金钱利益最大化。非金钱利益包括经营者的职务消费，如增加闲暇时间、公款旅游、公款消费等。经营者消费的非金钱利益牺牲的是企业价值，经营者的非金钱消费动机越强烈，股东价值损失越大。

为了防止经营者背离股东目标，一般有两种方法——监督和激励。

1. 监督

经营者背离股东目标，其条件是双方的信息不一致，主要是经营者了解的信息比股东多，避免“道德风险”和“逆向选择”的出路是股东获得更多的信息，对经营者进行监督，在经营者背离股东目标时，减少其各种形式的报酬，甚至解雇他们。

但是，全面监督在实际上行不通。股东是分散的或者远离经营者的，得不到充分信息，经营者比股东有更大的管理优势，比股东更清楚什么是对企业更有利的行动方案，全面监督管理行为的代价是很高的，很可能超过它所带来的收益。因此，监督受到合理成本的限制，不可能事事监督，虽然监督可能减少经营者违背股东意愿的行为，但不能解决所有问题。

2. 激励

防止经营者背离股东利益的另一出路是采用激励薪酬计划，使经营者分享企业增加的财富，鼓励他们采取符合企业最大利益的行动。例如，企业盈利率提高或股票价格提高后，给经营者以现金、股票奖励。支付报酬的方式和数量多少，有多种选择。例如：报酬过低，不足以激励经营者，股东不能获得最大利益；报酬过高，股东付出的激励成本过大，也不能实现自己的最大利益。因此，激励可以减少经营者违背股东意愿的行为，但也不能解决全部问题。

通常，股东同时采取监督和激励两种办法来协调自己和经营者的目标。尽管如此，仍不可能使经营者完全按股东的意愿行动，他们仍然可能采取一些对自己有利而不符合股东最大利益的决策，并由此给股东带来一定的损失。监督成本、激励成本和偏离股东目标的损失之间此消彼长，相互制约。股东要权衡轻重，力求找出能使三项之和最小的解决办法，它就是最佳的解决方案。

（二）股东和债权人财务目标的冲突与协调

企业第二个代理问题是股东与债权人之间存在的利益冲突，两者利益冲突的根源在于他们对企业现金流量的要求权不同。企业的债权人将资金贷放给企业时要求企业承担按期支付利息和偿还本金的责任。债权人所取得的利息和收回的本金是固定数额，当企业获得的收益足以偿付债务后，剩余的收益均归属股东。所以股东常常要求企业经理利用借款来进行投资以增加其财富。股东为了自身利益而损害债权人利益，其方式不外乎有两种。

其一，股东通过企业管理层促使企业投资新的商业项目，而这类商业项目的风险比债权人预期的要大。如果高风险的计划侥幸成功，超额的利润归股东独吞；如果计划不幸失败，公司无力偿债，债权人将与股东共同承担由此造成的损失。

其二，股东为了提高公司的利润，不征得债权人同意而迫使管理当局发行新债，致使旧债务的价值下降，使旧债权人蒙受损失。这是因为企业增加新的债务，破产的可能性就会增加，减少了对现在债务的破产保护力度。

债权人为了防止其利益被损害，除了寻求立法保护，如破产时优先接管，优先于股东分配剩余财产等外，通常采取以下措施：

第一,在借款合同中加入限制性条款,如规定资金的用途,规定不得发行新债或限制发行新债的数额等。

第二,发现公司正在以损害债权人利益为代价增加股东财富时,拒绝与企业进一步合作,或者提前收回贷款,或者要求一个比正常收益率更高的利率以补偿这种可能造成损失的风险。

(三)企业目标与社会责任

企业目标与社会目标在许多方面是一致的。企业在追求自己的目标时,自然会使社会受益。例如,企业为了生存,必须要生产出符合顾客需要的产品,满足社会的要求;企业为了发展,要扩大规模,自然会增加职工人数,解决社会就业问题;企业为了获利,必须提高劳动生产率,改进产品质量,改善服务,从而提高社会生产效率和公众的生活质量。

企业目标与社会目标也有矛盾的一面。企业履行社会责任,会导致企业在一定时期内经营成本增加,减少企业当期的盈利,削弱企业的竞争能力,如履行政府环境保护的要求会产生环境投资,增加员工福利也会增加企业的成本。正因如此,从股东的角度考察,成本的增加减少了股东享有的剩余收益,为降低成本,企业可能会采取逃避社会责任的行为。

股东只是社会的一部分人,他们在谋求自己利益的时候,不应当损害他人的利益。国家要保护所有公民的正当权益。为此,国家颁布了一系列保护公众利益的法律,如《中华人民共和国公司法》、《中华人民共和国反不正当竞争法》、《中华人民共和国环境保护法》、《中华人民共和国合同法》、《中华人民共和国消费者权益保护法》和《中华人民共和国产品质量法》等,通过这些法律调节股东和社会公众的利益。

一般来说,企业只要遵守这些法规,在谋求自己利益的同时就会使公众受益,但是法律不能解决所有问题,况且目前我国的法制尚不健全,企业有可能在合法的情况下从事不利于社会的事情。因此,企业还应受到商业道德的约束,要接受政府有关部门的行政监督,以及社会公众的舆论监督,以进一步协调企业和社会的矛盾。

第三节　财务管理的原则和方法

一、财务管理的原则

财务管理原则,也称理财原则,是进行企业财务活动和处理财务关系所应遵循的指导性的理念或标准。理财原则是产生于理财的实践、为实践所证明了的并且为多数理财人员所接受的理财行为准则,是财务理论和理财决策的基础。原则只是提供理财活动共性的认识或规律,不意味着在任何情况下都绝对正确,原则的应用必须与应用的具体环境相结合。

关于如何概括理财原则,人们的认识并不完全相同。道格拉斯 · R. 爱默瑞(Douglas R. Emery)和约翰 · D. 芬尼特(John D. Finnerty)的观点具有代表性,他们将理财原则概括为 3 类,共 12 条。

(一)有关竞争经济环境的原则

1. 自利行为原则:人们按照他们自己的财务利益行事

自利行为原则是指人们进行财务决策时按照自己的财务利益行事,在其他条件相同时,所有利益主体都会选择对自己经济利益最大的行为方法。

自利行为原则的依据是理性的经济人假设。该假设认为,人们对每一项交易的可能性都能衡量其代表的利益,并且会选择对自己最有利的方案来行动。自利行为原则假设企业决策人对企业目标具有合理的认识程度,并且对如何达到目标具有合理的理解。在这种假设情况下,企业会采取对自己最为有利的行动。自利行为原则并不认为钱是任何人生活中最重要的东西,或者说钱可以代表一切。问题在于人们从事商业活动的目的在于获利,在商业交易过程中总是面临着如何使自己获利的选择,这是由人们从事商业活动的本性决定的,否则他们就不必从事商业交易。自利行为原则也并不认为钱以外的东西都是不重要的,而是说“在其他条件都相同时”,所有财务交易集团都会选择对自己经济利益最大的行动。

自利行为原则的一个重要应用是委托代理理论。在代理理论中,构成公司的各个利益主体是各种自利人的集合,他们各自追求自身经济利益的最大化,由于各自的目标函数不同,他们之间存在着利益上的矛盾,而这种矛盾需要通过委托人和代理人之间的“契约”来进行协调。委托人促使代理人采取与委托人利益相一致行为的方法,是对代理人进行激励与约束。代理理论是以自利行为原则为基础的。

自利行为原则的另一个应用是在决策中必须重视机会成本。自利行为原则要求有关财务决策必须使自己的经济利益达到最大,使决策方案最具竞争力。机会成本是采取某一个决策方案而放弃其他行动所损失的经济利益,也是一种行动的价值与最佳选择的价值之间的差异。机会成本能够表现出一种决策的相对重要性。当机会成本小时,作出错误选择的成本就小;同样的,当机会成本大时,不能作出最佳选择的成本就大。

2. 双方交易原则:每一项财务交易都至少存在两方

双方交易原则是指每一项交易至少存在两方,在一方根据自己的经济利益决策时,另一方也会按照自己的经济利益行动,即交易的双方都在交易中试图赢得自己的经济利益,交易的双方同样聪明、勤奋和富有创造力,因此在进行财务决策时要正确预见对方的反应。

大部分财务交易是零和博弈。零和博弈是这样一种情形,一个人获利只能建立在另一个人付出的基础上,总体上看双方收益等于零。在零和博弈情况下,一个高的价格使卖方获利而买方受损,一个低的价格使卖方受损而买方受益,实物商品交易与金融商品交易均如此。

双方交易原则要求在财务交易中不要低估竞争对手,在谋求自身利益的同时要注意对方的存在,以及对方也在遵循自利原则行事。过于傲慢和不尊重别人,往往会导致错误的决策。

大部分非零和博弈的财务交易来源于税收。例如,政府债券免征所得税,这使发行方能够以较低的利率发行债券,而投资方所获得的税后收益比同类需要将利息全额上税的债券税后收益要高,交易双方都能够受益。正因为政府税收的存在,交易双方可能都会寻求合法避税,从而双方受益,这在一定范围内改变了零和博弈的交易状况。但从整个社会范围观察,避税的结果使交易双方受益,但其他纳税人可能会负担政府的大部分支出,零和博弈因此而改变。

3. 信号传递原则:行动可以传递信息

信号传递原则是指行动可以传递信息,并且比公司的声明更有说服力。

信号传递原则是自利的延伸。由于自利行为,一项资产买卖决策能暗示出这项资产的状况或有关决策者对未来预期或计划的信息,资产的买进意味着该项资产对于买方而言“物有所值”,暗示着买方具有利用该项资产赢得未来收益的预期;对于卖方,则暗示着资产的价值与资产目前的效用等值,卖方具有出售该项资产赚得现实收益的意图。同样,一个公司决定进入一个新的行业反映出管理者对公司实力和对未来前景的充满信心。

信号传递原则要求根据公司的行为判断它未来收益的状况,行动传递的信息比声明或语言传递的信息,更能够反映出真实的状况。例如,一个声称规模在扩充,需要大量资本而连续数年采用股票股利政策的企业,可能是公司财务状况不佳、现金短缺的表现。再如,在信息不对称的状况下,公司内部控股股东和高层职员掌握的公司信息远远多于外部股东,外部股东可以根据内部股东买进或卖出本公司股票的情况,来判断公司未来的相关信息。当公司内部管理人员在大量买进本公司股票时,说明公司未来发展前景良好,公司有了对未来有利的内幕消息。反之,如果公司管理人员在大量抛售手中持有的本公司股票,则说明公司发展前景暗淡。所以,在进行财务决策时,我们要获取支持财务决策的足够的信息,需要通过观察有关方面的行动来验证信息的实质,同时也必须考虑财务决策本身所传递的信息的准确性。

4. 行动引导原则:当所有的方法都失败时,寻找引导

引导原则是指当所有办法都失败时,寻找一个可以信赖的榜样作为自己行动的引导。所谓"所有办法都失败",是指我们的理解力存在局限性,不知如何对自己更有利;或者寻找最准确答案的成本过高,以至于不值得把问题完全搞清楚。在这种情况下,不要继续坚持采用正式的决策分析程序,包括收集信息、建立备选方案、采用模型评价方案等,而是直接模仿成功榜样或大多数人的做法。

引导原则是行动传递信号原则的一种应用。引导原则的应用是依据于可以信赖的榜样本身所传递的信号进行的,可以信赖的榜样传递的信号,是被公众认可的结果。当企业财务决策由于决策能力的限制或寻求最优答案代价过高时,就可以依据可以信赖的榜样所传递的信号进行决策。引导原则不会帮你找到最好的方案,却可以使你避免最差的行动。行为引导原则是一个次优原则,它最好的结果就是得出近似的结论,最糟的情况是模仿了别人的错误,这是该原则的潜在不足,但这并不影响该原则在特殊情况下的有效应用。

引导原则的一个重要应用是行业标准概念。例如,企业资本结构的决策问题,理论上不能提供公司最优资本结构的实用化模型。合理的办法是观察同行业中成功企业的资本结构,以借鉴之,就成为一种简便而有效的方法。

引导原则的另一个重要应用是"自由跟庄概念"。在自由跟庄状态下,一个"领头人"花费资源得出了一个最优行动方案,而"追随者"通过模仿就获得了好处而节约了信息成本,实质上领头人是在资助追随者。专利法和版权法的设立是为了保护所有者的知识产权不遭受模仿等自由跟庄现象的侵犯,但在财务领域中不存在这种限制。例如,快餐业投资中的追随"麦当劳"的现象,企业债权人团队中的主要债权人花费监督成本获取债务人财务信息的真实情况,而他人则通过观察模仿主要债权人的行动而节约监督成本等。

(二)有关创造价值和经济效率的原则

1. 有价值的创意原则:新创意能获得额外报酬

竞争理论认为,企业的竞争优势可以分为追求差异和成本领先两方面。追求差异,是指企业具有在行业内独一无二的特色,并且由于该差异所带来的产品溢价为消费者所接受且远远高于保持差异而附加的成本,企业就可以获取超过同行业平均收益水平的利润。企业差异来源于企业的创意与发明。

有价值的创意原则主要应用于直接投资项目。一个投资项目获取高于同行业水平的

收益率或净现值，依赖于投资项目的新创意。重复过去的投资项目或者别人已有的做法，最多只能取得平均的报酬率。由于市场的竞争推动及引导原则的应用，企业保持创新的优势是暂时的。企业只有不断创新，才能通过保持差异而不断增加企业的价值。

2. 比较优势原则：专长能创造价值

市场经济是基于社会分工而产生的一种经济制度。而经济效率则有赖于在社会分工中每个人特长的发挥，每人做好一件事，即每个人去做最适合他的工作，每个企业生产最适合的产品，社会的经济效率才会提高，因此，具有比较优势即专长能够创造价值。不具备比较优势的人就很难赚取超过平均水平的收入，同样，没有比较优势的企业，很难使企业增值。如果每个人都去做其擅长的工作，每类工作我们都能找到最称职的人，这就产生了经济效率：我们支付给其他人报酬，让他们去做他们能比我们做得更好的事情，同时他们支付报酬给我们，让我们去做我们能够比他们做得更好的事情。国际贸易的基础，就是每个国家都在生产它最能有效生产的产品，从而使所有国家受益。

3. 期权原则：期权是有价值的

期权是从事某种事情不附带义务的权利。期权原则是指在进行财务估价时应考虑期权的价值。

期权概念最早产生于金融期权交易。在金融期权交易中，期权是指所有者（期权的购买者）能够要求出票人（期权的出售者）履行期权合同上载明的交易的权利，但是出票人不能要求所有者去做任何事情。在财务上，一个明确的期权合约通常是指按照预先设定的价格买卖一项资产的权利。购买的权利是一项买进期权，卖出的权利是一项卖出期权。保险赔偿是一种卖出期权，投保的资产因具有期权而比未投保的资产的价值要高。

广义的期权不限于财务合约，任何不附带义务的权利都属于期权。许多资产都存在隐含的期权，一项资产附带一个期权比资产本身更具有价值。在对资产估价时，必须要考虑资产的期权价值。

4. 净增效益原则：财务决策建立在净增效益的基础上

净增效益原则是指财务决策建立在净增效益的基础上，一项决策的价值取决于和替代方案相比所增加的净收益。净增效益是指采取某个特定的行动才会发生的收益与成本之差。例如，某公司欲增加广告费增加商品的销量，净增效益就表现为由于广告净增销量带来的利润和广告成本的比较上，净增效益就成为广告决策的基础。

在许多财务决策中，净增效益表现为现金净流量。现金净流量是指一项决策的现金流入量与流出量的差量，它是相对于没有该项决策时的净增效益。

净增效益原则的另一个应用就是沉没成本概念。沉没成本是指过去已经发生、不会被以后的决策改变的成本。沉没成本不是决策项目预期付诸实施带来的成本，与决策方案无关，因此在分析决策时应将其排除。

（三）有关财务交易的原则

1. 风险与报酬权衡原则：风险和报酬是对等的

风险与报酬相权衡原则是风险与报酬之间存在一个对等关系，投资人必须对风险与报酬作出权衡，为获取高报酬而承担较高的风险，或者为降低风险而接受较低的报酬。风险越大要求的报酬应越大。高风险意味着为获取高报酬必须承担高损失发生的可能性，低风险意味着获取的收益低而发生的损失也低。

在财务交易中，假定当其他一切条件都相同时，人们倾向于高报酬和低风险。如果两个投资机会除了报酬不同外，其他条件都相同，人们会选择报酬较高的投资机会，这是自利行为原则所决定的。如果两个投资机会的报酬相同，人们会选择风险较低的投资机会，这是由风险反感倾向所决定的。所谓"风险反感"是指人们对风险普遍存在反感心理，认为风险是不利的事情，确定的一元钱的经济价值要大于不确定的一元钱的经济价值，当其他条件都相同时，应尽可能避免风险。

如果人们都倾向于高报酬和低风险，而且他们都在按照自己的经济自利原则行事，那么竞争的结果就产生了风险报酬权衡。竞争迫使人们在他们的投资报酬和风险之间进行权衡，不可能冒低风险而获得高报酬，因为这是每个人都想得到的。假如投资者遇到这样的投资机会的话，其他投资人也会跟进，竞争的结果会使得报酬降低。因此，为了获得较高的预期报酬，就不得不冒更大的风险。现实生活中大部分是高风险高报酬和低风险低报酬的投资机会。在市场中，如果想获得巨大的收益，就必须承担发生巨大损失的可能性，如果倾向于安全，选择低风险的投资机会，就必须忍受低收益，投资者或决策人必须在风险与报酬之间进行权衡。

2. 投资分散化原则：分散投资是有利的

分散化投资原则，是指不要把全部财富都投资于一个公司或相同的投资项目，而要分散投资。

投资分散化原则的理论依据是投资组合理论。马科维茨的投资组合理论认为，若干种股票组成的投资组合，其收益是这些股票收益的加权平均数，但其风险要小于这些股票的加权平均风险，所以建立投资组合能够降低风险。

在集中投资于相同的项目时，一荣俱荣，一毁俱毁。由于风险意味着高收益与高损失的同在，企业不能为追求报酬而忽视风险，赌徒式的投资只能使企业承担更大的风险，一旦事情转化为不利的一面，则企业会满盘皆输。如果分散投资，损失的只有个别项目，其他仍然完好无损。因此，分散投资能够分散风险，比集中投资更有利。

3. 资本市场有效原则：资本市场能迅速反映所有的信息

资本市场是指证券买卖的市场。资本市场有效原则，是指在资本市场上频繁交易的金融资产的市场价格反映了所有可获得的信息，而且对新信息能完全迅速地作出调整。

研究金融财务学的学者通常把市场效率即证券的价格对相关信息的反映程度，划分为三种类型：

(1)弱式市场效率假设。弱式效率是假设证券的价格反映了所有过去的信息。股票价格对过去的信息已经完全作出了相应的反映，因此，根据过去的股票价格的变动趋势判断明天的价格走势毫无意义。

(2)半强式市场效率假设。半强式市场效率是假设股票的价格已经反映了所有公开的信息。如果这种理论是正确的，则根据公开的信息投资于股票，不能够获得超额收益。这时，密切注意和研究公司年度报告及其他公开发布的信息，意义不大，因为一旦消息公开，市场价格马上根据消息的好坏，作出相应的反映。因此，为获取超额收益，必须拥有内幕消息。

(3)强式市场效率假设。强式市场效率是假设股票的价格反映了所有相关的信息。在这种情况下，不论是公开的还是内幕的，无论是过去的还是未来的信息，股票价格都作出了反映，而且对新信息能完全迅速地作出调整。几乎没有人承认强式市场效率的存在，因为信息总是处于不对称状态中，公司经营者比外部股东总是掌握更多的信息。因此，现实中内幕消息的拥有者会根据未公开的内幕消息，如收购公司的报价、研究开发的重大突破等，从事非法交易而获取暴利。

资本市场有效原则对于理财人员意味着什么呢？首先，应相信市场。由于证券市场能够反映全部的公开市场信息，故大多数证券的价格是合理的，应该相信市场对证券的定价。其次，没有财务幻觉。由于资本市场可以反映大多数公开的信息，资本市场就是企业经营状况的一面镜子，又是企业行为的矫正器，企业的价值取决于企业未来现金流量的获取能力，只要企业采取的行动没有提高企业的未来获利能力，市场对这种行为传递的信息就会作出正确的反应。因此，试图通过操纵信息、创造财务幻觉、粉饰公司的经营状况来提高股票价格的做法，是徒劳无益的。再次，如果资本市场是有效的话，在强式效率下，所有相关的信息都可以在证券价格上作出反应，投资者进行投资的必要报酬率等于其期望收益率（内部收益率），所有证券投资的净现值皆为零，与之相对应，公司作为从资本市场上取得资金的一方的净现值亦为零，不能提高公司价值。因此公司应该努力通过提高公司的竞争能力，使公司在同等风险水平下，获取较高的投资收益来增加公司的价值。

4. 货币时间价值原则：货币具有时间价值

货币时间价值原则，是指进行财务计量时要考虑货币的时间因素。货币的时间价值是指假设在不存在风险和通货膨胀的情况下，货币经过一定时间的投资与再投资所增加的价值。它是投资者放弃消费进行投资而获取的、市场给予的时间报酬，亦称无风险报酬。

货币时间价值原则的首要应用是现值概念。不同时点的货币具有不同的经济价值，现在的一元钱大于未来一元钱的经济价值。现值是指将来某一时点的货币折合为现在的价值，即将来的钱相当于（或者说是值）现在多少钱，因此，现值实际上计算的是资产的经济价值。

货币时间价值的另一重要应用是"早收晚付"观念。对于不附带利息的货币收支，与其晚收不如早收，与其早付不如晚付，这在经济上是有利的。

二、财务管理的环节与方法

财务管理环节是指财务管理工作的各个阶段，它包括财务管理的各种业务手段和方法。财务管理的基本环节有财务预测、财务决策、财务计划、财务控制、财务分析。这些管理环节互相配合，紧密联系，形成周而复始的财务循环过程，构成完整的财务工作体系。

（一）财务预测

财务预测是根据有关的历史资料、现实条件和未来的要求，运用科学的方法对未来的财务活动、财务成果和财务状况进行的预测和测算。财务预测的类型包括编制财务计划之前的预测和计划执行过程中对计划完成情况的预测。财务预测的目的是为财务决策和财务计划提供科学的依据。财务预测的内容包括资金数量、来源及运用的预测，成本预测，销售收入预测和利润预测。预测环节包括以下工作步骤：明确预测对象和目的；搜集和整理预测资料；选择预测模型；实施财务预测。财务预测的方法有多种，常用的有定性预测法和定量预测法，前者有经验判断法和调查研究法等预测方式，后者有趋势预测法和因素分析法等预测方式。

（二）财务决策

财务决策是在财务预测的基础上，根据财务目标的总体要求，从若干个可以选择的财务活动方案中选择最优方案的过程。财务决策包括筹资决策、投资决策、收益分配决策。

财务决策包括以下工作步骤:确定决策目标;拟定备选方案;评价各种方案;选择最优方案。常用的财务决策方法有优选对比法、数学微分法、线性规划法、概率决策法、损益决策法等。

(三)财务计划

财务计划是在一定的计划期内以货币形式反映生产经营活动所需要的资金及其来源、财务收入和支出、财务成果及其分配的计划。财务计划是以财务决策确立的方案和财务预测提供的信息为基础来编制的,是财务预测和财务决策的具体化表现,是进行日常财务管理和控制财务活动的依据。财务计划一般包括资金筹集计划、资金使用计划、现金收支计划、成本费用计划、利润计划等。财务计划环节的主要工作步骤:分析主客观条件、确定主要指标;安排生产要素、组织综合平衡;编制计划表格;协调各项指标。财务计划编制方法常见的有固定计划法、弹性计划法和滚动计划法。

(四)财务控制

财务控制是指在财务管理过程中,利用有关信息和特定手段,对企业的财务活动施加影响或调节,以便实现计划所规定的财务目标。财务控制要适应管理定量化的需要,抓好以下几项工作:制定控制标准、分解落实责任、确定执行差异、及时消除差异、评价单位业绩、搞好考核奖惩。最常见的财务控制方法有防护性控制、前馈性控制和反馈性控制等。

(五)财务分析

财务分析是根据有关信息资料,运用特定方法,对企业财务活动过程及其结果进行分析和评价的一项工作。通过财务分析,可以掌握各项财务计划指标的完成情况;评价财务状况;研究和掌握企业财务活动的规律性,改善财务预测、决策、计划和控制;改善公司管理水平,提高公司经济效益。财务分析的一般程序是:确立题目,明确目标;搜集资料,掌握情况;指标对比,揭示问题;因素分析,明确责任;提出措施,改进工作。财务分析的方法主要有比较分析法、比率分析法、因素分析法等。

第四节　财务管理的环境

企业的财务管理环境又称理财环境,是指对企业财务活动产生影响作用的企业外部条件。财务管理环境是指企业财务决策难以改变的外部约束条件,企业财务决策更多的是适应它们的要求和变化。财务管理环境涉及的范围很广,其中最重要的是金融环境、经济环境和法律环境。

一、金融环境

金融市场是指资金供求双方交易的场所。广义的金融市场,是指一切资本流动的场所,包括实物资本和货币资本的流动场所。广义金融市场的交易对象包括货币借贷、票据承兑和贴现、有价证券的买卖、黄金和外汇买卖、办理国内外保险、生产资料的产权交换等。狭义的金融市场一般是指有价证券市场,即股票和债券的发行和买卖市场。

金融市场对企业理财具有重要的意义。首先,金融市场是企业筹资的场所。企业在符合有关法律规定的条件下,经过批准以发行股票、债券的方式筹集资金,也可以将企业的资金投放于有价证券,或者进行与证券相关的其他财务交易。其次,企业通过金融市场实现长期资金与短期资金的相互转化。企业所持有的长期股票和债券投资,随时可以通过出售有价证券使其转化为短期资金;同理,企业的短期资金也可能通过购买股票、债券而转化为长期投资。长短期资金的相互转化，在理财上从属于企业资产收益性与流动性的关系的有效处理问题，从属于企业经营发展战略。最后，由金融市场传递的信息，有助于企业进行财务管理的决策。

（一）金融市场的分类和组成

1. 金融市场的分类

从不同角度对金融市场进行分类，金融市场的类别可以分成：

（1）按交易的期限划分为短期资金市场和长期资金市场。短期资金市场是指融资期限不超过一年的资金交易市场，因短期有价证券易于变成货币或作为货币使用，所以也叫货币市场。长期资金市场是指融资期限在一年以上的股票和债券交易市场，因为发行股票和债券主要用于固定资产等资本货物的购置，所以也叫资本市场。

（2）按交割的时间划分为现货市场和期货市场。现货市场是指买卖双方成交后，当场或几天内买方付款、卖方交出证券的交易市场。期货市场是指买卖双方成交后，在双方约定的未来某一特定的时日才交割的交易市场。

（3）按交易的性质分为发行市场和流通市场。发行市场是指从事新发行的证券等金融工具买卖的转让市场，也叫初级市场或一级市场。流通市场是指从事已上市的旧证券或票据等金融工具买卖的转让市场，也叫次级市场或二级市场。

（4）按交易的直接对象分为同业拆借市场、国债市场、企业债券市场、股票市场、金融期货市场等。

2. 金融市场的构成

金融市场由主体、客体和参加人组成。主体是指银行和非银行金融机构，它们是金融市场的中介机构，是连接筹资人和投资人的桥梁。客体是指金融市场上的买卖对象，如商业票据、政府债券、公司股票等各种信用工具。金融市场的参加人是指客体的供给者和需求者，如企业、事业单位、政府部门和城乡居民。

（二）金融机构

我国金融机构按其地位和功能大致可分为：代表政府管理全国金融机构和金融活动的中国人民银行；由政府设立，以贯彻国家产业政策、区域发展政策为目的，不以营利为目的的政策性银行，包括国家开发银行、中国农业发展银行及中国进出口银行；以经营存款、放款，办理转账结算为主要业务，以营利为主要经营目标的商业银行；非银行金融机构，包括保险公司、城市和农村信用合作社、信托投资公司、证券交易所、证券公司、投资基金管理公司、财务公司、金融租赁公司等。

（三）金融性资产的特点

金融性资产是指现金和有价证券等可以进入金融市场交易的资产。其具有如下属性：

1. 流动性

流动性是指金融性资产能够在短期内不受损失地转变为现金的属性。流动性高的金融性资产的特征是：（1）容易兑现；（2）市场价格波动较小。

2. 收益性

收益性是指金融性资产获取收益的能力的属性。

3. 风险性

风险性是指不能恢复其原投资价格的可能性。金融性资产的风险主要有违约风险和市场风险。违约风险是证券的发行主体破产而导致的永远不能偿还的风险；市场风险是指由于投资的金融性资产的市场价格波动而产生的风险。

上述三种属性的关系是:资产的流动性与资产的收益性成反向变动,收益性与风险性相均衡,即流动性越强的资产,风险越小,其收益性就越低,反之亦然。

(四)金融市场上利率的决定因素

在金融市场上,利率是进行资产交易的价格。一般而言,金融市场上资金的购买价格,可用下式表示:

利率 = 纯粹利率 + 通货膨胀附加率 + 变现力附加率 + 违约风险附加率 + 到期风险附加率

1. 纯粹利率(Pure Rate of Interest)

纯粹利率是在无风险、无通货膨胀情况下的平均利率,亦称为无风险报酬率。没有通货膨胀情况下的国债利率,可以作为纯粹利率。纯粹利率的高低主要受社会平均利润率、资金供求关系和国家宏观调控的影响。社会平均利润率是决定纯粹利率高低的一个基本因素,利息率的高低依附于社会平均利润率的高低。资金供过于求时,利率下降,资金供不应求时,利率上升。政府为抑制经济发展过热,有可能消减资金的供应,从而使利率上升,反之,为刺激经济发展,政府有可能增加货币供应,从而使利率下降。

2. 通货膨胀附加率(Inflation Premium Rate)

通货膨胀会造成货币贬值,投资者的真实报酬率下降。因此,为了补偿因通货膨胀所造成的货币贬值损失,投资者会因承担通货损失而要求相应的、在纯粹利率基础上增加的一种附加报酬,即通货膨胀附加率。

3. 变现力附加率(Liquidity Premium Rate)

资产的变现力是资产以合理的价格转化为现金的能力。不同证券的变现力是不同的,对于预期难以以合理的价格转化为现金的变现力风险,投资者要求相应的补偿,即变现力附加率。

4. 违约风险附加率(Default Risk Premium Rate)

违约风险是投资者承担的债务人到期无法还本付息的可能性。违约风险越大,投资者要求的报酬率就越高。违约风险与债务人的经营及财务状况有关,经营不善导致的企业财务状况不佳的债务人,到期不能清偿债务本金和利息的可能性就越大,违约风险就越大。根据债务人的经营与财务状况、由信用评定机构所确定的信用等级,代表了违约风险的大小。信用等级越低,违约风险就越高。

5. 到期风险附加率(Maturity Risk Premium Rate)

到期风险是指因到期时间长短不同而形成的利率变动的风险。一般而言,到期时间越长,利率变化的可能性就越大,利率变动导致证券价格波动,从而使投资者蒙受损失的可能性增大。如果利率上升,长期债券的价值下降,投资者会遭受损失。到期风险附加率就是对投资者承担利率变动风险的一种补偿。

一般而言,因受到期风险的影响,长期利率会高于短期利率,但有时也会出现相反的情况,这是因为进行短期投资,会承担再投资风险。再投资风险是指短期债券投资者在债券到期时,由于市场利率下降,难以找到当初相当于长期债券投资获利水平的投资机会,这种风险称为再投资风险。当再投资风险大于到期风险时,即预期市场利率持续下降,人们都在寻找长期投资机会时,可能会出现短期利率高于长期利率的现象。

对于企业理财而言,准确地预测利率的变动趋势是非常必要的。在预期利率上升时,企业应使用长期资金;在预期利率下降时,企业应使用短期资金,以降低利息成本负担。由于对利率趋势的预测较为困难,企业根据利率的变动使用资金的一种替代形式,就是合理确定长短期资金的结构,使企业在任何利率环境下,都不会遭受重大损失。

二、经济环境

这里所说的经济环境是指企业进行财务活动的宏观经济状况。财务管理作为一种微观经济管理活动,与其所处的宏观经济环境密切相关,这些宏观环境主要包括以下三点:

(一)经济运行周期

市场经济条件下,宏观经济的发展呈现出周期性的变化。宏观经济的周期性变化可通过反映宏观经济的有关统计指标表现出来,如国内生产总值(GDP)、消费总量、投资总量、失业率等,其中GDP是衡量宏观经济综合性最强的指标。因此,经济周期变化通常用GDP的系列统计指标表示。宏观经济周期一般经历萧条、复苏、繁荣、衰退四个阶段。

宏观经济运行周期影响企业的经营及理财对策。在萧条阶段,经济明显萎缩,降至低谷,百业不振,公司经营状况不佳影响到公司财务状况,公司股票市场价格徘徊不前,投资者对公司的投资信心受挫。企业可采取的对策有:建立投资标准、尽力保持市场份额、放弃次要利益、消减管理费用、消减存货、裁减雇员、采取稳健的收益分配政策以储备现金等,尽力维持公司的生产经营能力。在复苏阶段,宏观经济从经济周期的谷底逐步回升,公司经营状况开始好转,业绩上升,投资者对公司投资的信心逐渐增强,企业财务状况趋于好转,资信能力有所提高。企业可采取的对策有:增加存货、劳动力,增加厂房设备等。在繁荣阶段,经济迅速增长达到周期的高峰,公司的经营业绩也在不断上升,财务状况良好,投资者的投资信心大为增强,证券价格大幅上扬。企业可采取的对策有:进一步扩充厂房设备投资,增加存货、提高销售价格,以增加公司未来的现金净流量。在衰退阶段,经济的发展从周期的顶峰逐步回落。企业可采取的措施有:停止扩张、出售多余设备、停产不利产品、停止长期采购、消减存货、停止增加雇员等。

经济周期影响企业负债的承受能力。一般而言,经济萧条时期,企业对于负债的承受能力相对较低,此时企业应削减债务的规模,防止企业因资产的流动性的降低而导致财务危机。同时,资产流动性的降低,可能会导致企业利用较多的流动负债,但不排除个别效率良好的企业基于投资时机的掌握,而举借大量的长期债务。经济复苏阶段的利率较低,为有效发挥负债的财务杠杆作用,此时是企业提高负债比率的良好时机。因此,长期债务的比例会有所升高。经济繁荣时期,企业积极扩张,会出现债务与权益投资并重的情况。

经济周期影响证券市场价格。证券市场价格是宏观经济发展的"晴雨表",随着宏观经济周期由萧条到复苏、繁荣、衰退周而复始的变化,证券的市场价格也会经历徘徊、上升、大幅上扬、回落等阶段,把握经济周期对证券价格的影响,才能够制定正确的有价证券投资策略。

(二)宏观经济政策

当代市场经济中,为保证整个宏观经济良性运行,政府主要通过货币政策和财政政策来对经济进行宏观调控。根据宏观经济运行状况的不同,政府可采取扩张的或紧缩的货币政策和财政政策,以促使经济健康稳定地发展,保持价格总水平的稳定,实现充分就业。这些宏观经济政策的调整对企业财务管理的影响是直接的。在企业理财中,必须根据不同时期国家对宏观经济的调整对企业理财的影响,而采取相应的对策。

1. 货币政策的调整会直接、迅速地影响企业的筹资与投资

中央银行贯彻货币政策、调节信贷和货币供应量的手段主要有:(1)调整法定存款准备金;(2)再贴现政策;(3)公开市场业务。当国家为了刺激经济的发展,防止经济衰退而实行扩张性货币政策时,中央银行就会通过降低法定存款准备金率、降低中央银行再贴现率或在公开市场买入国债的方式来增加货币供应量,扩大社会的有效需求。当经济持续高涨、通货膨胀压力较重时,国家会采取相反的方式紧缩货币供应量,以实现社会需求与供给的平衡。

中央银行实行的货币政策对企业理财的影响是:(1)利率的调整通过影响投资者要求的必要报酬率(资本成本)影响企业理财。利率提高时,投资者要求的报酬率提高,融资成本升高,股票价格下跌,企业价值相对下降,此时,企业对投资机会必须要求更高的报酬率;利率下降时,投资者要求的必要报酬下降,融资成本降低,股票价格上升,企业价值相对增长,是企业投资的良好时机。当企业预计到未来利率上升时,一般通过发行长期固定利率债券进行融资;当企业预计到未来利率下降时,一般发行短期债券进行融资,以降低企业的利息负担。(2)当货币供应量增加时,企业筹集资金相对容易,证券市场价格上扬。在货币供应量增加的初期,是企业进行短期证券投资的良好机会。反之,当货币供应量下降时,企业筹集资金相对困难,证券市场价格也下降。(3)中央银行在市场上公开买进证券时,对证券的需求增加,促使证券价格上涨。由于此时证券投资者的增加,正是企业发行股票、债券等进行融资的良好时机。

2. 财政政策的调整对企业理财具有持久而较为缓慢的影响

财政政策是通过财政收入和财政支出的变动影响宏观经济活动水平的经济政策。财政政策的手段主要包括改变政府购买水平、改变政府转移支付水平和改变税率。当经济增长持续放缓、失业增加时,政府要实行扩张性财政政策,增加财政性支出,提高政府购买水平,提高转移支付水平,降低税率,以增加总需求,解决衰退与失业问题。当经济增长强劲、通货膨胀严重时,政府要实行紧缩性财政政策,降低政府购买水平,降低转移支付水平,提高税率,以减少总需求,抑制通货膨胀。

当政府奉行扩张性财政政策时,财政支出增加,财政收入相对减少,政府购买水平提高,从而导致社会需求的增加。增加对道路、桥梁、港口等非竞争领域的投资,从而直接增加相关产业的投资,提高相关产业的需求,促进其他产业以乘数的方式发展;改变政府转移支付水平,如增加社会福利、增加为维持农产品价格对农民的拨款等,提高一部分人的收入水平,间接促进公司利润的增长;税率的调整直接影响公司的收益水平。扩张性的财政政策将导致公司的市场需求扩大,现金流量增加,创造公司的投资机会,公司的生产经营业绩上升,这时是企业增加企业价值的良好时机。紧缩性的财政政策对公司的影响正好与扩张性的财政政策的影响相反。

政府财政政策与货币政策的传导机制不同,财政政策是通过控制政府的财政收入与财政支出,通过企业的投入与产出来影响总需求的,这与通过调节信贷和货币供应量影响需求的货币政策具有明显的区别,财政政策传导过程比较长,因此,对企业财务管理具有缓慢而持久的影响。

3. 汇率政策的调整影响企业理财

汇率的高低将影响资本的国际流动,也会影响本国的进出口贸易。汇率上升时,本币贬值,本国产品的竞争能力增强,出口型企业将受益,现金净流量将会增加,但进口企业将

多支付本币，发生损失。汇率下跌的情形与此相反。

汇率的上升导致本币贬值，将导致资本流出本国，证券市场价格下降；反之，汇率下跌，则资本流入本国，本国的投资增加，证券的市场价格上升。

（三）通货膨胀

通货膨胀不仅对消费者不利，给企业理财也带来很大困难。企业对通货膨胀本身无能为力，只有政府才能控制。企业为了实现期望的报酬率，必须调整收入和成本。同时使用套期保值等办法减少损失，如提前购买设备和存货，买进现货卖出期货等，或者相反。

三、法律环境

财务管理的法律环境是指企业组织财务活动、处理企业与有关各方的经济关系所必须遵循的法律规范的总和。广义的法律规范包括各种法律、法规和制度。财务管理作为一种社会活动，其行为要受到法律的约束，企业合法的财务活动也相应受到法律的保护。企业从事筹资、投资、收益分配活动，必须要遵循有关法律的规定。

影响企业财务管理的主要法规包括：

（一）企业组织法规

企业组织必须依法成立，组建不同组织形式的企业，必须要遵循相关的法律规范，它们包括《中华人民共和国公司法》、《中华人民共和国全民所有制工业企业法》、《中华人民共和国外资企业法》、《中华人民共和国中外合资经营企业法》、《中华人民共和国合伙企业法》等。这些法律既是企业的组织法，也是企业的行为法。在企业组织法规中，规定了企业组织的主要特征、设立条件、设立程序、组织机构、组织变更和终止的条件和程序等，涉及企业的资本组织形式、企业筹资渠道、筹资方式、筹资期限、筹资条件、利润分配等诸多理财内容的规范，也涉及不同的企业组织形式的理财特征，例如合伙制企业与独资企业要承担无限债务偿还责任，而公司制企业承担有限责任。

（二）企业经营法规

企业经营法规是对企业经营行为所制定的法律规范，包括反垄断法、环境保护法、产品安全法等。这些法规不仅影响企业的各项经营政策，而且也会影响企业的财务决策及实施效果，对企业投资、经营成本、预期收益会产生重要的影响。

（三）税收法律制度

企业理财决策要受到税收的直接影响和间接影响。因此，国家税收是企业理财的重要外部环境。税收是国家为实现其职能，强制地、无偿地取得财政收入的一种手段。任何企业都负有纳税的法定义务。税收对财务管理的投资、筹资、收益分配决策都具有重要的影响。在投资决策中，税收是一个投资项目的现金流出量，计算项目各年的现金流量必须要扣减这种现金流出量，才能正确反映投资所产生的现金净流量，进而对投资项目进行估价；在筹资中，债务的利息具有抵减所得税的作用，确定企业资本结构也必须考虑税收的影响；收益分配比例和收益分配方式影响股东个人交纳的所得税的数额，进而可能对企业价值产生重要的影响。此外，税负是企业的一种费用，要增加企业的现金流入，企业无不希望减少税务负担。企业进行合法的税收筹划，也是理财工作的重要职责。

我国目前的主要税种有按收益额课征的所得税和按流转额课征的增值税、消费税、营业税等。

(四)证券法律制度

证券法律制度是确认和调整在证券管理、发行与交易过程中各主体的地位与权利、义务关系的法律规范。证券法律制度对企业以证券形式进行的筹资与投资、对上市公司信息的披露具有重要的影响。

第五节　财务治理与财务管理体制

一、现代企业的代理关系

按照迈克尔·詹森和威廉·麦克林的定义,委托代理关系是一种契约关系,根据这个契约,一个或多个行为主体指定雇用另一些行为主体为其提供服务,并根据其提供服务的数量和质量支付相应的报酬。还有一些经济学家如普拉特和泽克好瑟对委托代理关系表达得更为简朴直接,认为只要是一个人依赖于另一个人的活动,那么委托代理关系就产生了。拨米和米恩斯等经济学家对委托代理关系做了进一步深究,指出委托人与代理人在激励与责任方面的不一致性或者矛盾以及信息不对称,代理人有可能背离委托人的利益或不忠实于委托人意图而采取机会主义行为,发生道德风险和逆向选择,于是随之而产生的委托代理成本问题影响着委托代理关系的良好运行。

(一)代理关系的分类

现代企业中存在着多种代理关系,按划分标准的不同,企业代理关系的类型也不同。

1.按现代企业的治理结构划分

(1)股东大会和董事会之间的委托代理关系。股东大会是股份公司中的最高权力机构,它不能直接管理企业,因此股东大会便选举出一些股东组成董事会来管理企业,所以股东大会和董事会之间便形成了企业的第一层次的委托代理关系。其中股东大会(全体股东)为委托人,董事会为代理人。董事会受全体股东的委托来管理企业,董事会对全体股东负责。

(2)董事会和管理当局之间的委托代理关系。董事会受全体股东的委托,指导、监督企业的经营管理活动,但是董事会一般也不直接管理企业,而只是负责制定企业重大决策。董事会成员不一定具有管理企业的能力,因此董事会会聘任具有管理才能的人直接管理企业,负责企业日常事务的管理。管理当局受董事会委托来具体地管理和经营企业,在董事会授权范围内独立执行决策计划,负责日常管理,这就形成了企业中第二层的委托代理关系,董事会是委托人,管理当局是代理人。

(3)管理当局和各部门经理之间的委托代理关系。管理当局在董事会授权的范围内,独立地经营管理企业,为了完成代理责任,管理当局会聘任部门经理具体负责各部门的日常工作,并且赋予一定的权利。因此,管理当局和各部门经理之间就形成了企业中第三层的代理关系,管理当局是委托人,各部门经理是代理人。

企业中主要存在以上的三个层次的委托代理关系,形成了一个委托代理关系网络,股东大会处于网络顶端,各部门经理处于网络底端。

2.按现代企业的所有权集中度划分

(1)企业在分散所有权结构下,公司治理问题要面临的核心委托代理关系是公司的股东与经理人之间的代理问题。在分散股权的条件下,经理人成为公司的实际控制者,双方在追求各自利益最大化的情况下，产生了经理人作为代理人的利益与股东利益即委托人的利益不一致的问题，此问题成为公司治理的核心问题。此时，公司治理要解决的主要问题是如何防止其他股东的“搭便车”行为。从以上的观点我们可以得出：由于委托人与代理人的利益不一致，双方的契约是不完全的，信息是不对称的，代理成本必然产生。为了降低代理成本，就必须建立完善的代理人激励约束机制，使经理人的利益和自己一致（一般情况下，这种状态很难达到，因为经理人也在不断地追求自己利益最大化）。

（2）在集中所有权结构下，企业中存在的委托代理关系主要有以下两种：第一，即上文提出的股东和经理人之间的委托代理关系，由于信息不对称和双方都在追求自身利益的最大化，产生了一系列的代理问题，公司治理研究了此类代理问题的解决方法，但在集中所有权的结构下，这种代理关系已经不是最主要的代理关系了。第二，控股股东与中小股东的委托代理关系——控股股东对中小股东的利益侵占的问题成为目前公司治理的核心问题。在这种情况下，一方面控股股东可以获得并想办法增加控制权的共享收益（public benefits of control），即企业为了提高公司价值，增强决策权利和监督效益，使股权趋于集中。事实表明大股东或者控股股东的存在会缓解与经理人之间的代理问题矛盾。但由于所有权集中，控股股东或大股东在公司的管理中拥有了更多的话语权和选举权，甚至在一些重大问题上起了决定性的作用，大股东或者控股股东可以通过发行多种股票、交叉持股、金字塔结构等方式，以掌控更多的实际控制权，从而获得更多的控制权共享收益。除此之外，控股股东或大股东利用其权利优势甚至可以通过内幕消息进行投机交易、关联交易、实施有利于自身的投融资决策、利益输出等方式来谋取控制权的私有收益（private benefits of control）。此时公司治理要解决的首要问题不再是股东和经理人之间的代理问题，而是由于控股股东对中小股东的利益侵占所产生的代理问题和对中小股东权益的保护问题。

（二）代理关系的利益冲突

代理关系由某一当事人（委托人）聘用另一当事人（代理人）完成某项工作，并赋予其一定的决策权而产生。代理理论通常假定委托代理双方都是有限理性的社会人，追求的是个人效用的最大化。其中，股东追求的是企业财富最大化，如企业经营成果的最大化等，而经理人员追求的是个人资本（知识、才能、社会地位等）的增值以及个人收入最大化。股东与经理人员之间客观存在的目标差异是代理冲突问题产生的根本原因。这一目标差异决定了他们之间不可避免地存在着利益冲突，主要表现在：

1. 逆向选择——信息不对称

逆向选择——信息不对称，指代理人依据私有信息采取有利于自己，不利于委托人的行为。理论上讲，经理人员的目标应服从于股东的目标，但由于信息不对称，经理人员比股东更了解企业的日常经营状况，更熟悉市场环境，因此经理人员可能利用这种信息优势谋取个人利益，具体表现有：经理人员的目标结构决定了其在经营管理活动中更热衷于扩大企业规模。因为一个规模迅速扩大的企业可以有效地降低敌意收购的可能性，从而增强其经理职位的稳定性。另一方面，企业规模的扩大可以提高经理人员的社会地位和薪金，尽管不切合本企业实际情况的规模扩大对股东利益而言是不利的。

经理人员可能会选择只有利于其个人利益的方案，如扩大在职“因公”消费、增加闲暇时间等，或者利用其职权调整财务报表事项发生的时点来实现自身利益，特别是经理人员的个人报酬与企业短期利润有直接关系的情况下，他们可能会趋于采用各种短期财务行为来增加收益。信息不对称和经理人员行为的不可观察性为经理人员谋求私利提供了便利。

2. 道德风险——合同的不完全

道德风险——合同的不完全，指委托人与代理人对可采取行动的秩序的偏好不同，但委托人又无法观察到代理人如何实际地安排行动秩序，也就是说经理人员和股东的目标不能够低成本地协调。通常情况下，为了协调代理冲突，限制经理人员追求个人利益最大化的行为，股东不得不负担代理成本。

所谓代理成本是指为了鼓励经理人员追求企业财富最大化这一目标所发生的全部成本，主要包括三部分：(1)监督成本，即监督经营者管理活动的成本，包括公司治理结构的组建和运作成本、会计核算费用、审计费用等；(2)激励成本，即根据契约规定和经营者业绩支付给经理人员的报酬；(3)剩余损失，即发生监督成本和激励成本之后，经理人员决策仍然偏离了企业财富最大化这一目标，并使股东利益受损的货币当量。

从股东的角度出发，在其他因素确定的条件下，只有当代理成本总额最小化时，才可能实现企业财富最大化这一目标。然而，剩余损失实际上是难以准确计量的，股东只有通过调整监督成本和激励成本来促使经理人员致力于企业经营目标的实现。代理成本的高低因企业而异，主要取决于经理人员的素质、内部契约的完善程度以及监督约束制度的有效性等。此外，代理成本的高低还与经理市场、产品市场、金融市场的完善程度及法律规范的健全程度有关。

二、财务治理结构

财务治理结构是一组契约制度，它通过一定的财务治理手段，合理配置剩余索取权和控制权，以形成科学的自我约束机制和相互制衡机制，目的是协调代理关系之间的利益和权责关系，促使它们长期合作，以保证企业的决策效率。

(一)财务治理的内涵

财务治理有狭义与广义解释。狭义的财务治理，一般指财务内部治理，尤其是特指财务治理结构，即由企业股东大会、董事会、经理层、监事会等权力机构对企业财务权利进行配置的一系列制度安排。通过财务治理结构安排，对企业财权进行合理分配，以形成一种财务激励约束机制。广义的财务治理，一般是指企业财务共同治理，即企业内外部利益相关者共同对企业财务进行治理。可定义为用于协调企业与其利益相关者之间财务关系、平衡财务权利的一套正式的、非正式的制度或机制。其含义为：财务治理就是基于财务资本结构等制度安排，对企业财权进行合理配置，在强调利益相关者共同治理前提下，形成有效的财务激励约束等机制，实现公司财务决策科学化等一系列制度、机制、行为的安排、设计和规范。综合财务治理的上述解释，财务治理的实质是通过财务权限划分形成相互制衡关系的财务管理体制。财务治理是在公司制条件下，政府、出资人和经营管理者之间在财务收支管理、财务剩余索取、财务监督、财务利益分配和财务人员配置等方面划分权限，从而形成相互制衡关系的财务管理体制。具体内涵如下：

(1)财务治理是企业财产所有权与经营管理权分离发展到公司制这一时期的产物。在公司制以前的企业形式中，独资企业和合伙制企业的财产所有权与经营管理权基本上是统一的，出资人承担无限责任。而在公司制条件下，企业的资产规模扩大，出资人只承担有限责任，资产的终极所有权、法人财产所有权和法人财产经营管理权分离了，在所有者与经营管理者之间、上层经营管理者与下层经营管理者之间形成了层层委托代理关系，原有的经营管理体制已经不适应企业组织形式和财务管理要求，不能满足股东、债权人和经营管理层之间的权利划分及利益要求，公司治理和财务治理与之相配合而产生，对财权的划分进行制度规范。

(2)财务治理应是一种财权在企业有关掌管方之间划分的制度规范。财权主要包括财务收支管理权、财务剩余索取权和财务监督权。在所有者和经营者之间，各方如何划分财务收支管理权、财务剩余索取权和财务监督权，依据谁对财产最终承担责任而定。但是，不同层次经营管理者和所有者各自拥有多少剩余索取权，不同层次的财务监督者或监督机构各自掌管何种和多少监督权，事先必须用明确的契约或制度来规范。

(3)财务治理应是企业财务活动、财务行为方面各自拥有权限的划分及运行管理制度。企业的财务活动每天都在进行，所有者不可能事必躬亲，只能交给经营管理者运营，但如何确定框架让其不违背所有者的意志，就必须建立一种制度，事先规定经营管理者的财务活动权，以便在日常财务活动中有章可循。财务治理就是这样一种财务活动权限的划分制度。

(4)财务治理是一种财务权限掌管和财务监督执行的人员安排制度。在公司财务治理结构中，所有者有权根据自己的意志安排公司的高层财务管理人员，有权按照自己的需要派遣有关层级的财务监督人员，公司的经营管理者在不违反所有者意志的前提下，有权根据财务活动需要安排下属机构的财务负责人，并相应配置有关的财务管理权限。财务治理结构要包括这种财务人员的管理制度。

(5)财务治理是一种委托方对代理方本身财务利益的安排制度。所有者对经营者、高层经营管理者对下属各层次经营管理者要设计利益刺激机制，以促使有关代理方努力完成所有者的财务利益目标。因此，委托方要适当考虑代理方的财务利益，并将这种财务利益在财务预算或财务权限中事先设定，这是财务治理不可缺少的组成部分。

(6)财务治理是一种政府插手设计的财务管理制度。政府作为社会管理者，要从公司的财务活动中取得财政收入，也要保证公司的财务运行秩序正常，必然会根据具体国情，从宏观管理方面，设计和制定有关的法律法规和财政税收管理制度，以促进公司财务活动顺利进行，这也是公司财务治理的组成部分。

上述各项制度的综合，就形成了一套管理体制。

(二)财务治理结构的内容

1.公司内部财务管理权限划分制度

即公司的股东大会、董事会、经营管理层及下属不同层级经营管理者、财务部门和相关人员在财务管理方面的权限界定制度以及权限调整制度。具体表现在资本投资决策权、经营收入和产品定价决定权、成本费用开支权、利润实现确认权与分配权、注册资本扩张与缩小决策权、对外融资举债决策权等方面的权限划分制度。在社会主义市场经济条件下，国有独资和国有控股公司中，国家政府作为所有者或出资者，成为财权划分的主要责任方面。

2.公司内部掌管财权的人事安排制度

掌握财权的人员，特别是高层掌管财权的人员选聘安排制度，是公司财务治理的重要组成部分。财务治理和其他管理体制一样，没有相应的人事安排制度作为其基本条件，企业内部的经营管理活动及其引起的财务行为就不能做到令行禁止，也不能在企业内部形成财权制衡。这一制度不仅包括财务总监、总会计师、财务部经理及下属部门财务人员的配置，而且包括掌管公司财务决策大权的董事会成员、总经理、副总经理和下属部门经理的人事管理制度，以及负责公司财务监督的监事会成员的任免管理制度。在国有独资和国家控股的公司中,政府职能部门代表国家制定和掌握该人事安排制度。

3. 所有者对经营管理者、上层经营管理者对下层经营管理者的财务监督体制

具体包括股东大会对董事会、董事会对经营管理层、监事会对董事会和经营管理层、上层经营管理者对下属经营管理者在成本费用计算、财务收入与支出、薪酬确定与支付、利润计算与核实、财务业绩考核与评价等方面的事前、事中与事后监督制度、监督方式与运行操作方法等。在国有和国有控股公司中,国家政府以所有者和社会管理者双重身份参与公司的财务监督活动,设计和调整公司的财务监督体制。

4. 所有者对经营管理者、上层经营管理者对下层经营管理者的财务激励机制

这种激励机制是促使不同层级的经营管理者认真努力工作的条件。没有激励机制,企业财务治理结构的有关组织机构难以发挥正常效力。财务激励机制主要包括:财产终极所有者对法人财产所有者或法人代表的财务激励机制、董事会对经营管理者的财务激励机制、上层经营管理者对下层经营管理者的财务激励机制等。国家制定相关的法律、法规和政策,给公司设计财务激励制度创造相应的环境。在国有独资和国有控股公司中,政府直接以所有者身份参与财务激励机制的设计、建立和调整,并监督其实行。

5. 下层经营管理者对上层经营管理者和所有者的财务信息反馈制度

为了尽力消除"信息不对称"造成的不利影响,上层经营管理者和所有者会建立一种定期的信息反馈报告制度,迫使下属及时、尽可能准确地报告企业的财务信息,这种制度已经越来越成为企业财务治理的重要组成部分。国家政府对此亦会作出相应的制度规范,以掌握必要的财务信息。

6. 企业下层经营管理者对上层经营管理者、一般员工对不同层级经营管理者的财务监督体制

从世界各国的企业财务治理结构实际情况看,下属对上层、一般员工对高层和不同层级经营管理者的财务监督通过工会或派员参与监事会、董事会的形式表现出来。在当今的市场经济体制国家,这一体制具有越来越重要的意义。

(三)财务治理结构的特点

1. 多层次的财务治理主体

公司的终极财产所有权至最终财产使用管理权之间,存在着多层级的委托代理关系,因此,企业财务治理主体表现为多层级性,即每一层级都是下一层级的财务治理主体。一般来说,下一层级的治理主体受制于上一层级治理主体,执行者受制于委托者或决策者,决策者受制于监督者和所有者。在国有和国有控股公司中,国家政府既可以以所有者身份作为治理主体,又可以以社会管理者身份成为治理主体,参与公司的财务治理活动。

2. 多个不同的特定财务治理客体

相对于多层级的财务治理主体来说,每一财务治理主体都面对一个或一群特定的治理客体,即各治理主体在其财务监督权、财务分配权和财务决策权范围内掌管、制约的对象,这些对象可能是子公司的经营者及其财务行为,也可能是公司某一职能部门的财务收支活动,或是同一层级各主体制约的其他职能部门的财务行为。

3. 不同的治理手段和治理方式共存于一个财务治理结构中

不同层级的财务治理主体与客体,需要针对不同的情况采用不同的治理手段和治理方式,如在所有者与经营者之间需要采用契约或合同的方式,规定各自的财务权利和义务;采用解聘或辞职的手段,弥补契约的不合理或一方不履约;在不同经营者之间需要采用确定

薪酬的方式，固定双方的委托代理关系；采取扣减薪酬或增加奖励等手段，激励代理方努力。这些不同的治理手段和治理方式共存于一个财务治理结构中。

4. 相互制衡是财务治理中的基本状态

与传统的企业财务管理体制不同，财务治理中的主体与客体、不同的委托方与代理方、所有者与经营管理者之间，按照市场规则形成相互约束、互为条件的制衡关系。在这种制衡关系中，高层与中下层经营管理者之间，终极所有者与法人财产所有者之间，彼此的关系既表现为权力统制与服从的关系，又表现为依靠契约相互界定各自的权利与义务，任何一方超越自己的权利与义务作为或不作为，都有可能使这种制衡关系遭受破坏。

三、财务管理体制

财务管理体制是指划分企业财务管理方面的权责利关系的一种制度，是财务关系的具体表现形式。一般来说，包括企业投资者与经营者之间的财务管理体制和企业内部的财务管理体制两个层次。企业集团财务管理体制是明确集团各财务层级财务权限、责任和利益的制度，其核心问题是如何配置财务管理权限，其中又以分配母公司与子公司之间的财权为主要内容，它属于企业财务管理工作的“上层建筑”，对其“经济基础”——企业集团的理财活动起着推动、促进和导向作用。

（一）财务管理体制的内容

企业内部财务管理体制的主要责任是在特定经济环境下正确处理企业同内外各方面经济利益关系，因而它主要包括以下五个方面的内容。

1. 确定与企业内部经营组织形式相关的财务管理体制类型

企业的生产技术特点和经营规模的大小不尽相同，因而，各企业内部的经营组织形式也就有所不同，不同的企业内部经营组织形式决定了不同的内部财务管理体制。

2. 确定与企业内部各财务管理单位的经济责任相适应的财务责任

企业内部各财务单位所承担的经济责任不同，其财务责任也应有所区别，因而，对于完全独立生产经营的成员企业，在财务上应该承担自负盈亏的责任，而相对独立生产经营的内部单位，应根据其是否具有相对独立的生产经营能力分别确定财务责任，并以指标分解的形式落实。例如，在资金管理方面，要为企业内部各部门、各层级核定流动资金占用额、利用效果和费用定额指标；车间、仓库对占用的流动资金要承担一定的经济责任并定期进行考核，对超计划占用的流动资金应支付相应的利息；同时，应为各部门核定收入和支出的指标；使收入对比支出，确定经营成果，并将成本或费用指标分解落实到各车间和部门，作为支出的计划指标；各车间生产的产品和半成品以及各部门提供的劳务均应按照内部结算价格结算支付，作为车间和各部门的收入指标；在利润管理方面，应将企业利润分解以确定内部利润，使车间利润、部门利润与企业利润相挂钩。

3. 确定与企业内部财务管理单位财务责任大小相一致的财务权限

由于部分内部成员企业能够承担自负盈亏的责任，因而，应该给予其独立进行筹资、投资、成本费用开支与收益分配的财权；对于相对独立的企业内部各部门则应分别给予投资决策权、内部利润取得与分配权以及成本费用的开支与控制权。

4. 根据内部结算价格计价结算，确认各单位履行职责的好坏

企业内部的材料和半成品的领用、使用劳务、半成品和成品的转移等都要按照实际数量和内部转移价格进行结算，并且采用一定的结算凭证办理相关手续，以划清各自的收支，

分清经济责任，便于奖惩。因而，要求企业应制定完善的内部价格以及内部结算办法，并建立内部结算中心。

5. 根据承担的财务责任的大小以及履行情况来确定物质利益的多少

对承担自负盈亏的内部成员企业，其工资总额应由该成员企业控制，税后利润除向企业集团交纳一定管理费用外，应由成员企业按国家规定自主分配；而相对独立的内部单位，其工资总额由企业总部控制，与各单位完成责任指标挂钩的工资，可分别交由这些单位掌握使用，企业税后利润分配应统一由企业总部进行。

（二）财务管理体制的分类

财务管理体制按其集权化的程度可分为集权式财务管理体制、分权式财务管理体制和混合式财务管理体制。

1. 集权式财务管理体制

所谓集权制就是指重大财务决策权都集中在企业最高管理层，最高管理层对企业采取严格控制和统一管理方式的财务管理体制。

集权制的优点在于：(1) 由企业最高管理层统一决策，有利于规范各成员企业的行动，促使企业整体政策目标的贯彻与实现；(2) 最大限度地发挥企业各项资源的复合优势，集中力量，达到企业的整体目标；(3) 有利于发挥最高管理层财务专家的作用，降低企业部门财务风险和经营风险；(4) 有利于统一调度企业资金，保证资金头寸，降低资金成本；(5) 由于资金统一运作，因而资金占用相对减少，及时形成生产能力；(6) 由于总公司高度集权，便于指挥，行政管理比较方便。

但集权制的缺点也很明显：(1) 集权制首先要求最高决策管理层必须具有极高的素质与能力，同时必须能够高效率地汇集起各方面详尽的信息资料，否则可能导致主观臆断，以致出现重大的决策错误；(2) 权力过分集中在高层管理者手中，使得他们陷于日常财务活动，无法做好长期性的决策工作；(3) 中层管理者却缺乏自主权，不利其主动性与创造性的发挥。随着企业规模扩大，经营范围拓宽，这些弱点就显得尤为突出。

2. 分散管理模式

分散管理模式的财务管理机构是与 M 型企业组织结构形式相对应的。M 型机构（multidivisional structure）又称事业部型分权结构，是一种分权式的、按区域或产品类别划分部门的结构。因此，采用这种财务管理体制的企业，其财务管理采取统一领导、分口分级管理形式，即由企业总部统一安排各项资金，处理财务收支，编制全企业财务、成本计划，核算全企业的成本与盈亏，并在企业内部实行分口分级管理。具体来说，是由财务部门负责将企业各项财务指标分解为小指标，逐级落实到各部门（各科室）、各级（车间、仓库、班组），并为各单位规定完成指标的要求。这种财务管理机构中，主管层财务机构由企业高层主管人员领导，总部设置的财务机构通常是财务委员会，总揽公司财政大权；分管层与基础层财务机构由分管部门与基层单位负责人领导，这两层的财务机构与总部任务相似，只是其工作范围小些，工作重点侧重于中短期的日常活动。主管层财务机构与分管层、基础层财务机构之间无上下级领导关系，但有业务上的指导关系。

这种财务管理的结构，完善了决策劳动的分工形式。许多财务决策由独立的分部各自作出，中层管理者有了自主权，同时高层管理者也因此得以摆脱日常工作，集中精力于长期性、统一性的统筹决策及协调下属单位之间的关系，这正好弥补了上一种机构的不足之处。当然该机构也有其存在的问题：(1) 权力下放到下属单位，必然存在一个考核问题，虽然总部对其有考核指标，但毕竟还“相隔甚远”；(2)资金分散，运作不灵活，占用量也较大，资金使用效率相对较差。

3. 综合管理模式

实践的丰富性带来现代财务管理机构模式的多样性。在上述两种企业组织结构形式基础上，企业又发展出一些其他的组织结构形式，其财务管理机构也就相应地发生变化。综合管理模式吸收了上述两种模式的优点，同时也克服或消除了它们的一些缺点。

(1)U－型结构的变种——矩阵结构和财务管理机构。U－型结构即是集权式管理结构，是现代企业最为基本的组织结构。矩阵结构就是在原有U－型结构的基础上，再建立一套横向的领导系统，二者结合而成为一个矩阵。每个执行人员不仅受垂直的各职能部门领导，而且同时受水平的、为执行某一专项职能而设立的工作小组领导。矩阵结构中的财务机构与U－型结构相似，只是其执行人员根据矩阵型企业组织结构本身具有的特性，同时受到水平的项目小组领导。这种财务管理机构能够加强其与各职能部门的横向业务联系，集中调动资源，但也存在着结构本身双重领导带来的领导责任不清、决策延误等缺点。

(2)M－型结构的发展——超事业部结构和模拟性分散管理结构的财务管理机构。超事业部结构也称为执行部结构，就是在M－型结构的基础上，在总部和分部之间增加一个管理层级(超事业部)，由其来统辖和领导若干个分部的活动，避免过于分权带来的低效率与浪费现象。严格来讲，模拟性分散管理结构只是一种模拟的M－型结构，而不是真正的M－型结构。一些企业一方面规模很大，不宜采用U－型结构；另一方面又因为其本身的生产过程具有很强的整体性或连续性，而不能采用真正的M－型结构。于是就按生产区域或其他标准把企业划分成若干“组织单位”，这些组织单位独立自营，有相当大的自治权，并进行模拟性的独立核算与自负盈亏。由于这两种结构均为M型结构的衍生形式，因此其财务管理结构与M－型相似。不过，超事业部结构中各个事业部的日常性事务以及有关决策性的问题，分别向各超事业部报告，而不必再向总部报告。因此其财务信息流向是先由事业部流向超事业部，再由超事业部流向财务机构。这对提高财务管理机构的效率及减少资源的浪费有很大贡献。

(3)M－型结构和矩阵结构的混合——多维结构中的财务管理机构。多维结构可以看作矩阵结构和M－型结构的扩展。它是在矩阵结构的基础上，加上按地区划分的领导系统，即成为三维结构，若再加上按其他某一因素划分的组织系统，则成为四维结构，依次类推。多维结构促使项目事业部、地区事业部与职能部门三方面都能从整个组织的全局来考虑问题，从而减少摩擦，互通情报，集思广益，共同决策。但是，多维结构同样也存在与矩阵制类似的多重领导所带来的缺陷。该财务管理机构与矩阵机构大致相同，只是维度不同。

(三)财务管理机构的构成

现代企业财务管理是一项开放性、动态性、综合性的管理活动，在整个企业经营管理工作中具有举足轻重的地位。因此，在企业内部，财务机构的科学设置和财务管理人员的合理聘用，对财务管理职能的发挥具有十分重要的意义。股份有限公司是现代企业制度的基本组织形式，因而其财务机构也可视为现代企业财务机构最完备的形态。以股份有限公司为例，企业财务机构构成简介如下：

在财务副总经理或总会计师之下，设置平行的财务部和会计部，分别执行财务职能和会计职能，将原隶属于会计部的财务职能分离出来。财务部主要负责企业财务管理工作，承担资金筹集、编制财务预算、投资经营决策、营运资本日常管理、信用和保险、利润分配以及日常财务活动的控制、分析、评价并提出报告。在财务部，设财务经理，其职责主要是负责组织财务部的日常工作，协调与其他部门的关系，向财务副总经理或总会计师报告工作。财务部具体可设置下列部门：

（1）预算组。其职责是负责编制企业财务预算，包括现金预算、收入预算、成本费用预算、资本预算等，并负责各项预算执行情况的检查。

（2）现金管理组。负责现金、银行存款的保管、出纳与结算，对现金预算执行情况提出报告。

（3）信用管理组。具体负责信用政策的制定和执行，对应收账款进行账龄分析并对过期账款进行催收。

（4）筹资管理组。根据资本预算，负责核定资金需要量，筹集资金，对资本结构和资金成本进行控制。

（5）投资管理组。负责对企业各种投资进行预测，提出决策建议，对投资项目的现金流量进行估计并对其进行控制，对投资方案进行经济评价。

（6）利润管理组。负责制定企业利润规划，对利润计划执行和完成情况进行监督和评价，拟定企业利润分配政策，制定利润分配方案，并对已批准的利润分配方案组织实施。

（7）分析和资本运营组。负责企业财务状况和经营成果的分析与评价，提出改善财务状况和提高经济效益的建议，负责对日常资金运营状况进行控制和监督。

思考与练习

1. 财务管理的内容有哪些？
2. 财务管理发展各阶段的特点是什么？
3. 你认为现代企业财务管理的目标是什么，为什么？
4. 经济环境是如何影响企业财务管理的？
5. 简述金融市场与金融资产的含义与特征。
6. 财务代理关系中的利益冲突如何协调？
7. 浅析财务治理结构与财务管理机构之间的关系。

第二章　财务管理观念

学习目标：通过本章的学习，使学生深入理解货币时间价值观念，熟练掌握货币时间价值的计算；理解资产收益的表示与风险的计量，树立风险与收益均衡观念；了解成本与效益的含义，从长远和整体角度考虑成本与效益。

第一节　货币时间价值观念

一、货币时间价值的概念

货币的时间价值，是指货币经历一定时间的投资和再投资所增加的价值，也称为资金的时间价值。资金之所以具有时间价值是因为资金进入社会再生产过程后能产生价值增值。比如，将资金投入生产经营以后，劳动者会生产出新的产品，创造出新的价值，产品销售以后得到的收入要大于原来投入的资金额，形成一个资金的增值。如果将资金存入银行，一定期间之后会获得利息，这个利息就是资金的时间价值，时间越长，资金的增值越多。货币的时间价值是财务管理的一个重要概念。

二、货币时间价值的表示

货币时间价值可以用绝对数表示，如利息额；也可以用相对数表示，如利息率。通常情况下，相对数应用比较广泛。从相对数看，货币时间价值是指在不考虑通货膨胀和风险报酬情况下的社会资金平均利润率，是利润平均化规律发生作用的结果。

三、货币时间价值的计算

货币时间价值的计算，主要是指终值和现值的计算。终值又称将来值，是现在一定量的资金折算到未来某一时点所对应的金额，通常记作 F。现值是指未来某一时点上一定量的资金折算到现在所对应的金额，通常记作 P。

（一）单利终值与现值的计算

单利是指不论时间长短，只按本金计算利息，其所生利息不加入本金计算利息，即本能生利，利不能生利。

1. 单利终值的计算

$$F = P(1 + n \times i)$$

式中，$(1 + n \times i)$ 为单利终值系数。

【例 2－1】 某人现在将 10 000 元存入银行，在年利率为 2.25% 的情况下，求存定期 4 年后所能取出的金额。

解:这是属于计算单利终值问题。

4 年后所能取出的金额为:

$$F = 10\ 000\text{元} \times (1 + 2.25\% \times 4) = 10\ 900\text{元}$$

2. 单利现值的计算

单利现值是指若干年后收入或支出一笔资本按单利计算现在的价值。其计算公式是

$$P = F/(1 + n \times i)$$

式中,$\frac{1}{1+n\times i}$为单利现值系数。单利终值系数与单利现值系数互为倒数。

【例 2-2】 某人想在 4 年后从银行取得 20 000 元,在年利率为 2.25% 的情况下,现在应该一次性存入多少钱?(计算结果保留两位小数)

解:这是属于计算单利现值问题。

现在应该一次性存入金额为:

$$P = 20\ 000\text{元} \div (1 + 4 \times 2.25\%) = 18\ 348.62\text{元}$$

(二)复利终值与现值的计算

货币的时间价值一般都是按复利方式进行计算的。所谓复利,是指不仅本金要计算利息,利息也要计算利息,即本能生利,利也能生利,俗称“利滚利”。

1. 复利终值的计算

复利终值是指现在的一笔资本按复利计算的未来价值。其计算公式是:

$$F = P(1 + i)^n$$

式中,$(1+i)^n$ 称为复利终值系数,记为 $(F/P,i,n)$。

【例 2-3】 某人将 10 000 元存入银行,年利率为 2%,到一年后自动将本利和转存一年,求 4 年后能取出多少钱。

解:这是属于计算复利终值的问题。

4 年后能取出的金额为:

$$F = P(1 + 2\%)^4 = 10\ 000\text{元} \times 1.082\ 4 = 10\ 824\text{元}$$

【例 2-4】 某企业于年初存入银行 100 000 元,在年利率为 8%,半年复利一次的情况下,计算到 5 年末,该企业可以得到的本利和。

解:本利的复利期不是一年,而是半年,在年内复利多次的情况下,可以有两种方法计算复利终值。

第 1 种方法:根据复利终值公式调整利率和期数。年利率为 8%,半年的期利率就为 4%,复利期数为 10。

5 年末企业可以得到的本利和为:

$$F = P(1 + 4\%)^{10} = 100\ 000\text{元} \times 1.480\ 2 = 148\ 020\text{元}$$

第 2 种方法:将给出的名义年利率调整为实际利率,然后按实际利率计算时间价值。名义利率与实际利率之间的关系可以表示为:

$$1 + i = \left(1 + \frac{r}{M}\right)^M$$

式中,r 为名义利率;M 为每年复利次数;i 为实际利率。

应用到本例,$1+i=(1+4\%)^2 \Rightarrow i=8.16\%$

5 年末企业可以得到的本利和:

$$F = 100\ 000\text{元} \times (1 + 8.16\%)^5 = 148\ 020\text{元}$$

2. 复利现值的计算

复利现值是指未来一定时间的特定资本按复利计算的现在价值。其计算公式是：

$$P = F(1 + i)^{-n}$$

式中，$(1+i)^{-n}$称为复利现值系数，记为$(P/F,i,n)$，复利现值系数与复利终值系数互为倒数。

【例 2－5】 某人欲在 4 年后获得 10 000 元，若年复利率为 2%，现在应该存入多少钱？

解：这是属于计算复利现值问题。

现在应该存入的金额为：

$$P = F \times (1 + 2\%)^{-4} = 10\ 000\text{元} \times 0.923\ 8 = 9\ 238\text{元}$$

（三）年金终值与现值的计算

前面我们学习的都是一次性收付的终值和现值问题，在现实生活中，经常会遇到在一定时期内发生多笔现金收付的现象，即系列收付的款项。如果每次收付的金额相等，这样的系列收付款项便称为年金。分期付款赊购、折旧、利息、租金、保险费、分期支付工程款等均表现为年金的形式。年金按付款方式，可以分为普通年金、预付年金、递延年金和永续年金。

在年金中，系列等额收付的间隔期间完全可以不是一年，只要满足“相等”的条件即可。

1. 普通年金的计算

（1）普通年金终值的计算。普通年金又称后付年金，是指一定时期内每期期末等额收付的系列款项。普通年金终值是指一定时期内每期期末收付款项的复利终值之和。

普通年金终值的计算可以根据复利终值的方法推导出来，设每年的支付金额为 A，利率为 i，期数为 n，故对普通年金终值的计算可用图 2－1 来说明。按复利计算的普通年金终值 F 为：

$$F = A + A(1 + i) + A(1 + i)^2 + \cdots + A(1 + i)^{n-1}$$

等式两边同乘$(1+i)$得：

$$F(1 + i) = A(1 + i) + A(1 + i)^2 + A(1 + i)^3 + \cdots + A(1 + i)^n$$

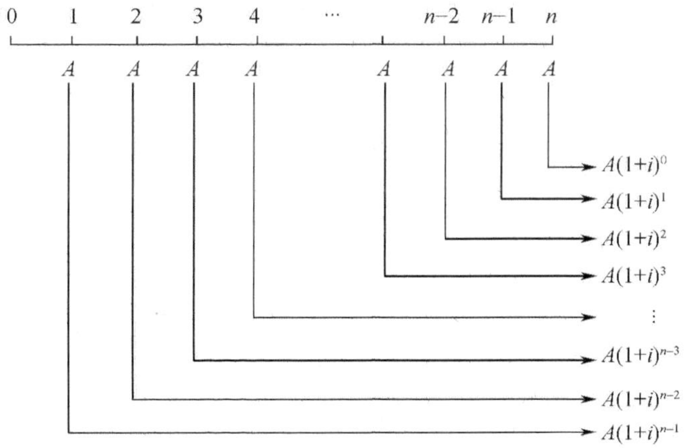

图 2－1　普通年金终值计算图

后式减前式得：

$$F(1 + i) - F = A(1 + i)^n - A$$

$$F = A\frac{(1+i)^n - 1}{i}$$

式中，$\frac{(1+i)^n - 1}{i}$称为“年金终值系数”，记作$(F/A,i,n)$。

【例2-6】 某人在今后的5年中，每年年底将10 000元存入银行，假设存款年利率为3%，求第5年末的存款余额。

解：每年年末等额存入银行款项，属于计算年金终值问题。

第5年末的存款余额，即普通年金终值为：

$$F = 10\,000\text{元}(F/A,3\%,5) = 10\,000\text{元} \times 5.309\,1 = 53\,091\text{元}$$

【例2-7】 某企业有一笔5年后到期的借款，金额为100 000万元，如果年存款利率为3%，求从现在起每年年末需存入银行多少元，才能到期用本利和清偿利息。

解：本例实际是要求每年存款的金额，也就是求公式中的A，根据公式得：

$$10\,000\text{元} = A\frac{(1+i)^n - 1}{i}$$

$$\begin{aligned} A &= 10\,000\text{元} \times \frac{i}{(1+i)^n - 1} \\ &= 10\,000\text{元} \times 1/(F/A,3\%,5) \\ &= 10\,000\text{元} \div 5.309\,1 \\ &\approx 1\,883.56\text{元} \end{aligned}$$

式中，$\frac{i}{(1+i)^n - 1}$为年金终值系数的倒数，称偿债基金系数，记作$(A/F,i,n)$。

(2)普通年金现值的计算。普通年金现值是指一定时期内每期期末收付款项的复利现值之和，如图2-2所示。普通年金现值的计算可以根据复利现值的方法推导出来，设每年的支付金额为A，利率为i，期数为n，则按复利计算的普通年金现值P为：

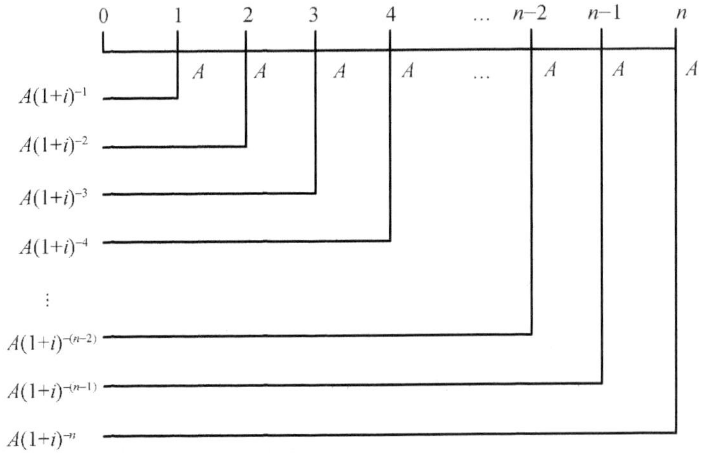

图2-2 普通年金现值计算图

$$P = A(1+i)^{-1} + A(1+i)^{-2} + \cdots + A(1+i)^{-n}$$

等式两边同乘$(1+i)$得：

$$P(1+i) = A + A(1+i)^{-1} + A(1+i)^{-2} + \cdots + A(1+i)^{-(n-1)}$$

后式减前式得：

$$P(1+i)-P=A-A(1+i)^{-n}$$

$$Pi=A[1-(1+i)^{-n}]$$

$$P=A\frac{1-(1+i)^{-n}}{i}$$

式中，$\frac{1-(1+i)^{-n}}{i}$称为“年金现值系数”，记作$(P/A,i,n)$。

【例2-8】 某人欲购买商品房，如果现在一次性支付现金需要50万元；如果分期付款支付，年利率为5%，每年年末需支付50 000元，连续支付20年，问最好采用哪种付款方式？

解：要比较哪种付款方式好，就应该把分期支付的款项折算成现值，再进行比较。由于每年支付金额相等，间隔期间相等，可以利用年金现值系数进行折现。

$$\begin{aligned}分期付款的现值&=50\ 000元(P/A,5\%,20)\\&=50\ 000元\times12.462\ 2\\&=623\ 110元\end{aligned}$$

因为分期付款的现值大于50万元，所以最好现在一次性支付。

【例2-9】 某企业以6%的利率借得100万元，投资于一个新兴项目，该项目的寿命为10年，如果项目每年现金流量均衡，每年至少要收回多少金额该项目才是有利的？

解：每年回收的金额，也就是求年金现值公式中的A，根据公式得：

$$1\ 000\ 000元=A\frac{1-(1+i)^{-n}}{i}$$

$$A=1\ 000\ 000元\frac{i}{1-(1+i)^{-n}}$$

$$A=1\ 000\ 000元\frac{1}{(P/A,6\%,10)}$$

$$=1\ 000\ 000元\times\frac{1}{7.360\ 1}$$

$$\approx135\ 867.72元$$

式中，$\frac{i}{1-(1+i)^{-n}}$是普通年金现值系数的倒数，称投资回收系数，记作$(A/P,i,n)$。

2. 预付年金的计算

预付年金是指一定时期内每期期初等额收付的系列款项，又称即付年金或先付年金。预付年金与普通年金的区别仅在于付款时间的不同。

(1)预付年金的终值计算。预付年金终值是各期期初等额收付款项的复利终值之和。

方法一：预付年金终值的计算可以根据复利终值的方法推导出来。设每年的支付金额为A，利率为i，期数为n，则按复利计算的预付年金终值F得：

$$F=A(1+i)+A(1+i)^2+\cdots+A(1+i)^n$$

式中各项为等比数列，首项为$A(1+i)$，公比为$(1+i)$，根据等比数列的求和公式可知：

$$F=A\frac{(1+i)[1-(1+i)^n]}{1-(1+i)}$$

$$=A\frac{(1+i)-(1+i)^{n+1}}{-i}$$

$$=A[\frac{(1+i)^{n+1}-1}{i}-1]$$

式中的$[\frac{(1+i)^{n+1}-1}{i}-1]$是预付年金终值系数，它和普通年金终值系数$\frac{(1+i)^{n}-1}{i}$相比，期数加 1，而系数减 1，可记作$(F/A,i,n+1)-1$，并可利用“年金终值系数表”查得 $n+1$ 期的值，减去 1 后得出 n 期的预付年金终值系数。

方法二：将预付年金看成普通年金，套用普通年金终值的计算公式，计算终值，得出来的是在最后一个 A 位置上的数值，即第 $n-1$ 期期末的数值，再将其向后调整一期，得出要求的第 n 期期末的终值，即：

$$F = A(F/A,i,n)(1+i)$$

【例 2－10】 若某人计划连续 8 年每年年初存入 5 000 元用于购买住房，若银行存款利率为 3%，则第 8 年末能一次取出的本利和为多少元？

解：每年年初存款，求 8 年末的本利和就是求预付年金终值。

方法一：F = 5 000 元[(F/A,3%,8+1)－1]

= 5 000 元×(10.159－1)

= 45 795 元

方法二：F = 5 000 元(F/A,3%,8)(1+3%)

= 5 000 元×8.892 3×1.03

= 45 795 元

因此，8 年末的本利和为 45 795 元。

(2)预付年金现值的计算。预付年金现值是指一定时期内每期期初等额收付的款项的复利现值之和。

方法一：预付年金现值的计算可以根据复利现值的方法推导出来。设每年的支付金额为 A，利率为 i，期数为 n，则按复利计算的预付年金现值 P 为：

$$P = A + A(1+i)^{-1} + A(1+i)^{-2} + \cdots + A(1+i)^{-(n-1)}$$

式中各项为等比数列，首项是 A，公比是$(1+i)^{-1}$，根据等比数列求和公式得：

$$P = A\frac{[1-(1+i)^{-n}]}{1-(1+i)^{-1}}$$

$$= A\frac{[1-(1+i)^{-n}](1+i)}{i}$$

$$= A[\frac{1-(1+i)^{-(n-1)}}{i}+1]$$

式中，$[\frac{1-(1+i)^{-(n-1)}}{i}+1]$是预付年金现值系数，它和普通年金现值系数$\frac{1-(1+i)^{-n}}{i}$相比，期数要减 1，而系数要加 1，可记作$[(P/A,i,n-1)+1]$。可利用“年金现值系数表”查得 $n-1$ 期的值，然后加 1，得出 n 期的预付年金现值系数。

方法二：先把即付年金看成普通年金，套用普通年金现值的计算公式，计算现值。这样得出的是第一个 A 前一期位置上的数值。再把第一步计算出来的现值乘以$(1+i)$向后调整一期，即得出即付年金的现值，即：

$$P = A(P/A,i,n)(1+i)$$

【例 2-11】 某店主需要连续 8 年每年年初支付店面租金 10 000 元，若年利率为 5%，计算这些租金的现值？

解：每年年初支付，求现值也就是求预付年金现值。

方法一：$P = A[\frac{1-(1+i)^{-(n-1)}}{i}+1]$

$= 10\ 000$ 元$[(P/A, 5\%, 8-1)+1]$

$= 10\ 000$ 元 $\times (5.786\ 4+1)$

$= 10\ 000$ 元 $\times 6.786\ 4$

$= 67\ 864$ 元

方法二：$P = A(P/A, i, n)(1+i)$

$= 10\ 000$ 元$(P/A, 5\%, 8)(1+5\%)$

$= 10\ 000$ 元 $\times 6.463\ 2 \times 1.05$

$= 67\ 864$ 元

因此，这些租金的现值为 67 864 元。

3. 递延年金的计算

递延年金是指第一次收付发生在第二期或以后各期的年金。递延年金是普通年金的特殊形式。凡不是从第一期开始的普通年金都是递延年金，如图 2-3 所示。

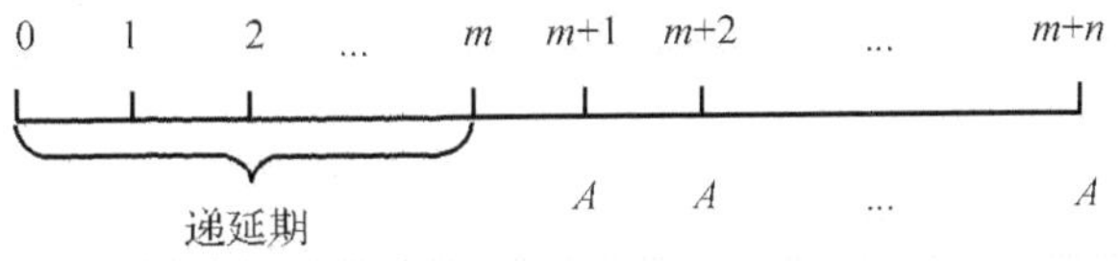

图 2-3 递延年金图

(1)递延年金终值的计算。由于递延年金终值与递延期数无关，因此其计算方法与普通年金终值的计算方法相同。普通年金每期期末都有收付额，递延年金在递延期内没有收付额，因此相对于普通年金终值，递延年金终值不考虑递延期。

(2)递延年金现值的计算。若递延期为 m，第一次支付发生在第 $m+1$ 期，每期支付的金额为 A，连续支付了 n 期，其现值的计算方法有 3 种：

方法一：假设递延各期都有年金收付，先求出$(m+n)$期的年金现值，再减去递延期 m 期的年金现值，即：

$$P = A[(P/A, i, m+n) - (P/A, i, m)]$$

方法二：先把递延年金视为普通年金，求其终值，再将该终值按复利现值折算到第 1 期期初，即：

$$P = A(F/A, i, n)(P/F, i, m+n)$$

方法三：先把递延年金视为普通年金，求出其至递延期末的现值，再将此现值折算为第 1 期期初的现值，即：

$$P = A(P/A, i, n)(P/F, i, m)$$

【例 2-12】 某公司向银行借入一笔钱，贷款年利率为 5%，银行规定前 4 年企业不用还本付息，但从第 5 到第 10 年每年年末等额偿还本利和 10 000 元，如图 2-4 所示，问该笔贷款的现值是多少？

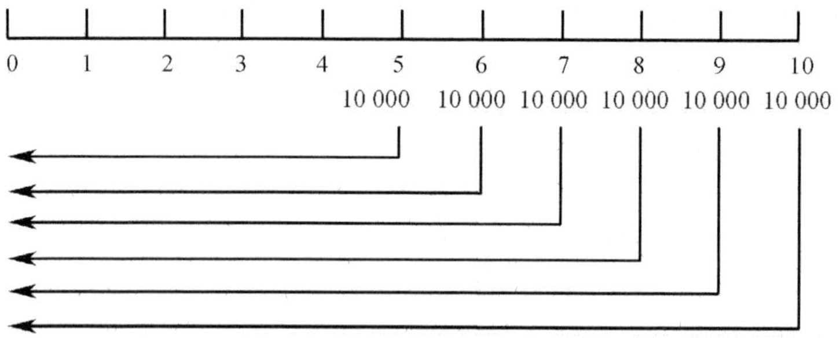

图 2－4　递延年金现值的计算

解：第一次收付发生在第五期期末的年金现值，属于递延年金现值：

方法一（图 2－5）：$P=A[(P/A,i,m+n)-(P/A,i,m)]$

$=10\ 000$ 元$[(P/A,i,m+n)-(P/A,i,m)]$

$=10\ 000$ 元$[(P/A,5\%,4+6)-(P/A,5\%,4)]$

$=10\ 000$ 元$(7.721\ 7-3.546\ 0)$

$=10\ 000$ 元$\times 4.175\ 7$

$=41\ 757$ 元

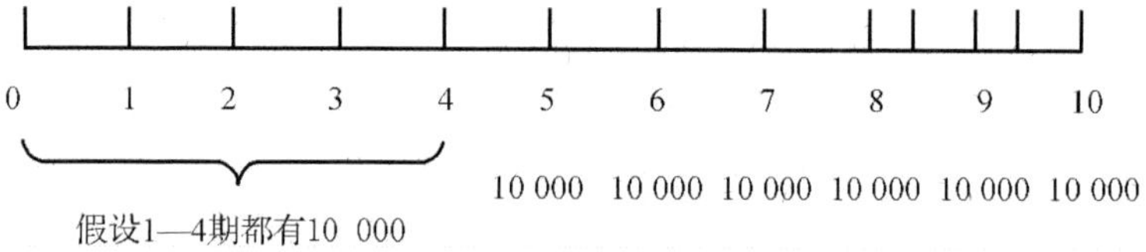

图 2－5　递延年金现值的计算（方法一）

方法二（图 2－6）：$P=A[(F/A,i,n)(P/F,i,m+n)]$

$=10\ 000$ 元$(F/A,5\%,6)(P/F,5\%,10)$

$=10\ 000$ 元$\times 6.801\ 9\times 0.613\ 9$

$=41\ 757$ 元

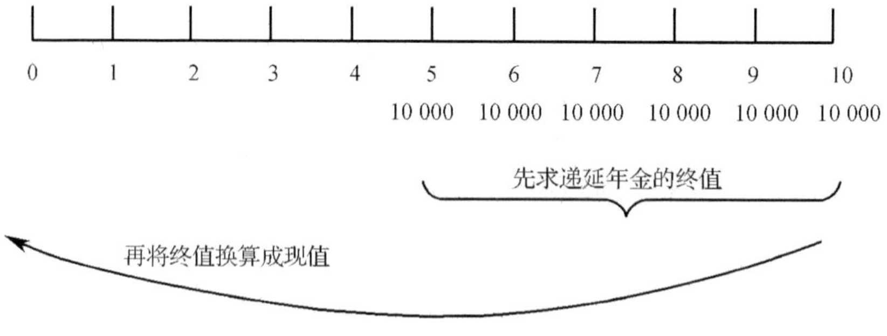

图 2－6　递延年金现值的计算（方法二）

方法三（图 2－7）：$P=A[(P/A,i,n)(P/F,i,m)]$

$=10\ 000$ 元$(P/A,5\%,6)(P/F,5\%,4)$

$=10\ 000$ 元$\times 5.075\ 7\times 0.822\ 7$

$=41\ 757$ 元

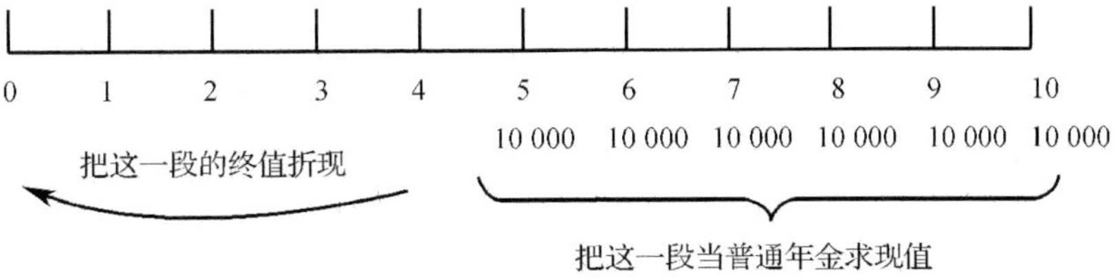

图 2－7 递延年金现值的计算(方法三)

因此,该笔贷款的现值是 41 757 元。

4. 永续年金的计算

永续年金是指没有到期时间,能够永远支付下去的年金。在实际生活中,优先股有固定的股利而无到期日,因而可以当作永续年金。有些债券为有息债券,这些债券的利息可以视为永续年金,如图 2－8 所示。

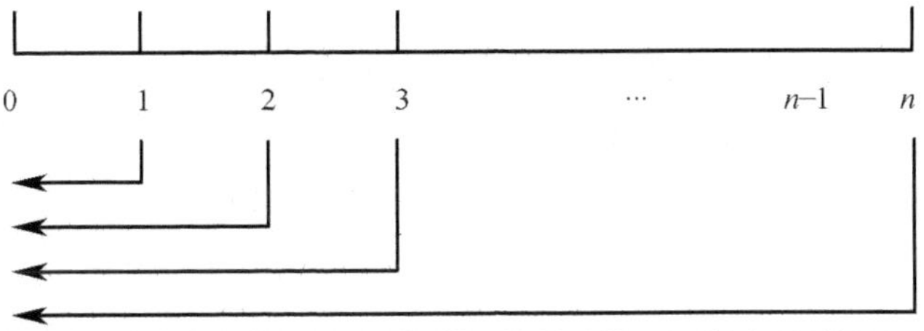

图 2－8 永续年金图

永续年金没有终止的时间,因此永续年金没有终值。永续年金现值的计算可以通过普通年金的计算公式推导出来:

$$P = A\lim_{n\to\infty}\frac{1-(1+i)^{-n}}{i} = A\cdot\frac{1}{i}$$

【例 2－13】 假设某企业拟在学校设立一项可以永久发放的奖学金,每年年末发放的奖学金为 30 000 元,如果利率为 3%,现在该企业应该捐款多少元?

解:永久发放的奖学金属于永续年金,其现值为:

$$P = A\cdot\frac{1}{i} = \frac{30\ 000}{3\%} = 1\ 000\ 000\text{ 元}$$

第二节 风险收益均衡观念

货币时间价值是在没有风险和通货膨胀情况下的收益率,它不涉及风险问题。实际上,财务活动中的风险是客观存在的,任何冒险行为都期望取得一种额外收益,这种风险与收益对应的关系称为风险收益均衡观念。

一、资产的风险

（一）风险概述

风险是一个非常重要的财务概念。在现实中，任何方式投资的收益率都存在不同程度的不确定性，即使是投资于固定利率的债券，考虑到通货膨胀因素影响后，其实际收益率也是具有一定的不确定性的。从这个意义上讲，投资的风险是普遍存在的。在财务管理中，风险通常是指从事各种经营活动未来收益的不确定性。从事某项投资，最终的实际收益率到底是多少，不能有百分之百的把握预测出来，实际收益率可能低于预期值也可能高于预期值。实际收益率偏离预期收益率的程度越大，则风险也越大；反之，则风险就越小。

风险与不确定性看似相近，但却是有区别的。风险是对可能结果的描述，即决策者一般能预测某个财务事项的各种可能出现的结果，但不能确定到底实际会出现哪种结果，风险可通过数学分析方法来计量。不确定性则指决策者没有任何可供依据的资料和历史数据对可能发生的结果作出预测，不可能对未来最终结果作出类似数学分析的判断。

（二）风险的衡量

对于同一个有风险的投资项目，不同的人对其风险大小可能会给出不同的评价结果，对于保守的人可能认为风险很大，而对于勇于冒险的人则可能认为风险不是很大。因此，在进行财务决策过程中，对风险有客观的衡量是非常必要的。

风险的衡量是一个比较复杂的过程，需要使用概率和统计方法。

1. 概率分布

在财务管理中，人们可以借助分析投资的可能结果以及结果出现的可能概率来度量风险。在经济活动中，某一事件在相同的条件下可能发生也可能不发生，这类事件称为随机事件。概率就是用来表示随机事件发生可能性大小的数值。通常，把必然发生的事件的概率定为1，把不可能发生的事件的概率定为0，而一般随机事件的概率是介于0与1之间的一个数。概率越大就表示该事件发生的可能性越大。无论随机事件的发生有多少种可能，各种可能发生的概率之和为1。

如果将随机事件的所有可能结果列在一起，并赋予相应的概率，即构成概率分布图，如果随机事件的可能结果数目有限，就形成离散型概率分布图。一般说来，离散程度越大，实际报酬率偏离预期报酬率的可能性就越大，因而风险越大；反之，若概率分布越集中，投资报酬率就比较稳定，风险就小。如果随机事件有无数可能的情况会出现，就形成连续型概率分布图，一般说来，概率分布越集中，概率曲线的峰度就高，实际报酬率偏离预期报酬率的可能性就越小，其投资风险也就越低；反之，风险就会越高。

2. 期望值

通过计算一项投资的概率可以得到衡量风险的基础，但仅仅依靠计算概率并不能满足对风险管理的要求。财务管理中常用期望值表示一定风险下的收益情况。随机变量的各个取值以相应的概率为权数的加权平均数，就叫作随机变量的期望值（均值），它反映随机变量取值的平均水平。

$$\text{期望值}(\bar{K}) = \sum_{i=1}^{n}(P_i \times K_i)$$

式中，P_i 为第 i 种结果出现的概率；K_i 为第 i 种结果出现后的预期报酬率；n 为所有可能结果的数目。

【例 2－14】 海华公司计划投资 500 000 元于某项目，有甲、乙两个方案可供选择，其投资报酬率的概率分布如表 2－1 所示，分析投资报酬率的期望值。

表 2－1　甲、乙方案投资报酬率概率分布表

经济状况	发生概率 P_i	投资报酬率 K_i	
		甲方案	乙方案
繁荣	0.3	80%	20%
正常	0.4	15%	15%
衰退	0.3	－50%	10%
合计	1.0		

解：将每种经济状况的发生概率（P_i）乘以相应的投资报酬率（K_i），并将其所得结果求和，即可得出投资报酬率的期望值。

据此计算：

期望报酬率（$\bar{K}_{甲}$）$=0.3\times80\%+0.4\times15\%+0.3\times(-50\%)=15\%$

期望报酬率（$\bar{K}_{乙}$）$=0.3\times20\%+0.4\times15\%+0.3\times10\%=15\%$

两者的期望报酬率相同，但其概率分布不同。甲方案报酬率的分散程度大，变动范围在 －50%～80%；乙方案报酬率的分散程度小，变动范围在 10%～20%。这说明两个项目的报酬率相同，但风险不同。为了定量地衡量风险大小，还要使用统计学中衡量概率分布离散程度的指标。

3. 方差与标准差

表示随机变量离散程度的指标，最常用的是方差和标准差。

方差是用来表示随机变量与期望值之间离散程度的一个量，它是离差平方的平均数。标准差是方差的平方根。一般用 σ^2 来表示方差，用 σ 来表示标准差。

在已经知道每个变量值出现概率的情况下，可以按下式计算：

$$方差(\sigma^2)=\sum_{i=1}^{n}(K_i-\bar{K})^2\times P_i$$

$$标准差(\sigma)=\sqrt{\sum_{i=1}^{n}(K_i-\bar{K})^2\times P_i}$$

甲项目的标准差是 50.35%，乙项目的标准差是 3.87%（计算过程见表 2－2、表 2－3），由于它们的期望报酬率相同，因此可以认为甲项目的风险比乙项目大。

表 2－2　甲项目的标准差

$K_i-\bar{K}$	$(K_i-\bar{K})^2$	$(K_i-\bar{K})^2\times P_i$
80% －15%	0.422 5	0.422 5×0.3＝0.126 75
15% －15%	0	0×0.4＝0
－50% －15%	0.422 5	0.422 5×0.3＝0.126 75
方差（σ^2）		0.253 5
标准差（σ）		50.35%

表 2-3 乙项目的标准差

$K_i-\bar{K}$	$(K_i-\bar{K})^2$	$(K_i-\bar{K})^2\times P_i$
20% -15%	0.0025	0.0025 ×0.3 =0.00075
15% -15%	0	0 ×0.4 =0
10% -15%	0.0025	0.0025 ×0.3 =0.00075
方差(σ^2)		0.0015
标准差(σ)		3.87%

4. 变异系数

标准差是以均值为中心计算出来的,反映了随机变量的离散程度。但它是一个绝对数,只能用来比较期望报酬率相同的各项目的风险程度。为便于衡量期望报酬率不同的各项目的风险程度,引入了变异系数(离散系数)的概念。

变异系数(CV)是标准差与期望值之比,它是从相对角度观察的差异和离散程度。一般情况下,变异系数越大,资产的相对风险越大;相反,变异系数越小,相对风险越小。其计算公式为:

$$\text{变异系数}(CV)=\frac{\text{标准差}}{\text{期望值}}$$

【例 2-15】 某公司正准备进行一项投资,目前有 A、B 两个方案可供选择。不同的经济状况下的预期收益率及概率如表 2-4 所示,要求计算 A、B 两方案的变异系数并作出评价。

表 2-4 A、B 方案的预期收益率与发生概率

经济状况	发生概率	预期收益率	
		A 方案	B 方案
衰退	0.2	5%	6%
一般	0.6	15%	11%
繁荣	0.2	25%	31%

解:要求变异系数,就必须求出期望值和标准差。

A 方案:

期望($\bar{K}_A$) $=0.2\times5\%+0.6\times15\%+0.2\times25\%=15\%$

$$\text{标准差}(\sigma_A)=\sqrt{0.2\times(5\%-15\%)^2+0.6\times(15\%-15\%)^2+0.2\times(25\%-15\%)^2}=0.063$$

$$\text{变异系数}(CV_A)=\frac{0.063}{15\%}=0.42$$

B 方案:

期望报酬率($\bar{K}_B$) $=0.2\times6\%+0.6\times11\%+0.2\times31\%=14\%$

$$\text{标准差}(\sigma_B)=\sqrt{0.2\times(6\%-14\%)^2+0.6\times(11\%-14\%)^2+0.2\times(31\%-14\%)^2}=0.087$$

变异系数$(CV_B)=\frac{0.087}{14\%}=0.62$

计算结果表明 A 方案的期望收益率高，风险也较低，因此 A 方案更优。

二、风险与收益均衡观念的运用

风险与收益是一种对称关系，风险与收益均衡观念要求等量风险带来等量收益，对每一项具体财务活动，都应全面分析其收益性和风险性，按照收益和风险应当均衡的原则决定采取何种行动方案，趋利避害，争取获得较多收益。在财务活动中，收益与风险往往是正相关的，低风险只能获得低收益，高收益往往伴随高风险。人们在理财过程中，由于对风险的偏好程度不同，有的宁愿收益稳妥一些，而不愿冒较大风险；有的则甘愿冒较大风险，以谋求高收益。但是，无论其偏好如何，都必须对收益与风险进行分析与权衡，以选择最有利的方案。特别要注意把风险大、收益高的项目，同风险小、收益低的项目适当搭配起来分散风险，做到既降低风险，又得到较高的收益。

资本资产定价模型（CAPM）是衡量收益与风险关系的一个基本模型，在该模型下的表达式为：

某资产收益率 = 无风险资产报酬率 + 该资产的风险系数 ×
（市场平均报酬率 - 无风险资产报酬率）

资产的风险系数 ×（市场平均报酬率 - 无风险资产报酬率），称为风险报酬率。资产收益率的组成，如图 2 -9 所示。

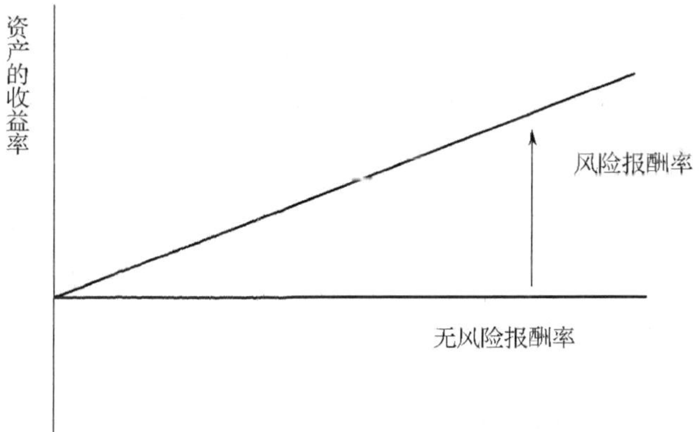

图 2 -9　资产的收益率图

用公式表示为：

$$K_c = R_f + \beta \times (R_m - R_f)$$

其中，K_c 为资产的期望收益率；R_f 为无风险收益率，一般将一年期国债利率或者银行 3 个月定期存款利率作为无风险利率，投资者能以这个利率进行无风险的借贷；R_m 为市场组合的收益率；β 是对资产的系统风险测度，是风险资产的收益率与市场组合收益率的协方差与市场组合收益率的方差之比。

从资本资产定价模型可以看出，风险系数越大，收益越高；反之风险系数越小，收益越低。该模型的最大用途在于它被用于测算不同风险状态下的必要报酬率，这一必要报酬率是项目投资决策中最低可接受收益率。

企业要获得超额收益，就必须敢于挑战风险。需要注意的是，高风险并不必然带来高收益。由于高风险，其不确定性提高，发生损失的可能性也提高，有时甚至造成致命的损失。因此，企业要实现价值最大化目标，一方面要敢于冒险，另一方面要善于冒险。

风险收益均衡观念贯穿在财务活动中，要在风险与收益的相互协调中进行利弊权衡，在一定的风险下必须使收益达到较高的水平，在收益一定的情况下，风险必须维持较低的水平。

第三节　成本效益观念

随着市场经济的发展，卖方市场逐渐向买方市场转变，企业不仅要关注产品的生产成本，而且要关注其产品能在市场上实现的效益。在市场经济的环境下，适应瞬息万变的环境，获得经济效益，取得持续性的竞争优势，始终是现代企业管理考虑的首要问题。

企业财务管理工作中也应该树立成本效益观念，实现由传统的“节约、节省”观念向现代效益观念转变。企业管理应以市场需求为导向，通过向市场提供质量尽可能高、功能尽可能完善的产品和服务，力求使企业获取尽可能多的利润。与企业管理的这一基本要求相适应，企业财务管理也就应与企业的整体经济效益直接联系起来，以成本效益观念看待成本及其控制问题。企业的一切成本管理活动应以成本效益观念作为支配思想，从“投入”与“产出”的对比分析来看待“投入”（成本）的必要性、合理性，即努力以尽可能少的成本付出，创造尽可能多的使用价值，为企业获取更多的经济效益。

在成本效益观念的运用中需要注意的是，这里的成本概念与会计上的成本有所不同，这里的成本包括机会成本但不包括沉没成本，下面介绍机会成本和沉没成本。

一、机会成本

由于资源的稀缺性，进行一项投资时往往必须放弃另一项投资。机会成本就是指在经济决策过程中，因选取某一方案而放弃另一方案所付出的代价或丧失的潜在利益。企业中的某种资源常常有多种用途，即有多种使用的“机会”，但用在某一方面，就不能同时用在另一方面，因此在决策分析中，必须把已放弃方案可能获得的潜在收益，作为被选取方案的机会成本，这样才能对中选方案的经济效益作出正确的评价。比如，企业有一套生产设备可以自用，也可以出租，如果自用就失去了出租所获得的租金收入，这部分租金收入就是自用的机会成本。

二、沉没成本

沉没成本，是指已经付出且不可收回的成本。沉没成本是一种历史成本，对现有决策而言是不可控成本，不会影响当前行为或未来决策。因此，沉没成本是决策非相关成本，在项目决策时无需考虑，需要考虑的是新增成本。

比如，有一项目 A，需要添置设备 *B*，购置成本 20 000 元，而决策者目前已经拥有闲置的设备 *C*，其账面成本为 30 000 元，并在主要性能上与设备 *B* 相同，但要完全满足项目 *A* 的需要，还必须对其进行改造，改造成本为 5 000 元。在购置方案中，设备成本 20 000 元在决策时尚未实际发生，如果决策采用该方案时，新增成本为 20 000 元；而在改造方案中，由于闲

置设备 C 的账面成本在决策前已经实际支出，无论决策结果如何，都无法收回该账面成本。因此，账面成本 30 000 元即为沉没成本，而改造成本 5 000 元才是新增成本。

总之，在现代市场经济环境下的企业日常财务管理中，应对比“成本”看“效益”，研究成本增减与收益增减的关系，以确定最有利于提高效益的成本预测和决策方案。

思考与练习

1. 你能叙述一下货币时间价值的概念和各种不同现金流终值和现值的计算方法吗？

2. 如何理解资本资产定价模型在风险与收益均衡观念中的运用？

3. 你认为成本效益观念中，成本和效益都只能是有形和实际发生的吗？

4. 假设银行 1 年期定期利率为 2.25%，你今天存入 5 000 元，一年后的今天你将得到多少钱？

5. 如果你现将一笔现金存入银行（假设银行的存款利率为 3%），以便在以后的 10 年中每年末取得 1 000 元，应该存入多少钱？

6. 某企业需用一台设备，买价为 16 000 元，可用 10 年，如果租用，则每年年初需要付租金 2 000 元，除此之外，买与租的其他情况相同。假设利率为 6%，如果你是这个企业的决策者，你认为哪种方案更好呢？

7. 张先生准备购买一套新房，开发商提供了两种付款方案让张先生选择：

(1) A 方案，从第 4 年年末开始支付，每年年末支付 20 万元，一共支付 8 年。

(2) B 方案，按揭买房，每年年初支付 15 万元，一共支付 10 年。

假设银行利率为 5%，请问张先生应该选择哪种方案？

$(P/A,5\%,8)=6.4632$，$(P/A,5\%,9)=7.1078$，$(P/A,5\%,10)=7.7217$

$(P/A,5\%,3)=0.8638$，$(P/F,5\%,4)=0.8227$，$(P/F,5\%,5)=0.7835$

8. 某公司 2007 年 1 月 1 日存入银行 200 万元，假定年利率是 4%。(1) 如果每年复利一次，到 2010 年 1 月 1 日该公司可以提取多少现金？(2) 如果每半年复利一次，到 2010 年 1 月 1 日可以提取多少现金？其实际年利率是多少？(3) 如果在未来 5 年每年年末提取等额的现金，问每次可以提取多少现金？(4) 如果该公司希望 2010 年 1 月 1 日取现金 130 万元，每半年复利一次，则 2007 年应该存入多少现金？

9. 某公司准备购买一套生产线，经过与生产厂家磋商，有 3 种付款方案可供选择：(1) 从现在起每半年末付款 100 万元，连续支付 10 年，共计 2 000 万元。(2) 从第三年起，每年年初付款 260 万元，连续支付 9 年，共付 2 340 万元。(3) 从现在起每年年初付款 200 万元，连续支付 10 年，共计 2 000 万元。如果现在市场上的利率为 10%，应该采用哪套方案？

10. 某公司拟进行一项投资，有 A、B 两种方案可供选择，投资 A 方案比投资 B 方案需多投入现金 40 000 元，但每年可多获得收益 8 000 元，如果公司要求的最低报酬率为 8%，问 A 方案持续多少年，该公司投资于 A 方案才合算？

第三章　筹资管理

学习目标：通过本章的学习，使学生掌握筹资的原因与分类；掌握企业资金需要量的预测方法；熟悉权益筹资与负债筹资的方式，掌握各种资金筹集方式的优缺点；了解筹资的基本原则，筹资风险的概念、分类。

第一节　筹资管理概述

一、筹资管理的意义

筹资是指企业为了满足其经营活动、投资活动、资本结构调整等需要，运用一定的筹资方式，筹措和获取所需资金的一种行为。资金是企业的血液，是企业设立、生存和发展的物质基础，是企业开展生产经营活动的基本前提。任何一个企业，为了维持生产经营能力、保证生产经营正常运行，都必须拥有一定数量的资金。

筹资是企业一项重要的财务活动。企业财务活动是以现金收支为主的资金流转活动，筹资活动则是资金运转的起点。企业的生产经营活动，总是从筹集资金开始的。

筹资管理首先要确定企业资金筹集的渠道和规模，即究竟有多少资金应通过权益性资本筹集，有多少资金应通过负债筹集；其次要确定各种资金的期限，要符合资本成本最小化的原则，同时又不会造成过大的财务风险。可见，筹资是一个规划、比较、选择、决策的过程。筹资的必要性主要表现在以下方面：

(1)满足经营运转的资金需要。筹资能够为企业生产经营活动的正常开展提供财务保障。筹集作为资金周转运动的起点，决定着企业资金运动的规模和生产经营发展的程度。企业新建时，要按照企业战略所确定的生产经营规模核定长期资本和流动资金的需要量。日常生产经营活动运行期间，需要维持一定数额的资金，以满足营业活动正常波动的需求。这都需要筹措相应数额的资金来满足生产经营活动的需要。

(2)满足投资发展的资金需要。企业在成长时期，往往因扩大生产经营规模或对外投资需要大量资金。经营规模的扩大有两种形式：一种是新建厂房、增加设备，这是外延式的扩大再生产；另一种是引进技术，改进设备，提高固定资产的生产能力，培训工人，提高劳动生产率，这是内涵式的扩大再生产。不管是外延式的扩大再生产还是内涵式的扩大再生产，都会发生扩张性的筹资动机。同时，由于战略发展和资本经营的需要，还需开拓有发展前途的投资领域，以联营投资、股权投资和债权投资等形式对外投资。经营规模扩张和对外产权投资往往会产生大额的资金需求。

二、筹资的分类

企业筹资可以按不同的标准进行分类。

1. 按企业所取得资金的权益特性不同分类

按企业所取得资金的权益特性不同，筹资分为股权筹资、债务筹资及衍生工具筹资三类。这也是企业筹资方式最常见的分类方法。

股权筹资形成股权资本，是企业依法长期拥有、能够自主调配运用的资本。股权资本在企业持续经营期间内，投资者不得抽回，因而也称之为企业的自有资本、主权资本或股东权益资本。股权资本是企业从事生产经营活动和偿还债务的本钱，是代表企业基本资信状况的一个主要指标。企业的股权资本通过吸收直接投资、发行股票、内部积累等方式取得。股权资本由于一般不用还本，形成了企业的永久性资本，因而财务风险小，但付出的资本成本相对较高。

股权筹资包括实收资本（股本）、资本公积金、盈余公积金和未分配利润等。其中，实收资本（股本）和实收资本溢价部分形成的资本公积金是投资者的原始投入部分；盈余公积金、未分配利润和部分资本公积金是原始投入资本在企业持续经营中形成的经营积累。盈余公积金、未分配利润共称为留存收益。股权筹资在经济意义上形成了企业的所有者权益，其金额等于企业资产总额减去负债总额后的余额。

债务筹资是企业通过借款、发行债券、融资租赁以及赊购商品或服务等方式取得的资金。这些资金形成在规定期限内需要清偿的债务。由于债务筹资到期要归还本金和支付利息，债权人对企业的经营状况不承担责任，因而债务筹资具有较大的财务风险，但付出的资本成本相对较低。从经济意义上来说，债务筹资也是债权人对企业的一种投资，也可依法享有企业使用债务所取得的经济利益，因而也可以称之为债权人权益。

衍生工具筹资包括兼具股权与债务特性的混合融资和其他衍生工具融资。我国目前常见的混合融资是可转换债券融资，常见的其他衍生工具融资是认股权证融资。

2. 按是否以金融机构为媒介分类

按是否以金融机构为媒介，筹资分为直接筹资和间接筹资两种类型。

直接筹资是指企业直接与资金供应者协商融通资本的一种筹资活动。直接筹资方式主要有吸收直接投资、发行股票、发行债券等。通过直接筹资既可以筹集股权资金，也可以筹集债务资金。按法律规定，公司股票、公司债券等有价证券需要通过证券公司等中介机构来发行，但证券公司所起到的只是承销的作用，资金拥有者并未向证券公司让渡资金使用权，因此发行股票、债券属于直接向社会筹资。

间接筹资是指企业借助银行等金融机构融通资本的筹资活动。在间接筹资方式下，银行等金融机构发挥了中介的作用，预先集聚资金，资金拥有者先向银行等金融机构让渡资金的使用权，然后由银行等金融机构将资金提供给企业。间接筹资的基本方式是向银行借款，此外还有融资租赁等筹资方式。间接筹资形成的主要是债务资金，主要用于满足企业资金周转的需要。

3. 按资金的来源范围不同分类

按资金的来源范围不同，筹资分为内部筹资和外部筹资两种类型。内部筹资是指企业通过利润留存而形成的筹资来源。内部筹资数额的大小主要取决于企业可分配利润的多少和利润分配政策（股利政策），一般无须花费筹资费用，从而降低了资本成本。

外部筹资是指企业向外部筹措资金而形成的筹资来源。处于初创期的企业，内部筹资的可能性是有限的，处于成长期的企业，内部筹资往往难以满足需要，这就需要企业广泛地开展外部筹资，如发行股票、债券，取得商业信用，向银行借款等。企业向外部筹资大多需要花费一定的筹资费用，从而提高了资本成本。

因此，企业筹资应先利用内部筹资，然后再考虑外部筹资。

4. 按所筹集资金的使用期限不同分类

按所筹集资金的使用期限不同分类，筹资分为长期筹资和短期筹资两种类型。

长期筹资是指企业筹集使用期限在 1 年以上的资金的筹集活动。长期筹资的目的主要在于形成和更新企业的生产和经营能力，扩大企业的生产经营规模，或为对外投资筹集资金。长期筹资通常采取吸收直接投资、发行股票、发行债券、取得长期借款、融资租赁等方式，所形成的长期资金主要用于购建固定资产、形成无形资产、进行对外长期投资、垫支流动资金、产品和技术研发等。从资金权益性质来看，长期资金可以是股权资金，也可以是债务资金。

短期筹资是指企业筹集使用期限在 1 年以内的资金的筹集活动。短期资金主要用于企业的流动资产和日常资金周转，一般在短期内需要偿还。短期筹资经常利用商业信用、短期借款、保理业务等方式来筹集。

企业筹资方式之间的关系，见图 3 – 1。

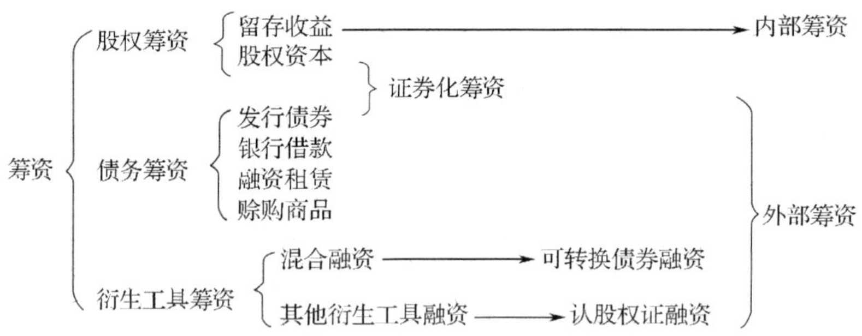

图 3 – 1　企业筹资的种类与关系

三、筹资管理的原则

筹资是企业的基本财务活动，是企业扩大生产经营规模和调整资本结构必须采取的行动。为经济有效地筹集资金，必须遵循一定的原则，具体包括：

(1) 遵守国家法律、法规，合法筹措资金。企业必须依法履行法律、法规和投资合同约定的责任，合法合规取得资金，依法进行信息披露，履约尽责，维护各方的合法权益。

(2) 分析生产经营需要，正确预测资金需要量。企业在筹资过程中，无论通过何种渠道，采用何种筹资方式，都应首先确定筹集资金的规模即资金需求量，使筹资量与需求量相互平衡，防止因筹资不足影响生产经营的正常进行，也要避免筹资过剩而降低资金使用的效率。

(3) 安排筹资期限，适时取得资金。企业在筹资中，必须合理预测资金的需要时间，防止因负债过多而增加财务风险和偿债压力，也要考虑负债资金的杠杆作用。

(4) 熟悉筹资渠道，选择资金来源。根据不同的筹资渠道和筹资方式的难易程度、资金成本等因素进行综合考量,选取适宜的筹资方式,使筹资成本尽可能低,以提高筹资效率。

(5)研究筹资方式,优化资本结构。企业筹资要综合考虑股权资金与债务资金的比例、长期资金与短期资金的比例、内部筹资与外部筹资的比例,合理安排资本结构,保持适当偿债能力,防范企业财务危机,提高筹资效益。

四、资本金制度

资本金制度是国家围绕企业资本金的筹集、管理以及所有者的责权利等方面所作的法律规范。资本金是企业权益资本的主要部分,是企业长期稳定拥有的基本资金,此外,一定数额的资本金也是企业取得债务资本的必要保证。

(一)资本金的本质特征

设立企业必须有法定的资本金。资本金是指企业在工商行政管理部门登记的注册资金,是投资者用以进行企业生产经营、承担民事责任而投入的资金。资本金在不同类型的企业中表现形式有所不同,股份有限公司的资本金被称为股本,股份有限公司以外的一般企业的资本金被称为实收资本。

从性质上看,资本金是投资者创建企业所投入的资本,是原始启动资金;从功能上看,资本金是投资者用以享有权益和承担责任的资金,有限责任公司和股份有限公司以其资本金为限对所负债务承担有限责任;从法律地位来看,资本金要在工商行政管理部门办理注册登记,投资者只能按自己所投入的资本金享有权益和承担责任,已经注册的资本金如果追加或减少,应当依法向公司登记机关办理变更登记,公司减资后的注册资本不得低于法定的最低限额;从时效来看,已经投入企业的资本金,除企业清算、减资、转让回购股权等特殊情况外,投资者不得随意从企业收回资本金。

(二)资本金的筹集

1. 资本金的最低限额

我国《公司法》规定,股份有限公司注册资本的最低限额为人民币 500 万元,法律、行政法规对股份有限公司注册资本的最低限额有较高规定的,从其规定。上市的股份有限公司股本总额不少于人民币 3000 万元,有限责任公司注册资本的最低限额为人民币 3 万元,一人有限责任公司的注册资本最低限额为人民币 10 万元。

2. 资本金的出资方式

我国《公司法》规定,投资者可以用货币出资,也可以用实物、知识产权、土地使用权等可以用货币估价并可以依法转让的非货币财产作价出资,但是法律、行政法规规定不得作为出资的财产除外。对作为出资的非货币财产应当评估作价,核实财产,不得高估或者低估作价,法律、行政法规对评估作价有规定的,从其规定。货币出资金额不得低于公司注册资本的 30% 。

3. 资本金缴纳的期限

资本金缴纳的期限,通常有三种办法:一是实收资本制,在企业成立时一次筹足资本金总额,实收资本与注册资本数额一致,否则企业不能成立;二是授权资本制,在企业成立时不一定一次筹足资本金总额,第一期资本筹集到位,企业即可成立,其余部分由董事会在企业成立后进行筹集,企业成立时的实收资本与注册资本可能不相一致;三是折中资本制,在企业成立时不一定一次筹足资本金总额,类似于授权资本制,但规定首期出资的数额或比例及最后一期缴清资本的期限。

我国《公司法》规定，资本金的缴纳采用折中资本制，资本金可以分期缴纳，但首次出资额不得低于法定的注册资本最低限额。股份有限公司和有限责任公司的股东首次出资额不得低于注册资本的20%，其余部分由股东自公司成立之日起两年内缴足，投资公司可以在5年内缴足。而对于一人有限责任公司，股东应当一次足额缴纳公司章程规定的注册资本额。

4. 资本金的评估

企业吸收实物、无形资产等非货币资产筹集资本金的，应按照评估确认的金额或者按合同、协议约定的金额计价。为避免虚假出资或通过出资转移财产，导致国有资产流失，国有及国有控股企业以非货币资产出资或者接受其他企业的非货币资产出资，需要委托有资格的资产评估机构进行资产评估，并以资产评估机构评估确认的资产价值作为投资作价的基础。经国务院、省政府批准实施的重大经济事项涉及的资产评估项目，分别由本级政府国有资产监管部门或者财政部门负责核准，其余资产评估项目一律实施备案制度。严格来说，其他企业的资本金评估时，并不一定要求必须聘请专业评估机构评估，相关当事人或者聘请的第三方专业中介机构评估后认可的价格也可成为作价依据。不过，聘请第三方专业中介机构来评估相关的非货币资产，能够更好地保证评估作价的真实性和准确性，有效地保护公司及其债权人的利益。

（三）资本金管理的原则

资本金的管理，首先应当遵循资本保全这一基本原则。实现资本保全的具体要求，可分为资本确定、资本充实和资本维持三部分内容。

1. 资本确定原则

资本确定指企业设立时，必须明确规定企业的资本总额以及各投资者认缴的数额。为了强化资本确定的原则，法律规定由工商行政管理机构进行企业注册资本的登记管理，这是保护债权人利益、明晰企业产权的根本需要。根据《公司法》等法律法规的规定，投资者以认缴的资本为限对公司承担责任，但是以投资者实际缴纳的资本为依据行使表决权和分取红利。

企业获准工商登记（即正式成立）后30日内，应依据验资报告向投资者出具出资证明书等凭证，以此为依据确定投资者的合法权益，界定其应承担的责任，特别是占有国有资本的企业需要按照国家有关规定申请国有资产产权登记，取得企业国有资产产权登记证，但这并不免除企业向投资者出具出资证明书的义务，因为前者仅是国有资产管理的行政手段。

2. 资本充实原则

资本充实指企业筹集资本金的数额、方式、期限均要在投资合同或协议中约定，并在企业章程中加以规定，以确保企业能够及时、足额筹得资本金。

企业登记注册的资本金，投资者应在法律法规和财务制度规定的期限内缴足。如果投资者未按规定出资，即为投资者违约，企业和其他投资者可以依法追究其责任，国家有关部门还将按照有关规定对违约者进行处罚。投资者在出资中的违约责任有两种情况：一是个别投资者单方违约，企业和其他投资者可以按企业章程的规定，要求违约方支付延迟出资的利息、赔偿经济损失；二是投资各方均违约或外资企业不按规定出资，则由工商行政管理部门进行处罚。

注册资本必须进行验资，以保证出资的真实可信。对验资的要求，一是依法委托法定的验资机构,二是验资机构要按照规定出具验资报告,三是验资机构依法承担提供验资虚假或重大遗漏报告的法律责任。验资机构因出具的验资证明不实给公司债权人造成损失的,除能够证明自己没有过错的部分外,在其证明不实的金额范围内承担赔偿责任。

3. 资本维持原则

资本维持是指企业在持续经营期间有义务保持资本金的完整性。企业除由股东大会或投资者会议作出增减资本决议并按法定程序办理之外,不得任意增减资本总额。企业筹集的实收资本,在持续经营期间可以由投资者依照相关法律、法规以及企业章程的规定转让或者减少,但投资者不得抽逃或者变相抽回出资。除《公司法》等有关法律、法规另有规定外,企业不得回购本企业发行的股份。股份公司可以回购本公司股份的情况有:减少公司注册资本;与持有本公司股份的其他公司合并;将股份奖励给本公司职工;股东因对股东大会作出的公司合并、分立决议持有异议而要求公司收购其股份。

股份公司依法回购股份,应当符合法定要求和条件,并经股东大会决议。用于将股份奖励给本公司职工而回购本公司股份的,不得超过本公司已发行股份总额的5%;用于收购的资金应当从公司的税后利润中支出;所收购的股份应当在1年内转让给职工。

第二节 股权筹资

股权筹资形成企业的股权资金,也称之为权益资本,是企业最基本的筹资方式。股权筹资又包含吸收直接投资、发行股票和利用留存收益三种主要形式。此外,我国上市公司引入战略投资者的行为,也属于股权筹资的范畴。从实际情况看,企业所能采用的筹资方式,一方面受法律环境和融资市场的制约,另一方面也受企业性质的制约。中小企业和公司制企业的筹资方式比较受限,股份有限公司和有限责任公司的筹资方式相对多样。

一、吸收直接投资

吸收直接投资,是指企业按照"共同投资,共同经营,共担风险,共享收益"的原则,直接吸收国家、法人、个人和外商投入资金的一种筹资方式。吸收直接投资是非股份制企业筹集权益资本的基本方式。采用吸收直接投资的企业,资本不分为等额股份,无须公开发行股票。吸收直接投资的实际出资额,注册资本部分形成实收资本,超过注册资本部分属于资本溢价,形成资本公积。

(一)吸收直接投资的种类

1. 吸收国家投资

国家投资是指有权代表国家投资的政府部门或机构,以国有资产投入公司。这种情况下形成的资本叫国有资本。根据《公司国有资本与公司财务暂行办法》规定,在公司持续经营期间,公司以盈余公积、资本公积转增实收资本的,国有公司和国有独资公司由公司董事会或经理办公会决定,并报主管财政机关备案;股份有限公司和有限责任公司由董事会决定,并经股东大会审议通过。吸收国家投资的特点是:

(1)固有资产产权归属国家;

(2)资金的运用和处置受国家约束;

(3)在国有公司中采用比较普遍。

2. 吸收法人投资

指法人单位以其依法可支配的资产投入公司。吸收法人投资有以下特点：

(1)发生在法人单位之间；

(2)以参与利润分配或控制为目的；

(3)出资方式灵活多样。

3. 吸收外商直接投资

吸收外商直接投资是指企业与其他国家的投资者共同投资，创办中外合资经营企业或者是中外合作经营企业。吸收外商直接投资的特点是：

(1)与外商发生投融资关系；

(2)共同经营，共担风险，共负盈亏，共享利益；

(3)可以以合资经营方式(股权式)，也可以以合作经营方式(契约式)合作。

4. 吸收社会公众投资

指社会个人或本公司职工以个人合法财产投入公司。其特点：

(1)参加投资的人员可以与企业无直接关系，也可以有直接关系；

(2)参加人数可以较多，每人的投资额可能较少；

(3)以参与利润分配为目的。

(二)吸收直接投资的出资方式

1. 以货币资产出资

货币资产出资的方式是吸收直接投资中最重要的出资方式。企业的生产经营活动就是以货币资金支付开始的。我国《公司法》规定，公司全体股东或者发起人的货币资金出资金额不得低于公司注册资本的30%。

2. 以实物资产出资

实物资产出资方式，是指投资者以房屋、建筑物、设备等固定资产和材料、燃料、商品产品等流动资产所进行的投资。实物投资应符合以下条件：

(1)适合企业生产、经营、研发等活动的需要；

(2)技术性能良好；

(3)作价公平合理。

实物出资中实物的作价，可以由出资各方协商确定，也可以聘请专业资产评估机构评估确定。

3. 以土地使用权出资

土地使用权是指土地经营者对依法取得的土地在一定期限内有进行建筑、生产经营或其他活动的权利。土地使用权具有相对独立性，在土地使用权存续期间，包括土地所有者在内的其他任何人和单位，不能随意收回土地和非法干预使用权人的经营活动。企业吸收土地使用权投资应符合以下条件：

(1)适合企业科研、生产、经营、研发等活动的需要；

(2)地理、交通条件适宜；

(3)作价公平合理。

4. 以工业产权出资

以工业产权出资，是指投资者以专有技术、商标权、专利权、非专利技术等无形资产出资。投资者以工业产权出资应符合以下条件：

(1)有助于企业研究、开发和生产出新的高科技产品；

(2)有助于企业提高生产效率，改进产品质量；

(3)有助于企业降低生产消耗、能源消耗等各种消耗；

(4)作价公平合理。

以工业产权出资，实际上是把技术转化为资本，使技术的价值固定化。技术具有强烈的时效性，会因其不断老化落后而导致实际价值不断减少甚至完全丧失。因此，吸收工业产权等无形资产出资，对企业来讲风险较大。

国家对无形资产出资方式也有限制。我国《公司法》规定，股东或者发起人不得以劳务、信用、自然人姓名、商誉、特许经营权或者设定担保的财产等作价出资。对于非货币资产出资，需要满足三个条件：可以用货币估价；可以依法转让；法律不禁止。

我国《公司法》对无形资产出资的比例要求没有明确限制，但《外资企业法实施细则》另有规定，外资企业的工业产权、专有技术的作价应与国际上通常的作价原则相一致，且作价金额不得超过注册资本的20%。

(三)吸收直接投资的程序

(1)确定筹资数量。企业在新建或扩大经营时，要先确定资金的需要量。资金需要量应根据生产经营规模和供销条件等来核定，确保筹资数量与资金需要量相适应。

(2)寻找投资单位。企业既要广泛了解有关投资者的资信、财力和投资意向，又要通过信息交流和宣传，使出资方了解企业的经营能力、财务状况以及未来预期，以便于公司从中寻找最合适的合作伙伴。

(3)协商和签署投资协议。找到合适的投资伙伴后，双方进行具体协商，确定出资数额、出资方式和出资时间。企业应尽可能吸收货币投资，如果投资方确有先进而适合需要的固定资产和无形资产，亦可采取非货币投资方式。对实物投资、工业产权投资、土地使用权投资等非货币资产，双方应按公平合理的原则协商定价。当出资数额、资产作价确定后，双方须签署投资的协议或合同，以明确双方的权利和责任。

(4)取得所筹集的资金。签署投资协议后，企业应按规定或计划取得资金。如果采取现金投资方式，还要编制拨款计划，确定拨款期限、每期数额及划拨方式，有时投资者还要规定拨款的用途，如把拨款区分为固定资产投资拨款、流动资金拨款、专项拨款等。如为实物、工业产权、非专利技术、土地使用权投资，必须对财产状况进行核实。

财产数量是否准确，特别是价格有无高估低估的情况，关系到投资各方的经济利益，必须认真处理，必要时可聘请专业资产评估机构来评定，然后办理产权的转移手续取得资产。

吸收直接投资的程序，如图3－2所示。

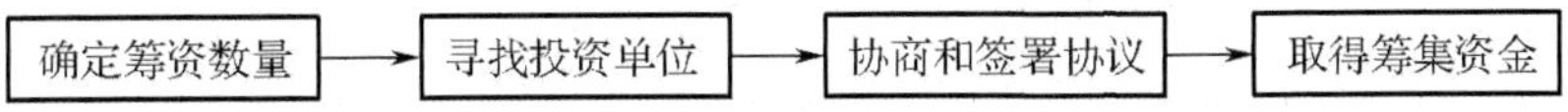

图3－2　吸收直接投资的程序

(四)吸收直接投资的特点

(1)能够尽快形成生产能力。吸收直接投资不仅可以取得一部分货币资金，而且能够直接获得所需的先进设备和技术，尽快形成生产经营能力。

(2)容易进行信息沟通。吸收直接投资的投资者比较单一，股权没有社会化、分散化，甚至有的投资者直接担任公司管理层职务，公司与投资者易于沟通。

(3)手续简便,费用较低。吸收直接投资的手续相对比较简便,筹资费用较低。

(4)资本成本较高。相对于股票筹资来说,吸收直接投资的资本成本较高。当企业经营较好,盈利较多时,投资者往往要求将大部分盈余作为红利分配,因为企业向投资者支付的报酬是按其出资数额和实现利润的比率来计算的。

(5)企业控制权集中,不利于公司治理。采用吸收直接投资方式筹资,投资者一般都要求获得与投资数额相适应的经营管理权。如果某个投资者的投资额比例较大,则该投资者对企业的经营管理就会有相当大的控制权,容易损害其他投资者的利益。

(6)不利于产权交易。吸收投入资本由于没有证券为媒介,不利于产权交易,难以进行产权转让。

二、发行普通股股票

股票是股份公司为筹措股权资本而发行的,表示股东按其持有的股份享有权益和承担义务的可转让凭证,它可以作为买卖对象和抵押品,是资本市场主要的长期融资工具之一。股票作为一种所有权凭证,代表着股东对发行公司净资产的所有权。股票只能由股份有限公司发行。

(一)股票的特征与分类

1. 股票的特点

(1)永久性。公司发行股票所筹集的资金属于公司的长期自有资金,没有期限,不需归还。换言之,股东在购买股票之后,一般情况下不能要求发行企业退还股金。

(2)流通性。股票作为一种有价证券,在资本市场上可以自由转让、买卖和流通,也可以继承、赠送或作为抵押品。股票特别是上市公司发行的股票具有很强的变现能力,流动性很强。

(3)风险性。由于股票的永久性,股东成了企业风险的主要承担者。风险的表现形式包括:股票价格的波动性、红利的不确定性、破产清算时股东处于剩余财产分配的最后顺序等。

(4)参与性。股东作为股份公司的所有者,拥有参与企业管理的权利,包括重大决策权、经营者选择权、财务监控权、公司经营的建议和质询权等。此外,股东还有承担有限责任、遵守公司章程等义务。

2. 股东的权利和义务

持有普通股股份者为普通股股东。《公司法》规定普通股股东有以下权利:

(1)出席或委托代理人出席股东大会,并依公司章程规定行使表决权。这是普通股股东参与公司经营管理的基本方式。

(2)股份转让权。股东持有的股份可以自由转让,但必须符合《公司法》、其他法规和公司章程规定的条件和程序。

(3)股利分配请求权。分享盈余也是普通股股东的一项基本权利。盈余的分配方案由股东大会决定,每个会计年度由董事会根据企业的盈利数额和财务状况来决定分发股利的多少,并经股东大会批准通过。

(4)对公司账目和股东大会决议的审查权和对公司事务的质询权。

(5)分配公司剩余财产的权利。当公司解散、清算时,普通股股东有分配公司剩余财产的权利。但是,公司破产清算时,财产的变价收入首先要用来清偿债务,然后支付给优先股股东,最后才能分配给普通股股东,所以在破产清算时,普通股股东实际上很少能分到剩余财产。

(6)公司章程规定的其他权利。同时,普通股股东也基于其资格,对公司负有义务。我国《公司法》规定股东具有遵守公司章程、缴纳股款、对公司负有有限责任、不得退股等义务。

3. 股票的种类

(1)按股东权利和义务,分为普通股股票和优先股股票。普通股股票简称普通股,是指公司发行的代表着股东享有平等的权利、义务,不加特别限制的,股利不固定的股票。普通股是最基本的股票,股份有限公司通常情况只发行普通股。

优先股股票简称优先股,是指公司发行的相对于普通股具有一定优先权的股票。其优先权利主要表现在股利分配优先权和分取剩余财产优先权上。优先股股东在股东大会上无表决权,在参与公司经营管理上受到一定限制,仅对涉及优先股权利的问题有表决权。

(2)按票面有无记名,分为记名股票和无记名股票。记名股票是在股票票面上记载有股东姓名或将名称记入公司股东名册的股票,无记名股票不登记股东名称,公司只记载股票数量、编号及发行日期。

我国《公司法》规定,公司向发起人、国家授权投资机构、法人发行的股票,为记名股票;向社会公众发行的股票,可以为记名股票,也可以为无记名股票。

(3)按发行对象和上市地点,分为 A 股、B 股、H 股、N 股和 S 股等。A 股即人民币普通股票,由我国境内公司发行,境内上市交易,它以人民币标明面值,以人民币认购和交易。B 股即人民币特种股票,由我国境内公司发行,境内上市交易,它以人民币标明面值,以外币认购和交易。H 股是注册地在内地、上市在香港的股票,依次类推,在纽约和新加坡上市的股票,就分别称为 N 股和 S 股。

(4)按股票是否标明金额分为面值股票和无面值股票。面值股票指在票面上标有一定金额的股票。这种股票的股东对公司享有的权利和承担义务的大小,依其所持有的股票票面金额占公司发行在外股票总面值的比例而定。无面值股票是不在票面上标出金额,只载明所占公司股本总额的比例或股份数的股票。无面值股票的价值随公司财产的增减而变动,而股东对公司享有的权利和承担义务的大小,直接依据股票标明的比例而定。我国《公司法》不承认无面值股票,规定股票应记载股票的面额,并且其发行价格不得低于票面金额。

(5)按照发行时间的先后顺序,可分为始发股和增发股。始发股是公司设立时发行的股票。增发股是公司增资时发行的股票。始发股和增发股的发行条件、发行目的、发行价格都不尽相同,但是股东权益和义务是一样的。

(二)股份有限公司的设立,股票的发行与上市

1. 股份有限公司的设立

设立股份有限公司,应当有 2 人以上 200 人以下发起人,其中须有半数以上的发起人在中国境内有住所。股份有限公司的设立可以采取发起设立或者募集设立的方式。发起设立是指由发起人认购公司应发行的全部股份而设立公司。募集设立是指由发起人认购公司应发行股份的一部分,其余股份向社会公开募集或者向特定对象募集而设立公司。

以发起设立方式设立股份有限公司的,公司全体发起人的首次出资额不得低于注册资本的 20%,其余部分由发起人自公司成立之日起 2 年内缴足(投资公司可以在 5 年内缴足)。

以募集设立方式设立股份有限公司的,发起人认购的股份不得少于公司股份总数的 35%。法律、行政法规另有规定的,从其规定。

股份有限公司的发起人应当承担下列责任：

(1)公司不能成立时，发起人对设立行为所产生的债务和费用负连带责任；

(2)公司不能成立时，发起人对认股人已缴纳的股款，负返还股款并加算银行同期存款利息的连带责任；

(3)在公司设立过程中，由于发起人的过失致使公司利益受到损害的，应当对公司承担赔偿责任。

2. 股份有限公司首次公开发行股票的条件

发行的股票必须：

(1)每股金额相等。同一次发行的股票，每股的发行条件和价格应当相同。

(2)股票发行价格可以按照票面金额，也可以超过票面金额，但不得低于票面金额。

(3)股票应当载明公司名称、公司登记日期、股票种类、票面金额及代表的股份数、股票编号等主要事项。

(4)向发起人、国家授权投资的机构、法人发行的股票，应当为记名股票；对社会公众发行的股票，可以为记名股票，也可以为无记名股票。

(5)公司发行记名股票的，应当置备股东名册，记载股东的姓名或者名称、住所、各股东所持股份、各股东所持股票编号、各股东取得其股份的日期；发行无记名股票的，公司应当记载其股票数量、编号及发行日期。

(6)公司公开发行新股，必须具备下列条件：具备健全且运行良好的组织结构；具有持续盈利能力，财务状态良好；最近3年财务会计文件无虚假记载，无其他重大违法行为；证券监督管理机构规定的其他条件。

具备上述条件的股份有限公司经申请，由国务院或国务院授权的管理部门批准，股票方可上市。股票上市公司必须公告其上市报告，并将申请文件存放在指定地点供公众查阅。股票上市公司还必须定期(年、半年、季度)公布财务状况和经营情况。

3. 股票首次发行的程序

(1)发起人认足股份、缴付股资。以发起方式设立的公司，发起人认购公司的全部股份；以募集方式设立的公司，发起人认购的股份不得少于公司股份总数的35%。发起人可以用货币出资，也可以用非货币资产作价出资。在发起设立方式下，发起人缴付全部股资后，应选举董事会、监事会，由董事会办理公司设立的登记事项；在募集设立方式下，发起人认足其应认购的股份并缴付股资后，其余部分向社会公开募集。

(2)提出公开募集股份的申请。以募集方式设立的公司，发起人向社会公开募集股份时，必须向国务院证券监督管理部门递交募股申请，并报送批准设立公司的相关文件，包括公司章程、招股说明书等。

(3)公告招股说明书，签订承销协议。公开募集股份申请经国家批准后，应公告招股说明书。招股说明书应包括公司的章程、发起人认购的股份数、本次每股票面价值和发行价格、募集资金的用途等。同时，与证券公司等证券承销机构签订承销协议。

(4)招认股份，缴纳股款。发行股票的公司或其承销机构一般用广告或书面通知的办法招募股份。认股者一旦填写了认股书，就要承担认股书中约定的缴纳股款义务。如果认股者的总股数超过发起人拟招募的总股数，可以采取抽签的方式确定哪些认股者有权认股。认股者应在规定的期限内向代收股款的银行缴纳股款，同时交付认股书。股款收足后，发起人应委托法定的机构验资，出具验资证明。

(5)召开创立大会,选举董事会、监事会。发行股份的股款募足后,发起人应在规定期限内(法定30天)主持召开创立大会。创立大会由发起人、认股人组成,应有代表股份总数半数以上的认股人出席方可举行。创立大会通过公司章程,选举董事会和监事会成员,并有权对公司的设立费用进行审核,对发起人用于抵作股款的财产作价进行审核。

(6)办理公司设立登记,交割股票。经创立大会选举的董事会,应在创立大会结束后30天内,办理申请公司设立的登记事项。登记成立后,即向股东正式交付股票,公司登记成立之前不得向股东交割股票。

4. 股票上市交易

股票上市交易是指股份有限公司公开发行的股票经批准在证券交易所挂牌交易。经批准在交易所上市的股票称为上市股票。

按照我国《公司法》和《证券法》的有关规定,“股份有限公司发行股票,应当符合下列条件:(一)股票经国务院证券监督管理机构核准已公开发行;(二)公司股本总额不少于人民币三千万元;(三)公开发行的股份达到公司股份总数的百分之二十五以上;公司股本总额超过人民币四亿元的,公开发行股份的比例为百分之十以上;(四)公司最近三年无重大违法行为,财务会计报告无虚假记载。”此外,公司股票上市还应符合证券交易所规定的其他条件,并报国务院证券监督管理机构批准。

股票上市对公司有利的方面,主要包括:

(1)便于筹措新资金。证券市场是资本商品的买卖市场,证券市场上有众多的资金供应者。同时,股票上市经过了政府机构的审查批准并接受严格的管理,上市企业执行股票上市和信息披露的规定,容易吸引社会资本投资者。公司上市后,还可以通过增发、配股、发行可转换债券等方式进行再融资。

(2)促进股权流通和转让。股票上市后便于投资者购买,提高了股权的流动性和股票的变现力,便于投资者认购和交易。

(3)促进股权分散化。上市公司拥有众多的股东,加之上市股票的流通性强,能够避免公司的股权集中,分散公司的控制权,有利于公司治理结构的完善。

(4)有利于提高公司知名度,吸引更多顾客。

(5)便于确定公司价值。股票上市后,公司股价有市价可循,便于确定公司的价值。对于上市公司来说,即时的股票交易行情,就是对公司价值的市场评价。同时,市场行情也能够为公司收购兼并等资本运作提供询价基础。

股票上市对公司不利的方面有:

(1)上市成本较高,手续复杂严格;

(2)信息披露成本较高,需要承担法律责任;

(3)信息公开可能会暴露公司的商业秘密;

(4)股价有时会歪曲公司的实际情况,影响公司声誉;

(5)可能会分散公司的控制权,造成管理上的困难。

5. 股票上市的暂停、终止和特别处理

当上市公司出现经营情况恶化、存在重大违法违规行为或其他原因导致不符合上市条件时,就可能被暂停或终止上市。

根据《证券法》,上市公司有下列情形之一的,由证券交易所决定暂停其股票上市交易:(一)公司股本总额、股权分布等发生变化不再具备上市条件;(二)公司不按照规定公开其财务状况，或者对财务会计报告作虚假记载，可能误导投资者；(三)公司有重大违法行为；(四)公司最近三年连续亏损；(五)证券交易所上市规则规定的其他情形。上市公司有下列情形之一的，由证券交易所决定终止其股票上市交易：(一)公司股本总额、股权分布等发生变化不再具备上市条件，在证券交易所规定的期限内仍不能整改达到上市条件；(二)公司不按照规定公开其财务状况，或者对财务会计报告作虚假记载，且拒绝纠正；(三)公司最近三年连续亏损，在其后一个年度内未能恢复盈利；(四)公司解散或者被宣告破产；(五)证券交易所上市规则规定的其他情形。

上市公司出现财务状况异常或其他状况异常的，其股票交易将被交易所"特别处理(Special Treatment",ST)。"财务状况异常"一般是指：

(1)最近两个会计年度的审计结果显示的净利润为负值；

(2)最近一个会计年度的审计结果显示其股东权益低于注册资本；

(3)最近一个会计年度经审计的股东权益扣除注册会计师和有关部门不予确认的部分后，低于注册资本；

(4)注册会计师对最近一个会计年度的财产报告出具无法表示意见或否定意见的审计报告；

(5)最近一份经审计的财务报告对上年度利润进行调整，导致连续两个会计年度亏损；

(6)经交易所或中国证监会认定为财务状况异常的。

"其他状况异常"是指自然灾害、重大事故等导致生产经营活动基本中止，公司涉及的可能赔偿金额超过公司净资产的诉讼等情况。

在上市公司的股票交易被实行特别处理期间，其股票交易遵循下列规则：

(1)股票报价日涨跌幅限制为5%；

(2)股票名称改为原股票名前加"ST"；

(3)上市公司的中期报告必须经过审计。

(三)上市公司的股票发行

上市的股份有限公司在证券市场上发行股票，包括公开发行和非公开发行两种类型。公开发行股票又分为首次上市公开发行股票和上市公开发行股票。非公开发行即向特定投资者发行，也叫定向发行。

1. 首次上市公开发行股票(IPO)

首次上市公开发行股票(IPO,Initial Public Offerings)，是指股份有限公司对社会公开发行股票并上市流通和交易。实施IPO的公司，应当符合中国证监会颁布的《首次公开发行股票并上市管理办法》规定的相关条件，并经中国证监会核准。

实施IPO的基本程序是：

(1)公司董事会应当依法就本次股票发行的具体方案、本次募集资金使用的可行性及其他事项作出决议，并提请股东大会批准；

(2)公司股东大会就本次发行股票作出决议；

(3)由保荐人保荐并向证监会申报；

(4)证监会受理，并审批核准；

(5)自证监会核准发行之日起，公司应在6个月内公开发行股票；超过6个月未发行的，核准失效，须经证监会重新核准后方可发行。

2. 上市公开发行股票

上市公开发行股票是指股份有限公司已经上市后，通过证券交易所在证券市场上对社会公开发行股票。上市公司公开发行股票，包括增发和配股两种方式。其中，增发是指增资发行，即上市公司向社会公众发售股票的再融资方式；而配股是指上市公司向原有股东配售发行股票的再融资方式。增发和配股也应符合证监会规定的条件，并经过证监会的核准。

3. 非公开发行股票

上市公司非公开发行股票，是指上市公司采用非公开方式，向特定对象发行股票的行为，也叫定向募集增发，其目的往往是为了引入该机构的特定能力，如管理、渠道等。定向增发的对象可以是老股东，也可以是新投资者。总之，定向增发完成之后，公司的股权结构往往会发生较大变化，甚至发生控股权变更的情况。

在公司设立时，上市公开发行股票与非上市不公开发行股票相比较，上市公开发行股票方式的发行范围广，发行对象多，易于足额筹集资本，同时还有利于提高公司的知名度，但公开发行方式审批手续复杂严格，发行成本高。在公司设立后再融资时，上市公司定向增发和非上市公司定向增发相比较，上市公司定向增发优势在于：

(1) 有利于引入战略投资者和机构投资者；

(2) 有利于利用上市公司的市场化估值溢价，将母公司资产通过资本市场放大，从而提升母公司的资产价值；

(3) 定向增发是一种主要的并购手段，特别是资产并购型定向增发，有利于集团企业整体上市，并同时减轻并购的现金流压力。

(四) 股票发行方式和销售方式

公司发行股票筹资，应当选择适宜的股票发行方式和销售方式，并恰当地制定发行价格，以便及时募足资本。

1. 股票发行方式

指公司通过何种途径发行股票。总的来讲，股票的发行方式可分为以下两类：

(1) 公开间接发行，是指通过中介机构，公开向社会公众发行股票。

(2) 不公开直接发行，是指不公开对外发行股票，只向少数特定的对象直接发行，因而不需要经中介机构承销。

2. 股票的销售方式

指股份有限公司向社会公开发行股票时所采取的股票销售方式。股票销售方法有两类：自行销售和委托中介机构销售。

(1) 自行销售，指发行公司自己直接将股票销售给认购者。

(2) 委托销售，指发行公司将股票销售业务委托给证券经营机构代理。

(五) 普通股的定价

股票发行价格通常有等价、时价和中间价三种。等价是指以股票面额为发行价格，即股票的发行价格与其面额等价，又称面值发行。时价是以公司原发行同种股票的现行市场价格为基准来选择增发新股的发行价格，也称市价发行。中间价是取股票市场价格与面额的中间值作为股票的发行价格。以中间价和时价发行都可能是溢价发行，也可能是折价发行。值得注意的是，我国《公司法》规定公司发行股票不准折价发行。

根据我国《证券法》的规定，股票发行采取溢价发行的，其发行价格由发行人与承销的证券公司协商确定。发行人通常会参考公司经营业绩、净资产、发展潜力、发行数量、行业特点、股市状态等，确定发行价格。在实际工作中，股票发行价格的确定方法主要有市盈率法、净资产倍率法和现金流量折现法。

1. 市盈率法

市盈率又称本益比（P/E），指股票市场价格与公司盈利的比率。计算公式为：

$$\text{市盈率}=\frac{\text{每股市价}}{\text{每股净收益}}$$

市盈率法是以公司股票的市盈率为依据确定发行价格的一种方法。采用市盈率法确定股票发行价格的步骤如下：

（1）根据注册会计师审核后的盈利预测计算出发行公司的每股净收益。

$$\text{每股净收益}=\frac{\text{净利润}}{\text{发行前总股数}}$$

确定每股净收益的方法有两种：一是全摊销法。用发行当年预测全部净利润除以总股数，直接得出每股净利润。二是加权平均法。采用加权平均法确定每股净利润较为合理，因股票发行的时间不同，资金实际到位的先后对企业效益的影响差异较大，且投资者在购股后才应享受应有的权益。加权平均法的计算公式为：

$$\text{每股净收益}=\frac{\text{发行当年预测净利润}}{\text{发行前总股数}+\text{本次公开发行股数}\times\frac{12-\text{发行月数}}{12}}$$

（2）根据二级市场的平均市盈率、发行公司各所处行业的情况（同类行业公司股票的市盈率）、发行公司的经营状况及其成长性等拟定发行市盈率。

（3）依发行市盈率与每股净收益之乘积决定发行价。

$$\text{发行价格}=\text{每股净收益}\times\text{发行市盈率}$$

2. 净资产倍率法

净资产倍率法又称资产净值法，是指通过资产评估和相关会计手段确定发行公司拟募股资产的每股净资产值，然后根据证券市场的状况将每股净资产值乘以一定的倍率，以此确定股票发行价格的方法。净资产倍率法在国外常用于房地产公司或资产现值要重于商业利益的公司的股票发行，但在国内一直广为采用。以净资产倍率法确定发行股票价格的计算公式：

$$\text{发行价格}=\text{每股净资产值}\times\text{溢价倍数}$$

3. 现金流量折现法

现金流量折现法是指通过预测公司未来的盈利能力，据此计算出公司净现值，并按一定的折现率折算，从而确定股票发行价格的方法。其基本要点是：首先是用市场接受的会计手段预测公司每个项目若干年内每年的净现金流量，再按照市场公允的折现率分别计算出每个项目未来的净现金流量的净现值，公司总的净现值除以公司股份数，即为每股净现值。采用此法应注意：第一，由于未来收益存在不确定性，发行价格通常要对上述方法计算出的每股净现值折让20%～30%；第二，用现金流量折现法定价的公司，其市盈率往往远高于平均水平，因为这类公司发行股票上市时套算出来的市盈率与一般公司发行股票的市盈率之间不具可比性。

（六）股票发行的成本

股票发行成本一般较高，通常和发行数量成反比。发行股票的成本主要由三部分组成：

（1）给承销机构的报酬；

（2）发行股票所应负担的法律费、印刷费；

(3)发行中的其他支出。

在这三部分中,承销机构的报酬最大,它由承销机构付给公司的股票价格与售给投资大众价格之间的差额构成。这种报酬是通过公司与承销机构之间讨价还价后决定的,这种差额越小,公司发行股票的成本就越低。

(七)引入战略投资者

1. 战略投资者的概念与要求

我国在新股发行中引入战略投资者,允许战略投资者在公司发行新股中参与配售。战略投资者,一般是指与发行人(公司)具有合作关系或有合作意向和潜力,与发行公司业务联系紧密且欲长期持有发行公司股票的法人。从国外风险投资机构对战略投资者的定义来看,一般认为战略投资者是能够通过帮助公司融资、提供营销与销售支持,或通过个人关系增加被投资公司价值的公司或个人投资者。

一般来说,作为战略投资者的基本要求是:

(1)与公司的经营业务联系紧密;

(2)出于长期投资目的而较长时期地持有股票;

(3)具有相当的资金实力,且持股数量较多。

2. 引入战略投资者的作用

战略投资者具有资金、技术、管理、市场、人才等方面的优势,能够增强企业的核心竞争力和创新能力。上市公司引入战略投资者,使其能够和上市公司之间形成紧密的、伙伴式的合作关系,并由此增强公司经营实力、提高公司管理水平、改善公司治理结构。因此,对战略投资者的基本资质条件要求是:拥有比较雄厚的资金、核心的技术、先进的管理等,同时要有较好的实业基础和较强的投融资能力。分项来说,引入战略投资对上市公司的作用是:

(1)提升公司形象,提高资本市场认同度。战略投资者往往都是实力雄厚的境内外大公司、大集团,甚至是国际、国内500强,他们对公司股票的认购,是对公司潜在价值的认可和期望。

(2)优化股权结构,健全公司法人治理。战略投资者占一定股权份额并长期持股,能够分散公司控制权,能够参与公司管理,改善公司治理结构。战略投资者带来的不仅是资金和技术,更重要的是能带来先进的管理技术和优秀的管理团队。

(3)提高公司资源整合能力,增强公司的核心竞争力。战略投资者往往有较好的实业基础,能带来先进的工艺技术和广阔的产品营销市场,通过长期投资合作,可以促进公司产品结构和产业结构的调整升级,有助于整合公司的经营资源,形成产业集群。

(4)达到阶段性的融资目标,加快实现公司上市融资的进程。战略投资者具有较强的资金实力,并与发行人签订有关配售协议,长期持有发行人股票,能给新上市的公司提供长期稳定的资本,帮助上市公司用较低的成本融得较多的资金,提高融资效率。

从我国上市公司的实际情况看,引入战略投资者还处于募集资金最大化的实用原则阶段,谁的申购价格高,谁就能够成为战略投资者,管理型、技术型的战略投资者还较少见。目前我国资本市场中的战略投资者,多是追逐持股价差、有较大承受能力的股票持有者,以大型证券投资机构居多。

(八)发行普通股的优缺点

1. 发行普通股的优点

(1)所有权与经营权相分离,分散公司控制权,有利于公司自主管理、自主经营。普通股筹资的股东众多，公司的日常经营管理事务主要由公司的董事会和经理层负责。

（2）没有固定的股息负担，资本成本较低。公司有盈利，并认为适于分配时才分派股利，公司盈利较少；或者虽有盈利但现金短缺或有更好的投资机会，也可以少支付或不支付股利。相对于吸收直接投资来说，普通股筹资的资本成本较低。

（3）能增强公司的社会声誉。普通股筹资使得股东大众化，由此给公司带来了广泛的社会影响，特别是上市公司，其股票的流通性强，有利于市场确认公司的价值。

（4）促进股权流通和转让。普通股筹资以股票作为媒介的方式便于股权的流通和转让，便于吸收新的投资者。

2. 发行普通股的缺点

（1）筹资费用较高，手续复杂。

（2）不易尽快形成生产能力。普通股筹资吸收的一般都是货币资金，还需要通过购置和建造固定资产形成生产经营能力。

（3）控制权分散，容易被经理人控制。流通性强的股票交易，也容易被恶意收购。

三、留存收益

（一）留存收益的筹资途径

留存收益是指企业从历年实现的净利润中提取或形成的留存于企业的内部积累，它来源于企业在生产经营活动中所实现的净利润，包括盈余公积和未分配利润。从性质上看，企业通过合法有效的经营所实现的税后净利润，都属于企业的所有者。

投资者投入企业的资金，通过企业的生产经营活动，不仅要保持原有投资的完整，而且要力求超过原有投资的价值，即盈利。企业盈利扣除按规定交纳的所得税后，即为净利润。净利润的一部分可按协议、合同或公司章程的有关规定分配给投资者，作为投资者进行风险投资的回报；另一部分则留下来用于扩大生产经营规模，以便在今后为投资者创造更多的利润，或用于建立风险基金，弥补将来可能出现的亏损。

盈余公积是指按规定从净利润中提取的积累资金，是已指定用途的留存收益。盈余公积根据其用途可分为法定盈余公积（税后利润 10%）和任意盈余公积。盈余公积可用于弥补亏损、转增资本（或股本），符合规定条件的企业，也可用于分派现金股利。

未分配利润指实现的净利润经过弥补亏损、提取盈余公积和向投资者分配利润后留存企业的已经结存的利润。未分配利润留待以后向投资者进行分配。未分配利润相对于盈余公积来说，属于未确定用途的留存收益，企业对于未分配利润的使用分配有较大的自主权。从数量上来说，未分配利润是指期初未分配利润加上本期实现的净利润，减去提取的各种盈余公积和分出利润后的余额。未分配利润有两层含义：一是留待以后年度处理的利润；二是未指定用途的利润。

（二）留存收益筹资的特点

（1）没有筹资费用。留存收益筹资是从企业税后利润中提取或留待以后年度进行分配的结存利润，不需要筹资费用。

（2）维持公司的控制权格局。留存收益筹资是企业内部形成的，由此增加的权益资本不会改变公司的股权结构，不会稀释原有股东的控制权。

（3）筹资数额有限。留存收益的最大数额是企业到期的净利润和以前年度未分配利润之和，不像外部筹资可以一次性筹集大量资金。如果企业发生亏损，那么当年就没有利润留存。另外,股东和投资者从自身期望出发,往往希望企业每年发放一定的利润,这就需要企业保持一定的利润分配比例。

四、股权筹资的优缺点

(一)股权筹资的优点

(1)股权筹资是企业稳定的资本基础。股权资本没有固定的到期日,无需偿还,是企业的永久性资本,只有当企业清算时才有可能予以偿还,这对于保障企业对资本的最低需求,促进企业长期持续稳定经营具有重要意义。

(2)股权筹资是企业良好的信誉基础。股权资本作为企业最基础的资本,代表了公司的资本实力,是企业与其他单位组织开展经营业务,进行往来活动的信誉基础。同时,股权资本也是其他方式筹资的基础,尤其可为债务筹资(包括银行借款、发行公司债券等)提供信用保障。

(3)企业财务风险较小。股权资本不用在企业正常营运期内偿还,不存在还本付息的财务风险。相对于债务资本而言,股权资本筹资限制少,使用上也无特别限制。另外,企业可以根据其经营状况和业绩的好坏决定向投资者支付报酬的数额,资本成本负担比较灵活。

(二)股权筹资的缺点

(1)资本成本负担较重。尽管股权资本的资本成本负担比较灵活,但一般而言,股权筹资的资本成本要高于债务筹资。这主要是由于投资者投资于股权特别是投资于股票的风险较高,投资者或股东相应要求得到较高的报酬率。企业长期不派发利润和股利,将会影响企业的市场价值。从企业成本开支的角度来看,股利、红利从税后利润中支付,而使用债务资本的资本成本允许税前扣除。此外,普通股的发行、上市等方面的费用也十分庞大。

(2)容易分散企业的控制权。利用股权筹资,引进了新的投资者或出售了新的股票,必然会导致企业控制权结构的改变,分散了企业的控制权。控制权的频繁迭变,势必要影响企业管理层的人事变动和决策效率,影响企业的正常经营。

(3)信息沟通与披露成本较大。投资者或股东作为企业的所有者,有了解企业经营业务、财务状况、经营成果等的权利。企业需要通过各种渠道和方式加强与投资者的关系管理,保障投资者的权益。特别是上市公司,其股东众多而分散,他们只能通过公司的公开信息披露了解公司状况,这就需要公司花更多的精力进行公司的信息披露和投资者关系管理,甚至有些公司还需要设置专门的部门来实施这些事情。

第三节 长期负债筹资

一、负债筹资概述

(一)负债筹资的特点

债务筹资是指企业通过向银行借款、向社会发行公司债券、融资租赁以及赊购商品或劳务等方式筹集和取得资金。负债是企业一项重要的资金来源,几乎没有一家企业是只靠自有资本,而不运用负债就能满足资金需要的。负债筹资是与权益资本筹资性质不同的筹资方式。与普通股筹资相比,负债筹资的特点主要是:

(1)所筹资金具有使用上的时间性,需到期偿还;

(2)需固定支付债务利息而不论企业经营状况的好坏,从而形成企业固定的负担;

(3)资本成本一般比普通股筹资成本低,且不会分散投资者对企业的控制权。

(二)负债的种类

企业向银行借款、发行债券、融资租赁和商业信用,是债务筹资的基本形式。负债可按时间分为长期负债和流动负债。其中,银行长期借款、发行债券、融资租赁等是长期负债;不足1年的短期借款、商业信用是短期负债。长期负债可以解决企业长期资金的不足,满足购置长期性固定资产的需要,且归还期较长,大多是分期还本付息,这对债务人来讲,还债压力或风险相对较小。但长期负债筹资一般成本较高,即长期负债的利率一般会高于短期负债利率;且负债的限制较多,即债权人经常会向债务人提出一些限制性的条件以保证其能够及时、足额偿还债务本金和支付利息,从而形成对债务人的种种约束。

二、银行借款

银行借款是指企业向银行或其他非银行金融机构借入的、需要还本付息的款项,包括偿还期限超过1年的长期借款和1年及以内的短期借款。长期借款用于企业购建固定资产,短期借款用于满足流动资金周转的需要。

(一)长期借款的种类

1. 按提供贷款的机构分类

按提供贷款的机构,分为政策性银行贷款、商业银行贷款和其他金融机构贷款。

(1)政策性银行贷款。是指执行国家政策性贷款业务的银行向企业发放的贷款,通常为长期贷款。如国家开发银行贷款,主要满足企业承建国家重点建设项目的资金需要;中国进出口信贷银行贷款,主要为大型设备的进出口提供买方信贷或卖方信贷;中国农业发展银行贷款,主要用于确保国家对粮、棉、油等政策性收购资金的供应。

(2)商业性银行贷款。是指由各商业银行,如中国工商银行、中国建设银行、中国农业银行、中国银行等,向工商企业提供的贷款,用以满足企业生产经营的资金需要,包括短期贷款和长期贷款。

(3)其他金融机构贷款。如从信托投资公司取得实物或货币形式的信托投资贷款,从财务公司取得的各种中长期贷款,从保险公司取得的贷款等。其他金融机构的贷款一般较商业银行贷款的期限要长,但要求的利率较高,对借款企业的信用要求和担保的选择比较严格。

2. 按机构对贷款有无担保要求分类

按机构对贷款有无担保要求,分为信用贷款和担保贷款。

(1)信用贷款指以借款人的信誉或保证人的信用为依据而获得的贷款。企业取得这种贷款,无需以财产作抵押。对于这种贷款,由于风险较高,银行通常要收取较高的利息,往往还附加一定的限制条件。

(2)担保贷款指由借款人或第三方依法提供担保而获得的贷款。担保包括保证责任、财产抵押、财产质押。担保贷款包括保证贷款、抵押贷款和质押贷款。

保证贷款是指按《担保法》规定的保证方式,以第三人作为保证人承诺在借款人不能偿还借款时,按约定承担一定保证责任或连带责任而取得的贷款。

抵押贷款是指按《担保法》规定的抵押方式,以借款人或第三方的财产作为抵押物而取得的贷款。抵押是指债务人或第三方不转移财产的占有,将该财产作为债权的担保,债务人不履行债务时，债权人有权将该财产折价或者以拍卖、变卖的价款优先受偿。作为贷款担保的抵押品，可以是不动产、机器设备、交通运输工具等实物资产，可以是依法有权处分的土地使用权，也可以是股票、债券等有价证券，但它们必须是能够变现的资产。如果贷款到期借款企业不能或不愿偿还贷款，银行可取消企业对抵押品的赎回权。抵押贷款有利于降低银行贷款的风险，提高贷款的安全性。

质押贷款是指按《担保法》规定的质押方式，以借款人或第三方的动产或财产权利作为质押物而取得的贷款。质押是指债务人或第三方将其动产或财产权利移交债权人占有，将该动产或财产权利作为债权的担保，债务人不履行债务时，债权人有权以该动产或财产权利折价或者以拍卖、变卖的价款优先受偿。作为贷款担保的质押品，可以是汇票、支票、债券、存款单、提单等信用凭证，可以是依法可以转让的股份、股票等有价证券，也可以是依法可转让的商标专用权、专利权、著作权中的财产权等。

3. 按取得贷款的用途分类

按取得贷款的用途，分为固定资产投资借款、更新改造借款、科技开发和新产品借款等。

(1) 固定资产投资借款指因购置固定资产需要资金而向银行申请借入的款项。

(2) 更新改造借款指因进行固定资产更新改造而向银行借入的款项。

(二) 长期借款的保护性条款

由于长期借款的期限长、风险大，按照国际惯例，银行通常对借款企业提出一些有助于保证贷款按时足额偿还的条件。债权人通常还在借款合同中附加各种保护性条款，以确保企业按要求使用借款和按时足额偿还借款。保护性条款一般有以下三类：

1. 例行性保护条款

这类条款作为例行常规，在大多数借款合同中都会出现。包括：

(1) 要求定期向提供贷款的金融机构提交财务报表，以使债权人随时掌握公司的财务状况和经营成果。

(2) 不准在正常情况下出售较多的非产成品存货，以保持企业正常生产经营能力。

(3) 如期清偿应缴纳税金和其他到期债务，以防被罚款而造成不必要的现金流失。

(4) 不准以资产作其他承诺的担保或抵押。

(5) 不准贴现应收票据或出售应收账款，以避免或有负债等。

2. 一般性保护条款

一般性保护条款是对企业资产的流动性及偿债能力等方面的要求条款，这类条款应用于大多数借款合同。包括：

(1) 保持企业的资产流动性。要求企业需持有不低于最低额度的货币资金及其他流动资产，以保持企业资产的流动性和偿债能力，一般规定了企业必须保持的最低营运资金数额和最低流动比率数值。

(2) 限制企业非经营性支出。如限制支付现金股利、购入股票和职工加薪的数额规模，以减少企业资金的过度外流。

(3) 限制企业资本支出的规模。控制企业资产结构中的长期性资产的比例，以减少公司日后不得不变卖固定资产以偿还贷款的可能性。

(4) 限制公司再举债规模。目的是防止其他债权人取得对公司资产的优先索偿权。

(5) 限制公司的长期投资。如规定公司不准投资于短期内不能收回资金的项目，不能未经银行等债权人同意而与其他公司合并等。

3. 特殊性保护条款

这类条款是针对某些特殊情况而出现在部分借款合同中的条款，只有在特殊情况下才能生效。包括：要求公司的主要领导人购买人身保险；借款的用途不得改变；制定违约惩罚条款等。

上述各项条款结合使用，将有利于全面保护银行等债权人的权益。但借款合同是经双方充分协商后决定的，其最终结果取决于双方谈判能力的强弱，而不是完全取决于银行等债权人的主观愿望。

（三）长期借款的利率

长期借款利率有固定利率和浮动利率两种。固定利率是指在借款期限内，借款的利率保持不变。通常情况下，借贷双方会找出一家风险类似于借款企业的其他企业，再以发行期限等于长期借款的债券利率作为参考基准，来确定长期借款的利率。

浮动利率是指在借款期限内，借款的利率随着资本市场的利率而变动。当基本利率发生变动时，长期借款未偿还部分的利率要作同比例的涨跌。浮动利率的调整一般为每年一次，也可半年或每季调整一次。当资本市场波动起伏较大，或借款数额较多、借款期限较长时，借款的利率就可能采用浮动利率。浮动利率通常有最高、最低限，并应在借款合同中明确。

（四）长期借款的成本

长期借款的成本主要包括利息和其他费用。

（1）长期借款的利息。超过一年期借款的利息率通常高于短期借款，但信誉好或抵押品流动性强的借款企业，仍然可以争取到较低的长期借款利率。长期借款利率有固定利率和浮动利率两种。浮动利率通常有最高、最低限，并在长期借款合同中明确。对于借款企业来讲，若预测市场利率将上升，应与银行签订固定利率合同；反之，则应签订浮动利率合同。

（2）其他费用。除了利息之外，银行还会向借款企业收取其他费用，如实行周转信贷协定所收取的承诺费、要求借款企业在本银行中保持补偿余额所形成的间接费用等。这些费用会加大长期借款的成本。

（五）长期借款筹资的优缺点

1. 优点

（1）筹资速度快。与发行债券、融资租赁等债权筹资方式相比，银行借款的程序相对简单，所花时间较短，公司可以迅速获得所需资金。

（2）资本成本较低。利用银行借款筹资，比发行债券和融资租赁的利息负担要低，而且无需支付证券发行费用、租赁手续费用等筹资费用。

（3）筹资弹性较大。在借款之前，公司根据当时的资本需求与银行等贷款机构直接商定贷款的时间、数量和条件。在借款期间，若公司的财务状况发生某些变化，也可与债权人再协商，变更借款数量、时间和条件，或提前偿还本息。因此，借款筹资对公司具有较大的灵活性，短期借款更是如此。

2. 缺点

（1）限制条款多。与债券筹资相比较，银行借款合同对借款用途有明确规定，通过借款的保护性条款，对公司资本支出额度、再筹资、股利支付等行为有严格的约束，以后公司的生产经营活动和财务政策必将受到一定程度的影响。

（2）筹资数额有限。银行借款的数额往往受到贷款机构资本实力的制约，很难像发行债券、股票那样一次筹集到大笔资金，无法满足公司大规模筹资的需要。

三、发行公司债券

公司债券是指企业依照法定程序发行的、约定在一定期限内还本付息的有价证券。债券是持券人拥有公司债权的书面证书，它代表持券人同发债公司之间的债权债务关系。公司债券主要是相对于国家和金融机构发行的政府债券和金融债券而言的，一般期限超过1年，发行目的通常是为建设大型项目筹集大笔的长期资金。

（一）发行公司债券的条件与种类

1. 发行公司债券的条件

根据我国《公司法》的规定，股份有限公司、国有独资公司和两个以上的国有公司或者两个以上的以国有投资为主体投资设立的有限责任公司，具有发行债券的资格。我国《证券法》规定，“公开发行公司债券，应当符合下列条件：（一）股份有限公司的净资产不低于人民币三千万元，有限责任公司的净资产不低于人民币六千万元；（二）累计债券余额不超过公司净资产的百分之四十；（三）最近三年平均可分配利润足以支付公司债券一年的利息；（四）筹集的资金投向符合国家产业政策；（五）债券的利率不超过国务院限定的利率水平；（六）国务院规定的其他条件。公开发行公司债券筹集的资金，必须用于核准的用途，不得用于弥补亏损和非生产性支出。”

我国《证券法》规定，“公司申请债券上市交易，应当符合以下列条件：（一）公司债券的期限在一年以上；（二）公司实际发行额不少于人民币五千万元；（三）公司申请债券上市时仍符合法定的公司债券发行条件。”

2. 公司债券的种类

债券是一种借贷关系的书面凭证。企业发行的债券有多种形式，分类如下：

（1）按债券上是否记名，分为记名债券和无记名债券。记名公司债券，在公司债券上记载持券人姓名及住所、债券持有人取得债券的日期以及债券的编号等债券持有人信息。记名公司债券由债券持有人以背书方式或者法律、法规规定的其他方式转让，转让后由公司将受让人的姓名或者名称及住所记载于公司债券存根簿。无记名公司债券，应当在公司债券存根簿上载明债券总额、利率、偿还期限和方式、发行日期及债券的编号等。无记名公司债券的转让，由债券持有人将该债券交付给受让人后即发生转让的效力。

（2）按能否转换为公司股权，分为可转换债券和不可转换债券。可转换债券可以在规定的时间内按规定的价格转换为公司的股票。可转换债券在发行时，对债券转换为股票的价格和比率等都应当作出详细的规定。可转换债券的发行主体是股份有限公司中的上市公司。不可转换债券是指不能转换为公司股票的债券，大多数公司债券都属于这种类型。

（3）按有无特定的财产担保，分为担保债券和信用债券。担保债券是指以抵押方式担保发行人按期还本付息的债券，主要是指抵押债券。抵押债券按其抵押品的不同，又分为不动产抵押债券、动产抵押债券和证券信托抵押债券。信用债券是指无担保债券，是仅凭公司自身信用发行的、没有抵押品作抵押担保的债券。在公司清算时，信用债券的持有人因无特定的资产作担保品，只能作为一般债权人参与剩余财产的分配。

（二）发行公司债券的程序

（1）作出决议。公司发行债券要由董事会制定方案，股东大会作出决议。

（2）提出申请。我国规定，公司申请发行债券由国务院证券管理部门批准。证券管理部门按照国务院确定的公司债券发行规模审批公司债券的发行。公司申请应提交公司登记证明、公司章程、公司债券募集办法、资产评估报告和验资报告。

(3)公告募集办法。企业发行债券的申请经批准后,向社会公告债券募集办法。公司债券分私募发行和公募发行。私募发行是以特定的少数投资者为对象发行债券,而公募发行则是在证券市场上以非特定的广大投资者为对象公开发行债券。

(4)委托证券经营机构发售。公募间接发行是各国通行的公司债券发行方式,在这种发行方式下,发行公司与承销团签订承销协议。承销团由数家证券公司或投资银行组成,承销方式有代销和包销两种。代销是指承销机构代为推销债券,在约定期限内未售出的余额可退还发行公司,承销机构不承担发行风险。包销是指由承销团先购入发行公司拟发行的全部债券,然后再售给社会上的投资者,如果约定期限内未能全部售出,余额要由承销团负责认购。

(5)交付债券,收缴债券款,登记债券存根簿。发行债券通常不需经过填写认购证过程,由债券购买人直接向承销机构付款购买,承销单位付给购买人企业债券。然后,发行公司向承销机构收缴债券款并结算代理费及预付款项。

(三)债券的发行价格

债券的发行价格是债券发行时使用的价格,亦即投资者购买债券时所支付的价格。公司债券的发行价格通常有三种:平价、溢价和折价。

平价是指以债券的票面金额为发行价格。溢价是指以高出债券票面金额的价格为发行价格。折价是指以低于债券票面金额的价格为发行价格。债券发行价格的形成受诸多因素的影响,其中主要影响因素是票面利率与市场利率的一致程度。债券的票面金额、票面利率在债券发行前即已参照市场利率和发行公司的具体情况确定下来,一并载明于债券之上,但在发行债券时已确定的票面利率不一定与当时的市场利率一致,为了协调债券购销双方在债券利息上的利益,就要调整发行价格。

1. 影响债券发行价格的因素

(1)债券面值。债券面值是确定债券发行价格的基本因素。债券面额越大,发行价格越高;反之,越低。

(2)票面利率。它又称息票率,是确定债券投资价值的主要因素。一般认为,债券的票面利率越高,投资价值越大,发行价格也就越高;反之,越低。

(3)市场利率。它又称贴现率,是影响债券发行价格的最主要因素。在债券面值与票面利率一定的条件下,市场利率越高,发行价格越低;反之,越高。

(4)债券期限。债券期限决定着债券的投资风险。一般认为,期限越长,投资风险越大,要求投资报酬率也越高,债券的发行价格也就可能越低;反之,可能越高。

2. 债券发行价格的确定方法

从理论上讲,债券的投资价值由债券到期还本面额按市场利率折现的现值与债券各期债息的现值两部分组成。发行价格具体计算公式如下:

$$\begin{aligned}\text{债券发行价格} &= \text{本金现值} + \text{各期利息现值} \\ &= \text{面值} \times (P/F,i,n) + \text{各期利息} \times (P/A,i,n) \\ &= \frac{\text{债券面值}}{(1+\text{市场利率})^n} + \sum_{t=1}^{n} \frac{\text{债券面值} \times \text{票面利率}}{(1+\text{市场利率})^t}\end{aligned}$$

式中,n 为债券的期限;t 为付息期数;市场利率通常为债券发行时的市场利率。

由于票面利率与市场利率的差异,债券发行价格可能出现三种情况:等价、溢价、折价。当票面利率高于市场利率时,债券的发行价格高于面值,即溢价发行;当票面利率等于市场利率时,债券的发行价格等于面值,即等价(平价)发行;当债券的票面利率低于市场利率时,债券的发行价格低于面值,即折价发行。

【例3-1】 A公司发行期限3年的债券面值100元,票面利率12%,每年年末结计利息。发行价格可分三种情况:

(1)票面利率高于市场利率。设市场利率为10%:

$$\begin{aligned}债券发行价格 &= 100\times12\%\times(P/A,10\%,3)+100\times(P/F,10\%,3)\\&=12\times2.487+100\times0.751=104.94(元)\end{aligned}$$

(2)票面利率等于市场利率。设市场利率为12%:

$$\begin{aligned}债券发行价格 &= 100\times12\%\times(P/A,12\%,3)+100\times(P/F,12\%,3)\\&=12\times2.402+100\times0.712=100.02(元)\end{aligned}$$

(3)票面利率低于市场利率。设市场利率为14%:

$$\begin{aligned}债券发行价格 &= 100\times12\%\times(P/A,14\%,3)+100\times(P/F,14\%,3)\\&=12\times2.322+100\times0.675=95.36(元)\end{aligned}$$

在实务中,公司并非一定要按上述公式计算出来的价格作为债券实际的发行价格。一般是用此计算结果作为确定债券发行价格的基础,结合自身的信誉情况、对资金的急需程度和对市场利率变化趋势的预测等各项情况,确定最合适的债券发行价格。对于企业债券溢价、折价或面值发行,国家在法律上没有硬性规定,但企业合理制定发行价格是其确保债券发行成功的关键之一。

在考虑货币时间价值和通货膨胀的因素下,付息期对债券投资者的实际收益有很大影响。到期一次付息的债券,其利息通常是按单利计算的;而分期付息的债券,其实质是支付的复利息。所以企业在确定债券利息支付期时,必须要作仔细的研究。

(四)债券的偿还

债券偿还时间按其实际发生与规定的到期日之间的关系,分为提前偿还与到期偿还两类,其中后者又包括分批偿还和一次偿还两种形式。

(1)提前偿还。提前偿还又称提前赎回或收回,是指在债券尚未到期之前就予以偿还。只有在公司发行债券的契约中明确规定了有关允许提前偿还的条款,公司才可以进行此项操作。提前偿还所支付的价格通常要高于债券的面值,并随到期日的临近而逐渐下降。具有提前偿还条款的债券可使公司筹资有较大的弹性。当公司资金有结余时,可提前赎回债券;当预测利率下降时,也可提前赎回债券,而后以较低的利率来发行新债券。

(2)分批偿还。如果公司在发行同一种债券时,为不同编号或不同发行对象的债券规定了不同的到期日,这种债券就是分批偿还债券。因为各批债券的到期日不同,发行价格和票面利率也可能不相同,这样导致发行费较高。但由于这种债券便于投资人挑选最合适的到期日,因而便于发行。

(3)一次偿还。一次偿还即债券到期日一次偿还本金。到期一次偿还的债券是最为常见的一种债券。

(五)债券的资信评估

由于债券发行的公司众多,各个公司发行的各种债券信誉优劣各异,风险水平也不完全相同,因此市场需要专门的机构对债券进行资信评估。所谓资信评估,就是对债券发行公司的经营状况，获利能力、债权债务等资金信用进行评估。当前国际上最著名的债券评级机构有两个：穆迪投资者服务公司（Moody's Investors Service Inc.）和标准－普尔公司（Standard & Poor's Inc.）。他们将债券资信最高的5个等级称为投资性信用等级，低于投资性信用等级的称为投机性信用等级。具体分级见表3－1。

表3－1　债券的信用等级及意义

标准－普尔公司		穆迪投资者服务公司	
AAA	最高级	Aaa	最高级
AA	高级	Aa	高级
A	中上级	A	中上级
BBB	中级	Baa	中级
BB	中下级	Ba	中下级
B	投机级	B	投机级
CCC，CC	高度投机级	Caa，Ca	高度投机级
C	无收入	C	最低级
D	破产		

各级评级机构在评级时，还使用“＋”或“－”对等级进行修正。

无论是对公司还是投资者，债券等级都是非常重要的，因为债券等级是反映公司违约风险的重要指标，会直接影响公司的筹资成本。在某些国家中还专门规定，商业银行和其他非银行金融机构所持有的债券不得低于BB级。因此公司债券等级一旦被评为BB级以下，销售就会变得相当困难。

在公司经营状况趋于恶化的情况下，如果公司债券等级尚未被降低，公司一般倾向于采用长期借款或短期债务融资，而不是公开发行新的债券。因为如果那样做会导致评级公司立即对其重新进行资信评估，使债券信用等级下降，筹资成本上升。

（六）发行公司债券的筹资特点

（1）一次筹资数额大。发行公司债券筹资，能够筹集大额的资金，满足公司大规模筹资的需要。这是在银行借款、融资租赁等债权筹资方式中，企业选择发行公司债券筹资的主要原因，这样能够适应大型公司经营规模的需要。

（2）提高公司的社会声誉。公司债券的发行主体，有严格的资格限制。发行公司债券，往往是股份有限公司和有实力的有限责任公司所为。通过发行公司债券，一方面筹集了大量资金，另一方面也扩大了公司的社会影响。

（3）募集资金的使用限制条件少。与银行借款相比，债券筹资募集资金的使用具有相对的灵活性和自主性。特别是发行债券所筹集的大额资金，能够用于也主要用于流动性较差的公司长期资产的添置上。从资金使用的性质来看，因为银行借款一般期限短、额度小，主要用途为增加适量存货、增加小型设备等；反之，期限较长、额度较大，用于公司扩展，增加大型固定资产和基本建设投资的需求多采用发行债券方式。

（4）能锁定资本成本的负担。尽管公司债券的利息比银行借款高，但公司债券的期限长、利率相对固定。在预计市场利率持续上升的金融市场环境下，发行公司债券筹资，能够锁定资本成本。

(5)发行资格要求高,手续复杂。发行公司债券,实际上是公司面向社会负债,债权人是社会公众,因此国家为了保护投资者利益,维护社会经济秩序,对发债公司的资格有严格的限制,从申报、审批、承销到取得资金,需要经过众多环节和较长时间。

(6)资本成本较高。相对于银行借款筹资,发行债券的利息负担和筹资费用都比较高。而且债券不能像银行借款一样进行债务展期,加上大额的本金和较高的利息,在固定的到期日,将会对公司现金流量产生巨大的财务压力。

四、融资租赁

租赁是指通过签订资产出让合同的方式,使用资产的一方(承租方)通过支付租金,向出让资产的一方(出租方)取得资产使用权的一种交易行为。在这项交易中,承租方通过得到所需资产的使用权,完成了筹集资金的行为。

(一)租赁的特征与分类

1. 租赁的基本特征

(1)所有权与使用权相分离。银行信用虽然也是所有权与使用权相分离,但载体是货币资金,租赁则是资金与实物相结合基础上的分离。

(2)融资与融物相结合。租赁是以商品形态与货币形态相结合提供的信用活动,出租人在向企业出租资产的同时,解决了企业的资金需求,具有信用和贸易双重性质。

它不同于一般的借钱还钱、借物还物的信用形式,而是借物还钱,并以分期支付租金的方式来体现。租赁的这一特点使银行信贷和财产信贷融合在一起,成为企业融资的一种新形式。

(3)租金的分期归流。在租金的偿还方式上,租金与银行信用到期还本付息不一样,采取了分期回流的方式。出租方的资金一次投入,分期收回。对于承租方而言,通过租赁可以提前获得资产的使用价值,分期支付租金便于分期规划未来的现金流出量。

2. 租赁的分类

租赁分为融资租赁和经营租赁。

经营租赁是指由租赁公司向承租单位在短期内提供设备,并提供维修、保养、人员培训等的一种服务性业务,又称服务性租赁。经营租赁的特点主要有:

(1)出租的设备一般由租赁公司根据市场需要选定,然后再寻找承租企业。

(2)租赁期较短,短于资产的有效使用期,在合理的限制条件内承租企业可以中途解约。

(3)租赁设备的维修、保养由租赁公司负责。

(4)租赁期满或合同中止以后,出租资产由租赁公司收回。

(5)经营租赁比较适用于租用技术过时较快的生产设备。

融资租赁是指由租赁公司按承租单位要求出资购买设备,在较长的合同期内提供给承租单位使用的融资信用业务,它是以融通资金为主要目的的租赁。融资租赁的主要特点有:

(1)出租的设备由承租企业提出购买要求,或者由承租企业直接从制造商或销售商那里选定。

(2)租赁期较长,接近于资产的有效使用期,在租赁期间双方无权取消合同。

(3)由承租企业负责设备的维修、保养。

(4)租赁期满,按事先约定的方法处理设备,包括退还租赁公司、继续租赁或企业留购。

通常采用企业留购办法,即以很少的"名义价格"(相当于设备残值)买下设备。

融资租赁是一种信用活动。通过融资租赁,出租人与承租人之间形成了一种债权债务关系。银行贷款是一种纯粹的货币借贷活动,仅仅能起到融资的作用。融资租赁则是以"融物"的形式达到"融资"目的,成为融资与融物相结合的一种信用活动。融资租赁对于出租人来讲,财产所占有的资金不能马上收回,等于向承租人发放了一笔贷款,再通过收取租金的形式收回贷款的本息,从而完成一笔放款业务。对于承租的企业来讲,分期支付的租金等于分期偿还借款的本息。扩大再生产的设备,可以购买,也可以租赁,通过融资租赁,租用企业等于筹集了资金,购买了设备。从这一点来讲,融资租赁对资金不充足又急需某种设备的企业来讲,是筹集资金的一种特殊方式,一条有效的融资渠道。融资租赁和经营租赁两者的区别,如表 3 - 2 所示。

表 3 - 2　融资租赁和经营租赁两者的区别

	项目	融资租赁	经营租赁
1	业务原理	融资融物于一体	无融资特征,只是一种融物方式
2	租赁目的	融通资金,添置设备	暂时性使用,预防无形损耗风险
3	租期	较长,相当于设备经济寿命的大部分	较短,随承租人的需要而定
4	租金	包括设备价款	只是设备使用费
5	契约法律效力	不可撤销合同	经双方同意可中途撤销合同
6	租赁标的	一般为专用设备,也可为通用设备	通用设备居多
7	维修与保养	专用设备多为承租人负责,通用设备多为出租人负责	全部为出租人负责
8	承担人	一般为一个	设备经济寿命内轮流租给多个承租人
9	灵活方便	不明显	明显

(二)融资租赁的基本程序与形式

1. 融资租赁的基本程序

(1)选择租赁公司,提出委托申请。当企业决定采用融资租赁方式以获取某项设备时,需要了解各个租赁公司的资信情况、融资条件和租赁费率等,分析比较选定一家租贷公司,然后向其申请办理融资租赁。

(2)签订购货协议。由承租企业和租赁公司中的一方或双方,与选定的设备供应厂商进行购买设备的技术谈判和商务谈判,在此基础上与设备供应厂商签订购货协议。

(3)签订租赁合同。承租企业与租赁公司签订租赁设备的合同,如需要进口设备,还应办理设备进口手续。租赁合同是租赁业务的重要文件,具有法律效力。融资租赁合同的内容可分为一般条款和特殊条款两部分。

(4)交货验收。设备供应厂商将设备发运到指定地点,承租企业要办理验收手续。验收合格后签发交货及验收证书交给租赁公司,作为其支付货款的依据。

(5)定期交付租金。承租企业按租赁合同规定,分期交纳租金,这也就是承租企业对所筹资金的分期还款。

(6)合同期满处理设备。承租企业根据合同约定,对设备续租、退租或留购。

2.融资租赁的基本形式

(1)直接租赁。直接租赁是融资租赁的主要形式,承租方提出租赁申请时,出租方按照承租方的要求选购,然后再出租给承租方。

(2)售后回租。售后回租是指承租方由于急需资金等各种原因,将自己的资产售给出租方,然后以租赁的形式从出租方原封不动地租回资产的使用权。在这种租赁合同中,除资产所有者的名义改变之外,其余情况均无变化。

(3)杠杆租赁。杠杆租赁是指涉及承租人、出租人和资金出借人三方的融资租赁业务。一般来说,当所涉及的资产价值昂贵时,出租方自己只投入部分资金,通常为资产价值的20%～40%,其余资金则通过将该资产抵押担保的方式,向第三方(通常为银行)申请贷款解决。租赁公司然后将购进的设备出租给承租方,用收取的租金偿还贷款,该资产的所有权属于出租方。出租人既是债权人也是债务人,如果出租人到期不能按期偿还借款,资产所有权则转移给资金的出借者。

(三)融资租赁的判断

判断一项租赁是否属于融资租赁,不在于租约的形式,而在于交易的实质。如在一项租赁中,与资产所有权有关的全部风险和报酬实质上已转移,这种租赁就应归属为融资租赁。通常情况下,可依以下条件判断是否属于融资租赁:

(1)在租赁期终了时,资产的所有权转让给承租人。

(2)承租人有购买资产的选择权,其价格预计将充分低于行使选择权日的公允价值,在租赁开始日就相当肯定将来会行使此项选择权。

(3)租赁期为资产使用年限的大部分。资产的所有权最后可以转让,也可以不转让。

(4)在租赁开始日,租赁的最低付款额的现值大于或等于租赁资产的公允价值减去应当给出租人的补贴金和税款减免后的金额。资产所有权最后可以转让,也可以不转让。

只要具备上述条件之一者,可视为融资租赁。

(四)融资租赁租金的计算

1.租金的影响因素

(1)设备原价及预计残值。包括设备买价、运输费、安装调试费、保险费等,以及该设备租赁期满后,出售可得的市价。设备价款一般根据市场行情,经由承租人和出租人协商确定。为防止出租人在价上加码,承租人也可直接与供货商谈判商定购价后,再与出租人谈判。

如果设备是从国外进口的,购置成本就是设备的到岸价格(即CIF);如果合同是购买价(FOB),即离岸价格,在货价上加上运费和途中保险费作为购置成本;如果进口合同用的是离岸价加运费价格(CFR),在货价上另加途中保险费作为购置成本。

设备购置成本如果有些费用是由承租人直接支付的,则应扣除,以免重复。

(2)利息。指租赁公司为承租企业购置设备垫付资金所应支付的利息。一般的租赁业务在签订合同以后的几个月或更长时间才由出租人对外支付租赁财产的货款,而租赁双方一般在签订合同的同时就将租赁的年利率固定下来。因此,出租者要承担几个月后市场利率上升的风险,签约日与付款日间隔时间越大,这个风险就越大。为了保障出租者的利益,应在其融资成本上加一定的风险利差。如果双方同意,也可以在付款日根据出租人的实际融资成本来确定租赁利率，这样做就由承租人承担利率风险。

(3)租赁手续费。指租赁公司承办租赁设备所发生的业务费用和必要的利润。租赁手续费包括办公费、差旅费、邮电费、银行费用、工资和税金以及必要的利润。手续费与购进设备成本之比称为手续费率。手续费的收取，目前国内和国际都没有统一的标准，我国当前各租赁公司收取手续费的标准，一般掌握在 1% ~3% 之间。收取的方式有两种：一是在签订合同时，承租人一次支付；二是把手续费计入租金总额中，随租金的收回而收回。如果是前者，则手续费不成为租金的构成要素。

(4)租金的支付方式。租金的支付方式也影响每期租金的多少。租金的支付有以下几种分类方式：其一，按支付间隔期长短，分为年付、半年付、季付和月付等方式。其二，按在期初和期末支付，分为先付和后付。其三，按每次支付额，分为等额支付和不等额支付。实务中，承租企业与租赁公司商定的租金支付方式，大多为后付等额年金。

(5)租赁的期限。期限的长短既影响租金总额，也影响每期的租金数额。

2. 租金的计算

我国融资租赁实务中，租金的计算大多采用等额年金法。等额年金法下，通常要根据利率和租赁手续费率确定一个租费率，作为折现率。

【例 3 -2】 某企业于 2010 年 1 月 1 日从租赁公司租入一套设备，价值 600 万元，租期 5 年，租赁期满时预计残值 50 万元，归租赁公司。年利率 10%，租金每年年末支付一次。则：

$$\text{每年租金} = [600 - 50 \times (P/F,10\%,5)] \div (P/A,10\%,5)$$
$$= [600 - 50 \times 0.6209] \div 3.7908 = 150.09(\text{万元})$$

为有计划地安排租金的支付，承租企业可编制租金摊销计划表(即预计每年年末应偿还租金——本金和利息)。根据本例资料编制租金摊销计划，如表 3 -3 所示。

表 3 -3 租金摊销计划表

日期	期初本金 ①	支付租金 ②	应付利息 ③ = ① × 10%	本金偿还额 ④ = ② - ③	本金余额 ⑤ = ① - ④
2010 年 12 月 31 日	600.00	150.09	60.00	90.09	509.91
2011 年 12 月 31 日	509.91	150.09	50.99	99.10	410.81
2012 年 12 月 31 日	410.81	150.09	41.08	109.01	301.80
2013 年 12 月 31 日	301.80	150.09	30.18	119.91	181.89
2014 年 12 月 31 日	181.89	150.09	18.19	131.90	49.99≈50
合计		750.45	200.44	550.01≈550	

表中：50 万元是设备的期末残值，尾数差 0.01 是计算过程中的误差所致。

(五)融资租赁的筹资特点

(1)在资金缺乏情况下，能迅速获得所需资产。融资租赁使企业在资金短缺的情况下引进设备成为可能。特别是针对中小企业、新创企业而言，融资租赁是一条重要的融资途径。有时，大型企业对于大型设备、工具等固定资产，也需要通过融资租赁解决巨额资金的需求，如商业航空公司的飞机，大多是通过融资租赁取得的。

(2)财务风险小,财务优势明显。融资租赁与一次性购买支出相比,能够避免一次性支付的负担,而且租金支出是未来的、分期的,企业无需一次筹集大量资金偿还。还款时,租金可以通过项目本身产生的收益来支付,是基于未来的“借鸡生蛋、卖蛋还钱”的筹资方式。

(3)融资租赁筹资的限制条件较少。企业运用股票、债券、长期借款等筹资方式筹资,都受到相当多的资格条件的限制,如足够的抵押品、银行贷款的信用标准、发行债券的政府管制等。相比之下,租赁筹资的限制条件很少。

(4)租赁能延长资金融通的期限。通常为设备而贷款的借款期限比该资产的物理寿命要短得多,而租赁的融资期限却可接近其全部使用寿命期限;并且其融资金额随设备价款金额而定,无融资额度的限制。

(5)免遭设备陈旧过时的风险。随着科学技术的不断进步,设备陈旧过时的风险很高,而多数租赁协议规定此种风险由出租人承担,承租企业可免受这种风险。

(6)资本成本高。其租金通常比举借银行借款或发行债券所负担的利息高得多,租金总额通常要高于设备价值的30%。尽管与借款方式相比,融资租赁能够避免到期一次性集中偿还的财务压力,但高额的固定租金也给各期的经营带来了偿债的负担。

五、债务筹资的优缺点

(一)债务筹资的优点

(1)筹资速度较快。与股权筹资比,债务筹资不需要经过复杂的审批手续和证券发行程序,如银行借款、融资租赁等,可以迅速地获得资金。

(2)筹资弹性大。发行股票筹资需要经过严格的审批手续;从企业的角度出发,由于股权不能退还,股权资本在未来永久性地给企业带来了资本成本的负担。利用债务筹资可以根据企业的经营情况和财务状况灵活商定债务条件,控制筹资数量,安排取得资金的时间。

(3)资本成本负担较轻。一般来说,债务筹资的资本成本要低于股权筹资。其一是取得资金的手续费用等筹资费用较低;其二是利息、租金等用资费用比股权资本要低;其三是利息等资本成本可以在税前支付。

(4)可以利用财务杠杆。债务筹资不改变公司的控制权,因而股东不会出于控制权稀释原因反对负债。债权人从企业那里只能获得固定的利息或租金,不能参与公司剩余收益的分配。当企业的资本报酬率高于债务利率时,会增加普通股股东的每股收益,提高净资产报酬率,提升企业价值。

(5)稳定公司的控制权。债权人无权参加企业的经营管理,利用债务筹资不会改变和分散股东对公司的控制权。

(二)债务筹资的缺点

(1)不能形成企业稳定的资本基础。债务资本有固定的到期日,到期需要偿还,只能作为企业的补充性资本来源。取得债务往往需要进行信用评级,没有信用基础的企业和新创企业,往往难以取得足额的债务资本。现有债务资本在企业的资本结构中达到一定比例后,往往由于财务风险升高而不容易再取得新的债务资金。

(2)财务风险大。债务资本有固定的到期日,有固定的利息负担,抵押、质押等担保方式取得的债务,资本使用上可能会有特别的限制,这些都要求企业必须有一定的偿债能力,要保持资产流动性及其资产报酬水平,作为债务清偿的保障,这对企业的财务状况提出更高的要求,否则债务筹资会使企业利息负担加重,带来财务危机。

(3)筹资数额有限。债务筹资的数额会受到各种限制,包括贷款机构资本实力的制约,不能够一次筹集到大笔资金,筹资数额有限。

第四节　短期负债筹资

短期负债所筹资金使用时间较短,一般不超过一年。

一、短期借款

短期借款是指企业向银行和其他非银行金融机构借人的期限在1年以内的借款。

(一)短期借款的种类

我国目前的短期借款按照目的和用途分为若干种,主要有生产周转借款、临时借款、结算借款等。按照国际通行做法,短期借款还可依偿还方式的不同,分为一次性偿还借款和分期偿还借款;依利息支付方法的不同,分为收款法借款、贴现法借款和加息法借款;依有无担保,分为抵押借款和信用借款等。

企业在申请借款时,应根据各种借款的条件和需要加以选择。

(二)短期借款的取得

企业举借短期借款,首先必须提出申请,经审查同意后借贷双方签订借款合同,注明借款的用途、金额、利率、期限、还款方式、违约责任等,然后企业根据借款合同办理借款手续,借款手续完毕,企业便可取得借款。

(三)短期借款的信用条件

按照国际通行做法,银行发放短期借款往往带有一些信用条件,主要包括:

(1)信贷限额。信贷限额是银行对借款人规定的无担保贷款的最高额。信贷限额的有效期限通常为1年,但根据情况也可延期1年。一般来讲,企业在批准的信贷限额内,可随时使用银行借款。但是,银行并不承担必须提供全部信贷限额的义务。如果企业信誉恶化,即使银行曾同意过按信贷限额提供贷款,企业也可能得不到借款,这时银行不会承担法律责任。

(2)周转信贷协定。周转信贷协定是银行具有法律义务地承诺提供不超过某一最高限额的贷款协定。在协定的有效期内,只要企业的借款总额未超过最高限额,银行必须满足企业任何时候提出的借款要求。企业享用周转信贷协定的便利,通常要就贷款限额的未使用部分付给银行一笔承诺费。

周转信贷协定的有效期通常超过1年,但实际上贷款每几个月发放一次,所以这种信贷具有短期和长期借款的双重特点。

(3)补偿性余额。补偿性余额是银行要求借款企业在银行中保持按贷款限额或实际借用额一定百分比(一般为10%~20%)的最低存款余额。从银行角度,补偿性余额可降低贷款风险,补偿遭受的贷款损失。对借款企业来讲,补偿性余额提高了借款的实际利率。

【例3-3】 某企业按年利率8%向银行借款10万元,银行要求维持贷款限额15%的补偿性余额。那么,企业实际可用的借款为:

$$实际可用的借款=10\times(1-15\%)=8.5(万元)$$

该项借款的实际利率则为:

$$实际利率 = \frac{10 \times 8\%}{8.5} \times 100\% = 9.4\%$$

(4)借款抵押。银行向财务风险较大的企业或对其信誉不甚有把握的企业发放贷款,有时需要有抵押品担保,以减少自己蒙受损失的风险。短期借款的抵押品经常是借款企业的应收账款、存货、股票、债券等。银行接受抵押品后,将根据抵押品的面值决定贷款金额,一般为抵押品面值的30% ~90%。这一比例的高低,取决于抵押品的变现能力和银行的风险偏好。抵押借款的成本通常高于非抵押借款,这是因为银行主要向信誉好的客户提供非抵押贷款,而将抵押贷款看成是一种风险投资,故而收取较高的利率;同时,银行管理抵押贷款要比管理非抵押贷款困难,为此往往另外收取手续费。

企业向贷款人提供抵押品,会限制其财产的使用和将来的借款能力。

(5)偿还条件。贷款的偿还有到期一次偿还和在贷款期内定期(每月、季)等额偿还两种方式。一般来讲,企业不希望采用后一种偿还方式,因为这会提高借款的实际利率;而银行不希望采用前一种偿还方式,因为这会加重财务负担,增加拒付风险,同时会降低实际贷款利率。

(6)其他承诺。银行有时还要求企业为取得贷款而作出其他承诺,如及时提供财务报表、保持适当的财务水平(如特定的流动比率)等。如企业违背所作出的承诺,银行可要求企业立即偿还全部贷款。

(四)短期借款利率及其支付方法

短期借款利率有多种,利息支付方法亦不尽相同,银行根据借款企业的情况决定采用何种利率和方式。

1. 借款利率

(1)优惠利率。是银行向财力雄厚、经营状况好的企业贷款时收取的名义利率,为贷款利率的最低限。

(2)浮动优惠利率。是一种随其他短期利率的变动而浮动的优惠利率,即随市场条件的变化而随时调整变化的优惠利率。

(3)非优惠利率。指银行向一般企业收取的高于优惠利率的贷款利率,即在优惠利率的基础上加一定的百分比。例如,银行按高于优惠利率1%的利率向某企业贷款,若当时的最优利率为8%,向该企业贷款收取的利率即为9%;若当时的最优利率为7.5%,向该企业贷款收取的利率即为8.5%。

非优惠利率与优惠利率之间差距的大小,由借款企业的信誉、与银行的往来关系及当时的信贷状况决定。

2. 借款利息的支付方法

一般来讲,借款企业可以用三种方法支付银行贷款利息。

(1)收款法。是在借款到期时向银行支付利息的方法。银行向工商企业发放的贷款大都采用这种方法收息。

(2)贴现法。是银行向企业发放贷款时,先从本金中扣除利息部分,而到期时借款企业则要偿还贷款全部本金的一种计息方法。采用这种方法,企业可利用的贷款额只有本金减去利息部分后的差额,因此贷款的实际利率高于名义利率。

【例3-4】 某企业从银行取得借款10 000元,期限1年,年利率(即名义利率)8%,利息额800元(10 000×8%)。按照贴现法付息。

$$实际可利用的贷款 = 10\,000 - 800 = 9\,200(元)$$

$$贷款的实际利率 = \frac{800}{10\,000 \times (1 - 8\%)} \times 100\% = 8.7\%$$

(3)加息法。是银行发放分期等额偿还贷款时采用的利息收取方法。在分期等额偿还贷款的情况下,银行要将根据名义利率计算的利息加到贷款本金上,计算出贷款的本息和,要求企业在贷款期内分期偿还本息之和的金额。由于贷款分期均衡偿还,借款企业实际上平均只使用了贷款本金的半数,却支付全额利息。这样,企业所负担的实际利率便高于名义利率大约1倍。

【例3-5】 某企业借入(名义)年利率为12%的贷款20 000元,分12个月等额偿还本息。

$$该项借款的实际利率 = \frac{20\,000 \times 12\%}{20\,000 \div 2} \times 100\% = 24\%$$

(五)企业对银行的选择

随着金融信贷业的发展,可向企业提供贷款的银行和非银行金融机构增多,企业有更多机会在各贷款机构之间作出选择,以图对己最为有利。重要的是要获取适宜的借款种类、借款成本和借款条件,此外还应考虑下列有关因素:

(1)银行对贷款风险的政策。通常银行对其贷款风险有着不同的政策,有的倾向于保守,只愿承担较小的贷款风险;有的富于开拓,敢于承担较大的贷款风险。

(2)银行对企业的态度。不同银行对企业的态度各不一样。有的银行肯于积极地为企业提供建议,帮助企业分析潜在的财务问题,有着良好的服务态度,乐于为具有发展潜力的企业发放大量贷款,在企业遇到困难时帮助其渡过难关;也有的银行很少提供咨询服务,在企业遇到困难时一味地为清偿贷款而施加压力。

(3)贷款的专业化程度。一些大银行设有不同的专业部门,分别处理不同类型、行业的贷款。企业与这些拥有丰富专业化贷款经验的银行合作,会更多地受益。

(4)银行的稳定性。稳定的银行可以保证企业的借款不致中途发生变故。银行的稳定性取决于它的资本规模、存款水平波动程度和存款结构。一般来讲,资本雄厚、存款水平波动小、定期存款比重大的银行稳定性好;反之,则稳定性差。

(六)短期借款筹资的特点

在短期负债筹资中,短期借款的重要性仅次于商业信用。短期借款可以随企业的需要安排,便于灵活使用,且取得亦较简便。但其突出的缺点是短期内要归还,特别是在带有诸多附加条件的情况下更是风险加剧。

二、商业信用

(一)商业信用

商业信用的条件指销货人对付款时间和现金折扣所作的具体规定,主要有:预收货款;延期付款,但不涉及现金折扣;延期付款,但早付款可享受现金折扣。

1. 预收货款

指企业在销售商品时要求买方在卖方发出货物之前支付货款的情形,一般用于以下两种情况:

(1)企业已知买方的信用欠佳。

(2)销售生产周期长、售价高的产品。在这种信用条件下,销货单位可以得到暂时的资金来源，购货单位则要预先垫支一笔资金。

2. 延期付款，但不涉及现金折扣

指企业购买商品时，卖方允许企业在交易发生后一定时期内按发票金额支付货款的情形。如“net45”，是指在45天内按发票金额付款。这种条件下的信用期间一般为30～60天，但有些季节性的生产企业可能为其顾客提供更长的信用期间。在这种情况下，买卖双方存在商业信用，买方可因延期付款而取得资金来源。

3. 延期付款，但早付款可享受现金折扣

在这种条件下，买方若提前付款，卖方可给予一定的现金折扣，如买方不享受现金折扣，则必须在一定时期内付清账款。如（2/10，n/30）便属于此种信用条件。应用现金折扣的目的主要是为了加速账款的收现。现金折扣一般为发票金额的1%～5%。

在这种条件下，双方存在信用交易。买方若在折扣期内付款，则可获得短期的资金来源，并能得到现金折扣；若放弃现金折扣，则可在稍长时间内占用卖方的资金。

（二）现金折扣成本的计算

在采用商业信用形式销售产品时，为鼓励购买单位尽早付款，销货单位往往都规定一些信用条件，这主要包括现金折扣和付款期间两部分内容。如果销货单位提供现金折扣，购买单位应尽量争取获得此项折扣，因为丧失现金折扣的机会成本很高。

【例3-6】 某企业按（2/10、n/30）的条件购入货物10万元。如果该企业在10天内付款，便享受了10天的免费信用期，并获得折扣0.2万元（10×2%），免费信用额为9.8（10万-0.2万）万元。

倘若买方企业放弃折扣，在10天后（不超过30天）付款，该企业便要承受因放弃折扣而造成的隐含利息成本。一般而言，放弃现金折扣的成本可由下式求得：

$$\text{放弃现金折扣的成本}=\frac{\text{折扣百分比}}{1-\text{折扣百分比}}\times\frac{360}{\text{信用期}-\text{折扣期}}$$

运用上式，该企业放弃折扣所负担的成本为：

$$\text{放弃现金折扣的成本}=\frac{2\%}{1-2\%}\times\frac{360}{30-10}=36.7\%$$

放弃现金折扣的成本与折扣百分比的大小、折扣期的长短同方向变化，与信用期的长短反方向变化。可见，如果买方企业放弃折扣而获得信用，其代价是较高的。然而，企业在放弃折扣的情况下，推迟付款的时间越长，其成本便会越小。如果企业延至50天付款，成本可计算为：

$$\text{放弃现金折扣的成本}\frac{2\%}{1-2\%}\times\frac{360}{50-10}=18.4\%$$

（三）商业信用筹资的优缺点

商业信用筹资应用方便，筹资成本相对较低，限制条件较少，但期限一般较短。

三、短期融资券

（一）短期融资券的特征及种类

1. 短期融资券的特征

短期融资券又称商业票据或短期债券，是由企业发行的无担保短期本票。在我国，短期融资券是指企业依照《短期融资券管理办法》的条件和程序，在银行间债券市场发行和交易，并约定在一定期限内还本付息的有价证券，是企业筹措短期（1 年以内）资金的直接融资方式，具有以下特征：

（1）发行人为非金融企业；

（2）它是一种短期债券品种，期限不超过 365 天；

（3）发行利率（价格）由发行人和承销商协商确定；

（4）发行对象为银行间债券市场的机构投资者，不向社会公众发行；

（5）实行余额管理，待偿还融资券余额不超过企业净资产的 40%；

（6）可以在全国银行间债券市场机构投资人之间流通转让。

2. 短期融资券的种类

（1）按发行方式分类，分为经纪人代销的融资券和直接销售的融资券。经纪人代销的融资券又称间接销售融资券，指先由发行人卖给经纪人，然后由经纪人再卖给投资者的融资券。经纪人主要有银行、信托投资公司、证券公司等。企业委托经纪人发行融资券，要先支付一定数额的手续费。

直接销售的融资券指发行人直接销售给最终投资者的融资券。直接发行融资券的公司通常是经营金融业务的公司或自己有附属金融机构的公司，它们有自己的分支网点，有专门的金融人才，因此有力量自己组织营销工作，从而节约了间接发行时应付给证券公司的手续费。

（2）按发行人的不同分类，分为金融企业的融资券和非金融企业的融资券。金融企业的融资券主要是指由各大公司所属的财务公司、各种信托投资公司、银行控股公司等发行的融资券。这类融资券一般都采用直接发行方式。非金融企业的融资券是指那些没有设立财务公司的工商企业所发行的融资券。这类企业一般规模不大，多数采用间接方式来发行融资券。

（3）按融资券的发行和流通范围分类，分为国内融资券和国际融资券。国内融资券是一国发行者在其国内金融市场上发行的融资券。发行这种融资券一般只要遵循本国法规和金融市场惯例即可。国际融资券是一国发行者在其本国以外的金融市场上发行的融资券。发行这种融资券，必须遵循有关国家的法律和国际金融市场的惯例。

（二）短期融资券的发行

1. 短期融资券发行的条件

一般来讲，只有实力雄厚、资信程度很高的大企业才有资格发行短期融资券。在我国，短期融资券的发行必须符合我国《短期融资券管理办法》中规定的发行条件。

2. 短期融资券的发行程序

（1）公司作出发行短期融资券的决策；

（2）办理发行短期融资券的信用评级；

（3）向有关审批机构提出发行申请；

（4）审批机关对企业提出的申请进行审查和批准；

（5）正式发行短期融资券，取得资金。

（三）短期融资券筹资的优缺点

短期融资券筹资的优点主要有：短期融资券的筹资成本较低，筹资数额比较大，发行短期融资券可以提高企业信誉和知名度。

缺点主要有：发行短期融资券的风险比较大，弹性比较小，发行条件比较严格。

四、应收账款转让

（一）应收账款转让的含义及种类

应收账款转让指企业将应收账款出让给银行等金融机构以获取资金的一种筹资方式。应收账款转让筹资数额一般为应收账款扣减以下内容后的余额：

（1）允许客户在付款时扣除的现金折扣；

（2）贷款机构扣除的准备金、利息费用和手续费。其中，准备金是指因在应收账款收回过程中可能发生销货退回和折让等而保留的扣存款。

应收账款转让按是否具有追索权，可分为附加追索权的应收账款转让和不附加追索权的应收账款转让。其中，附加追索权的应收账款转让，是指企业将应收账款转让给银行等金融机构，在有关应收账款到期无法从债务人处收回时，银行等金融机构有权向转让应收账款的企业追偿，或按照协议规定，企业有义务按照约定金额从银行等金融机构回购部分应收账款。应收账款的坏账风险由企业承担。

不附加追索权的应收账款转让，是指企业将应收账款转让给银行等金融机构，在有关应收账款到期，无法从债务人处收回时，银行等金融机构不能向转让应收账款的企业追偿。应收账款的坏账风险由银行承担。

（二）应收账款转让筹资的优缺点

应收账款转让筹资的优点主要有：及时回笼资金；避免企业因赊销造成的现金流量不足；节省收账成本，降低坏账损失风险；有利于改善企业的财务状况，提高资产的流动性。缺点主要有：筹资成本较高；限制条件较多。

五、短期筹资与长期筹资的组合

在企业资金来源总额中，短期资金与长期资金各自占有一定比例称为筹资组合。

（一）短期筹资与长期筹资的组合策略

1. 平稳型组合策略

平稳型组合策略指对临时性流动资产，用短期资金解决；而对永久性资产，包括永久性流动资产和固定资产，则用长期资金解决，以使资金的使用期间和资金来源的到期期限能相互配合。这里所说的临时性流动资产，是指受季节性或周期性影响的流动资产；这里所说的永久性流动资产，是指为了满足企业长期稳定的资金需要，即使处于经营低谷时也必须保留的流动资产。

在这种政策下，要求企业的临时性负债融资计划比较严密，实现资金的占用时间与负债的偿还时间相匹配。在经营性淡季和低谷阶段，企业除了自发性负债外没有其他流动负债，只有在对临时性流动资产的需求达到高峰时，企业才举借各种临时性债务。因此，平稳型组合策略是一种理想的、对企业有着较高资金使用要求的匹配策略。

2. 积极型组合策略

积极型组合策略指以长期资金来满足部分永久性资产的需要，而余下的永久性资产和临时性资产则用短期资金来满足。

由于临时性负债（如短期借款）的资金成本一般低于长期负债和权益资本的资金成本，而在这种激进型融资政策下临时性负债所占比例较大，所以该政策下企业的资金成本较低。为了满足永久性资产的长期资金需要，企业必然要在临时性负债到期后重新举债或申请债务延期，这将使企业更为经常地举债和还债，加大了筹资的困难和风险。所以，积极型融资政策是一种收益性和风险性都较高的组合策略。

3. 保守型组合策略

保守型组合策略指企业不仅以长期资金来融通永久性资产（永久性流动资产和固定资产），而且还以长期资金满足由于季节性或周期性波动而产生的部分或全部临时性资产的资金需求。

与平稳型组合策略相比，在保守型组合策略下，临时性负债在企业的全部资金来源中所占比例较小，企业保留较多营运资金，可降低企业无法偿还到期债务的风险，同时蒙受短期利率变动损失的风险也较低。但降低风险的同时也降低了企业的收益，因为长期负债和权益资本在企业的资金来源中比重较高，且两者的资本成本通常会高于临时性流动负债的资本成本，若在生产经营淡季，企业仍要负担长期债务的利息。即使将过剩的长期资金投资于短期有价证券，其投资收益一般也会低于长期负债的利息，从而降低了企业整体的收益率。所以，保守型融资政策是一种低风险、低收益的组合策略。

（二）短期筹资与长期筹资的组合策略对企业收益和风险的影响

短期筹资与长期筹资的不同组合对企业收益和风险会产生不同程度的影响。企业资金来源中大部分资金属长期资金，包括长期负债和权益资本。这部分资金取得后可长期使用，风险小但资金成本较高，会给企业带来定期支付利息或发放股利的负担。余下部分资金是短期资金，主要是流动负债，这部分资金取得和使用成本一般较低，灵活性强，但使用期短，风险大。

在短期筹资与长期筹资的组合策略中，平稳型组合策略收益与风险居中，积极型组合策略收益与风险较高，保守型组合策略收益与风险较低。企业在选择短期筹资与长期筹资的组合策略时，应考虑长期资金与短期资金之间的平衡，权衡收益与风险。

第五节　衍生金融工具筹资

衍生金融工具筹资包括兼具股权和债务特性的混合融资和其他衍生金融工具融资。主要有优先股筹资、可转换债券、认股权证等。

一、优先股筹资

（一）优先股的概念及种类

优先股是具有某些优惠的股票，公司可以给予其持有人某些优惠待遇，而普通股股东则不能享受这种优惠。优先股的主要特征是其股利利率是固定的，并在普通股股利支付之前从税后利润中支付，所以优先股兼具普通股和债务的双重性质。优先股是西方企业筹资中比较常见的一种工具。在我国，《公司法》没有对优先股作出规定，而且我国上市公司中也很少发行优先股，但在海外上市的公司已经开始发行优先股。

优先股作为介于普通股和债务之间的融资工具，公司为了保障投资者的权利，通常规定某些附属的性质。根据附属的性质不同，优先股通常有以下几种类型：

（1）累积优先股。指任何一年度未支付的股利可累积下来，在以后年度一起支付。当公司营业状况不好，无力支付股利时，可把股利累积下来，当公司营业状况好转，盈余增多时，再补发这些股利。一般而言，一个公司只有把所欠的优先股股利全部支付以后，才能支付普通股股利。比如,公司连续两年没有发放10%的优先股股利,如果优先股的总面额为100万,那么公司对优先股积欠了20万的股利,在没还清这20万股利之前,不能支付普通股股利。

(2)可转换优先股。这种股票允许股东在一定时期内,以一定的比例,将优先股换成该公司的普通股票。交换的比例是事先确定的,其值取决于优先股与普通股的现行价格。例如,每股可转换优先股的价格为100元,每股普通股的价格为25元,这时就可能规定在今后一定时间(比如一年)内,以1股可转换优先股换4股普通股票。当然,只有在一年以内,普通股票的价格超过25元,优先股的价格不超过100元,优先股的持有人才愿意转换。

(3)参与优先股。这种优先股可参加公司盈余的分配。当一个公司的盈余较多时,优先股股东除按固定的股利率分得股利外,还有权分享额外的股利,其分配数额取决于每股普通股股利与每股优先股股利之差。例如,某面值额为100元,股利率为5%的参与优先股,如果普通股每股股利为8元,那么优先股除收到每股5元的固定股利外,可能还会分得3元的额外的股利。但是,公司通常很少采用参与优先股,大部分优先股都是非参与性的,只能获得固定的股利。

(4)股利率可调整的优先股。这种优先股的股利率并不是固定不变的,而可以随情况的变化而适当调整。考虑到金融市场大幅度波动,各种有价证券价格与银行存款利率变动很大,有些公司发行了股利率可调整的优先股,调整的依据主要是国库券利率的变动情况。

(二)优先股股东的权利

优先股是相对于普通股而言的。这种"优先"主要是某些权利的优先,主要有:

(1)优先分配股利的权利。股利分配上的优先权是优先股的最主要特征。优先股通常有固定的股利,按票面价值的一定百分比来计算。例如,票面价值为100元股利率为5%时,则每年支付给优先股的股利应为5元。优先股股利除数额固定外,还必须在普通股股利之前支付。

(2)对资产的优先求偿权。在企业破产清算时,出售资产所得的收入,优先股股东位于债权人的求偿之后,但先于普通股股东。其金额只限于优先股的票面价值,加上累积未支付的股利。为了保护优先股的这些优先权,发行协议有时也会有一些限制条款,比如,禁止发行对资产拥有更加优先或同等求偿权的证券。

(3)管理权。优先股股东的管理权限是有严格限制的。通常在公司的股东大会上,优先股股东没有表决权,但是当公司研究与优先股有关的问题时有权参加表决。例如,如果讨论把一般优先股改为可转换优先股时,或推迟优先股股利的支付时,优先股股东都有权参加股东大会并有权表决。

(三)优先股的特点

优先股是一种复杂的证券,它虽属权益性资金,但却兼有债券性质。

从法律角度讲,优先股是企业权益资金的一部分。优先股股东所拥有的权利与普通股股东近似。优先股的股利不能像债务利息那样从税前扣除,而必须从税后盈余中支付。但优先股又具有债券的特征:优先股有固定的股利,这与债券利息相似;优先股对盈利的分配和剩余资产具有优先权,这也类似于债券。

另外,公司的不同利益集团,对优先股有不同的认识。普通股股东一般把优先股看成是一种特殊债券,因为它必须在普通股之前取得收益,分享资产。投资人在购买普通股票时也往往把优先股看做债券。但是,从债券的持有人来看,优先股则属于股票,因为它对债券起保护作用,可以减少债券投资的风险,属于权益资金。从公司管理当局和财务人员的观点来看,优先股则具有双重性质,这是因为优先股虽没有固定的到期日,不用偿还本金,但往往需要支付固定的股利,成为财务上的一项负担。

(四)优先股筹资的优缺点

1. 优先股筹资的优点

(1)优先股没有固定的到期日,不用偿还本金。事实上等于使用的是一笔无限期的贷款,无偿还本金义务,也无须做再筹资计划。但大多数优先股又附有收回条款,这就使得使用这种资金更有弹性。当财务状况较弱时发行,而财务状况转强时收回,有利于结合资金不同阶段的需求,同时也能控制公司的财务结构。

(2)股利的支付既固定,又有一定弹性。一般而言,优先股都采用固定股利,但固定股利的支付并不构成公司的法定义务。如果财务状况不佳,则可暂时不支付优先股股利,优先股股东也不能像债权人一样迫使公司破产清算。

(3)保持普通股股东的控制权。当公司既想向外界筹集权益资金,又不想丧失现有股东控制权时,则利用优先股筹资尤为恰当。从法律上讲,优先股属于权益资金,因而优先股扩大了权益基础,可适当增加公司的信誉,加强公司的借款能力。

2. 优先股筹资的缺点

(1)优先股成本很高。优先股所支付的固定股利要从税后盈余中支付,不同于债务利息可在税前扣除。因此,优先股成本很高。

(2)优先股筹资的限制较多。发行优先股,通常有许多限制条款,例如对普通股股利支付的限制,对公司借债的限制等。

(3)优先股股利可能会成为公司的财务负担。如前所述,优先股需要支付固定股利,但又不能在税前扣除,所以当盈余下降时,优先股的股利会成为一项较重的财务负担,有时不得不延期支付,从而影响到企业的信誉。

二、可转换债券

可转换债券是一种混合型证券,是公司普通债券与证券期权的组合体。可转换债券的持有人在一定时期内,可以按照事先规定的价格或转换比例,自由地选择是否转换为公司普通股的债券。

(一)可转换债券的分类

按照股权是否与可转换债券分离,可转换债券分为两类:

(1)一般可转换债券。一般可转换债券,其转股权与债券不可分离,持有者直接按照债券面额和约定的转股价格,在约定的期限内将债券转换成股票。

(2)可分离交易的可转换债券。可分离交易的可转换债券在发行时附有认股权证,是认股权证和公司债券的组合,又被称为"可分离的附认股权证的公司债",发行上市后公司债券和认股权证各自独立流通、交易。认股权证的持有者认购股票时,需要按照认购价(行权价)出资购买股票。

(二)可转换债券的基本特征

(1)证券期权性。可转换债券给予了债券持有者未来的选择权,在事先约定的期限内,投资者可以选择将债券转换为普通股票,也可以放弃转换权利,持有效债券到期还本付息。由于可转换债券持有人具有在未来按一定的价格购买股票的权利,因此可转换债券实质上是一种未来的买入期权。

(2)资本转换性。可转换债券在正常持有期，属于债权性质；转换成股票后，属于股权性质。在债券的转换期间中，持有人没有将其转换为股票，发行企业到期必须无条件地支付本金和利息。转换成股票后，债券持有人成为企业的股权投资者。资本双重性的转换，取决于投资者是否行权。

(3)赎回与回售。可转换债券一般都会有赎回条款，发债公司在可转换债券转换前，可以按一定条件赎回债券。通常，公司股票价格在一段时期内连续高于转股价格达到某一幅度时，公司会按事先约定的价格买回未转股的可转换公司债券。同样，可转换债券一般也会有回售条款，公司股票价格在一段时期内连续低于转股价格达到某一幅度时，债券持有人可按事先约定的价格将所持债券回卖给发行公司。

(三)可转换债券的要素

可转换债券的要素指构成可转换债券基本特征的必要因素，它们表明可转换债券与不可转换债券(或普通债券)的区别。

1. 标的股票

可转换债券对股票的可转换性，实际上是一种股票期权或股票选择权，它的标的物就是可转换成的公司股票。可转换债券的标的股票一般是其发行公司自己的股票，但也有其他公司的股票，如可转换债券发行公司的上市子公司的股票。

2. 票面利率

可转换债券的票面利率一般会低于普通债券的票面利率。有时甚至会低于同期银行存款利率。因为可转换债券的投资收益中，除了债券的利息收益外，还附加了股票买入期权的收益。

3. 转换价格

指可转换债券在转换期间内据以转换成普通股的折算价格，即将可转换债券转换成普通股的每股价格。

可转换公司债发行之时，明确了以怎样的价格转换为普通股，这一规定的价格，就是可转换债券的转换价格(也称转股价格)，如每股10元，即转换发生时投资者为取得普通股每股所支付的实际价格。在债券发售时，所确定的转换价格一般比发售日股票市场高出一定比例，如高出10%～30%。按照我国《可转换公司债券管理暂行办法》的规定，上市公司发行可转换债券的，以前1个月股票的平均价格为基准，上浮一定幅度作为转换价格。

【例3-7】 某上市公司拟发行5年期可转换债券，面值1 000元，发行前1个月其股票平均价格经测算为每股40元，预计公司股价未来将明显上升，故确定可转换债券的转换价格比前1个月的股价上浮25%。

$$\text{该公司可转换债券的转换价格} = 40 \times (1 + 25\%) = 50(\text{元})$$

上例讲的是以某一固定的价格(50元)将可转换债券转换为普通股。还有的可转换价格是变动的。如上例中的可转换债券发行公司规定：债券发行后的第2年至第3年内，可按照每股50元的转换价格将债券转换为普通股股票(即每张债券可转换为20股普通股股票)；债券发行后的第3年至第4年内，可按照每股60元的价格将债券转换为普通股股票(即每张债券可转换为16.67股普通股股票)；债券发行后的第4年至第5年内，可按照每股70元的转换价格将债券转换为普通股股票(即每张债券可转换为14.29股普通股股票)。因为转换价格越高，债券能够转换成的普通股股数越少，所以这种逐期提高可转换价格的目的,就在于促使可转换债券的持有者尽早地进行转换。

4. 转换比率

转换比率是指每一份可转换债券在既定的转换价格下能转换为普通股股票的数量。在债券面值和转换价格确定的前提下,转换比率为债券面值与转换价格之比。

$$转换比率=债券面值\div转换价格$$

如例3－7中的第2年至第3年内每张债券可转换为20股普通股,第3年至第4年内每张债券可转换为16.67股普通股,第4年至第5年内每张债券可转换为14.29股普通股,就是转换债券的转换比率。

5. 转换期

指可转换债券持有人能够行使转换权的有效日期。可转换债券的转换期可以与债券的期限相同,也可以短于债券的期限。

转换期的设定通常有四种情形:债券发行日至到期日;发行日至到期日前;发行后某日至到期日;发行后某日至到期日前。至于选择哪种,要看公司的资本使用状况、项目情况、投资者要求等。由于转换价格高于公司发债时股价,投资者一般不会在发行后立即行使转换权。

6. 赎回条款

指发债公司按事先约定的价格买回未转股债券的条件规定,赎回一般发生在公司股票价格在一段时期内连续高于转股价格达到某一幅度时。赎回条款通常包括:不可赎回期与赎回期、赎回价格(一般高于可转换债券的面值)、赎回条件(分为无条件赎回和有条件赎回)等。

(1)不可赎回期。指可转换债券从发行时开始,不能被赎回的那段期间。例如,某债券的有关条款规定,该债券自发行日起2年之内不能由发行公司赎回。则债券发行日后的前2年就是不可赎回期。设立不可赎回期的目的,在于保护债券持有人的利益,防止发行企业滥用赎回权,强制债券持有人过早回售债券。不过并不是每种可转换债券都设有不可赎回条款。

(2)赎回期。指可转换债券的发行公司可以赎回债券的期间。赎回期安排在不可赎回期之后,不可赎回期结束之后,即进入可转换债券的赎回期。

(3)赎回价格。指事前规定的发行公司赎回债券的出价。赎回价格一般高于可转换债券的面值,两者之差为赎回溢价。赎回溢价随债券到期日的临近而减少。例如,一种2003年1月1日发行,面值100元,期限5年,不可赎回期为3年,赎回期为2年的可赎回债券,规定到期前1年(即2006年)的赎回价格为110元,到期年度(即2007年年内)的赎回价格为105元等。

(4)赎回条件。指对可转换债券发行公司赎回债券的情况要求,即需要在什么样的情况下才能赎回债券。赎回条件分为无条件赎回和有条件赎回。无条件赎回是在赎回期内发行公司可随时按照赎回价格赎回债券。有条件赎回是对赎回债券有一些条件限制,只有在满足了这些条件之后才能由发行公司赎回债券。

发行公司在赎回债券之前,要向债券持有人发出通知,要求他们在将债券转换为普通股与卖给发行公司(即发行公司赎回)之间作出选择。一般而言,债券持有人会将债券转换为普通股,可见设置赎回条款是为了促使债券持有人转换股份,因此又被称为加速条款。这样做能使发行公司避免市场利率下降后,继续向债券持有人支付较高的债券票面利率所蒙受的损失;或限制债券持有人过分享受公司收益大幅度上升所带来的回报。

7. 回售条款

指债券持有人有权按照事前约定的价格将债券卖回给发债公司的条件规定。回售一般发生在公司股票价格在一段时期内连续低于转股价格达到某一幅度时。回售对于投资者而言实际上是一种卖权,有利于降低投资者的持券风险。与赎回一样,回售条款也有回售时间、回售价格和回售条件等规定。

8. 强制性转换调整条款

指在某些条件具备之后,债券持有人必须将可转换债券转换为股票,无权要求偿还债权本金的规定。可转换债券发行之后,其股票价格可能出现巨大波动。如果股价长期表现不佳,又未设计回售条款,投资者就不会转股。公司可设置强制性转换调整条款,保证可转换债券顺利地转换成股票,预防投资者到期集中挤兑引发公司破产的悲剧。

(四)发行可转换债券的条件

(1)最近3年连续盈利,且最近3年净资产收益率平均在10%以上;属于能源、原材料、基础设施类的公司可以略低,但是不得低于7%;

(2)可转换债券发行后,公司资产负债率不高于70%;

(3)累计债券余额不超过公司净资产额的40%;

(4)上市公司发行可转换债券,还应当符合关于公开发行股票的条件。

发行分离交易的可转换公司债券,除符合公开发行证券的一般条件外,还应当符合的规定包括:公司最近一期末经审计的净资产不低于人民币15亿元;最近3个会计年度实现的年均可分配利润不少于公司债券1年的利息;最近3个会计年度经营活动产生的现金流量净额平均不少于公司债券1年的利息;本次发行后累计公司债券余额不超过最近一期末净资产额的40%,预计所附认股权全部行权后募集的资金总量不超过拟发行公司债券金额等。分离交易的可转换公司债券募集说明书应当约定,上市公司改变公告的募集资金用途的,赋予债券持有人一次回售的权利。

所附认股权证的行权价格应不低于公告募集说明书日前20个交易日公司股票均价和前1个交易日的均价;认股权证的存续期间不超过公司债券的期限,自发行结束之日起不少于6个月;募集说明书公告的权证存续期限不得调整;认股权证自发行结束至少已满6个月起方可行权,行权期间为存续期限届满前的一段期间,或者是存续期限内的特定交易日。

(五)可转换债券的筹资特点

(1)灵活性较大。可转换债券将传统的债务筹资和股票筹资结合起来,具有灵活性。债券发行企业先以债务方式取得资金,到了债券转换期,如果股票市价较高,债券持有人将会按约定的价格转换为股票,避免了企业还本付息的负担。如果公司股票长期低迷,投资者不愿意将债券转换为股票,企业即时还本付息清偿债务,也能避免未来长期的股权资本成本负担。

(2)资本成本较低。可转换债券的利率低于同一条件下普通债券的利率,降低了公司的筹资成本;此外,在可转换债券转换成普通股票时,公司无需支付筹资费用,节约了股票的筹资成本。

(3)筹资效率高。可转换债券在发行时,规定的转换价格往往高于当时公司的股票价格。公司以固定价格向投资人销售股票,只要股价不出现剧烈波动,可转换债券大都转换成股票,那么公司就相当于提前发行股票,筹集权益性资金,筹资效率高。

(4)存在不转换的财务压力。如果公司股票在转换期内处于低位，债券的持有人到期不会转换成股票，会造成公司在债券到期时兑付的资金压力。

(5)存在回售的财务压力。如果可转换债券发行后，公司股价并没有大幅度上涨，这就不能促使债券持有人将债券换成普通股。同时由于发行该批可转换债券而使负债比率提高，也使得一般投资者对购买普通股产生观望或信心不足的心理，给未来筹措权益资金的行动带来相当的难度，财务压力加大。

(6)股份大幅度上扬的风险。如果可转换债券在转换时，股价大幅度上扬，公司只能以较低的固定转换价格转换股票，会降低公司的股权筹资额。

三、认股权证

认股权证即股票认购授权证，是一种由上市公司发行的证明文件，持有人有权在一定时间内以约定价格认购该公司发行的一定数量的股票。广义的权证，是一种持有人有权于某一特定期间或到期日，按约定的价格，认购或沽出一定数量的标的资产的期权。按买或卖的不同权利，权证可分为认购权证和认沽权证，又称为看涨权证和看跌权证。本章仅介绍认购权证(即认股权证)。

(一)认股权证的基本性质

(1)证券期权性。认股权证本质上是一种股票期权，属于衍生金融工具，具有实现融资和股票期权激励的双重功能。但认股权证本身是一种认购普通股的期权，它没有普通股的红利收入，也没有普通股相应的投票权。

(2)认股权证是一种投资工具。投资者可以通过购买认股权证获得市场价与认购价之间的股票差价收益，因此它是一种具有内在价值的投资工具。

(二)认股权证的种类

(1)美式认股证与欧式认股证。美式认股证是指权证持有人在到期日前，可以随时提出履约要求，买进约定数量的标的股票。欧式认股证是指权证持有人只能于到期日当天，才可买进标的股票。无论股证属欧式或美式，投资者均可在到期日前在市场出售转让其持有的认股权证。事实上，只有小部分权证持有人会选择行权，大部分投资者均会在到期前沽出权证。

(2)长期认股权证与短期认股权证。短期认股权证的认股期限一般在 90 天以内，认股权期限超过 90 天的，为长期认股权证。

(三)认股权证的筹资特点

(1)认股权证是一种融资促进工具，它能促使公司在规定的期限内完成股票发行计划，顺利实现融资。

(2)有助于改善上市公司的治理结构。采用认股权证进行融资，融资的实现是缓期分批实现的，上市公司及其大股东的利益和投资者是否在到期之前执行认股权证密切相关，因此在认股权证有效期间，上市公司管理层及其大股东任何有损公司价值的行为，都可能降低上市公司的股价，从而降低投资者执行认股权证的可能性，这将损害上市公司管理层及其大股东的利益。因此，认股权证将有效约束上市公司的败德行为，并激励他们更加努力地提升上市公司的市场价值。

(3)作为激励机制的认股权证有利于推进上市公司的股权激励机制。认股权证是常用的员工激励工具，通过给予管理者和重要员工一定的认股权证，可以把管理者和员工的利益与企业价值成长紧密联系在一起，建立一个管理者与员工通过提升企业价值再实现自身财富增值的利益驱动机制。

【例3-8】 A公司在上海证券交易所上市。2010年，公司为了调整产品结构，拟投资3.8亿元引进一条生产线。公司制定了发行分离可转换债券的融资计划，计划第一期融资2亿元，第二期融资1.8亿元。

经证监会批准，A公司于2010年2月1日按面值发行了200万张、每张面值100元的分离交易可转换债券，合计2亿元，期限5年，票面利率1%（如果单独按面值发行一般公司债券，利率需要设定6%），按年付息。同时，每张债券的认购人获得公司派发的10份认股权证，权证总量3 800万份，该认股权证为欧式认股权证；行权比例2∶1（即2份认股权证可认购1股A股股票），行权价格10元/股。认股权证存续期24个月（即2010年2月1日至2012年1月31日），行权期为认股权证存续期最后五个交易日（行权期间权证停止交易）。假定债券和认股权证发行当日即上市。

公司2010年年末A股总数为3亿股（当年未增资扩股），当年实现净利润9 000万元。假定公司2011年上半年实现基本每股收益0.35元，上半年公司股价一直维持在每股10元左右。预计认股权证行权期截至前夕，每股认股权证价格将为1.2元（公司市盈率维持在15倍的水平）。

分析：发行分离交易的可转换公司债券后，2010年可节约的利息支出为：

$$节约利息=2\times(6\%-1\%)\times11\div12=0.092（亿元）$$

$$2010年公司基本每股收益为=9000\div30000=0.30（元/股）$$

为实现第二次融资，必须促使权证持有人行权，为此，公司股价应当达到的水平为：

$$股价=10+1.2\times2=12.4（元）$$

$$2011年基本每股收益应达到的水平=12.4\div15=0.83（元）$$

（4）公司发行分离交易可转换公司债券的主要目标是分两阶段融通项目第一期、第二期所需资金，特别是努力促使认股权证持有人行权，以实现发行分离交易可转换公司债券的第二次融资。主要风险是第二次融资时，股价低于行权价格，投资者放弃行权，导致第二次融资失败。

（5）公司为了实现第二次融资目标，应当采取的具体财务策略主要有：一是最大限度提高生产项目的效益，改善经营业绩，使股票得到市场认可；二是改善与投资者的关系及社会公众形象，提升公司股价的市场表现。

第六节　资金需求量预测

资金需求量是筹资的数量依据，必须科学合理地进行预测。筹资数量预测的基本目的是保证筹集的资金既能满足生产经营的需要，又不会产生资金多余而闲置。

一、因素分析法

因素分析法是指以有关资金占用项目的基期年度平均资金需求量为基础，根据预测年度的生产经营任务和资金周转加速的要求，分析调整，预测资金需求量的一种方法。这种方法计算简便，容易掌握，但预测结果不太精确。它通常用于品种繁多、规格复杂、资金用量较小的项目。计算公式如下：

资金需求量 =（基期资金平均占用 - 不合理占用）×（1 ± 预计销售增长率）×（1 ± 预计资金周转速度变动率）

【例 3 - 9】 A 公司上年度资金平均占用额为 6 600 万元，经分析，其中不合理部分为 600 万元，预计本年度销售增长 5%，资金周转加速 2%。则：

预测年度资金需求量 =（6 600 - 600）×（1 + 5%）×（1 - 2%）= 6 174（万元）

二、销售百分比法

销售百分比法是指根据销售增长与资产增长之间的关系，预测未来资金需求量的方法。企业的销售规模扩大时，要相应增加流动资产；如果销售规模增加很多，还必须增加长期资产。为取得扩大销售所需增加的资产，企业需要筹措资金。这些资金，一部分来自留存收益，另一部分通过外部筹资取得。通常，销售增长率较高时，仅靠留存收益不能满足资金需要，即使获利良好的企业也需外部筹资。因此，企业需要预先知道自己的筹资需求，提前安排筹资计划，否则就可能发生资金短缺问题。

销售百分比法将反映生产经营规模的销售因素与反映资金占用的资产因素连接起来，根据销售与资产之间的数量比例关系预计外部筹资需求量。假设某些资产与销售额存在稳定的百分比关系，根据销售与资产的比例关系预计资产额，根据资产额预计相应的负债和所有者权益，进而确定筹资需求量。基本步骤如下：

（1）确定随销售额变动而变动的资产和负债项目。资产是资金使用的结果，随着销售额的变动，经营性资产项目将占用更多的资金。同时，随着经营性资产的增加，相应的经营性短期债务也会增加，如存货增加会导致应付账款增加，此类债务称为"自动性债务"或称"敏感项目"，可以为企业提供暂时性资金。经营性资产与经营性负债的差额通常与销售额保持稳定的比例关系。一般情况下，经营性资产项目包括库存现金、应收账款、存货等项目；而经营性负债项目包括应付票据、应付账款等项目，不包括短期借款、短期融资券、长期负债等筹资性负债。

（2）确定经营性资产与经营性负债有关项目与销售额的比例关系。如果企业资金周转的营运效率保持不变，经营性资产与经营性负债将会随销售额的变动而呈正比例变动，保持稳定的百分比关系。企业应当根据历史资料和同业情况，剔除不合理的资金占用，寻找与销售额的稳定百分比关系。

（3）确定需要增加的筹资数量。预计由于销售增长而需要的资金需求增长额，扣除利润留存后，即为所需要的外部筹资额。

$$外部筹资需求量 = \frac{A}{S_1} \cdot \Delta S - \frac{B}{S_1} \cdot \Delta S - P \cdot E \cdot S_2$$

式中，A 为随销售而变化的敏感性资产，B 为随销售而变化的敏感性负债，S_1 为基期销售额，S_2 为预测期销售额，ΔS 为销售变动额，P 为销售净利率，E 为利润留存率，$\frac{A}{S_1}$为敏感资产与销售额的关系百分比，$\frac{B}{S_1}$为敏感负债与销售额的关系百分比。

【例 3 - 10】 A 公司 2010 年 12 月 31 日的简要资产负债表如表 3 - 4 所示。假定 A 公司 2009 年销售额 100 000 万元，销售净利率 10%，利润留存率 40%。2011 年销售额预计增长 20%，公司有足够生产能力，无须追加固定资产投资。

表 3-4　A 公司资产负债表(2010 年 12 月 31 日)

资金	金额(万元)	与销售关系(%)	资金	金额(万元)	与销售关系(%)
货币资金	50 000	5	短期借款	250 000	N
应收账款	150 000	15	应付账款	100 000	10
存货	300 000	30	预收账款	50 000	5
固定资产	300 000	N	应付债券	100 000	N
			实收资本	200 000	N
			留存收益	100 000	N
合计	800 000	50	合计	800 000	15

运用销售百分比法确定 A 公司 2011 年资金需要量。步骤如下:

(1)确定有关项目及其与销售额的关系百分比。表中,N 为不变动,指该项目不随销售的变化而变化。因此,表中所列数据的意义是:资产总额中,有 50% 随着销售收入的增加而增加,需要增加资金;负债与所有者权益项目中,有 15% 的负债是随着销售收入的增加而增加的,它们可以充抵一部分(15%)资金来源。

(2)确定需要增加的资金量。表中看出,销售收入每增加 100 元,必须增加 50 元的资金占用,但同时自动增加 15 元的资金来源,两者差额有 35% 的资金需求。因此,每增加 100 元销售收入,必须取得 35 元的资金补给,销售额从 100 000 万元增加到 120 000 万元,增加了 20 000 万元,按 35% 的比率可预测将增加 7 000 万元的资金需求。

(3)确定外部融资需求的数量。2011 年的净利润为 12 000(=120 000 ×10%)万元,利润留存率为 40% ,则将有 4 800 万元利润留存下来,抵充一部分资金来源,另外还有 2 200 万元的资金必须从外部筹集。

根据 A 公司的资料,对外融资的需求量为:

外部融资需求量 =50% ×20 000 - 15% ×20 000 - 40% ×12 000 =2 200(万元)

销售百分比法的优点,是能为筹资管理提供短期预计的财务报表,以适应外部筹资的需要,且易于使用。但在有关因素发生变动的情况下,必须相应地调整原有的销售百分比。

三、资金习性预测法

资金习性预测法指根据资金习性预测未来资金需要量的一种方法。所谓资金习性,指资金的变动同产销量变动之间的依存关系。按照资金同产销量之间的依存关系,可以把资金区分为不变资金、变动资金和半变动资金。

不变资金是指在一定的产销量范围内,不受产销量变动的影响而保持固定不变的那部分资金。也就是说,产销量在一定范围内变动,这部分资金保持不变。这部分资金包括:为维持营业而占用的最低数额的现金,原材料的保险储备,必要的成品储备,厂房、机器设备等固定资产占用的资金。

变动资金是指随产销量的变动而同比例变动的那部分资金。它一般包括直接构成产品实体的原材料、外购件等占用的资金。另外,在最低储备以外的现金、存货、应收账款等也具有变动资金的性质。

半变动资金是指虽然受产销量变化的影响,但不成同比例变动的资金,如一些辅助材料上占用的资金。半变动资金可采用一定的方法划分为不变资金和变动资金两部分。

（一）单据资金占用总额与产销量的关系预测

这种方式是根据历史上企业资金占用总额与产销量之间的关系，把资金分为不变资金和变动资金两部分，然后结合预计的销售量来预测资金需求量。

$$y = a + bx$$

式中，y 表示资金需求量，a 为不变资金，b 为单位产销量所需变动资金，x 为产销量。

可见，只要求出 a 和 b，并知道预测期的产销量，就可以用上述公式测算资金需求情况。a 和 b 可用回归直线方程求出。

回归直线方程是假设有 n 期业务量与资金需求量资料，以合计数形式表达公式 $y = a + bx$ 的每一项：

$$\sum y = na + b\sum x$$

将上式每一项乘以 x，得：

$$\sum xy = a\sum x + b\sum x^2$$

把上述两个方程式联列成方程组，求出 a、b 值：

$$a = \frac{\sum x^2 \sum y - \sum x \sum xy}{n\sum x^2 - (\sum x)^2} \qquad b = \frac{n\sum xy - \sum x \sum y}{n\sum x^2 - (\sum x)^2}$$

a 和 b 的值确定后，就可以根据 a 和 b 的值，预测任何业务量下的筹资需求量。

【例 3－11】 A 公司历年产销量和资金变化情况如表 3－5 所示。20×6 年预计销售量为 1 800 万件，需要预计 20×6 年的资金需求量。

表 3－5　A 公司产销量与资金变化情况表

年度	产销量 x（万件）	资金需求量 y（万元）
20×1	1 000	4 000
20×2	1 100	4 100
20×3	1 200	4 150
20×4	1 200	4 150
20×5	1 400	4 500

根据表 3－5 整理出表 3－6。

表 3－6　资金需求量预测表（按总额预测）

年份	业务量 x_i（万件）	资金 y（万元）	x_i^2	x_iy_i
20×1	1 000	4 000	1 000 000	4 000 000
20×2	1 100	4 100	1 210 000	4 510 000
20×3	1 200	4 150	1 440 000	4 980 000
20×4	1 200	4 150	1 440 000	4 980 000
20×5	1 400	4 500	1 960 000	6 300 000
合计 $n=5$	$\sum x_i = 5\,900$	$\sum y_i = 20\,900$	$\sum x_i^2 = 7\,050\,000$	$\sum x_iy_i = 24\,770\,000$

计算 a、b 值如下：

$$a=\frac{7\ 050\ 000\times 20\ 900-5\ 900\times 24\ 770\ 000}{5\times 7\ 050\ 000-(5\ 900)^2}=2\ 731.82$$

$$b=\frac{5\times 24\ 770\ 000-5\ 900\times 20\ 900}{5\times 7\ 050\ 000-(5\ 900)^2}=1.23$$

已知该企业 20×6 年业务量为 1 800 万件，将其代入直线方程 $y=a+bx$：

$$y=a+bx=2\ 731.82+1.23\times 1\ 800=4\ 945.82(\text{万元})$$

即该 A 公司 20×6 年业务量 1 800 万件时，预计筹资总需求量为 4 945.82 万元。

（二）逐项分析法预测

根据各资金占用项目（如现金、存货、应收账款、固定资产）同产销量之间的关系，把各项目的资金都分成变动和不变两部分，然后汇总在一起，求出企业变动资金总额和不变资金总额，进而来预测资金需求量。

【例 3－12】 B 公司 20×1～20×6 年资金占用与销售额的关系如表 3－7。

表 3－7　资金占用与销售额变化情况表

年份	20×1	20×2	20×3	20×4	20×5	20×6
资金占用 y	11 000	11 500	16 000	16 000	12 000	18 000
销售收入 x	160 000	180 000	210 000	210 000	190 000	280 000

根据以上资料，采用适当的方法来计算不变资金和变动资金的数额。

如采用高低点法求 a 和 b 的值：

$$b=\frac{\text{高点收入期资金占用}-\text{低点收入期资金占用}}{\text{高点销售收入}-\text{低点销售收入}}$$

$$=\frac{18\ 000-11\ 000}{280\ 000-160\ 000}=0.058$$

将 $b=0.058$ 和 20×6 年数据代入公式 $y=a+bx$，得：

$$a=18\ 000-0.058\times 28\ 000=1\ 760(\text{万元})$$

存货、应收账款、流动负债、固定资产等也可根据历史资料作这样的划分，然后汇总，列于表 3－8 中。

表 3－8　资金需求量预测表（分项预测）　　　（单位：万元）

项　　目	年度不变资金（a）	每天销售收入所需变动资金（b）
流动资金		
货币资金	278 956	0.058
应收账款	60 000	0.200
存货	50 440	0.172
小计	389 396	0.430
减：流动负债		
应付账款及应付费用	30 000	0.100

表 3－8(续)

项　　目	年度不变资金(a)	每天销售收入所需变动资金(b)
净资金占用	359 396	0.330
固定资产		
厂房、设备	82 000	
所需资金合计	441 396	0.330

根据表 3－8 的资料得出预测模型：

$$y = 441\ 396 + 0.33x$$

运用上述预测模型，在利用历史资料确定 a、b 数值的条件下，即可预测一定产销量 x 所需要的资金总量 y。

如果 20×7 年的预计销售额为 300 000 万元，则有：

20×7 年的资金需求量＝441 396＋0.33×300 000＝540 396(万元)

进行资金习性分析，把资金划分为变动资金和不变资金两部分，从数量上掌握了资金同销售量之间的规律性，对准确地预测资金需求量有很大帮助。实际上，销售百分比法是资金习性分析法的具体运用。

运用线性回归法必须注意以下几个问题：

(1)资金需求量与营业业务量之间线性关系的假定应符合实际情况；

(2)确定 a、b 数值，应利用连续若干年的历史资料来计算(一般要有 3 年以上的资料)；

(3)应考虑价格等因素的变动情况(可在价格发生变化年份的所需资金乘一个系数)。

思考与练习

1. 企业资金筹集的目标是什么？筹集的方式有哪些？
2. 权益性资本的筹集有哪些种类？普通股股票可分为哪些种类？
3. 普通股股东有哪些权利？
4. 股票发行的条件有哪些？发行的方式、价格有哪些种类？
5. 什么是优先股？优先股的种类有哪些？优先股与普通股相比，优点和不足有哪些？
6. 长期负债筹资有哪些类别，各有什么特点？
7. 债券及租赁融资方式在什么情况下运用？可转换债券的发行与转换有什么条件？
8. 融资租赁与经营租赁有什么区别，如何运用，租金应如何计算？
9. (1)资料：华伍公司五年前购入了一台设备，价值 80 000 元，现在的市价为 20 000 元。该设备采用直线法计提折旧，没有残值，现在账面价值为 40 000 元。公司计划购买一台同样的新设备，价值为 125 000 元，使用年限为 5 年，预计残值 10 000 元。由于采用新设备后产量增加，每年可增加现金收入 50 000 元。新设备使用时增加的变动成本约为年增加现金收入的 60%。生产效率的提高，使经营所需现金费用，尤其人工成本每年可节约 25 000 元。新设备使用初期需投入营运资本 5 000 元，还要为新设备安装底架，价值为 45 000元，也按直线法计提折旧，5 年后其残值约为 30 000 元(仍可继续使用)。假设在下一年年初购入新设备，卖掉旧设备，营运资本5年后全部收回。华伍公司的目标资本结构为负债占30%。公司可从银行获得利率为10%的贷款购买新设备，该项贷款不会改变公司的资本结构。该公司的股票β值为0.9。公司从所有者的投资中取得营运资本和安装底架所需的资金。所得税率为30%。

(2)要求：

①若无风险收益率为6%，市场风险收益率为15.04%，计算所有者权益的资本成本。

②计算加权平均资本成本，并据此对是否购入新设备进行评价。

③这项更新计划是否可以实施？

④计算新设备借款的成本。

10.(1)资料：某公司向银行借入短期借款10 000元，支付银行贷款利息的方式同银行进行协商，银行提出三种方案：

①如采用贴现法付息，利息率为6%；

②如采用收款法付息，利息率为7%；

③如采用加息法付息，利息率为5%。

(2)要求：如果你是该公司的财务经理，你选择哪种支付利息的方式？请说明理由。

11.(1)资料：ABC公司与某商业银行有一份100万元的循环周转信贷协定，作为可信赖的客户，其贷款利率定为银行资本成本(即可转让定期存单利率)加上2%。另外周转信贷限额中的未使用部分，银行收取0.5%的承诺费。

(2)要求：

①如果2009年可转让定期存单利率为4%，且公司平均使用总承诺限额的60%，则2009年这项贷款的年预期成本总额为多少元？

②如果同时还考虑到支付的承诺费，贷款的年实际利率是多少？

12.(1)资料：A公司20×4—20×8年的产销量和资本需要量如表3-9所示。假定2009年预计产销量为78 000件。

(2)要求：利用回归直线法预测20×9年资金需要量。

表3-9　A公司产销量与资金需要量表

年度	产销量(x)(万件)	资本需要量(y)(万元)
20×4	6.0	500
20×5	5.5	475
20×6	5.0	450
20×7	6.6	520
20×8	7.0	550

13.资料：A公司去年实现的销售收入为6 000万元，净利润为720万元，留存收益为288万元。2008年年末的经营资产为3 000万元，经营负债为1 500万元。假设经营资产销售百分比和经营负债销售百分比保持不变。

据此回答下面两道独立的问题：

(1)若该公司既不发行新股也不举借新债，销售净利率和股利支付率不变，不存在可动用的金融资产,计算今年可实现的销售额。

(2)若今年预计销售额为7 000万元,销售净利率变为8%,留存收益率为20%,可动用金融资产为100万元,则外部融资额为多少?

14.(1)资料:A公司按年利率5%向银行借款100万元,期限3年。根据公司与银行签订的贷款协定,银行要求保持贷款总款15%的补偿余额,不按复利计息。

(2)要求计算:①实际可用的借款额;②实际负担的年利率。

15.(1)资料:四海公司2010年需要追加外部筹资49万元。公司敏感负债与销售收入的比例为18%,税前利润占销售收入的比率为8%,公司所得税税率25%,税后利润50%留用于公司。2009年公司销售收入15亿元,预计2010年增长5%。

(2)要求计算2010年:①公司留用利润;②公司资产增加额。

16.(1)资料:东方公司拟发行面额1000元、票面利率6%、5年期债券,每年年末付息一次。

(2)要求:测算该债券在市场利率下的发行价格:

①市场利率为5%;

②市场利率为6%;

③市场利率为7%。

17.(1)资料:若刚购买了认股权证,可以以45元购买两股股票。股票市价为每股26元,认股权证的市价超过理论价值10元。一年后,每股升价到50元,但认股权证现可以超过理论价值2元出售。

(2)要求计算:如果今年每股发放股利1元,普通股的投资报酬率是多少?认股权证的投资报酬率是多少?为什么两者的报酬率不同?

18.(1)资料:A公司需要筹集990万元资金,使用期5年,有以下两个筹资方案:

①甲方案:委托xx证券公司公开发行债券,债券面值1 000元,承销差价(留给证券公司的发行费用)每张票据51.60元,票面利率14%,每年付息一次,5年到期一次还本。发行价格根据当时的预期市场利率确定。

②乙方案:向某银行借款,名义利率10%,补偿性余额10%,5年后到期一次还本付息(单利计息)。

(2)要求计算:假设当时的预期市场利率(资金的机会成本)为10%,不考虑所得税的影响。

①甲方案的债券发行价格应该是多少?

②根据得出的价格发行债券,假设不考虑时间价值,哪个筹资方案的成本(指总的现金流出)较低?

③如果考虑时间价值,哪个筹资方案的成本较低?

19.(1)资料:某公司属于基础设施类上市公司,经省级人民政府推荐,报中国证监会审批,拟发行可转换公司债券,有关内容如下:

①拟申请发行11 000万元、5年期可转换公司债券,利率按现行银行同期存款利率4.5%执行。该公司经审计的最近3年的有关财务会计数据如下所示:(单位:万元)

②2013年3月31日负债含2012年6月18日发行的3 000万元、3年到期一次还本付息债券。

③2012年12月31日的普通股股数为10 000万股。

④2013 年 6 月 3 日为减少注册资本,回购本公司股票 600 万股(每股回购价格 5 元)。

⑤2013 年 10 月 2 日持有该上市公司可转换公司债券的投资者按约定的价格(每股 8 元的转化价格)将其持有的可转换公司债券转换为普通股,已知该批可转换公司债券的账面价值为 3 060 万元,面值为 3 000 万元(每张债券的面值为 100 元)。

⑥2013 年 4 月 1 日至 2013 年 12 月 31 日实现的净利润为 2 000 万元。

⑦2013 年 12 月 31 日该公司派发现金股利 500 万元。

(2)根据上述内容,回答下列问题:

①根据该公司提供的财务数据,该公司是否符合发行可转换公司债券的条件?并说明理由。

②该公司回购本公司股票是否符合法律规定?并说明理由。

③计算 2013 年该公司的每股收益、每股净资产和每股股利。

④假设该公司 2013 年 12 月 31 日的市净率为 1.6,公司股票为固定增长股票,股利固定增长率为 6%,计算该公司股票的预期收益率。

第四章 资本成本与资本结构

学习目标：通过本章的学习，要求学生了解资本成本的含义与作用，熟练掌握资本成本的计算方法；理解杠杆的作用原理，掌握经营杠杆、财务杠杆和复合杠杆系数的测算及其应用；了解西方资本结构理论的发展脉络，熟悉影响资本结构决策的因素，掌握资本结构决策的定量分析方法，确定公司最佳的资本结构。

第一节 资 本 成 本

一、资本成本概述

（一）资本成本的概念

所谓资本成本（Cost of Capital），是指企业为筹集和使用资本所付出的代价，具体包括资本筹集费用和资本占用费用两个部分。

资本筹集费用，是指企业在资本筹措过程中所发生的各项费用，如向银行借款支付的手续费，发行股票、债券支付的印刷费、发行手续费、律师费、资信评估费、广告费、公证费、担保费等。这些费用一般都属于一次性费用，它与筹资次数有关，而与筹集资本数量和使用时间关系不大，因而通常将其视为所筹资本数额的一项扣除。

资本占用费用，是指企业因占用、使用资本而向资本提供者支付的代价，如向债权人支付的利息、向股东支付的股息红利等。资本占用费用一般与所筹资本的多少及使用时间的长短有关，且具有经常性、定期性支付的特点，它构成资本成本的主体部分，是降低资本成本的主要方向。

资本成本可以用绝对额来表示，也可以用相对数来表示，但为了便于比较分析，在财务管理中一般用其相对数表示；即表示为资本占用费用与实际筹资额的比率。通用计算公式为：

$$资本成本=\frac{资本占用费用}{筹资总额-资本筹集费用}$$

$$=\frac{资本占用费用}{筹资总额\times(1-筹资费用率)}$$

（二）资本成本的性质

资本成本是商品经济条件下资本所有权与使用权分离而形成的财务范畴，具有特定的经济性质。

1. 资本成本是资本所有权与使用权相分离的产物

企业融资是一种产权交易行为，对资本所有者而言，由于让渡了资本使用权，必然要求获得一定的补偿，资本成本表现为让渡资本使用权所带来的报酬；对融资企业来说，由于取得了资本的使用权，也必须支付一定的代价，资本成本便表现为取得资本使用权所付出的代价。

2. 资本成本是成本但又不同于一般的产品成本

资本成本也是企业的一种支出，故具有一般产品成本的基本属性，但又与产品成本有着不同的性质。二者的主要区别在于产品成本是企业生产经营中的资金耗费且带有垫支的性质，其补偿是对实际发生耗费的补偿，故直接从销售收入中收回；而资本成本是在资本要素上的耗费，不属于生产经营中的资金耗费且不具垫支的性质，其补偿的本质属于利润分配的范畴，体现为一种利益分配关系。

3. 资本成本包含货币时间价值但又不等于货币时间价值

资本成本与货币时间价值既有联系，又有区别。货币时间价值是资本成本的基础，货币时间价值越大，资本成本一般也就越高；但两者在数量上并不完全一致，资本成本不仅包括时间价值因素，还包括风险因素、通货膨胀因素等，是货币时间价值与风险价值的统一。

（三）资本成本的作用

资本成本是一个非常重要的财务概念，广泛运用于企业财务活动的各个方面。

1. 资本成本是企业选择资本来源、选定筹资方案的重要依据

企业筹集资本的方式多种多样，可以向银行借款，可以发行股票，也可以发行债券等，企业究竟选择哪种来源或是何种筹资方式，尽管不能把资本成本作为选择筹资方式的唯一依据，但是资本成本是首先需要考虑的影响因素，并力求选择资本成本最低的筹资方案。

2. 资本成本是评价投资项目、进行投资决策的重要依据

任何一个投资项目，只有它的预期投资收益率高于资本成本，才是有利可图的；反之，则被认为是不可行的。因此，国际上通常将资本成本视为投资项目的“最低收益率”或是否采用投资项目的“取舍率”，是比较、选择投资方案的主要标准。

3. 资本成本是衡量企业整个经营业绩的重要标准

资本成本是企业从事生产经营活动必须实现的最低投资收益率，企业无论从什么渠道、采用何种方式取得资金，都要实现这一最低投资收益率，以补偿企业因筹资而支付的所有费用。因此，将企业的实际资本成本与相应的利润率进行比较，即可以评价企业的经营业绩。若企业利润率高于资本成本，表明企业经营良好；反之，则表明企业经营不佳，需要立即改善经营管理，提高企业经济效益。

（四）影响资本成本的因素

在市场经济环境中，影响企业资本成本高低的因素很多，其中主要包括总体经济环境、证券市场条件、企业内部的经营和融资状况以及企业融资规模等。

1. 总体经济环境

总体经济环境决定了整个经济中资本的供给与需求，以及预期通货膨胀的水平，它们对资本成本的影响反映在无风险报酬率上。显然，如果整个社会经济中的资金需求和供给发生变动，或者通货膨胀水平发生变化，投资者也会相应改变其所要求的收益率。具体来说，如果社会货币需求增加，而供给没有相应增加，投资者就会提高其要求的投资收益率，企业的资本成本就会上升；反之，则会降低其要求的投资收益率，企业资本成本下降。同样，如果预期通货膨胀水平上升，货币购买力下降，投资者也会提出更高的收益率来补偿预期的货币贬值损失，导致企业资本成本上升；反之，则会降低其要求的收益率，企业资本成本下降。

2. 证券市场条件

证券市场条件包括证券的市场流动难易程度和价格波动程度，其直接影响证券投资的风险。如果证券的市场流动性差，或价格波动大，投资风险加大，投资者要求的收益率就会提高，企业资本成本即会上升；反之，投资者要求的收益率则会降低，企业资本成本也会下降。

3. 企业内部的经营和融资状况

企业内部的经营和融资状况，主要是指企业的经营风险和财务风险的大小。经营风险是企业投资决策的结果，具体表现在资产收益率的变动上；财务风险是企业融资决策的结果，具体表现在普通股收益率的变动上。如果企业的经营风险和财务风险大，投资者便会要求较高的收益率，企业资本成本就会上升；反之，投资者要求的收益率便会降低，企业资本成本下降。

4. 融资规模

融资规模也是影响企业资本成本的一个重要因素。企业的融资规模越大，其资本成本也越高。比如，企业发行的证券金额很大，资本筹集和占用费用都会上升，而且证券发行规模的增大还会降低其发行价格，由此也会增加企业的资本成本。

二、个别资本成本

个别资本成本是指企业使用各种长期资本的成本，其中又可进一步分为长期借款成本、债券成本、优先股成本、普通股成本和留存收益成本等。

（一）长期借款成本

长期借款成本包括借款利息和筹资费用两部分。由于借款利息计入税前成本费用，可以起到抵税的作用，因此，一次还本、分期付息的长期借款成本的计算公式为：

$$K_l = \frac{I_t(1-T)}{L(1-F_l)}$$

式中，K_l 为长期借款成本；I_t 为长期借款年利息；T 为企业适用所得税税率；L 为借款筹资总额；F_l 为长期借款筹资费用率。

如果该项借款属于固定利率借款，那么 $i=\frac{I_t}{L}$，上式也就可以改写为：

$$K_l = \frac{i(1-T)}{1-F_l}$$

式中，i 为长期借款利率。

当长期借款的筹资费（主要是借款的手续费）很小以至可以忽略不计时，上式还可以进一步简化为：

$$K_l = i(1-T)$$

【例 4-1】 湘达实业公司向银行举借 5 年期长期借款 100 万元，年利率 11%，每年付息一次，到期一次还本。若筹资费用率为 0.5%，企业适用所得税率为 25%，则该项长期借款的资本成本为：

$$K_l = \frac{2\ 000 \times 11\% \times (1-25\%)}{2\ 000 \times (1-0.5\%)} = 8.29\%$$

如果不考虑筹资费用，则该长期借款的资本成本将为：

$$K_l = 11\% \times (1 - 25\%) = 8.25\%$$

上述计算长期借款资本成本的方法比较简单，但缺点在于没有考虑货币的时间价值，因而其计算结果不是十分准确。如果对资本成本计算结果精确度要求比较高，则可采用下列公式计算长期借款的资本成本：

$$L(1 - F_l) = \sum_{t=1}^{n} \frac{I_t}{(1 + K)^t} + \frac{P}{(1 + K)^n} \quad ①$$

$$K_l = K(1 - T) \quad ②$$

式中，P 为第 n 年末应偿还的本金；K 为长期借款的税前资本成本。

这种方法实际上是将长期借款的资本成本看成是使这一借款的现金流入等于其现金流出现值的贴现率。具体计算时，可先通过公式①，采用插值法求解借款的税前资本成本，再通过公式②将税前资本成本调整为税后的资本成本。

【例 4－2】 沿用例 4－1 的资料，考虑货币时间价值，该项借款的资本成本计算如下：

第一步，计算借款的税前资本成本：

$$100 \times (1 - 0.5\%) = \sum_{t=1}^{5} \frac{100 \times 11\%}{(1 + K)^t} + \frac{100}{(1 + K)^5}$$

查表，在 10% 的利率水平下，5 年期的年金现值系数为 3.790 8、复利现值系数为 0.620 9，代人公式得：

$$100 \times 11\% \times 3.790\ 8 + 100 \times 0.620\ 9 - 99.5 = 4.288\ 8(\text{万元})$$

计算结果为 4.288 8 万元大于 0，应提高贴现率再试。

再查表，在 12% 的利率水平下，5 年期的年金现值系数为 3.604 8、复利现值系数为 0.567 4，代人公式得：

$$100 \times 11\% \times 3.604\ 8 + 100 \times 0.567\ 4 - 99.5 = -3.107\ 2(\text{万元})$$

计算结果为 －3.1072 万元小于 0。故应用插值法求得税前资本成本为：

$$K = 10\% + (12\% - 10\%) \times \frac{4.288\ 8}{4.288\ 8 + |-3.107\ 2|} = 11.16\%$$

第二步，调整计算税后资本成本：

$$K_l = 11.16\% \times (1 - 25\%) = 8.37\%$$

（二）债券成本

发行债券的成本主要是指债券利息和筹资费用。债券利息的处理和长期借款利息的处理相同，应以税后的债务成本为计算依据；但债券的筹资费用即发行费用一般比较高，不可在计算资本成本时省略。因此，一次还本、分期付息的债券资本成本的计算公式应为：

$$K_b = \frac{I_b(1 - T)}{B(1 - F_b)}$$

式中，K_b 为债券资本成本；I_b 为债券年利息；B 为债券筹资额，按发行价格确定（不一定等于债券面值）；F_b 为债券筹资费用率。

【例 4－3】 某科技有限公司计划发行总面值为 500 万元的 8 年期企业债券，票面利率为 12%，每年年末付息，到期一次还本，发行价格为 600 万元。若债券发行费用率为 5%，企业适用所得税率为 25%，则该债券的资本成本为：

$$K_b = \frac{500 \times 12\% \times (1 - 25\%)}{600 \times (1 - 5\%)} = 7.89\%$$

上述计算债券成本的近似公式，同样没有考虑货币的时间价值。如果将时间价值考虑在内，债券资本成本的计算与长期借款资本的计算一样，公式为：

$$B(1-F_b)=\sum_{t=1}^{n}\frac{I_b}{(1+K)^t}+\frac{M}{(1+K)^n}$$

$$K_b=K(1-T)$$

式中，K 为债券的税前资本成本；M 为债券面值。

在实际工作中，由于债券的利率水平通常高于长期借款，同时债券筹资费用也较高，因此，债券资本成本一般高于长期借款的成本。

（三）优先股成本

优先股是一种介于债券和普通股之间的混合证券形式，既具有债券的特征，又具有股票的特性，但从本质上讲属于权益而非负债。企业发行优先股，既要支付筹资费用，又要支付固定股利，且还是从公司税后净利润中支付的，没有税收屏蔽效应。于是，根据优先股定价模型，优先股成本即是优先股股利与优先股筹资额之比，即：

$$K_p=\frac{D_p}{P_p(1-F_p)}$$

式中，K_p 为优先股成本；D_p 为优先股年股息；P_p 为优先股筹资额，按发行价格或市场价格确定；F_p 为优先股发行费用率。

【例 4-4】 某股份公司发行总面值为 150 万元、股息率为 14% 的优先股，溢价发行，总发行价格为 180 万元，发行费用率为 5.5%，则该优先股的成本为：

$$K_p=\frac{150\times 14\%}{180\times(1-5.5\%)}=12.35\%$$

由于优先股股利在税后支付，不能抵扣企业所得税，而且在企业破产时，优先股的求偿权位于债权人之后，优先股股东的风险大于债券持有人的风险，因此，优先股资本成本通常要高于债券资本成本。

（四）普通股成本

尽管由于普通股的报酬率不确定，每年支付的股利也不固定，使得相对于其他的融资工具而言，普通股的资本成本最难估算，但从理论上讲，仍然可以根据普通股的定价模型推导出其成本的计算公式。其常用方法有三种：

1. 股利贴现模型法

这种方法是根据公司股利的支付模式，通过相对应的股票定价模型推导得出估算其资本成本的计算公式。具体又分为两种情况：

（1）固定股利模式。若公司实施固定股利支付额的股利政策，已知相应的股票定价模式为：

$$P_e=\frac{D_e}{K_e}$$

由此即可推导出普通股成本的计算公式为：

$$K_e=\frac{D_e}{P_e}$$

式中，K_e 为普通股成本；P_e 为普通股筹资净额，按发行价格扣除发行费用或市场价格确定；D_e 为普通股每股股利。

(2)股利增长模式。若公司实施固定股利增长率的分配政策,则可直接根据戈登公式推导得出估算其成本的计算公式为:

$$P_e = \frac{D_1}{K_e - g}$$

$$K_e = \frac{D_1}{P_e} + g$$

式中,g 为固定股利增长率,D_1 为预期基期每股股利。

【例 4-5】 某股份公司普通股现行市价为 25 元,预计第一年的每股股利为 1.65 元,以后按固定比率 9% 逐年递增,则普通股的资本成本为:

$$K_e = \frac{1.65}{25} + 9\% = 15.6\%$$

股利增长模式很好地整合了公司的战略规划、目标与任务以及资本成本,并且简单易算,因此对管理层而言非常有意义。但如何准确估算股利增长率至关重要。

2. 资本资产定价模型法

由于公司的资本成本实质上就是投资者所要求的必要报酬率,因此也可以利用资本资产定价模型来估算普通股的成本。其计算公式为:

$$K_e = R_F + \beta(K_M - R_F)$$

式中,R_F 为无风险报酬率;β 为股票的贝塔系数;K_M 为市场组合的预期报酬率。

【例 4-6】 某股份公司普通股的贝塔系数为 1.2,市场无风险报酬率为 8%,证券市场组合的平均报酬率为 14%,则该公司普通股的资本成本为:

$$K_e = 8\% + 1.2 \times (14\% - 8\%) = 15.2\%$$

运用资本资产定价模型的优点在于它具有较为普遍的适用性。运用此模型计算资本成本时,不需要估算公司的长期增长率,也不用考虑公司是否发放股利,或者股利是否稳定增长,较为有效地减少了主观因素的影响。

3. 债券收益加风险溢价法

估算普通股成本还可以采用一种比较主观的方法,那就是在公司长期债券收益率的基础上加上一定的风险溢价作为普通股的成本。用公式表示即为:

$$K_e = \text{长期债券收益率} + \text{风险溢价}$$

在此,长期债券收益率比较容易计算,难点在于确定风险溢价。风险溢价通常是凭借经验估计的。一般认为,某企业普通股风险溢价对其自己发行的债券而言,大约在 3% ~5% 之间,当市场利率达到历史性高点时,风险溢价通常较低,取 3% 左右;当市场利率处于历史性低点时,风险溢价通常较高,取 5% 左右;而通常情况下,常常采用 4% 的平均风险溢价。

【例 4-7】 某公司长期债券收益率为 10.4%,凭经验,人们认为该公司普通股相对于债券的风险溢价为 4%,则公司普通股资本成本即为:

$$K_e = 10.4\% + 4\% = 14.4\%$$

债券收益加风险溢价法的优点是计算简便,缺点是准确性较差,且带有比较浓厚的主观判断色彩,因此运用必须特别小心、谨慎。

(五)留存收益成本

留存收益是由公司税后净利形成的,所有权属于股东,其实质相当于股东对公司的追加投资。从表面上看,公司使用留存收益似乎不需花费什么成本,但其实不然。股东之所以愿意将其留用于企业,而不是作为股利分配投资于别处,是因为要求得到与普通股等价的报酬。所以,留存收益也有成本,只不过是一种机会成本。其成本确定方法与普通股基本相同,区别只是不用考虑筹资费用。

一般来说,在企业的全部资本中,普通股和留存收益的风险最大,所要求的风险补偿也相应最高,因此,其资本成本也是最高的。

三、综合资本成本

由于受多种因素的制约,企业往往需要通过各种渠道,采用多种方式筹措长期资本,而不同来源与方式的资本成本是高低不等的。为了正确进行筹资和投资决策,确定最佳资本结构,就必须计算企业的综合资本成本。

综合资本成本,就是企业全部长期资本的总成本,它一般是以各种资本占全部资本的比重为权数,对个别资本成本进行加权平均确定的,故亦称加权平均资本成本(Weighted Average Cost of Capital,简称 WACC)。其计算公式为:

$$K_w = \sum_{j=1}^{n} W_j K_j$$

式中,K_w 为综合资本成本;W_j 为第 i 种个别资本占全部资本的比重(权数);K_j 为第 j 种个别资本的资本成本;n 为企业长期资本的种类。

由上式可知,在个别资本成本一定的条件下,综合资本成本的高低取决于计算所选用的权数。在实践中,有三种具体选择:

1. 账面价值权数

账面价值权数是指以各类资本的账面价值为基础,计算各类资本占总资本的比重。按照账面价值确定权数,易于从资产负债表中直接取得相关资料,且计算结果相对稳定,但缺点是资本的账面价值可能不符合市场价值,倘若债券、股票的市场价值已脱离账面价值许多,就可能误估综合资本成本,不利于正确决策。

2. 市场价值权数

市场价值权数是指以各类资本的现行市场价格为基础,计算各类资本占总资本的比重。使用市场价值确定权数可以反映企业现实的资本结构和目前实际的资本成本,有利于筹资管理决策,但证券的市场价格处于经常变动之中,数据不易选定。

3. 目标价值权数

目标价值权数是指以各类资本预计的未来目标市场价值为基础,计算各类资本占总资本的比重。按照债券、股票的目标市场价值确定权数,能够体现期望保持的资本结构,而不是像账面价值权数和市场价值权数那样只反映过去和现在的资本结构,因此是一种理想的权数选择。但企业很难客观、合理地确定资本的目标价值,使得这种方法应用起来具有一定的局限性。

【例 4-8】 湘宏科技公司各类长期资本的账面价值、市场价值和目标价值以及个别资本成本的资料如表 4-1 所示。请分别按账面价值权数、市场价值权数和目标价值权数计算其综合资本成本。

表4-1 湘宏科技公司的资本成本与资本结构(金额单位:万元)

资本种类	账面价值	市场价值	目标价值	个别资本成本(%)
长期借款	1 500	1 500	4 000	4
长期债券	2 000	2 550	6 000	6
优先股	1 000	1 500	1 000	10
普通股	3 000	6 000	5 500	14
留存收益	2 500	3 450	3 500	13
合计	10 000	15 000	20 000	—

(1)按账面价值权数计算的综合资本成本为:

$$K_w = \frac{1\,500}{10\,000}\times 4\% + \frac{2\,000}{10\,000}\times 6\% + \frac{1\,000}{10\,000}\times 10\% + \frac{3\,000}{10\,000}\times 14\% + \frac{2\,500}{10\,000}\times 13\%$$

$$=0.6\% + 1.2\% + 1\% + 4.2\% + 3.25\% = 10.25\%$$

(2)按市场价值权数计算的综合资本成本为:

$$K_w = \frac{1\,500}{15\,000}\times 4\% + \frac{2\,550}{15\,000}\times 6\% + \frac{1\,500}{15\,000}\times 10\% + \frac{6\,000}{15\,000}\times 14\% + \frac{3\,450}{15\,000}\times 13\%$$

$$=0.4\% + 1.02\% + 1\% + 5.6\% + 2.99\% = 11.01\%$$

(3)按目标价值权数计算的综合资本成本为:

$$K_w = \frac{4\,000}{20\,000}\times 4\% + \frac{6\,000}{20\,000}\times 6\% + \frac{1\,000}{20\,000}\times 10\% + \frac{5\,500}{20\,000}\times 14\% + \frac{3\,500}{20\,000}\times 13\%$$

$$= 0.8\% + 1.8\% + 0.5\% + 3.85\% + 2.275\% = 9.225\%$$

计算结果表明,按照不同的价值权数计算得到的公司综合资本成本是不同的。总之,在个别资本成本一定的情况下,综合资本成本的高低是由企业资本结构决定的。这是资本结构决策的 个重要原理。

四、边际资本成本

(一)边际资本成本的概念

前述的个别资本成本和加权平均资本成本,是企业过去筹集的或目前使用的资本的成本。然而,随着时间的推移和筹资条件的不断变化,企业往往无法以某一固定的资本成本来筹措无限的资本,当其筹集的资本超过一定限度时,原来的资本成本就会增加。因此,在企业追加筹资时,不能仅仅依靠目前所使用资本的成本,还需要知道筹资额的变动会引起资本成本怎样的变化,而这就要用到边际资本成本的概念。

边际资本成本(Marginal Cost of Capital,简称 MCC)是指资本每增加一个单位而增加的成本。边际资本成本也是按加权平均方法计算的,是企业追加筹资时所使用的加权平均成本。

(二)边际资本成本的测算

由于企业资本成本会随着筹资规模的变动而变动,为了比较、选择不同规模范围的筹资组合,就需要预先测算其边际资本成本,并以表或图的形式反映。下面举例说明边际资本成本的具体测算过程。

【例 4-9】 海大公司目前拥有长期资本 400 万元,其中长期借款 60 万元,长期债券 100 万元,普通股权益 240 万元。由于扩大经营规模的需要,公司拟筹措新资,试计算确定筹措新资的边际资本成本。这一计算过程的基本步骤为:

1. 确定目标资本结构

公司追加筹资既可以保持原有的资本结构,也可以改变原有的资本结构,是否改变主要取决于它是否符合公司筹资的要求。在本例中,假定公司财务人员分析认为目前的资本结构已比较合理,可以作为目标资本结构,在增资时予以保持,即长期借款占 15%、长期债券占 25%、普通股占 60%。

2. 测算各种筹资方式的个别资本成本

一般来说,随着企业筹资规模的增大,各种资本的成本也会发生变化。本例中,公司财务人员在分析了目前资本市场状况和企业筹资能力的基础上,测算出了随筹资额的增加各种资本成本的变化情况,如表 4-2 所示。

表 4-2 追加筹资的个别资本成本预测表

资本种类	目标资本结构	新筹资的数量范围	资本成本
长期借款	15%	45 000 元以内	3%
		45 000—90 000 元	5%
		90 000 元以上	7%
长期债券	25%	200 000 元以内	10%
		200 000—400 000 元	11%
		400 000 元以上	12%
普通股	60%	300 000 元以内	13%
		300 000—600 000 元	14%
		600 000 元以上	15%

3. 计算筹资突破点

因为花费一定的资本成本只能筹集到一定限度的资本,超过这一限度多筹资就要多花费相关代价,从而引起原资本成本的变化,于是就把在保持某资本成本条件下可以筹集到的资本总限额称为现有资本结构下的筹资突破点。在筹资突破点范围内筹资,原来的资本成本不会改变;一旦筹资额超过筹资突破点,即使维持现有的资本结构,其资本成本也会增加。筹资突破点的计算公式为:

$$资本突破点 = \frac{可用某一特定成本筹集到的某种资本额}{该种资本在资本结构中所占的比重}$$

在本例中,在花费 3% 的资本成本时,取得的长期借款筹资限额为 45 000 元,于是,其筹资突破点便为:

$$\frac{45\ 000}{15\%} = 300\ 000 \text{ 元}$$

而在花费 5% 资本成本时,取得的长期借款筹资限额是 90 000 元,于是,其筹资突破点则为:

$$\frac{90\ 000}{15\%} = 600\ 000 \text{ 元}$$

按此方法,资料中各种情况下的筹资突破点的计算结果如表 4 -3 所示。

表 4 -3 筹资突破点计算表

资本种类	目标资本结构	新筹资额	资本成本	筹资突破点
长期借款	15%	45 000 元以内 45 000—90 000 元 90 000 元以上	3% 5% 7%	300 000 元 600 000 元
长期债券	25%	200 000 元以内 200 000—400 000 元 400 000 元以上	10% 11% 12%	800 000 元 1 600 000 元
普通股	60%	300 000 元以内 300 000—600 000 元 600 000 元以上	13% 14% 15%	500 000 元 1 000 000 元

4. 分组计算边际资本成本

根据上一步计算出的筹资突破点,可以把筹资总额范围分成 7 组: (1)30 万元以内; (2)30万元—50 万元;(3)50 万元—60 万元;(4)60 万元—80 万元;(5)80 万元—100 万元; (6)100 万元—160 万元; (7)160 万元以上。对以上 7 组筹资范围分别计算加权平均资本成本,即可得到各种筹资范围的边际资本成本,计算结果如表 4 -4 所示。

表 4 -4 边际资本成本计算表

筹资总额范围	资本种类	资本结构	边际资本成本	
300 000 元以内	长期借款 长期债券 普通股	15% 25% 60%	3% 10% 13%	0.45% 2.5% 7.8%
		第一个范围的边际资本成本 = 10.75%		
300 000—500 000 元	长期借款 长期债券 普通股	15% 25% 60%	5% 10% 13%	0.75% 2.5% 7.8%
		第二个范围的边际资本成本 = 11.05%		
500 000—600 000 元	长期借款 长期债券 普通股	15% 25% 60%	5% 10% 14%	0.75% 2.5% 8.4%
		第三个范围的边际资本成本 = 11.65%		
600 000—800 000 元	长期借款 长期债券 普通股	15% 25% 60%	7% 11% 14%	1.05% 2.5% 8.4%
		第四个范围的边际资本成本 = 11.95%		
800 000—1 000 000 元	长期借款 长期债券 普通股	15% 25% 60%	7% 11% 14%	1.05% 2.75% 8.4%
		第五个范围的边际资本成本 = 12.2%		

表 4 -4(续)

筹资总额范围	资本种类	资本成本	边际资本成本	
1 000 000— 1 600 000 元	长期借款 长期债券 普通股	15% 25% 60%	7% 11% 15%	1.05% 2.75% 9%
		第六个范围的边际资本成本 = 12.8%		
1 600 000 元以上	长期借款 长期债券 普通股	15% 25% 60%	7% 12% 15%	1.05% 3% 9%
		第七个范围的边际资本成本 = 13.05%		

以上计算结果用图形表达,可以更形象地看出筹资总额增加时边际资本成本的变化(如图 4 -1),企业可依此作出追加筹资的规划。图中同时显示了企业目前的投资机会的内含报酬率,A 至 F 共 6 个项目。企业筹集资本应首先用于内含报酬率最高的 A 项目,然后再选择 B 项目,以此类推。资本成本与投资机会的交点 90 万元是适宜的筹资预算,此时可选择 A、B、C 三个项目,它们的内含报酬率高于相应的边际资本成本。D 项目的内含报酬率虽然高于目前的资本成本,但低于为其筹资时所需的边际资本成本,是不可取的。至于 E、F 两个项目则更不可行。

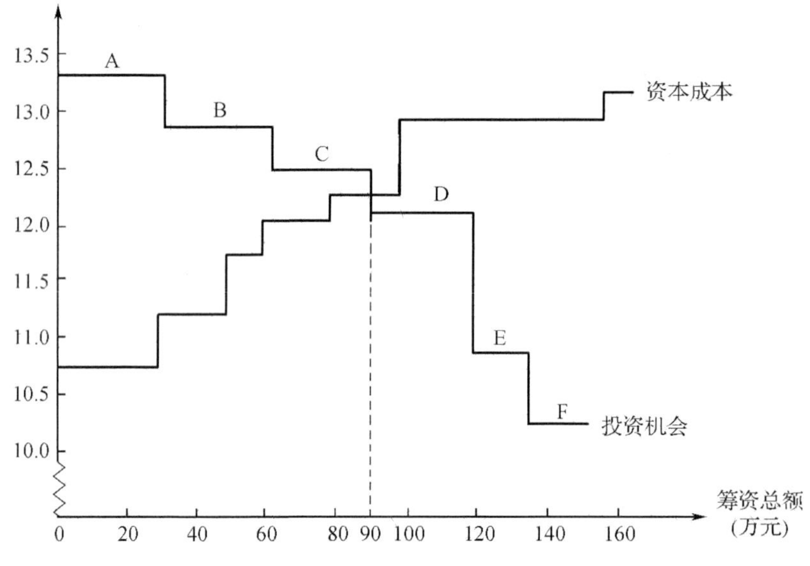

图 4 -1　边际资本成交变化下的筹资规划示意图

第二节　杠 杆 原 理

自然科学中的杠杆原理,是指通过杠杆的使用,只用一个较小的力量便可以产生较大效果的现象。财务管理中也存在类似的杠杆效应,即由于固定成本或费用的存在,当业务量发生微小变化时,导致公司息税前利润产生较大幅度变化的经济现象。但由于成本按习性分类及相关指标的计算是研究杠杆问题的基础,因此,我们首先介绍成本习性问题,然后再分别说明经营杠杆、财务杠杆和总杠杆。

一、成本的习性分类

所谓成本习性，又称成本性态，是指成本与业务量之间的依存关系。这种关系是客观存在的，研究它们之间的规律性关系，有助于企业正确地进行财务决策和实行最优化管理，充分挖掘企业内部潜力，争取实现最佳经济效益。

按成本习性，企业全部成本可划分为固定成本、变动成本和混合成本三种基本类型。

（一）固定成本

固定成本，是指在一定期间及一定业务量范围内，其总额不受业务量增减变动影响而保持固定不变的那部分成本。例如，企业按直线法计提的固定资产折旧、管理人员的工资、保险费、职工培训费、广告费、办公费等。

固定成本的特点是：固定成本总额不随业务量的增减变动而变动，但单位业务量中的固定成本则随业务量的增减变动而成反比例变动。

需要指出的是，固定成本总额只是在一定期间和业务量的一定范围内保持不变。这里所说的一定范围，通常为相关范围。超出相关范围，固定成本也会发生变动。因此，所谓固定成本，必须和一定期间、一定业务量联系起来进行分析，从较长的时间来看，所有的成本都在变化，根本没有绝对不变的固定成本。

（二）变动成本

变动成本，是指在一定期间及一定业务量范围内，其总额随着业务量的变动而成正比例变动的那部分成本。例如，企业在生产过程中发生的直接材料、直接人工、制造费用中的产品包装费、按工作量计提的固定资产折旧等。

变动成本的特点是：变动成本总额随业务量的增减而成正比例的增减，但单位变动成本是固定的，它不受业务量变动的影响。

与固定成本一样，变动成本也要研究"相关范围"问题。也就是说，只有在一定的范围内，业务量和成本才能完全成同比例变化，即完全的线性关系，超过了一定范围，这种关系就不存在了。例如，当一种新产品还是小批量生产时，由于生产尚处于不熟练阶段，直接材料和直接人工耗费可能较多，随着产量的增加工人对生产过程逐渐熟悉，单位产品的材料和人工费用不断降低。在这一阶段，变动成本不一定与产量完全成同比例变化，而是表现为小于产量的变化幅度。在这之后，生产过程日趋稳定，变动成本与产量成同比例变动，这一阶段的产量便是变动成本的相关范围。然而，当产量达到一定限度以后，再大幅度增产可能会引发一些新的不利因素，如工人要求增加工资、津贴等，从而使成本的增长幅度大于产量的增长幅度。

（三）混合成本

有些成本虽然也随业务量的变动而变动，但并不成同比例变动，不能简单地归入变动成本或固定成本，这类成本称为混合成本。混合成本按其与业务量的关系又细分为半变动成本和半固定成本。

半变动成本是混合成本的基本类型，它通常有一个初始量，类似于固定成本，在这个初始量的基础上随产量的增长而增长，又类似于变动成本。例如，在租用机器设备时，有的租约规定租金同时按以下两种标准计算：（1）每年支付一定数额（固定部分）；（2）每运转一小时支付一定租金数额（变动部分）。

半固定成本则随产量的变化呈阶梯形增长，即产量在一定限度内时，这种成本保持不变，而一旦超出一定限度，则会跳跃到一个新的水平。例如，化验员、质量检查人员的工资即是如此。

(四)总成本习性模型

从上述分析可知，成本按习性可分为固定成本、变动成本和混合成本三类，但混合成本又可以按一定方法(如高低点法、回归分析法等)分解并分别纳入固定成本和变动成本，这样，总成本习性模型即可表述为：

$$企业总成本 = 固定成本 + 变动成本$$

或：

$$Y = a + b \cdot x = F + v \cdot Q$$

式中，a 或 F 为固定成本总额；b 或 v 为单位变动成本；x 或 Q 为业务量。

显然，若能求出公式中 a、b 或 F、v 的值，就可以利用这个直线方程来进行成本预测、成本决策和其他短期决策，所以，总成本习性模型是一个非常重要的模型。

(五)边际贡献和利润的计算

1. 边际贡献

边际贡献，又称贡献毛益，是指销售收入扣除变动成本以后的余额。这是一个十分有用的价值指标，其通常的表现形式有两种：一是单位边际贡献，二是边际贡献总额。

单位边际贡献表示每增加一单位产品销售可提供的边际贡献，其计算公式为：

$$m = p - v$$

式中，m 为单位边际贡献；p 为产品销售单价；v 为单位变动成本。

边际贡献总额是指全部产品的销售收入减去全部产品的变动成本后的余额，即：

$$M = S - V = (p - v) \cdot Q$$

式中，M 为边际贡献总额；S 为销售收入总额；V 为变动成本总额；Q 为销售数量。

2. 利润

这里的利润是指支付利息和交纳所得税之前的利润，通常称为息税前利润。成本按习性分类后，息税前利润可用下列公式计算：

$$EBIT = S - V - F = (p - v) \cdot Q - F$$

式中，$EBIT$ 为息税前利润；F 为固定成本。

显然，不论利息费用的习性如何，都不会出现在计算息税前利润的公式之中，即上式中的固定成本和变动成本中均不应包含利息。

二、经营风险与经营杠杆

(一)经营风险

经营风险，也称营业风险，是指由于企业的生产经营活动而产生的未来经营利润或息税前利润的不确定性。任何企业只要从事生产经营活动，就必然承受一定程度的经营风险。但不同的行业之间，甚至是同一行业的不同企业以及同一企业的不同时期之间，其经营风险的程度都不完全相同。这是因为经营风险是由许多因素决定的，而每一种因素的变化都会引起经营风险的变化。

影响企业经营风险的因素很多，其中比较重要的有：

(1)产品需求的变化。在其他因素不变的条件下，市场对企业产品的需求越不稳定，企业未来的经营收益就越不稳定，经营风险就越大；反之，市场对企业产品需求越稳定，企业经营风险就越小。

(2)产品销售价格的变化。价格是影响销售收入的重要因素之一，如果产品销售价格变动不大，销售收入就稳定，企业经营风险相对较小；反之，如果产品销售价格不稳定，销售收入就不稳定，企业经营风险则相对较大。

(3)产品成本的变化。产品成本是销售收入的抵减项目，成本不稳定，会导致利润的不稳定，除非企业有能力根据产品成本及时调整销售价格，否则经营风险就大；反之，经营风险就小。

(4)固定成本的比重。在企业的全部成本中，固定成本所占的比重越大，当产销量发生变动时，单位产品分摊的固定成本变动也越大，企业未来经营收益变动的可能就越大，经营风险增加；反之，固定成本所占的比重越小，经营风险越低。

(5)企业的应变和调整能力。企业面临的市场存在较大的不确定性，有些企业可根据市场的变化不断调整企业经营策略和产品结构，以适应市场的需要，保持企业经营收入和利润的稳定性，这些应变调整能力较强的企业，其经营风险就比较小；反之，有些企业应变市场和调整自身的能力比较差，其需要面对的经营风险就比较大。

(二)经营杠杆

在上述影响企业经营风险的诸因素中，固定成本比重是很重要的因素。在某一固定成本比重的作用下，产销量变动对利润产生的影响，被称为经营杠杆。由于经营杠杆对经营风险的影响最为综合，因此常常被用来衡量经营风险的大小。

经营杠杆的大小一般用经营杠杆系数(Degree of Operating Leverage，简写为 DOL)表示，它是企业息税前利润的变动率相当于产销量变动率的倍数。其计算公式为：

$$\text{经营杠杆系数} = \frac{\text{息税前利润变动率}}{\text{产销量变动率}}$$

$$DOL = \frac{\Delta EBIT/EBIT}{\Delta Q/Q}$$

式中，DOL 为经营杠杆系数；$\Delta EBIT$ 为息税前利润变动额；$EBIT$ 为息税前利润；ΔQ 为产销量变动额；Q 为产销量。

为了便于计算和应用，假定企业的成本、销售量和利润保持线性关系，变动成本在销售收入中所占的比例不变，固定成本也保持稳定，经营杠杆系数便可通过销售量和成本来表示，通常表示为以下两种公式：

$$\because EBIT = Q \cdot (p - v) - F$$

且

$$\Delta EBIT = \Delta Q \cdot (p - v)$$

$$\therefore DOL_Q = \frac{\Delta EBIT/EBIT}{\Delta Q/Q} = \frac{\Delta Q \cdot (p - v)}{Q \cdot (p - v) - F} \div \frac{\Delta Q}{Q}$$

$$= \frac{Q \cdot (p - v)}{Q \cdot (p - v) - F}$$

或

$$DOL_S = \frac{S - V}{S - V - F}$$

式中，S 为销售总额；V 为变动成本额。

在实际工作中，人们通常运用 DOL_Q 公式计算单一产品的经营杠杆系数，而运用 DOL_S 公式计算多种产品乃至整个企业的经营杠杆系数。

【例 4－10】 海宏科技公司只生产一种产品，固定成本总额为 800 000 元，变动成本率为 60%，当其预期销售额分别为 6 000 000 元、4 000 000 元和 2 000 000 元时，计算其经营杠杆系数如表 6－5 所示（金额单位：元）。

表 4－5　经营杠杆系数计算表

项目	方案Ⅰ	方案Ⅱ	方案Ⅲ
销售额	6 000 000	4 000 000	2 000 000
变动成本率	60%	60%	60%
变动成本额	3 600 000	2 400 000	1 200 000
边际贡献	2 400 000	1 600 000	800 000
固定成本	800 000	800 000	800 000
息税前利润	1 600 000	800 000	0
经营杠杆系数 DOL	1.5	2.0	∞

以上计算结果说明：

（1）在固定成本不变的情况下，经营杠杆系数说明了销售变动所引起的息税前利润变动的幅度。比如，方案Ⅰ说明在销售额为 6 000 000 元时，销售额的增长（或减少）会引起息税前利润 1.5 倍的增长（或减少）；而方案Ⅱ则说明在销售额为 4 000 000 元时，销售额的增长（或减少）将引起息税前利润 2.0 倍的增长（或减少）。

（2）在固定成本不变的情况下，销售规模越大，经营杠杆系数越小，经营风险也越小；反之，销售规模越小，经营杠杆系数越大，经营风险也越大。比如，当销售额为 6 000 000 元时，DOL 为 1.5；而当销售额为 4 000 000 元时，DOL 为 2.0。显然后者利润的不稳定性大于前者，故而后者的经营风险也大于前者。

（3）当销售额趋近盈亏平衡点时，经营杠杆系数趋近于无穷大。比如方案Ⅲ的情况，此时，企业经营只能保本，但只要销售额稍有增加便可出现盈利，若销售额稍有减少便会发生亏损。

以上是对在固定成本不变的情况下的分析。我们再将经营杠杆系数计算公式进一步分解，可得：

$$经营杠杆系数=\frac{边际贡献}{息税前利润}=\frac{边际贡献}{边际贡献-固定成本}$$

上式清楚表明，经营杠杆系数将随着固定成本的变化呈同方向的变化，即在其他因素不变的条件下，固定成本越高，经营杠杆系数越大，企业的经营风险也就越大。如果固定成本为 0，经营杠杆系数将等于 1；而如果固定成本大于 0，则经营杠杆系数也将大于 1。

企业在生产经营中可以通过增加销量、提高销售额、降低产品单位变动成本、降低固定成本比重等措施使经营杠杆系数下降，从而降低企业的经营风险。但这往往要受到许多条件的制约，如生产规模对固定成本的制约、市场供求状况对产品销量的制约等。因此，在许多情况下，企业难以控制其经营风险。

三、财务风险与财务杠杆

(一)财务风险

财务风险,也称融资风险,是指与企业筹资相关的风险,尤其是指企业利用债务资本而导致所有者收益发生大幅变动,甚至导致企业破产的风险,它是企业举债后而由所有者(一般指普通股股东)承担的附加风险。例如,假设有10个投资者共同出资创办了一家公司,如果公司资本均为普通股股本,等额出资,每人占10%的股份,则公司的经营风险将由10个投资者平均分摊;可如果公司的资本中50%是股本,另50%是债务,由5个普通股股东、5个债权人等额出资,由于债权人一般不承担经营风险,在这种情况下,5个普通股股东便平均分摊了原来由10个人平均分摊的风险,每个普通股股东的风险都增加了一倍。所以,企业利用债务资本,会把经营风险全部集中到现有股东的身上。

影响企业财务风险的因素很多,其中比较重要的有:

(1)资本供求关系的变化。在其他因素不变的条件下,金融市场上资本供给越充裕,企业举债能力越强,财务风险就越小;反之,金融市场上资本供给越紧张,企业举债能力越弱,财务风险就越大。

(2)市场利率水平的变化。筹资时市场利率越高,企业负担的利息费用越多,财务风险就越大;反之,筹资时市场利率越低,企业负担的利息费用则越少,财务风险也就越小。

(3)企业获利能力的变化。由于企业能否按期还本付息,归根到底是要看企业的获利情况。因此,企业获利能力强时,企业偿债能力也强,财务风险就小;反之,企业获利能力下降时,偿债能力也会随之下降,企业财务风险就会相对增大。

(4)资本结构的变化。资本结构的变化对财务风险的影响最为直接,在其他因素不变的条件下,资产负债比例越高,企业财务风险越大;反之,资产负债比例越低,企业财务风险也越小。

(二)财务杠杆

一般来说,企业在经营中总会需要借入资金。企业负债经营,不论利润多少,债务利息都是固定不变的。于是,当息税前利润增大或减少时,每单位息税前利润所负担的债务利息就会相应地减少或增大,从而给企业所有者带来额外的收益或损失。这种债务对所有者收益的影响就是财务杠杆。

财务风险的大小及其给企业带来杠杆利益的程度即财务杠杆程度,通常用财务杠杆系数(Degree of Financial Leverage,简写为DFL)来衡量。所谓财务杠杆系数,是指普通股每股收益的变动率相当于息税前利润变动率的倍数。其计算公式为:

$$财务杠杆系数 = \frac{普通股每股收益变动率}{息税前利润变动率}$$

$$DFL = \frac{\Delta EPS/EPS}{\Delta EBIT/EBIT}$$

式中,DFL为财务杠杆系数;EPS为普通股每股收益;ΔEPS为普通股每股收益变动额;ΔEBIT为息税前利润变动额;EBIT为息税前利润。

同样,为了便于计算和应用,财务杠杆系数的计算公式也可进一步推导变换如下:

$$\because EPS = [(EBIT - I) \cdot (1 - T) - D_P]/N$$

且

$$\Delta EPS = \Delta EBIT \cdot (1 - T)/N$$

$$\therefore DFL = \frac{\Delta EPS/EPS}{\Delta EBIT/EBIT} = \frac{\Delta EBIT \cdot (1 - T)/N}{[(EBIT - I) \cdot (1 - T) - D_P]/N} \div \frac{\Delta EBIT}{EBIT}$$

$$= \frac{EBIT}{EBIT - I - \frac{D_P}{1 - T}}$$

式中，I 为债务利息；T 为企业适用所得税税率；D_P 为优先股股利；N 为流通在外的普通股股数。

【例 4－11】 假设有甲、乙、丙三家经营相同业务的公司，它们的资本总额相等，息税前利润及其增长率也相同，所不同的只是资本结构不一样。有关情况如表 4－6 所示（金额单位：元）。

表 4－6 公司每股收益与财务杠杆系数计算表

项目	甲公司	乙公司	丙公司
普通股本（面值 10 元）	2 000 000	1 500 000	1 000 000
发行股数	200 000	150 000	100 000
债务（利率 8%）	0	500 000	1 000 000
资本总额	2 000 000	2 000 000	2 000 000
息税前利润	200 000	200 000	200 000
债务利息	0	40 000	80 000
税前利润	200 000	160 000	120 000
所得税（税率 25%）	50 000	40 000	30 000
税后利润	150 000	120 000	90 000
财务杠杆系数 DFL	1.00	1.25	1.67
普通股每股收益	0.75	0.80	0.90
息税前利润增加（1 倍）	200 000	200 000	200 000
（EBIT + ΔEBIT）	400 000	400 000	400 000
债务利息	0	40 000	80 000
税前利润	400 000	360 000	320 000
所得税（税率 25%）	100 000	90 000	80 000
税后利润	300 000	270 000	240 000
普通股每股收益	1.50	1.80	2.40

表 4－6 说明：

（1）财务杠杆系数表明的是息税前利润增长所引起的普通股每股收益的增长幅度。比如，甲公司的息税前利润增长 1 倍时，其普通股每股收益也增长 1 倍；乙公司的息税前利润增长 1 倍时，其普通股每股收益将增长 1.25 倍；而丙公司的息税前利润增长 1 倍时，其普通股每股收益则将增长 1.67 倍。

（2）在资本总额、息税前利润相同的情况下，负债比率越高，财务杠杆系数越高，财务风险越大，但预期的普通股每股收益也越高。比如，乙公司比起甲公司来，负债比率高（乙公司资产负债率 = 500 000 ÷ 2 000 000 = 25%，而甲公司资产负债率为 0），财务杠杆系数高（乙公司为 1.25，而甲公司为 1），故而财务风险大，但普通股每股收益也高（乙公司为 0.8 元，而甲公司只有 0.75 元）；同样，丙公司比起乙公司来，负债比率高（丙公司资产负债率 =

1 000 000 ÷ 2 000 000 = 50%），财务杠杆系数高（丙公司为 1.67），故而财务风险大，但普通股每股收益也高（丙公司为 0.9 元）。

可见，财务杠杆是把双刃剑。在息税前利润较高的情况下，财务杠杆的运用将会增加股东的财富；反之，在息税前利润较低的情况下，过高的财务杠杆也会侵蚀股东的财富。有人喜欢财务杠杆，是因为它具有一本万利的魔力；而有人厌恶财务杠杆，则是它因为会把企业推向破产的深渊。

但不管怎样，负债比率是可以控制的。企业一般可以通过合理安排资本结构，适度负债，使财务杠杆利益抵消风险增大所带来的不利影响。同时，企业也可以通过增加销售额、降低产品单位变动成本、降低固定成本比重等方法进而提高息税前利润以增加企业的财务风险承担能力，使财务风险相对降低。

四、总风险与总杠杆

（一）总风险

企业总风险等于经营风险加上财务风险。经营风险与财务风险是相互独立的两个部分，这就是说，即使企业不存在财务杠杆，所有者仍然要面临经营风险。但总风险是经营风险与财务风险联合作用的结果。对于使用财务杠杆的企业来说，它们的财务杠杆系数，放大了经营杠杆对普通股每股收益变动性的影响。因此，对经营比较稳定的企业，管理者可以考虑使用较大的财务杠杆，即承担一定的财务风险，从而使所有者收益有更大幅度的提高。而对于本身经营风险就比较大的企业来说，采用很高的财务杠杆（即面临很大的财务风险）则是不明智的。

因此，企业在经营中，必须注意防范和控制企业的经营风险，否则过高的经营风险必然更进一步扩张企业的财务风险，使企业负债经营陷入危机。

（二）总杠杆

当经营杠杆和财务杠杆共同起作用时，我们称之为总杠杆或联合杠杆效应。企业利用总杠杆效应可以分两步将产销量的变动反映为普通股每股收益的变动：第一步，经营杠杆放大了产销量变动对息税前利润的影响；第二步，财务杠杆将前一步导致的息税前利润变动对每股收益变动的影响进一步扩大。其具体作用过程如图 4－2 所示。

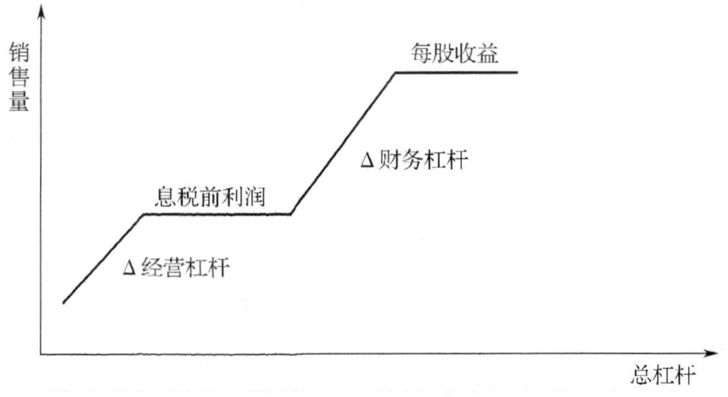

图 4－2　总杠杆作用示意图

总杠杆作用的大小一般用总杠杆系数（Degree of Total Leverage 或 Degree of Combined Leverage 简写为 DTL 或 DCL）来衡量，它是普通股每股收益的变动率相当于产销量变动率的倍数。其计算公式为：

$$总杠杆系数=\frac{普通股每股收益变动率}{产销量变动率}$$

$$DTL(或\ DCL)=\frac{\Delta EPS/EPS}{\Delta Q/Q}$$

同样，为了便于计算和运用，总杠杆系数也可以用经营杠杆系数和财务杠杆系数的乘积来表示，即：

$$DTL=DOL\times DFL=\frac{M}{EBIT}\times\frac{EBIT}{EBIT-I-\frac{D_P}{1-T}}=\frac{M}{EBIT-I-\frac{D_P}{1-T}}$$

或

$$DTL=\frac{Q\cdot(p-v)}{Q\cdot(p-v)-F-I-\frac{D_P}{1-T}}=\frac{S-V}{S-V-F-I-\frac{D_P}{1-T}}$$

【例 4－12】 湘中实业开发股份公司相邻两年的有关资料如表 4－7 所示（金额单位：元）。

表 4－7　公司经营情况和每股收益计算表

项目	2010 年	2011 年	杠杆性质
销售收入（单价 10 分）	10 000 000	12 000 000	
变动成本（变动成本率 30%）	3 000 000	3 600 000	经营
固定成本	5 000 000	5 000 000	杠杆
息税前利润	2 000 000	3 400 000	
债务利息	600 000	600 000	
税前利润	1 400 000	2 800 000	
所得税（税率 25%）	350 000	700 000	财务
税后利润	1 050 000	2 100 000	杠杆
普通股发行股数	1 000 000	1 000 000	
普通股每股收益	1.05	2.10	

根据表 4－7，可求得相关杠杆系数如下：

$$DOL=\frac{10\ 000\ 000-3\ 000\ 000}{10\ 000\ 000-3\ 000\ 000-5\ 000\ 000}=3.5$$

$$DFL=\frac{2\ 000\ 000}{2\ 000\ 000-600\ 000}\approx 1.429$$

$$DTL=\frac{10\ 000\ 000-3\ 000\ 000}{10\ 000\ 000-3\ 000\ 000-5\ 000\ 000-600\ 000}=5$$

或

$$DTL=3.5\times 1.429\approx 5$$

总杠杆系数既揭示了经营杠杆系数与财务杠杆系数的关系，又可以用来估计销售变动对普通股每股收益的影响程度，并借以衡量企业风险的大小。比如，本例中，总杠杆系数为 5 即表明当销售额增长 1 倍时，普通股每股收益将增长 5 倍；反之，当销售额降低$\frac{1}{10}$时，普通股每股收益也将降低为原来的$\frac{1}{2}$。

显然，总杠杆效应大于经营杠杆和财务杠杆的单独效应。而这两种杠杆又可以有多种不同的组合。因此，企业为了达到某一总杠杆系数，可以通过经营杠杆和财务杠杆的有效组合，以获得一个理想的企业风险水平。

第三节　资本结构理论

一、资本结构的概念

资本结构是指企业各种资本的价值构成及其比例关系。例如，某公司的资本总额10 000万元，由银行借款2 000 万元、企业债券2 000 万元、普通股3 500 万元、留存收益2 500万元组成，其比例分别为银行借款20%、企业债券20%、普通股35%、留存收益25%。可见，一个企业的资本结构，既可以用绝对数(金额)来反映，也可以用其相对数(比例)来表示。

在实务中，资本结构有广义和狭义之分。广义的资本结构是指企业全部资本的价值构成及其比例关系，它不仅包括长期资本，还包括短期资本，主要是短期债务资本；而狭义的资本结构则仅指企业各种长期资本的价值构成及其比例关系，尤其是指长期的股权资本与债务资本的构成及其比例关系。

企业的资本结构是由企业采用多种筹资方式筹资形成的，各种筹资方式的不同组合类型决定着企业资本结构及其变化。虽然企业可采用的筹资方式很多，而且还呈现出越来越丰富的发展势头，但总体来看仍不外乎负债资本和权益资本两大类，因此资本结构问题总的来说就是负债资本的比率问题，亦即负债在企业全部资本中所占的比重。

二、早期资本结构理论

资本结构问题(实质是资本结构变动对企业价值的影响问题)一直是财务管理中的重要理论问题与实际问题。围绕着这一问题，现已形成了各种各样的理论学派与理论观点，详细如图 4 – 3 所示。

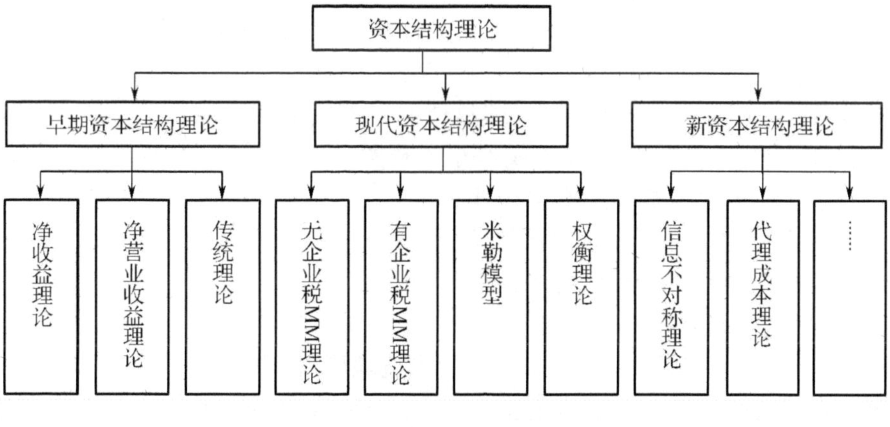

图 4 – 3　资本结构理论框架体系图

习惯上，人们常把美国财务学家大卫·杜兰特(David Durand)在 1952 年提出的资本结构理论称为早期资本结构理论，其具有代表性的理论观点主要有三种，即净收益理论、净营业收益理论和传统理论。

(一)净收益理论(Net Income Theory,NI)

净收益理论是早期资本结构理论中的一种极端理论。该理论认为,负债可以降低企业的资本成本,负债程度越高,企业的价值越大。这是因为债务利息和权益资本成本均不受财务杠杆的影响,无论负债程度多高,企业债务资本成本和权益资本成本都不会变化。因此,只要债务资本成本低于权益资本成本,那么负债越多,企业的加权平均资本成本就越低,企业价值就越大。当负债比率达到100%时,企业加权平均资本成本降至最低,企业总价值达到最大。

该理论隐含的假设是:负债的资本成本和权益的资本成本均固定不变。如果用 K_d 表示债务资本成本,K_s 表示权益资本成本,K_w 表示加权平均资本成本,V 表示企业总价值,则净收益理论可用图4-4来描述。

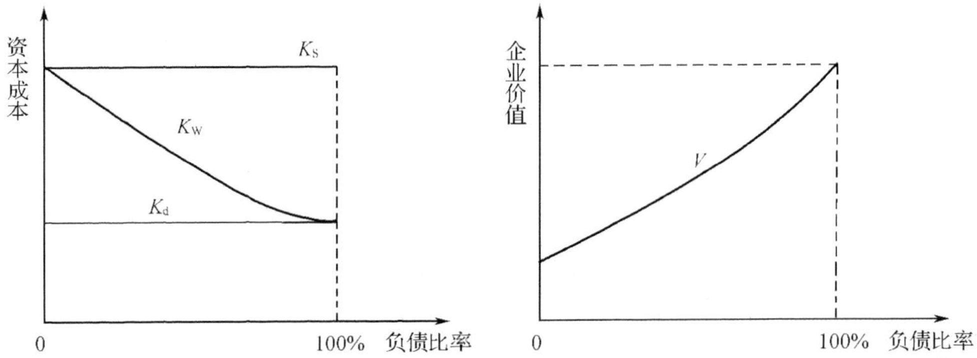

图4-4 净收益理论

显然,净收益理论缺乏经验基础,结论很难让人信服。

(二)净营业收益理论(Net Operating Income Theory,NOI)

净营业收益理论认为,不论财务杠杆如何变化,企业加权平均资本成本都是固定的,因而企业的总价值也是固定不变的。这是因为企业利用财务杠杆时,即使债务资本成本本身不变,但由于加大了权益的风险,也会使权益成本上升,于是加权平均资本成本并不会因为负债比率的提高而降低,而是维持不变。因此,资本结构与企业价值无关,决定企业价值高低的应是营业收益。

净营业收益理论隐含着这样的假设,即负债的资本成本不变而权益的资本成本会随负债的增加而上升,同时认为负债的资本成本小于权益的资本成本,结果使加权平均资本成本不变。净营业收益理论下资本成本与企业价值间的关系,可用图4-5描述。

按照这种理论,根本不存在所谓的最佳资本结构,融资决策也无关紧要。可见,净营业收益理论和净收益理论是完全相反的两种理论。

(三)传统理论(Traditional Theory)

传统理论是一种介于净收益理论和净营业收益理论之间的折中理论。该理论认为,企业利用财务杠杆尽管会导致权益成本的上升,但在一定限度内却不会完全抵销利用成本率低的债务资本所获得的好处,因此可使加权平均资本成本下降,企业总价值上升。但是,负债水平一旦超出某一限度,权益成本的上升就不再能为债务的低成本所抵消,加权平均资本成本便会上升。此后,债务成本也会上升,它和权益成本上升的共同作用,将使加权平均

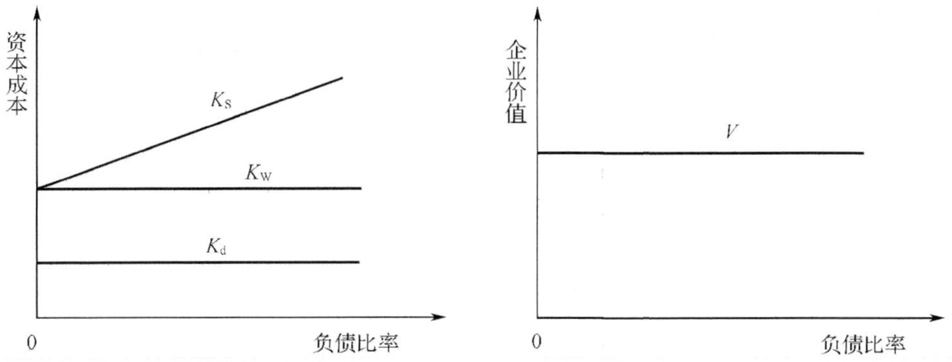

图 4－5　净营业收益理论

资本成本上升加快。因此，加权平均资本成本线呈现为 *u* 型结构，加权平均资本成本从下降变为上升的转折点，是加权平均资本成本的最低点，其所对应的负债比率就是企业最佳的资本结构。具体见图 4－6 所示。

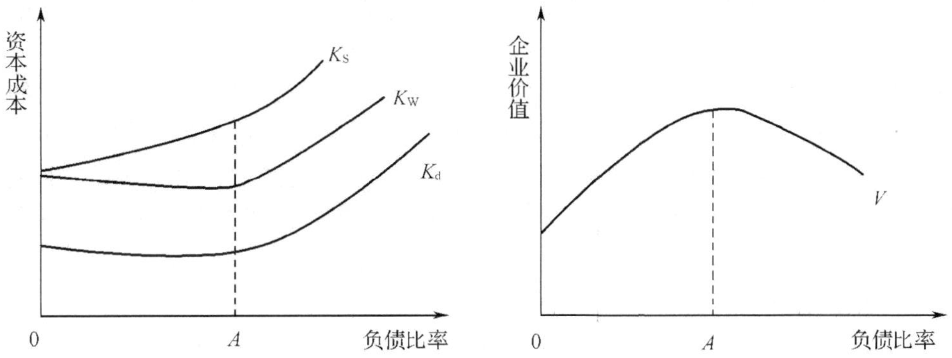

图 4－6　传统理论

按照传统理论，企业确实存在一个最佳的资本结构，它存在于负债比率处于“适度状态时”，但绝非是 100% 的负债。

三、MM 资本结构理论

早期的资本结构理论其实还谈不上理论，仅只具有假说性质。虽然传统理论看起来较为符合实际，但也难以令人信服，而美国著名学者莫迪格莱尼（Franco Modigliani）和米勒（Merton Miller）在 1958 年创建的 MM 资本结构理论，则使资本结构研究成为一种严格的、科学的理论，并开创了现代资本结构理论研究的新时代。自 MM 理论发表后，迄今为止几乎所有的资本结构理论都是围绕着它来展开的。

（一）MM 理论的基本假设

MM 理论是建立在一系列的严格假设条件下的，其中有些条件后来又有所放松：

（1）企业的经营风险可以用其息税前利润的标准差来衡量，有相同经营风险的企业处于同一风险等级中。

（2）所有现在的和将来的投资者都能够对每一个企业未来的经营收益和收益风险作出正确的、相同的估计（这实际上是假设信息是对称的，即企业的经理和一般投资者获取的信息完全相同)。

(3)投资者在完善的资本市场上交易股票和债券,没有交易成本,投资者和企业一样可以在同等条件下借款。

(4)企业和个人的债务均为无风险债务,所以债务利率为无风险利率,且不会因为债务的增加而改变。

(5)企业每年所产生的盈余或预期现金流量固定不变,且会一直持续到永远,即企业的预期增长率为零,具有永续年金的性质。

(二)无企业税的 MM 理论

莫迪格莱尼和米勒两人是在无税状态下开始其理论研究的。根据有关假设,他们首先提出并以代数形式证明了以下两个基本命题:

命题Ⅰ:不论企业有无负债,企业的价值均等于其预期息税前利润除以适用于其风险等级的报酬率。用公式表示即为:

$$V_U = V_L = \frac{EBIT}{K_W} = \frac{EBIT}{K_{SU}}$$

式中,V_U 为无负债企业的价值;V_L 为有负债企业的价值;K_W 为有负债企业的加权平均资本成本;K_{SU}为无负债企业的权益资本成本(亦即股东要求的报酬率)。

命题Ⅰ表明:(1)企业的价值不受其负债比率(资本结构)的影响,有杠杆企业的价值和无杠杆企业的价值是相等的;(2)有负债企业的加权平均资本成本等于同一风险等级、无负债企业的权益资本成本,即 $K_W = K_{SU}$;(3) K_{SU}和 K_W 的高低视企业的风险等级而定。

命题Ⅱ:有负债企业的权益资本成本等于同一风险等级的无负债企业的权益资本成本加上风险报酬,而风险报酬的多少由负债融资程度和无负债企业权益资本成本与债务资本成本之差决定。用公式表示即为:

$$K_{SL} = K_{SU} + \text{风险报酬} = K_{SU} + (K_{SU} - K_d) \cdot \frac{D}{S_L}$$

式中,K_{SL}为有负债企业的权益资本成本;K_d 为债务资本成本;D 为企业负债价值;S_L 为企业权益价值。

命题Ⅱ表明,有负债企业的权益资本成本会随着负债比率的上升而增加,因此,股东的风险随着财务杠杆的增加而增加。

综合以上两个命题,MM 理论认为,由于债务资本的增加会增大权益资本的风险,低成本的举债利益正好被权益资本成本的上升所抵消,所以增加负债不能增加企业的价值,也不会影响企业的加权平均资本成本,即企业价值和资本成本不会因其资本结构的改变而发生变化,从而,企业价值与企业资本结构无关。

(三)有企业税的 MM 理论

MM 理论在逻辑上是合理的,但在实践中却受到了挑战。根据该理论,企业资本结构与企业市场价值无关,则企业的负债率在不同地区、部门或行业会呈现随机分布。而实际上,企业负债率的分布却具有明显的部门或行业特征。例如,几乎所有的航空公司、公用事业和房地产发展公司以及大部分资本密集型工业企业的负债比例都较高,而制药公司和广告公司则几乎完全依赖于自有资本。为了解释这一现象,莫迪格莱尼和米勒两人于 1963 年对他们自己的理论进行了修正,其要点是把企业所得税因素纳入了原来的分析之中,并得出了两个新的命题:

命题Ⅰ:有负债企业的价值等于相同风险等级的无负债企业的价值加上负债的节税价值。用公式表示即为:

$$V_L = V_U + T_C \cdot D$$

式中,T_C 为企业所得税税率。

命题Ⅰ表明,在引入企业所得税后,有负债企业的价值会超过无负债企业的价值,并且负债越多,两者差异越大。所以,当负债比率达到100%时,企业价值将达到最大。

命题Ⅱ:有负债企业的权益资本成本等于无负债企业的权益资本成本加上风险报酬,而风险报酬的高低由负债融资程度与企业所得税税率决定。用公式表示即为:

$$K_{SL} = K_{SU} + \text{风险报酬} = K_{SU} + (K_{SU} - K_d) \cdot (1 - T_C) \cdot \frac{D}{S_L}$$

命题Ⅱ表明,由于$(1 - T_C)$总小于1,所以,引入企业税收因素之后,尽管企业权益资本成本还会随着负债比率的提高而上升,但其上升的幅度会小于无税时的上升幅度。也正因为此,再加上负债的节税利益,才产生了命题Ⅰ的结论,也是有税 MM 理论的基本结论,即负债越多,加权平均资本成本越低,企业价值越高。

(四)米勒模型

修正后的 MM 理论虽然包括了企业所得税因素,但却没有考虑到个人所得税的影响。为此,米勒教授于1977年发表了题为《债务与税收》的论文,系统探讨了企业所得税和个人所得税同时存在的情况下,资本结构对企业价值的影响,并再一次证实了 MM 理论。

米勒指出,考虑了个人所得税因素以后,在前述各项假设不变的情况下,无负债企业的价值可用下列公式表示:

$$V_U = \frac{EBIT \cdot (1 - T_C) \cdot (1 - T_S)}{K_{SU}}$$

如果企业负债经营,则它每年产生的现金流量将被分割成两部分:

$$\begin{aligned} CF_L &- \text{属于股东的现金流量} + \text{属于债权人的现金流量} \\ &= (EBIT - I) \cdot (1 - T_C) \cdot (1 - T_S) + I \cdot (1 - T_d) \\ &= EBIT \cdot (1 - T_C) \cdot (1 - T_S) - I \cdot (1 - T_C) \cdot (1 - T_S) + I \cdot (1 - T_d) \end{aligned}$$

式中,CF_L 为企业负债经营的现金流量;T_S 为股票利得的个人所得税税率;T_d 为利息收入的个人所得税税率;I 为债务利息支出或收入。

由于上式中右边的各项均具有永续年金的性质,因此,只需将它们分别除以适当的折现率,就可求得有负债企业的市场价值,即:

$$\begin{aligned} V_L &= \frac{EBIT \cdot (1 - T_C) \cdot (1 - T_S)}{K_{SU}} - \frac{I \cdot (1 - T_C) \cdot (1 - T_S)}{K_d} + \frac{I \cdot (1 - T_d)}{K_d} \\ &= V_U + \frac{I \cdot (1 - T_d)}{K_d} \cdot \left[1 - \frac{(1 - T_C) \cdot (1 - T_S)}{(1 - T_d)}\right] \\ &= V_U + D \cdot \left[1 - \frac{(1 - T_C) \cdot (1 - T_S)}{(1 - T_d)}\right] \end{aligned}$$

这就是通称的米勒模型,是各种有负债企业市场价值表达式的一般化形式。分析这一表达式,可以看出:

(1)如果忽略所有的税率,亦即 $T_C = T_S = T_d = 0$,则 $V_L = V_U$,这就与 MM 无税理论的价值表达式相同。

(2)如果忽略个人所得税,亦即 $T_S = T_d = 0$,则 $V_L = V_U + T_C \cdot D$,这就与 MM 有税理论的价值表达式相同。

(3)如果股票和债券收益的个人所得税税率相等,亦即 $T_S = T_d$,则它们对有负债企业的市场价值的影响正好相互抵消,$V_L = V_U + T_C \cdot D$,这也与 MM 有税理论的价值表达式相同。

(4)如果$(1 - T_C) \times (1 - T_S) = (1 - T_d)$,则括号中的项目等于零。这意味着企业负债节税的好处正好被投资者个人所得税所抵消。在这种情况下,资本结构对企业价值或资本成本无任何影响,从而又回到了 MM 无税理论。

(五)对 MM 理论的简单评价

MM 理论成功地利用数学模型,揭示了资本结构中负债的意义,是对企业财务理论的重大贡献。虽然在现实中,人们对该理论的有效性是持怀疑态度的,也没有一家企业实际采纳 MM 的建议,因为其假设条件不符合实际情况,且 MM 有税理论和米勒模型均得出同一结论,即企业应 100% 负债,这显然在实际生活中不会出现,但是这一似是而非的理论却在学术界引起了极大的反响。在莫迪格莱尼和米勒发表了他们的证明和推导后,很多学者又从不同角度用不同方法做了再证明。

四、权衡理论

MM 理论只考虑负债给企业带来的节税利益,却忽略了负债可能导致的风险和额外费用。既考虑负债带来的利益,也考虑负债可能导致的各种风险和成本,并对它们进行适当权衡借以确定企业价值的理论,就是所谓的权衡理论。尽管权衡理论也是在 MM 理论的基础上产生的,但因考虑了更多的现实因素,因此更能切合实际。

(一)财务拮据成本

企业举债除了可以抵税外,还会带来其他的效应,其中重要一项就是财务拮据成本。财务拮据是指企业没有足够的支付能力,不能及时清偿到期债务。在市场经济体制下,许多企业都要经历财务拮据的困扰,严重的甚至可能破产。但不论破产与否,都会引发一定的成本费用或损失,即财务拮据成本。一般来说,财务拮据成本分为直接成本和间接成本。

1. 直接成本

因财务拮据而诱发的直接成本,主要是指物质损耗支出和法律、行政事务方面的开支。具体包括:(1)破产发生时,企业所有者和债权人之间的争执不休常常会延缓企业资产的清偿,从而导致存货和固定资产在物质上的破损、贬值或过时。(2)清算过程中,企业需支付的律师费、诉讼费和其他行政开支如清算费用等。

2. 间接成本

由财务拮据而诱发的间接成本,是指由于企业决策者的短期行为,以及供应商和客户的逃避行为而造成的成本支出或损失。具体包括:(1)当企业出现严重的财务拮据时,企业管理当局为解燃眉之急,往往会采取一些短期行为,诸如推迟机器的大修、低价变卖长期资产、为节约成本而降低产品和服务质量等,从而损害企业的长期市场份额和价值。(2)大量债务到期,债权人纷纷上门讨债,为了偿还债务,企业不得不以高利率举债,从而陷入更严重的恶性循环。(3)当企业陷入财务困境时,客户和供应商往往会采取逃避行为,而不再向企业供应原材料或购买产品,或是附加一些额外苛刻的条件,从而使企业的经营愈发困难,财务更加拮据。

财务拮据成本只会发生在有负债的企业,并且负债越多,固定利息负担越重,收益下降的概率及其所导致的财务拮据的概率也就越高。而财务拮据成本的发生和增加，势必提高企业的资本成本，降低企业价值。

（二）代理成本

股东和债权人将资金投向企业以后，一般会委托经理人员管理这些资金并负责日常的运营，由此形成股东和债权人与经理人员之间的委托代理关系。由于经理人员往往是由股东聘任的，因此，经理人员在管理决策中更多地是考虑股东的利益，其次才是债权人的利益。

债权人贷款给企业时，其要求的报酬率（利率）是根据贷款时对企业信用分析所确定的贷款风险而确定的。然而，在企业获得贷款后，经理人员却有可能为了替股东谋取更多的利益而选择实际风险大于债权人预期风险的投资项目。因为，如果风险更大的投资计划一旦获得成功，其所得好处将全部归于股东，债权人只能得到事先约定的固定利息收入；而一旦投资失败，债权人则要承担相应的风险，这实际上就损害了债权人的利益。类似的，如果企业为增加利润而决定进一步举债，则企业旧债的价值将减少。这是因为企业一旦发行新债，一方面对旧债的破产保护将减少，另一方面新债的高利率也会使低利率的旧债价值相对降低，但利润增加的多数却会被股东拿走。

上述实际情况说明，股东们可以通过其代理人即企业经理人员从债权人那里获得好处。由于存在这种可能性，因此会发生以下两方面的代理成本：（1）债权人为保护自身利益，在给企业贷款或购买企业债券时订立“保护性约束条款”，比如限制企业进一步举借新债、规定最低现金余额、限制现金股利的发放等，而这些保护性约束条款会在一定程度上限制企业的经营，影响企业效率，从而导致效率损失。（2）为了确保这些保护性约束条款的实施，还必须用特定的方法（如外聘注册会计师审计财务报表等）对企业进行监督，从而引发额外的监督费用，抬高负债成本，降低负债利益。

与财务拮据成本一样，代理成本也会随企业负债程度而变化：如果企业债务很少，债权人可能会放宽限制条款或只进行有限的监督，相应发生的代理成本就比较低；如果债务数额较大，债权人则会提出更为苛刻的限制条款或要求进行广泛的监督，从而发生较高的代理成本。

（三）权衡理论的数学模型

如果 MM 有税理论是正确的话，那么，随着负债比率的增加，企业的价值也会不断增加，直至负债为 100% 时，企业价值将达到最大。但当我们把上述财务拮据成本和代理成本考虑进来后，负债企业价值的计算则会有所变化，具体公式为：

$$V_L = V_U + TD - (FPV + TPV)$$

式中，TD 为负债节税利益的现值；FPV 为预期财务拮据成本的现值；TPV 为预期代理成本的现值。

这就是所谓的权衡模型，如图 4－7 所示（见下页）。

从图 4－7 可以看出，在企业负债水平达到 A 点之前，举债节税效应起完全支配作用，企业价值主要由 MM 理论决定，即 $V_L = V_U + TD$；在负债水平超过 A 点后，财务拮据成本和代理成本的作用显著增强，抵消部分节税利益，从而使企业价值低于 MM 理论值；在 B 点上，节税的边际收益完全被边际财务拮据成本和代理成本所抵消；而一旦超过 B 点，则财务拮据成本和代理成本将起主导作用，企业价值随负债水平的提高而下降。因此，按照权衡理论，企业有其最佳资本结构，也就是图中的 B 点，当企业负债比率达到此点时，企业市场价值最大。

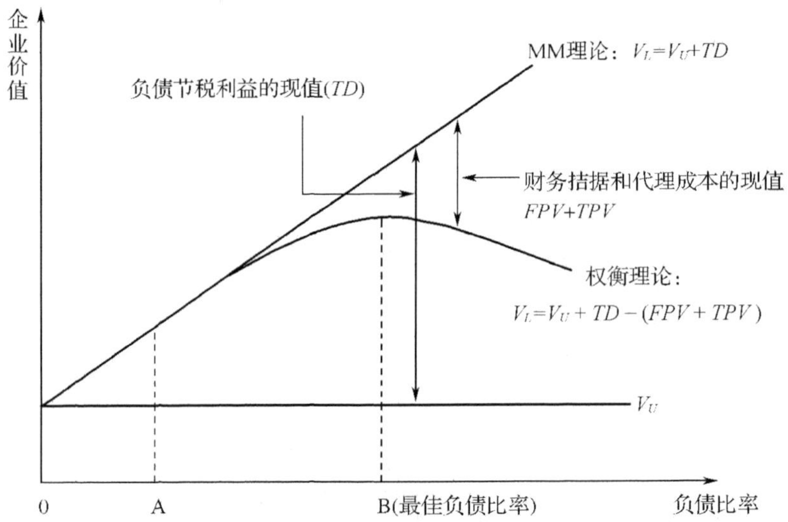

图4－7　权衡理论的数学模型

(四)对权衡理论的简单评价

权衡理论提供了确定最佳资本结构的基本思路，即最佳资本结构的确定应当在节税利益与财务拮据成本、代理成本之间进行审慎地权衡。通常，高风险企业，即资产收益波动性大的企业在其他条件不变的情况下应该较少举债；使用有形的、容易市场化的资产，如不动产和标准生产机械的企业可比那些主要依靠无形资产如专利权、商誉等的企业举借更多的款项；当前以最高税率支付税款，且在将来也不会改变的企业，比现在或将来以较低税率交税的企业可承担更多的负债。

权衡理论的局限性在于对财务拮据成本和代理成本所引起的价值降低几乎是主观臆断的。尽管我们知道这些成本将随负债的增加而增加，但却无法知道它们之间确切的函数关系。

五、信息不对称理论

20世纪60年代初，美国哈佛大学的戈顿·唐纳森(Gordon Donaldson)教授对企业实际是如何建立其资本结构的问题进行了一项广泛的调查，他发现：

(1)企业更愿意以企业内部产生的资金筹资，如留存收益、折旧基金等。

(2)企业根据其未来投资机会和预期未来现金流量确定目标股利发放率。目标股利发放率是建立在正常情况下留存收益加上折旧能适应资本费用支付要求的水平上。

(3)股利在短期内具有"刚性"，企业不愿意在现金股利上有较大的变动，特别是削减股利往往会遭到股东的强烈反对。

(4)企业如果有剩余留存收益，它或是投资于有价证券，或是用于偿还负债。如果企业没有足够留存收益来支持不可取消的新项目，它会出售其部分有价证券。

(5)如果需要外部筹资，企业首先会发行债券，然后是可转换债券，最后万不得已才是发行普通股票。这就是著名的"啄食顺序理论"，而这显然不同于权衡理论所给出的结论。

斯图尔特·迈尔斯(Stewart C. Myers)教授注意到了唐纳森教授的研究发现与权衡理论的不一致，并据此提出了一个新的理论：信息不对称(信号)理论。

信息不对称理论是企业资本结构理论的重要组成部分，其基本思想是：由于不对称信息的存在，企业在决定筹资顺序和确定最佳资本结构时应当考虑投资者对企业价值的不同预期这一重要因素。企业筹资、投资和股利分配决策的改变在实质上都意味着一种信号，一种对投资者有用的关于管理者评价企业预期收益、市场价值的市场信号。一般来说，新债发行不会对股市产生重大影响，而资本结构改变及新股发行将对股市产生消极影响，股票回购将对股市产生积极影响，提高负债比率的行动将对股市产生积极作用；反之则相反。

信息不对称现象是企业管理中不容忽视的一个重大问题。由于经营者总是试图谋求现有股东的利益最大化，因此，当公司股票价格被投资者低估时，该公司就有动机在财务信息上耗费额外的资源，用以澄明事实；而股票价格被高估的公司则通过不提供附加信息的方式含蓄地澄清事实，从而使其股票价格下跌至高估公司股票价值的平均水平，这个过程会一直持续到那些业绩最差的公司不再发出信号揭示其价值为止。因此，信息不对称理论认为：

(1)若存在不对称信息，企业只有当承担一项不能推迟且具有异常盈利的项目，或者管理当局认定股价被高估时，才会发行新股筹资。

(2)投资者若得知公司将发售新股的消息，会抛售公司股票，从而导致股价下跌。

(3)当存在不对称信息时，实际观察到的筹资顺序是合理的，这就需要将很大一部分留存收益转作生产性资金，提高股本比重，降低负债比率以保持筹资的储备能力。这种能力在企业承担一项有巨额现金净流量，或需要外部资金来完成的投资项目时，将显得特别重要。

根据信息不对称理论，为了提高企业价值，经理人员应当提高自有资本比重，降低负债比率，并增强自我筹资能力。在通常时期，企业应少负一些债务，保留一部分负债的容量，以便特别好的投资机会到来时再举债。只有当上述负债容量不足或现行股价被高估时，我们前面提及的筹资顺序才是合乎逻辑的：先用内部资金，其次举债，最后才发行新股。因为使用内部资金融资，加大了权益比重，也就等于增加了负债容量。一般而言，在存在一定负债容量的情况下，从外部筹资的首选方式是举债，如果仍不能满足资本需求，最后就只好发行股票了。

除此之外，在对资本结构的继续研究中，还有不少学者提出了一些新理论、新主张，比较典型的如代理成本理论、激励理论和控制权理论等。总的来说，各种各样的资本结构理论均为企业进行融资决策提供了有价值的参考，可用于指导企业的决策行为。

第四节　资本结构决策

资本结构是企业融资决策的核心问题。企业应在综合考虑有关影响因素后，运用适当的方法确定最佳资本结构，并在以后追加融资中继续保持。企业现有资本结构不合理的，应通过融资活动主动调整，使其趋于合理，以至达到最优化。

一、影响资本结构决策的因素

在现实中，影响和制约资本结构决策的因素，除了前文已述及的资本成本、财务风险以外，还有以下一些重要因素，企业在资本结构决策中应予以综合考虑。

（一）企业所有者与管理者的态度

企业所有者和管理者的态度对资本结构有重要影响，因为企业资本结构的决策最终是由他们做出的。

一个企业的股票如果被众多投资者所持有，谁也没有对企业的绝对控制权，这个企业可能会更多地采用发行股票的方式筹集资金，因为所有股东都不会担心控制权的稀释。反之，一个企业如果只被少数股东所控制，为保证少数股东对企业的绝对控制权，企业一般会尽量避免发行普通股筹资，而是更多地采用优先股或负债的方式来筹集资本。

管理者对待风险的态度也是影响资本结构的重要因素。喜欢冒险的经理人员可能会安排较高的负债比率；反之，一些持稳健态度的经理人员则会只使用较少的债务资本。

（二）贷款银行和评信机构的态度

虽然企业对如何适当地运用财务杠杆进行资本结构决策有自己的分析判断，但在涉及较大规模的债务筹资时，贷款银行和信用评级机构的态度实际上往往成为决定企业资本结构的关键因素。通常，企业在决定资本结构并付诸实施之前，都会向贷款银行和评信机构咨询，并充分尊重它们的意见。如果企业坚持使用过多债务，则贷款银行可能拒绝贷款，或是附加额外条款后才会同意增加贷款。同样，如果企业债务太多，信用评级机构往往也会降低企业的信用等级，从而影响企业的再筹资能力，抬高资本成本。

（三）企业成长性

企业成长性一般可用销售增长率来度量。成长性强的企业，在固定成本既定的情况下，营业利润会随销售的增长而更为快速地增长。因此，一般而言，企业成长性越强，预期利润增长越快，就越可以更多地负债。但是，如果企业成长过程中波动性较大，说明企业的经营风险较大，因而预期利润也将表现为不稳定，这样的企业则应谨慎举债经营，以避免经营风险和财务风险的“共振”。

（四）企业财务状况

一般而言，获利能力较强、财务状况良好、变现能力较强的企业，可以承担较高的财务风险，并支付较多的债务利息，因而可以适当加大负债比率；相反，财务状况较差的企业则不宜选择高负债比率策略。当然，如果企业因为财务状况不好而无法顺利发行股票的话，也可能只好通过发行债券来筹集资金，但必须注意的是，它是以高利率为代价的。

（五）税率与利率

企业利用负债所能获得的节税利益，与所得税税率的高低成正比。因此，在其他因素既定的条件下，所得税税率越高，企业就越倾向于多负债；反之，则会倾向于少负债。

利率水平也是影响企业资本结构安排的一个重要因素。利率水平越高，负债所带来的财务负担越重，企业只能将负债比率安排得低一些；反之，则可以安排得高一些。此外，当预期利率上涨时，企业会在当前较多地利用长期债务筹资方式；而当预期利率下跌时，企业则会较谨慎地利用长期债务筹资方式。

（六）金融市场的发育程度

金融市场是企业筹集资本的场所，金融市场的发育和完善程度，将在一定程度上制约企业的筹资行为和资本结构。如果货币市场相对于资本市场发达、完备、健全，企业就可以适当提高流动负债比率；如果货币市场不健全、不完善，企业就应当减少流动负债比率，扩大长期资本规模，以降低筹资风险。

(七)行业差异

实践表明,不同行业或同一行业的不同企业,在运用债务融资的策略和方法上大不相同,从而也使资本结构产生差异。表4-8提供的是按照SIC编码(由美国政府创建的标准行业分类编码)划分的美国部分行业的资本结构情况,其中较为清晰地列出了这种差异。

表4-8 美国企业的资本结构

行业	SIC编码	企业数量	总资本负债率*	负债—股权比率
药品	283	109	3.15%	3.25%
橡胶和塑料鞋	302	5	4.67%	4.90%
计算机及办公设备	357	116	5.91%	6.28%
奶制品	202	8	13.57%	15.73%
纺织品、服装	23	30	18.58%	22.83%
餐饮	5 812	52	22.65%	29.29%
汽车	371	40	25.74%	31.73%
纸业	26	29	28.98%	40.82%
炼油及煤炭	29	21	31.03%	45.00%
钢铁	331	26	32.98%	49.21%
飞机制造	372	12	34.56%	52.89%
百货商场	531	11	38.74%	63.23%
航空业	4 512	14	43.81%	89.41%
电力公用事业	491	74	51.01%	104.00%
有线电视	484	12	58.38%	141.00%

注:负债是指优先股和长期债务(包括一年内到期的长期债务)的账面价值之和,股权是指发行在外股份的市场价值,总资本是债务与股权之和。

资料来源:(美)斯蒂芬·罗斯,(美)伦道夫·威斯特菲尔德,(美)布拉德福德·乔丹.公司理财精要[M].张建平,译.北京:人民邮电出版社,2003:238。

(八)国别差异

由于历史传统、文化背景、经济制度等因素的影响,国际间资本结构差别明显。有些国家的企业偏好债务融资,而另外一些国家的企业则出于稳健性考虑,偏好于股权融资,具体见表4-9所示。

表4-9 不同国家资本结构差异比较

国家	权益	总债务	长期债务	短期债务
英国	68.3%	31.7%	N/A	N/A
美国	48.4%	51.6%	26.8%	24.8%
加拿大	47.5%	52.5%	30.2%	22.7%
德国	39.7%	60.3%	22.1%	38.2%

表 4－9(续)

国家	权益	总债务	长期债务	短期债务
西班牙	39.1%	60.8%	22.7%	38.7%
法国	38.8%	61.2%	23.5%	37.7%
日本	33.7%	66.3%	23.3%	43.0%
意大利	23.5%	76.5%	24.2%	52.3%

注:这里的分值按各国货币计算。如,法国公司的总资产数据单位为法郎。

资料来源:OECD Financial Statistics, Part 3: Non-Financial Enterprises Financial Statements[R]. Paris: OECD, 1996. 转引自:(美)斯科特·贝斯利,(美)尤金·布里格姆. 财务管理精要[M]. 刘爱娟,译. 北京:机械工业出版社,2003:328。

此外,企业规模、资产结构与质量、宏观经济发展状况以及政府经济政策等也都会对企业资本结构决策产生影响。

二、资本结构决策分析

按照现代资本结构理论,企业最佳资本结构是客观存在的。在资本结构的最佳点上,企业的加权平均资本成本达到最低,同时企业的价值达到最大,但最佳点事实上很难确定。在数量上,通常可以采用下列方法帮助确定企业最佳资本结构。

(一)比较资本成本法

企业在做出筹资决策之前,先拟订若干个备选方案,分别计算各方案的加权平均资本成本,并根据加权平均资本成本的高低来确定最佳资本结构的方法,叫比较资本成本法。

现举例说明如下:

【例 4－13】 南方工贸股份公司原来的资本结构如表 4－10 所示。

表 4－10 南方工贸股份公司资本结构

资本来源	金额(万元)
企业债券(年利率 10%)	600
优先股(年股息率 10%)	200
普通股	800
合计	1 600

该公司普通股每股面值 1 元,发行价 10 元,共发行 80 万股,目前股票价格也为 10 元。今年预期每股股利为 1 元,以后每年还可增加 5%。为扩大生产经营规模,公司拟增资 400 万元,现有三个备选方案可供选择:

甲方案:发行企业债券 400 万元,因负债增加,投资人风险加大,债券利率需增至 12% 才能发行;同时,普通股的市价将跌至每股 8 元。

乙方案:发行企业债券 200 万元,年利率 10%;另外发行普通股 200 万元,每股发行价为 10 元,预计普通股股利水平不变。

丙方案:发行股票 36.364 万股,由于公司信誉提高,普通股市价增至 11 元。

若公司适用所得税税率为25%，发行各种证券均无筹资费用，请为南方工贸股份公司选择最好的筹资方式。

为了确定上述三个方案哪个最好，需要分别计算并比较各自的加权平均资本成本。

（1）计算计划期初的加权平均资本成本，如表4－11所示。

表4－11 计划期初加权平均资本成本计算表

资本来源	资本来源结构	资本成本
企业债券	600/1 600＝37.5%	10%×(1－25%)＝7.5%
优先股	200/1 600＝12.5%	10%
普通股	800/1 600＝50%	1/10＋5%＝15%
合计	100%	$K_{W0}\approx 11.56\%$

（2）计算甲方案的加权资本成本，如表4－12所示。

表4－12 甲方案加权平均资本成本计算表

资本来源	资本来源结构	资本成本
原来的企业债券	600/(1 600＋400)＝30%	10%×(1－25%)＝7.5%
增发的企业债券	400/(1 600＋400)＝20%	12%×(1－25%)＝9%
优先股	200/(1 600＋400)＝10%	10%
普通股	800/(1 600＋400)＝40%	1/8＋5%＝17.5%
合计	100%	$K_{W1}=12.05\%$

（3）计算乙方案的加权资本成本，如表4－13所示。

表4－13 乙方案加权平均资本成本计算表

资本来源	资本来源结构	资本成本
企业债券	(600＋200)/2 000＝40%	10%×(1－25%)＝7.5%
优先股	200/2 000＝10%	10%
普通股	(800＋200)/2 000＝50%	1/10＋5%＝15%
合计	100%	$K_{W2}=11.5\%$

（4）计算丙方案的加权资本成本，如表4－14所示。

表4－14 丙方案加权平均资本成本计算表

资本来源	资本来源结构	资本成本
企业债券	600/2 000＝30%	10%×(1－25%)＝7.5%
优先股	200/2 000＝10%	10%
普通股	(800＋400)/2 000＝60%	1/11＋5%＝14.1%
合计	100%	$K_{W3}=11.71\%$

从上述计算可以看出,南方工贸股份公司应选择乙方案。乙方案不仅加权平均资本成本最低,而且新增资本也没有改变原来的资本结构,即 50% 为债务资本(含优先股),50% 为普通股权益。

比较资本成本法通俗易懂,计算过程也不是十分复杂,是确定资本结构的一种常用方法。但因所拟订的方案数量有限,因此存在漏过最佳方案的可能。故而这种方法一般只适宜于资本规模较小、结构较为简单的企业采用。

(二)每股收益分析法

资本结构是否合理,可以通过分析每股收益的变化来衡量。一般而言,凡是能够提高每股收益的资本结构就是合理的;反之,就是不合理的。然而,每股收益的变化,不仅受到资本结构的影响,还受到销售水平的影响。要处理好这三者之间的关系,则必须运用每股收益分析法。

每股收益分析法是利用每股收益的无差别点来进行的。所谓每股收益无差别点,是指普通股每股收益不受筹资方式影响的销售水平。根据每股收益无差别点,可以判断在什么样的销售水平下,适于采用何种筹资方式,帮助管理者进行资本结构决策。

每股收益的无差别点可以通过计算得出。

每股收益 EPS 的计算公式为:

$$EPS=\frac{(S-V-F-I)\cdot(1-T)-D_P}{N}=\frac{(EBIT-I)\cdot(1-T)-D_P}{N}$$

在每股收益无差别点上,无论是采用债务筹资,还是采用权益筹资,每股收益都是相等的。因此,若以 EPS_1 代表权益筹资方式下的每股收益,以 EPS_2 代表债务含优先股筹资方式下的每股收益,则有:

$$EPS_1=EPS_2$$

$$\frac{(\overline{EBIT_1})\cdot(1-T)-D_{P1}}{N_1}=\frac{(\overline{EBIT_2})\cdot(1-T)-D_{P2}}{N_2}$$

或

$$\frac{(\bar{S}_1-V_1-F_1-I_1)\cdot(1-T)-D_{P1}}{N_1}=\frac{(\bar{S}_2-V_2-F_2-I_2)\cdot(1-T)-D_{P2}}{N_2}$$

式中,$\overline{EBIT}$为以息税前利润表示的每股收益无差别点;$\bar{S}$为以销售额表示的每股收益无差别点;N 为总股数。

【例 4-14】 中新实业股份有限公司原有资本 7 000 000 元,其中债务资本 2 000 000 元(每年需负担利息 240 000 元),普通股权益 5 000 000 元(普通股每股面值 5 元,发行股数 1 000 000 股)。由于扩大业务规模,公司拟追加筹资 3 000 000 元,现有两个备选方案可供选择:

A 方案:全部发行普通股,每股面值仍为 5 元,共发行 600 000 股;

B 方案:全部发行企业债券,债券票面利率仍为 12%,按年付息,年利息额 360 000 元。

假设公司预期追加筹资后的息税前利润为 1 400 000 元,适用所得税税率为 25%,要求根据资本结构的变化进行每股收益分析。

每股收益分析实质就是分析资本结构变化对普通股每股收益的影响,具体见表 4-15(金额单位:元)。

表 4－15　不同方案增资后的每股收益

项目	A 方案	B 方案
预期息税前利润	1 400 000	1 400 000
减:债务利息	240 000	600 000
税前利润	1 160 000	800 000
减:所得税	290 000	200 000
税后利润	870 000	600 000
普通股股数	1 600 000	1 000 000
普通股每股收益	0.54	0.60

由表 4－15 可见,不同增资方式下,普通股每股收益是不等的。本例中,当息税前利润为 1 400 000 元时,增加债务后普通股每股收益相对较高。这表明从每股收益分析来看,中新实业股份有限公司应当选择 B 方案增加筹资,即资本结构中债务资本与权益资本各占 50% 时较为理想。

但表 4－15 中所反映的仅只是息税前利润为 1 400 000 元时的情形。对于企业来说,可能更为重要的是要了解究竟息税前利润为多少时发行普通股筹资有利,息税前利润又为多少时发行债券筹资有利,而这就需要借助于每股收益无差别点来判断。

将公司相关资料代入前述计算公式进行测算,可得:

$$\frac{(\overline{EBIT}-240\ 000)\times(1-25\%)-0}{1\ 000\ 000+600\ 000}=\frac{(\overline{EBIT}-240\ 000-360\ 000)\times(1-25\%)-0}{1\ 000\ 000}$$

解之可得:

$$\overline{EBIT}-1\ 200\ 000(元)$$

此时,普通股每股收益为:

$$EPS_1=EPS_2$$

$$\frac{(1\ 200\ 000-240\ 000)\times(1-25\%)-0}{1\ 000\ 000+600\ 000}=\frac{(1\ 200\ 000-240\ 000-360\ 000)\times(1-25\%)-0}{1\ 000\ 000}$$

解之即得:

$$EPS=0.45(元)$$

上述$\overline{EBIT}=1\ 200\ 000$ 元的意义在于:当预期息税前利润大于 1 200 000 元时,增加债务筹资要比增发普通股有利;当预期息税前利润小于 1 200 000 元时,应当考虑增加权益资本;而当预期息税前利润正好等于 1 200 000 元时,无论采用哪一种方式都是可行的。本例中,中新实业股份有限公司预期息税前利润为 1 400 000 元,故以采用增发债券的方式较为有利。

利用表 4－15 的资料,还可以绘制每股收益无差别分析图(图 4－8),也能一目了然地说明问题。

每股收益分析法比较容易理解,测算过程也较为简单。但是仅以普通股每股收益最高作为决策依据,而不考虑财务风险,是不全面的。因为随着负债的增加,企业财务风险会加大,投资者的风险也在加大,股票价格和企业价值也会有下降的趋势,所以单纯地用每股收

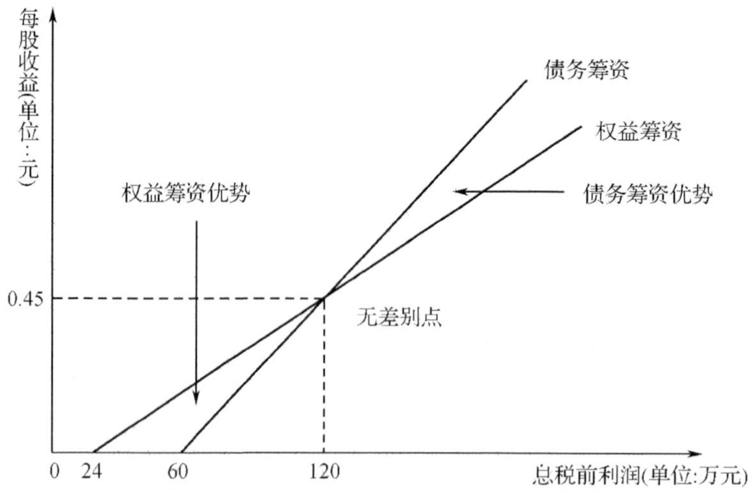

图 4－8　每股收益无差别分析图

益分析法有时会做出错误的决策。一般来说,这种方法适宜于资本规模不大、结构不太复杂的股份有限公司选用。

(三)比较公司价值法

比较公司价值法是在反映公司财务风险的前提下,以公司价值的大小为标准,经过测算确定公司最佳资本结构的方法。与比较资本成本法和每股收益分析法相比,比较公司价值法充分考虑了公司的财务风险和资本成本等因素的影响,进行资本结构决策时以公司价值最大为标准,更加符合公司价值最大化的财务目标,但其测算原理及测算过程较为复杂,通常适用于资本规模较大的上市公司。

1. 公司价值的测算

公司价值的测算有多种不同的测算基础与方法,但较为合理而且常用的是认定公司价值等于其长期债务和股票的折现价值之和。即:

公司总价值＝长期债务的现值＋公司股票的现值

用符号表示就是:

$$V = D + S$$

其中,为简化测算起见,设债务(含长期借款和长期债券)的现值等于其面值(或本金),股票的现值则按其未来净收益折现测算,测算公式为:

$$S = \frac{(EBIT - I) \cdot (1 - T)}{K_S}$$

式中,S 为股票市场价值;K_S 为普通股资金成本率。

上述测算公式假定公司的长期资本系由长期债务和普通股组成。如果公司的股票有普通股和优先股之分,则上述公式可改写成下列形式:

$$S = \frac{(EBIT - I) \cdot (1 - T) - D_P}{K_S}$$

2. 公司资本成本的测算

在公司价值测算的基础上,如果公司的全部长期资本由长期债务和普通股组成,则公司的全部资本成本,即综合资本成本 K_W 可按下列公式测算:

$$K_W = K_d \cdot \frac{D}{V} \cdot (1-T) + K_S \cdot \frac{S}{V}$$

式中，K_d 为税前的长期债务资本成本（按债务年利率计）；K_S 为股票资本成本；$\frac{D}{V}$为债务资本价值占全部资本价值的比重；$\frac{S}{V}$为股票资本价值占全部资本价值的比重。

在上列测算公式中，为了考虑公司筹资风险的影响，普通股资本成本可运用资本资产定价模型来测算，即：

$$K_S = R_F + \beta \cdot (K_M - R_F)$$

式中，R_F 为无风险报酬率；K_M 为所有股票的市场平均报酬率；β 为公司股票的贝塔系数。

3. 公司最佳资本结构的测算与判断

运用上述原理测算公司的总价值和综合资本成本，并以公司价值最大化为标准比较确定公司的最佳资本结构。下面举例说明比较公司价值法的应用。

【例 4－15】 长新股份有限公司全部资本均为普通股资本（无优先股和长期债务），股票账面价值 2 000 万元。公司认为目前资本结构不合理，拟举债购回部分股票予以调整。公司预计年息税前利润为 500 万元，适用所得税税率为 25%。经咨询调查，目前的长期债务利率和权益资本的成本情况详见表 4－16。

表 4－16　不同债务规模下的债务利率和权益资本成本的测算表

D/万元	K_d/%	β	R_F/%	K_M/%	K_S/%
0	—	1.20	10	14	14.8
200	10	1.25	10	14	15.0
400	10	1.30	10	14	15.2
600	12	1.50	10	14	16.0
800	14	1.80	10	14	17.2
1 000	16	2.10	10	14	18.4

在表 4－16 中，当 $D=200$ 万元，$\beta=1.25$，$R_F=10\%$，$K_M=14\%$ 时，则：

$$K_S = 10\% + 1.25 \times (14\% - 10\%) = 15\%$$

其余同理计算。

根据表 4－16 的资料，运用前述原理与公式即可测算出不同债务规模下的公司价值和综合资本成本（详见表 4－17），并据以判断最佳资本结构。

表 4－17　不同债务规模下的公司价值和综合资本成本测算表

D/万元	S/万元	V/万元	K_d/%	K_S/%	K_W/%
0	2 264	2 264	—	14.8	14.80
200	2 400	2 600	10	15.0	14.42
400	2 270	2 670	10	15.2	14.05
600	2 006	2 606	12	16.0	14.39
800	1 692	2 492	14	17.2	15.05
1 000	1 386	2 386	16	18.4	15.72

在表 4－17 中，当 $D=200$ 万元，$K_d=10\%$，$K_S=15.0\%$，且 $EBIT=500$ 万元时，则：

$$S=\frac{(500-200\times10\%)\times(1-25\%)}{15\%}=2\ 400(\text{万元})$$

$$V=D+S=200+2\ 400=2\ 600(\text{万元})$$

$$K_W=10\%\times\frac{200}{2\ 600}\cdot(1-25\%)+15.0\%\times\frac{2\ 400}{2\ 600}=14.42\%$$

其余同理计算。

从表 4－17 中可以看出，在没有债务的情况下，公司的价值就是其原有股票的价值，即 $V=S=2\ 264$ 万元。当公司尝试利用债务资本部分地替换股票资本时，公司的价值开始上升，同时综合资本成本开始下降。当债务资本达到 400 万元时，公司的价值达到最高，为 2 670万元，同时综合资本成本降至最低，为 14.05%。而当债务资本超过 400 万元后，继续增加负债，公司的价值则转而开始下降，综合资本成本也同时上升。因此，可以判断该股份有限公司债务资本为 400 万元时的资本结构就是其最佳的资本结构。

三、资本结构调整

一般来说，企业的资本结构一经形成就应保持稳定性，但这个稳定是相对的。从现代资本结构理论的结论看，所谓的最佳资本结构只能是某一企业某一时期，在一定条件下的“最佳”。因此，从长远看，企业资本结构必须随时间、理财环境等条件的变化而不断调整与优化。

（一）资本结构调整的原因

虽然影响资本结构变动的因素很多，但就某一具体企业而言，资本结构变动或调整有其直接的原因。这些原因，归纳起来主要有：

1. 风险过大

资本结构的风险过大，往往表现在资本结构中有大量的债务，使企业无法承担还本付息的义务，且财务拮据成本和代理成本将直接抵减因负债而获取的财务杠杆利益。因此，企业唯有调整资本结构，才能避免因风险过大而可能遭受的巨大损失。

2. 成本过高

当企业资本结构的加权平均资本成本过高时，会导致收益和利润下降，不利于企业的长远发展，因此必须进行资本结构调整。

3. 弹性不足

所谓弹性是指企业在进行资本结构调整时原有结构应有的灵活性，包括融资期限弹性、各种筹资方式间的转换弹性等。其中，期限弹性是针对负债筹资方式是否具有展期性、提前收兑性等而言；转换弹性则是针对负债与负债间、负债与权益间、资本与资本间是否具有可转换性而言。弹性不足虽然使得资本结构的调整难度增大，但也正是因为弹性不足才促使企业加大调整资本结构的力度，使其拥有一定的弹性，以便资本结构的进一步优化。

因此从某种意义上讲，弹性大小也是判断资本结构是否健全的重要标志。

4. 约束过严

不同的筹资方式下，投资者对筹资者的使用约束是不同的。约束过严，会在一定程度上有损企业的财务自主权，有损企业资金的灵活调度与运用。正因为如此，企业有时会宁愿承担较高的代价而去选择那些使用约束相对较少的筹资方式。

(二)资本结构调整的时机

调整和优化企业的资本结构虽然是一项重要的理财工作,但并非是经常性工作,只有把握好时机,才能取得良好的效果。一般认为,调整与优化企业资本结构的时机主要有:

(1)资本结构弹性较好时;(2)企业增加投资或者减少投资时;(3)企业盈利较多,内、外部筹资较容易时;(4)企业进行债务重组或资产剥离与资产重组时。

(三)资本结构调整的方法

资本结构的调整,一般包括存量调整、增量调整和减量调整三种情况。

1. 存量调整

存量调整,是指在不改变现有资产规模的基础上,根据目标资本结构即企业确定的最佳资本结构的要求,通过各种资本来源间的增减或互换,实现资本结构的内部重组。具体方式包括:(1)在债务资本比率过高时,利用可转换证券进行调整,即在不增加资本的条件下,创造条件,促使企业发行的可转换债券、优先股等按一定比率转换为普通股,从而降低债务资本比率,减轻企业财务负担。(2)在债务资本比率过高时,将长期债务提前予以收兑或归还,并筹集相应的自有资本,从而减少负债,降低债务资本比率。(3)在权益资本过多时,通过减资并增加相应的负债额来调整资本结构,不过这种方式很少被采用。

2. 增量调整

增量调整,是指通过追加筹资量,从而增加总资本的方式来调整资本结构,以实现原有筹资结构的重新整合与优化。具体方式包括:(1)在债务资本比率过高时,通过追加权益资本筹资来改善资本结构,如直接增发普通股,或将留存收益资本化,从而增加企业自有资本,并相应降低负债比率。(2)在债务资本比率过低时,通过增加借款或增发债券等方式增加负债,提高债务资本比率。

3. 减量调整

减量调整,是指通过减少资本总额的方式来调整资本结构。具体方式包括:(1)在权益资本比率过高时,通过直接减资或利用出售资产收益回购并注销一部分流通股票来降低权益资本比率,迅速提高企业的杠杆作用。(2)在债务资本比率过高时,利用出售资产的收益和税后留存等偿还债务,以减少总资本,并相应降低债务资本的比例。

思考与练习

1. 简述资本成本、综合资本成本、边际资本成本的定义、作用及其相互关系。

2. 为什么企业财务决策要依据加权资本成本而非个别资本成本?

3. 为什么说“经营风险是不可避免的,而财务风险是可以选择的”?

4. 什么叫经营杠杆、财务杠杆和复合杠杆?有关这些杠杆的知识对企业经营者有何用处?

5. 什么叫资本结构?企业是否真的存在最佳资本结构?

6. 简述你对资本结构中债务资本作用的认识。

7. 什么叫举债经营?为什么举债经营既可使企业增加利润,但也有可能加重亏损?

8. 简述西方资本结构理论的基本观点及其现实意义。

9. 某股份公司本期按市场价值计算的资本结构如下,并可视为目标资本结构:长期负债2 000万元,占全部资本的1/3;普通股本4 000万元,占全部资本的2/3。本期按票面价值新发行债券，票面利率为 8%；普通股每股发行价格 30 元，公司从中可得筹资净额 27 元，预计下一年的每股股利为 1.20 元，股东期望以后按 10% 的比率递增。若公司适用所得税税率为 25%，要求：

(1) 发行新股的资本成本是多少？

(2) 公司保留盈余资本化的成本是多少？

(3) 公司综合资本成本是多少？

10. 某公司目前的资本结构为：40% 为普通股或留存收益，10% 为优先股，50% 为长期负债。该公司从多年的经营中断定这一资本结构是最佳的。

公司管理层认为明年最佳资本预算为 140 万元，其来源如下：按面值发行利率为 10% 的债券 70 万元，发行股息率为 11% 的优先股 14 万元，其余部分用明年的留存收益来支持。

公司当前普通股市价为每股 25 元，明年普通股红利预计为每股 2 元，目前公司流通在外的普通股为 25 万股，预计明年可提供给普通股股东的净收益（包括明年资本预算的净收益）为 106 万元。该公司过去 10 年的股利和收益增长率均为 5.7%，但在可预见的将来，两者的增长率估计仅为 5%。公司所得税率为 25%，要求：

(1) 计算该公司明年预计的留存收益。

(2) 假设项目投资的资本结构与公司现存结构相同，试计算项目的加权平均资本成本。

(3) 如果明年可提供给公司普通股股东的净收益仅为 80 万元（而非 106 万元），而公司坚持其 140 万元的资本预算不变，问该公司明年加权平均的边际资本成本是否会发生变化（假设股利政策不变）？

11. 某公司下年度拟生产单位售价为 12 元的甲产品，现有两个生产方案可供选择：A 方案的单位变动成本为 6.72 元，固定成本为 675 000 元；B 方案的单位变动成本为 8.25 元，固定成本为 401 250 元。该公司资金总额为 2 250 000 元，资产负债率为 40%，负债利率为 10%。预计年销售量为 200 000 件，企业正处在免税期。要求：

(1) 计算两个方案的经营杠杆系数，并预测当销售量下降 25% 时，两个方案的息税前利润各下降多少？

(2) 计算两个方案的财务杠杆系数，并说明息税前利润与利息是如何影响财务杠杆的？

(3) 计算两个方案的总杠杆系数，并比较两个方案的总风险。

12. 湘水股份公司目前的资本结构为：总资本 1 000 万元，其中，债务 400 万元，年平均利率为 10%；普通股 600 万元（每股面值 10 元）。目前市场无风险报酬率为 8%，市场风险股票的必要报酬率为 13%，该公司股票的贝塔系数为 1.6。假定该公司年息税前利润为 240 万元，适用所得税税率为 25%，要求：

(1) 计算现条件下该公司的市场总价值和综合资本成本。

(2) 如该公司计划追加筹资 400 万元，有两种方式以供选择：等价发行债券 400 万元，年利率为 12%；发行普通股 400 万元，每股面值 10 元，试计算两种筹资方案的每股收益无差别点。

13. 华星工贸股份公司目前拥有长期资本 8 500 万元，其资本结构为：长期债务 1 000 万元，普通股本 7500 万元。公司准备追加筹资 1 500 万元，现有三个筹资方案备选：增发普通股、增发债券和发行优先股，详细资料如下表所示（金额单位：万元）。

资本来源	目前资本结构		追加筹资后的资本结构					
	金额	比例	增发普通股		增发长期债券		发行优先股	
			金额	比例	金额	比例	金额	比例
长期债务	1 000	0.12	1 000	0.10	2 500	0.25	1 000	0.10
优先股	—	—	—	—	—	—	1 500	0.15
普通股	7 500	0.88	9 000	0.90	7 500	0.75	7 500	0.75
资本总额	8 500	1.00	10 000	1.00	10 000	1.00	10 000	1.00
其他资料 年利息额 年优先股股利	90		90		270		90	
普通股股数	1 000 万股		1 300 万股		1 000 万股		1 000 万股	

假设息税前利润为 1 600 万元，公司所得税税率为 25%。

要求：用每股收益分析法决策公司应选择哪种筹资方案，并分析在什么样的息税前利润水平下采取什么样的方式筹资。

第五章　营运资本管理

学习目标：通过本章的学习，要求学生了解营运资本的含义与管理原则、管理政策；掌握现金管理的目的、内容和方法；了解应收账款的功能与成本，掌握信用政策的构成与决策；了解存货的功能与成本，掌握存货经济订购批量模型，熟悉存货日常管理的内容和方法。

第一节　营运资本管理概述

一、营运资本及其周转

（一）营运资本的含义

营运资本又称营运资金，是财务管理学中的一个十分重要的概念。关于营运资本的概念主要有两种理解——总营运资本和净营运资本。总营运资本是指企业以流动资产的形式投资的资金，它是企业资产负债表上货币资金、交易性金融资产、应收账款、存货等流动资产项目的总和。净营运资本是指流动资产减去流动负债后的余额。这里的流动资产是企业在一年内或者超过一年的一个营业周期内变现或者耗用的资产，包括库存现金、银行存款、应收账款和存货等。流动负债是指在一年内或者超过一年的一个营业周期内到期的负债，包括短期借款、应付账款、应付票据和预收账款等。本书主要采用净营运资本概念。

营运资本因其有较强的流动性而成为企业日常经营活动的润滑剂和基础，在客观存在现金流入量与流出量不确定和不同步的现实情况下，企业持有一定量的营运资本十分必要。营运资本持有量的大小，影响着企业的收益和风险。企业应控制营运资本的持有数量，既要防止营运资本不足，又要避免营运资本过多。企业的营运资本管理就是采用各种策略对流动资产与流动负债实施管理的过程。

（二）营运资本的周转

企业的资金经过一系列变化，从货币资金出发又回到货币资金，如工业企业的资金从货币资金形态开始，经过供应、生产和销售三个阶段，再回到货币资金形态，称为资金循环。不断重复进行的资金循环称为资金周转。

工业企业的流动资产在循环周转过程中，经过供、产、销三个阶段，其占用形态不断变化，即按“现金—材料—在产品—产成品—应收账款—现金”的顺序转化。这种转化循环往复。从供、产、销的某一瞬间看，各种不同形态的流动资产同时存在。因此，合理地配置流动资产各项目的比例，是保证流动资产得以顺利周转的必要条件。同时，占用在流动资产上的资金并非一个常数，随着供、产、销的变化，其资金占用时高时低，起伏不定，季节性企业如此，非季节性企业也如此。随着流动资产占用量的变动，流动负债的数量也会相应变化。

二、营运资本管理的原则

一般而言，营运资本的管理需遵循以下原则：

(一)合理性原则

企业经营所需要的营运资本的数量多寡与企业的生产经营状况密切相关。当企业生产经营扩张时，流动资产和流动负债的占用水平都会增加；而当企业生产经营萎缩时，流动资产和流动负债的占用水平也会下降。另外，外部环境发生变化，企业的营运资本占用水平也会相应变化。因此，企业财务人员应认真分析企业的生产经营状况和客观条件，采用一定的方法预测营运资本的需求数量，以便合理使用营运资本。

(二)效益性原则

与长期资金相比，短期资金的盈利能力较低，有些短期资金(如库存现金)甚至根本不产生投资收益。在保证生产经营需要的前提下，加速营运资本的周转可以提高资金的利用效率。因此，企业要千方百计地加速存货、应收账款等流动资产的周转，如加快生产和销售的速度、加速应收账款的回收，以减少营运资本占用需要，提高资金使用效益。

(三)安全性原则

如果一个企业的流动资产比较多、流动负债比较少，说明企业的短期偿债能力较强；反之，则说明短期偿债能力较弱。因此，企业应合理安排流动资产与流动负债的比例关系，保证企业有足够的短期偿债能力。当然，如果企业的流动资产太多、流动负债太少，也不是正常现象，这可能是因为流动资产闲置、流动负债利用不足所致。

(四)成本节约原则

一方面，要根据整体最优原则合理安排流动资产的配置、结构、转换及管理政策，如使用好最优现金持有量、信用政策、经济订购批量等；另一方面，要合理确定短期资金的来源结构，要根据企业资金的收支状况、偿还能力等合理搭配不同来源的短期资金，以最大限度降低营运资本成本。

三、营运资本管理政策

营运资本管理政策包括营运资本持有政策和营运资本融资政策，它们分别解决如何确定营运资本持有量和如何筹集营运资本的问题。

(一)营运资本持有政策

营运资本持有量的高低，影响着企业的收益和风险。较高的营运资本持有量，意味着在非流动资产和流动负债一定的情况下流动资产数额高，即企业拥有着较多的现金、有价证券和保险储备量较高的存货，这会使企业有较大的把握按时支付到期债务，及时供应生产用材料和准时向顾客提供产品，从而保证经营活动平稳地进行，风险性较小。但是，由于流动资产的收益性一般低于固定资产，所以较高的流动资产比重会降低企业的收益性；而较低的营运资本持有量带来的结果正好相反。

营运资本持有量的确定，就是在收益和风险之间进行权衡。持有较高的营运资本称为宽松的营运资本政策，持有较低的营运资本称为紧缩的营运资本政策，前者的收益、风险均较低；后者的收益、风险均较高。介于两者之间的是适中的营运资本政策。在适中的营运资本政策下，营运资本的持有量不过高也不过低，恰好现金足够支付之需，存货足够满足生产和销售所用，除非利息高于资本成本(这种情况不太可能发生)，企业一般不保留有价证券。

(二)营运资本融资政策

流动资产可分为永久性流动资产和临时性流动资产。永久性流动资产是指企业一定时期最少需要保留的、用于满足公司长期稳定发展需要的那部分流动资产；临时性流动资产是指随季节性、周期性和随机性需求而变化的那部分流动资产(见图5－1)。

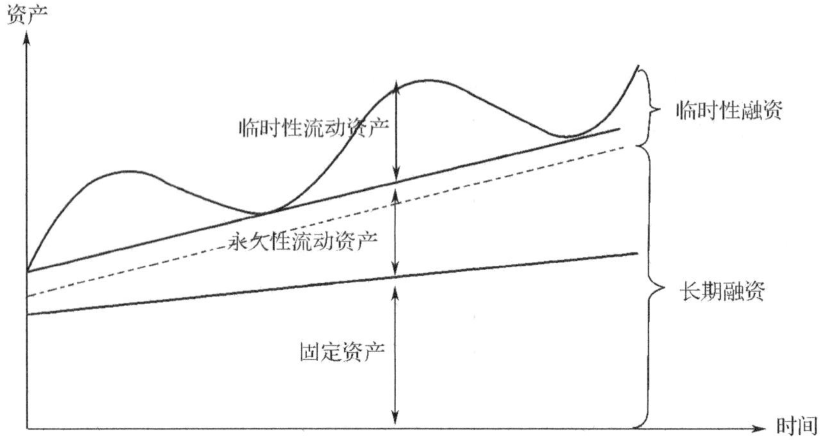

图5－1　营运资本融资政策示意图

永久性流动资产在两个重要方面与企业的固定资产相似：其一，尽管从本质上定义被称为“流动资产”，但其具有长期性，金额也相对稳定；其二，对一家处于成长期的企业来说，所需要的永久性流动资产水平会随时间而增长，正如固定资产水平也增长一样。而与固定资产的差异主要表现在，永久性流动资产处于不断变化过程中，它并不是永久性停留在原地的特定流动资产，其中的具体形态不断变化。

营运资本融资政策，主要是就如何安排临时性流动资产和永久性流动资产的资金来源而言的，一般可以区分为三种：配合型融资政策、激进型融资政策和稳健型融资政策。图5－1中的虚线将资金来源划分为临时性融资和长期融资。

1. 配合型融资政策

配合型融资政策的特点是：对于临时性流动资产，运用临时性负债筹集资金满足其资金需要；对于永久性流动资产和非流动资产(统称为永久性资产，下同)，运用长期负债、自发性负债和权益资本筹集资金满足其资金需要。

配合型融资政策要求企业临时性负债融资计划严密，实现现金流动与预期安排相一致。在季节性低谷时，企业应当除了自发性负债外没有其他流动负债，只有在流动资产的需求高峰期，企业才举借各种临时性债务。

这种融资政策的基本思想是将资产与负债的期间相配合，以降低企业不能偿还到期债务的风险和尽可能降低债务的资金成本。但是，事实上由于资产使用寿命的不确定性，往往做不到资产与负债的完全配合。因此，配合型融资政策是一种理想的、对企业有着较高资金使用管理要求的营运资本融资政策。

2. 激进型融资政策

激进型融资政策的特点是：临时性负债不但要满足临时性流动资产的资金需要，还要解决部分永久性资产的资金需要。图5－1显示的就是激进型融资政策。

激进型融资政策下临时性负债在企业全部资金来源中所占比重大于配合型融资政策，这是一种收益性和风险性均较高的营运资本融资政策。

3. 稳健型融资政策

稳健型融资政策的特点是：临时性负债只融通部分临时性流动资产的资金需要，另一部分临时性流动资产，以及永久性资产，则由长期负债、自发性负债和权益资本作为资金来源。

与配合型融资政策相比，稳健型融资政策下临时性负债占企业全部资金来源的比例较小，是一种风险性和收益性均较低的营运资本政策。

一般来说，如果企业能够驾驭资金的使用，采用收益和风险配合较为适中的配合型融资政策是有利的。

第二节　现金管理

一、现金管理的目的与内容

现金是指在生产过程中暂时停留在货币形态的资金，是可以立即使用的交换媒介。它的首要特点是普遍的可接受性，可以用来满足生产经营开支的各种需要，也是还本付息和履行纳税义务的保证，即可以立即用来购买商品、劳务或者偿还债务。现金是流动性最强的资产。

一方面，企业要拥有足够的现金来降低企业的风险，增强企业资产的流动性和债务的可清偿性；另一方面，企业要降低闲置现金的数量来提高资金的收益率。现金管理的过程就是在现金的流动性与收益性之间进行权衡的过程。企业必须合理确定现金持有量，使现金收支不但在数量上，而且在时间上互相衔接，以便在保证企业经营活动所需现金的同时，尽量减少企业闲置的现金数量，提高资金收益率。

二、现金余额管理

（一）现金的持有动机与成本

1. 现金的持有动机

（1）交易动机。企业在正常生产经营秩序下应当保持一定的现金支付能力。通常，企业每天都有现金流入和现金流出，但两者很少同时等额发生，一旦出现现金流出大于现金流入，企业就有必要保留部分现金以实现收支平衡，维持生产经营过程的连续性。一般来说，企业为满足交易动机所持有的现金余额主要取决于企业销售水平。

（2）预防动机。企业为应付紧急情况需要保持现金支付能力。企业为应付紧急情况所持有的现金余额主要取决于以下三个方面：一是企业愿意承担风险的程度；二是企业临时举债能力的强弱；三是企业对现金流量预测的可靠程度。

（3）投机动机。企业为了抓住各种瞬息即逝的市场机会需要持有现金。投机动机只是企业确定现金余额时所需考虑的次要因素之一，其持有量的大小往往与企业在金融市场的投资机会及企业对待风险的态度有关。企业除以上三种原因持有现金外，也会基于满足将来某一特定要求或者为在银行维持补偿性余额等其他原因而持有现金。但要注意的是，由于各种动机所需的现金可以调节使用，企业持有的现金总额并不等于各种动机所需现金余额的简单相加，前者通常小于后者。另外，上述各种动机所需保持的现金，并不要求必须是货币形态，也可以是能够随时变现的有价证券以及能够随时转换成现金的其他各种存在形态,如可随时借入的银行信贷资金等。

2. 现金的持有成本

现金的持有成本通常由以下四部分组成:

(1)管理成本。企业保留现金,对现金进行管理,会发生一定的管理费用,如管理人员的工资及必要的安全措施费等。管理费用具有固定成本的性质,它在一定范围内与现金持有量的大小关系不大,是决策无关成本。

(2)机会成本。持有现金的机会成本是指企业因保留一定的现金余额而丧失的投资收益,是企业不能同时用该现金进行有价证券投资所产生的机会成本,这种成本在数额上等同于资金成本。机会成本属于变动成本,它与现金持有量成正比。

(3)转换成本。转换成本是指企业用现金购入有价证券以及转让有价证券换取现金时所付出的交易费用,即现金同有价证券之间相互转换的成本,如委托买卖佣金、委托手续费、证券过户费、实物交割手续费等。严格地讲,转换成本并不都是固定费用,有的具有变动成本的性质,如委托买卖佣金或手续费。

(4)短缺成本。现金短缺成本是指在现金持有量不足而又无法及时通过有价证券变现加以补充而给企业造成的损失,包括直接损失与间接损失。现金的短缺成本与现金持有量负相关。

(二)最佳现金持有量

基于交易、预防、投机等动机的需要,企业必须保持一定数量的现金余额。现金作为盈利能力差的资产,其数额太多会导致企业收益下降,数额太少又可能出现现金短缺,从而影响生产经营。因此,企业应当权衡收益与风险,确定最佳现金持有量。

确定最佳现金持有量的方法很多,本书只介绍成本分析模式、存货模式、现金周转期模式和随机模式。

1. 成本分析模式

成本分析模式是指根据现金有关成本,分析预测其总成本最低时现金持有量的一种方法。运用成本分析模式确定现金最佳持有量时,只考虑因持有一定量的现金而产生的管理费用、机会成本及短缺成本,而不考虑转换成本。其中,管理成本具有固定成本的性质,机会成本即因持有现金而丧失的投资收益,与现金持有量成正比,用公式表示为:

机会成本 = 现金持有量 × 有价证券利率

短缺成本与现金持有量负相关。这些成本同现金持有量之间的关系如图 5 - 2 所示。

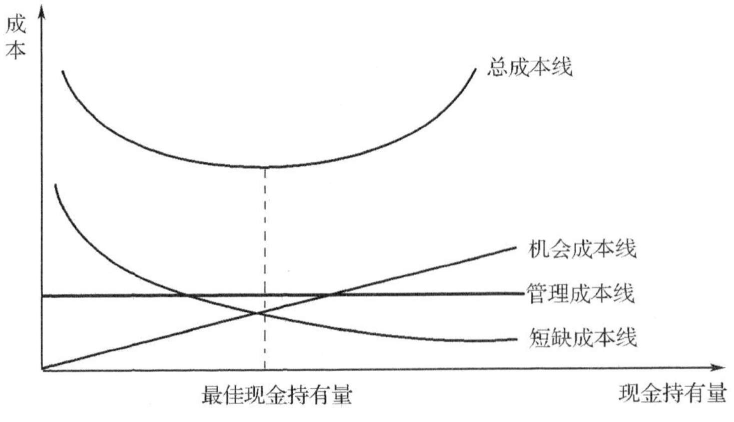

图 5 - 2　现金最佳持有量之成本分析模式

从图5-2可以看出,机会成本随现金持有量的增加而增加,短缺成本随现金持有量的增加而减少,总成本呈现为一条近似的抛物线。该抛物线的最低点即为持有现金的最低总成本,超过这一点,机会成本上升的代价会大于短缺成本下降的收益,这一点之前,短缺成本下降的好处大于机会成本上升的收益。成本分析模式就是基于上述原理来确定现金最佳持有量的。最佳现金持有量就是持有现金的总成本最低时的现金持有量。

具体运用成本分析模式可以采用函数法,即首先分别确定管理成本、机会成本、短缺成本与现金持有量之间的函数关系,再运用相关数学知识求解。但在实际工作中,更多地是采用测算法。具体步骤如下:

(1)测算不同现金持有量时的有关成本数值;

(2)编制最佳现金持有量测算表;

(3)找出总成本最低时的现金持有量。

【例5-1】 某企业现有A,B,C,D四种现金持有方案,有关成本资料见表5-1。请确定最佳现金持有量。

表5-1　现金持有量备选方案 单位:元

方案	现金持有量	机会成本率	管理成本	短缺成本
A	100 000	10%	18 000	43 000
B	200 000	10%	18 000	3 200
C	300 000	10%	18 000	900
D	400 000	10%	18 000	0

根据表5-1,可以编制最佳现金持有量测算表(表5-2)。

表5-2　最佳现金持有量测算表 单位:元

方案	现金持有量	机会成本	管理成本	短缺成本	总成本
A	100 000	10 000	18 000	43 000	71 000
B	200 000	20 000	18 000	32 000	70 000
C	300 000	30 000	18 000	9 000	57 000
D	400 000	40 000	18 000	0	58 000

通过比较表5-2中各方案的总成本可知,C方案的总成本最低,因此300 000元为最佳现金持有量。

2. 存货模式

存货模式又称鲍莫尔模式,由美国经济学家威廉·杰克·鲍莫尔(William Jack Baumol)于1952年提出。他认为企业现金持有量在许多方面与存货批量类似,可以借鉴存货的经济批量模型确定最佳现金持有量。每次现金转换的成本是固定的,一定时期内现金使用量不变时,每次将有价证券转换为现金的金额越大,机会成本越高,同时转换的次数就越少,转换成本越低;反之,机会成本越低,转换成本越高。可见,现金转换成本与存货的订货成本在性质上是一致的。

在运用存货模式确定最佳现金持有量时,需要建立如下假设前提:

(1)企业所需要的现金可通过证券变现取得,且证券变现的不确定性很小。

(2)企业预算期内现金需要总量可以预测。

(3)现金的支出过程比较稳定、波动较小,而且每当现金余额降至零时,均可将部分证券变现得以补足,不会发生现金短缺(见图 5-3)。

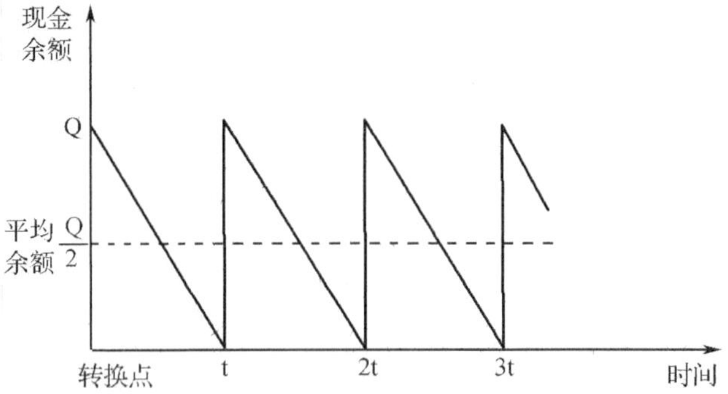

图 5-3　存货模式之现金余额

(4)证券的利率或报酬率以及每次固定性交易费用可以获悉。

如果这些条件基本得到满足,企业便可以利用存货模式来确定现金的最佳持有量。

在存货模式中,只对机会成本和固定性转换成本予以考虑,而对管理费用、短缺成本则不予考虑。机会成本和固定性转换成本随着现金持有量的变动而呈现出相反的变动趋向,这就要求企业必须对现金与有价证券的分割比例进行合理安排,从而使机会成本与固定性转换成本保持最佳组合。换言之,能够使现金管理的机会成本与固定性转换成本之和保持最低的现金持有量,即为最佳现金持有量。

设 T 为一个周期内现金总需求量;F 为每次转换有价证券的固定成本;Q 为最佳现金持有量(每次证券变现的数量);K 为有价证券利息率(机会成本);TC 为现金管理相关总成本。则:

现金管理相关总成本 = 持有机会成本 + 固定性转换成本

即:

$$TC = \frac{Q}{2} \times K + \frac{T}{Q} \times F$$

现金管理相关总成本与持有机会成本、固定性转换成本的关系见图 5-4。

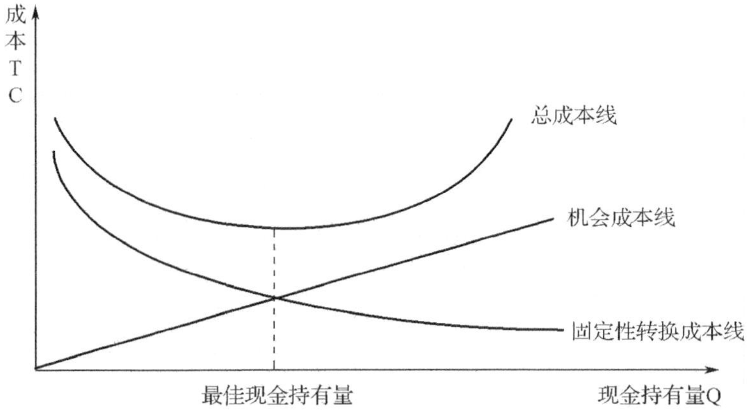

图 5-4　最佳现金持有量之存货模式

在图 5-4 中,TC 是一条凹形曲线,存在一个成本最低点,并可用导数方法求得:

令

$$\frac{\mathrm{d}TC}{\mathrm{d}Q}=\frac{1}{2}\times K-\frac{T}{Q^2}\times F=0$$

得最佳现金持有量 Q^*,即:

$$Q^*=\sqrt{\frac{2TF}{K}}$$

最低现金管理相关总成本:

$$TC^*=\sqrt{2TFK}$$

【例 5－2】 某企业现金收支状况比较稳定,预计全年(按 360 天计算)需要现金 100 000 元,现金与有价证券的转换成本为每次 200 元,有价证券的年利率为 10%,则:

$$Q^*=\sqrt{\frac{2\times 100\ 000\times 200}{10\%}}=20\ 000(\text{元})$$

$$TC^*=\sqrt{2\times 100\ 000\times 200\times 10\%}=2\ 000(\text{元})$$

其中:

转换成本 = (100 000 ÷ 20 000) × 200 = 1 000(元)

持有机会成本 = (20 000 ÷ 2) × 10% = 1 000(元)

有价证券交易次数 $=\frac{T}{Q^*}=\frac{100\ 000}{20\ 000}=5$(次)

3. 现金周转模式

现金周转模式是从现金周转的角度出发,通过预计现金需求总量和确定现金周转的目标次数来确定最佳现金持有量的方法。图 5－5 为现金周转示意图。

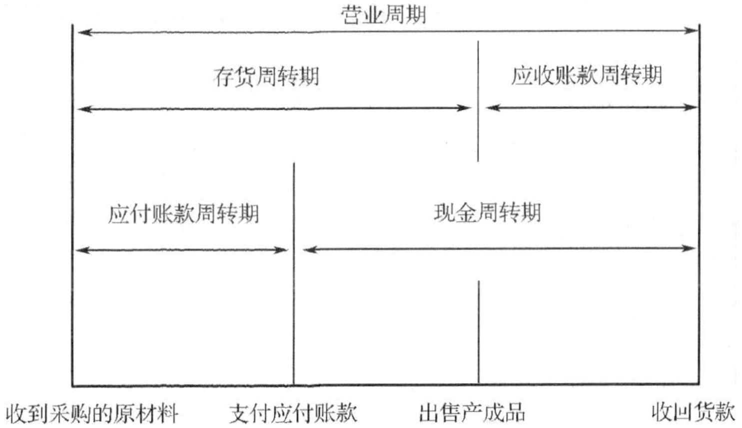

图 5－5 现金周转示意图

利用这一模式来确定企业最佳现金持有量,包括以下三个步骤:

第一步,计算现金周转期。现金周转期是指企业从现金投入生产经营(购买材料支付现金)开始,至销售商品收回现金为止所需要的时间,即现金周转一次所需要的天数。现金周转期越短,则企业的现金持有量就越小。它的长短取决于以下三个方面:(1)存货周转期,是指从收到购买的原材料开始,将原材料转化为产成品再销售出去所需要的时间。(2)应收账款周转期,是指从应收账款形成到收回现金所需要的时间。(3)应付账款周转期,是指从购买原材料形成应付账款开始直到以现金偿还应付账款为止所需要的时间。由

图 5－5 可知：

现金周转期＝存货周转期＋应收账款周转期－应付账款周转期

＝营业周期－应付账款周转期

第二步，计算现金周转率。现金周转率是指在一年或者一个营业周期内现金循环的次数。现金周转率与现金周转期互为倒数，周转期越短，则周转次数越多，在现金需求总量一定的情况下，现金持有量也会越少，它的计算公式如下：

$$现金周转率=\frac{计算期天数}{现金周转期}$$

式中，计算期天数通常按年（360 天）计算。

第三步，计算最佳现金持有量。计算公式为：

$$最佳现金持有量=\frac{预计现金年需求总量}{现金周转率}$$

【例 5－3】 某公司现金年需求总量为 1500 万元，原材料购买采用赊购的形式，应付账款的平均付款天数为 50 天，公司内部存货平均周转天数为 95 天，销售产品形成的应收账款的周转天数为 45 天，则：

现金周转期＝95＋45－50＝90（天）

$$现金周转率=\frac{360}{90}=4（次）$$

$$最佳现金持有量=\frac{1500}{4}=375（万元）$$

4. 随机模式

又称米勒－奥尔模型（Miller-Orr Model）。美国经济学家默顿·米勒（Merton Miller）和丹尼尔·奥尔（Deniel Orr）认为，企业的现金流量存在着不确定性。在确定企业目标现金额时必须充分考虑这种不确定性因素。他们假定，企业每日净现金流量可看做正态分布，可能等于期望值也可能高于或低于期望值，公司每天净现金流量呈无一定趋势的随机状态。因此，我们可以运用控制论，事先设定一个控制限额。当现金余额达到限额的上限时，就将超出目标现金额的现金转换为有价证券；当现金余额达到下限时，就将与目标现金额相差现金等额的有价证券转换为现金；当现金余额在上下限之间时，就不做现金与有价证券之间的转换。如图 5－6 所示。

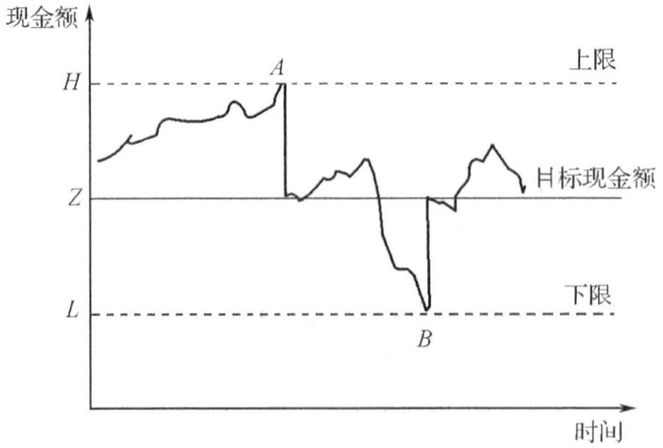

图 5－6　最佳现金持有量之随机模式

图 5－6 中，虚线 H 表示现金持有量的上限，虚线 L 表示现金持有量的下限，实线 Z 表示最佳现金返回线。从图 5－6 可以发现，企业的现金持有量是随机波动的。当其到达持有量上限时企业应该将现金转换为有价证券，使现金持有量回落到最优持有量水平；而当现金持有量下降至下限时，出售有价证券，收回现金。上限 H 和最佳现金返回线 Z 可分别按照下列公式计算：

$$Z=\sqrt[3]{\frac{3b\varepsilon^2}{4R}}+L$$

$$H=3Z-2L$$

式中，b 为现金和有价证券的每次转换成本；ε 为每日现金余额变化的标准差；R 为有价证券的日利率；L 为现金持有量的下限。

现金持有量的下限由企业根据每日最低现金需求量、管理人员的风险承受倾向等因素确定。

【例 5－4】 假定某企业通过随机模式确定最佳现金持有量。已知该企业有价证券的日利率为 0.025%，现金与有价证券的转换成本为 100 元/次，该企业综合考察企业每日最低现金需求量、管理人员的风险承受倾向等因素后认为，任何时候的现金余额均不能低于 120 000 元，根据历史数据测算出的每日现金余额波动标准差为 15 000 元。则其最佳现金持有量 Z 为：

$$Z=\sqrt[3]{\frac{3\times100\times15\ 000^2}{4\times0.025\%}}+120\ 000=160\ 716.26(\text{元})$$

现金控制上限 H 为：

$$H=3\times160\ 716.26-2\times120\ 000=242\ 148.79(\text{元})$$

这样，当公司的现金余额达到 242 148.79 元时，即应以 81 432.53 元（242 148.79－160 716.26）的现金去投资有价证券，使现金持有量回落为 160 716.26 元；而当公司的现金余额降至 120 000 元时，则应转让 40 716.26 元（160 716.26－120 000）的有价证券，使现金持有量回升为 160 716.26 元。

随机模式是在现金流量呈无规则变化的情况下确定现金持有量的一种方法。应该注意的是，随机模式计算出来的现金持有量比较保守，往往比运用成本模式和存货模式的计算结果大。

三、现金日常管理

企业在确定了最佳现金持有量后，还应采取各种措施，加强现金的日常管理，以保证现金的安全、完整，最大限度地发挥其效用。现金日常管理的基本内容主要包括以下几个方面：

（一）现金收支计划

现金收支计划是预计未来一定时期企业现金的收支状况并进行现金平衡的计划，是企业财务管理的一个重要工具。

（1）现金收入。主要包括营业现金收入和其他现金收入。

（2）现金支出。主要包括营业现金支出和其他现金支出。

（3）净现金流量。是指现金收入与现金支出的差额。可按下式计算：

净现金流量＝现金收入－现金支出

＝（营业现金收入＋其他现金收入）－（营业现金支出＋其他现金支出）

（4）现金余缺。是指计划期现金期末余额（余缺调整前）与最佳现金余额（又称理想现

金余额)相比后的差额。其计算公式为:

现金余缺额 = 期末现金余额 - 最佳现金余额

= (期初现金余额 + 现金收入 - 现金支出) - 最佳现金余额

= 期初现金余额 + 净现金流量 - 最佳现金余额

现金余缺调整的方式有两种:一是利用借款调整现金余缺;二是利用有价证券调整现金余缺。如果期末现金余额大于最佳现金余额,说明现金有多余,应设法进行投资或归还债务。现金收支计划的基本格式见表 5-3。

表 5-3 现金收支计划

单位:万元

序号	现金收支项目	本月计划
1	(一)期初现金余额	30
2	(二)现金收入	323
3	(1)营业现金收入	220
4	现销和当月应收账款的收回	150
5	以前月份应收账款的收回	70
6	(2)其他现金收入	103
7	利息收入	25
8	租金收入	15
9	股息收入	55
10	固定资产变价收入	8
11	(三)本期可用现金	353
12	(四)现金支出	533
13	(3)营业现金支出	209
14	当月支付的材料采购支出	60
15	本月付款的以前月份材料采购支出	36
16	工资支出	40
17	管理费用支出	30
18	营业费用支出	15
19	财务费用支出	28
20	(4)其他现金支出	324
21	厂房、设备投资支出	85
22	税款支出	24
23	利息支出	15
24	归还债务	58
25	股利支出	52
26	证券投资	90
27	(五)净现金流量	-180
28	(六)余缺调整	-180
29	取得借款	210
30	归还借款	
31	出售证券	
32	购买证券	
33	(七)期末现金余额	30

从表 5 - 3 可以看出，该企业的最佳现金余额为 30 万元。该企业期末现金短缺 210 万元，通过借款予以补足。

（二）现金日常控制的组织方式

为了加强现金的日常控制，实现财务资源一体化协同效应，大公司（尤其企业集团）可以根据自身规模和管理需要，在内部设置统一的财务融通机构，如结算中心、财务公司等，以提高资金使用效益。

1. 财务结算中心

财务结算中心是大公司或企业集团设置的，在母公司与分公司、子公司及其他成员企业之间进行现金收付及往来业务款项结算的财务职能机构。在兼有公司内部信贷职能的情况下，财务结算中心也可以叫作内部银行。财务结算中心是隶属于母公司及其财务部的职能机构，本身不具法人地位。在有的企业集团里，母公司财务部直接就是集团的财务结算中心。

2. 财务公司

财务公司具有独立的法人实体地位，在母公司控股的情况下，财务公司相当于一个子公司。财务公司除了具有财务结算中心的基本职能外，还具有对外融、投资的职能（在法律没有特别限制的前提下）。

在集权财务体制下，财务公司在行政与业务上接受母公司财务部的领导，但二者不是一种隶属关系。

（三）现金日常控制的应用方法

1. 加速现金收款

为了提高现金的使用效率，加速现金周转，企业应尽量加速账款的回收。除了曾经出现（目前已不大用）的集中银行法、锁箱系统法外，还有一些加速收现的方法，例如，利用现金折扣鼓励客户提前付款；对于金额较大的货款可采用电汇、直接派人前往收取支票并送存银行的方法；对于各银行之间以及内部各单位之间的现金往来要严加控制，以防过多的现金闲置在各部门之间；减少不必要的银行账户；鼓励客户使用网上银行系统付款。

2. 控制支出

与现金收入的管理相反，现金支出管理的主要任务是尽可能延缓现金的支出时间。当然这种延缓必须是合理合法的，否则企业延期支付账款所得到的收益将远远低于由此而遭受的损失。延期支付账款的方法一般有合理利用“浮游量”、推迟支付应付款、采用汇票付款、改进工资支付方式等。

3. 闲置现金投资管理

企业现金管理的目的首先是保证日常生产经营业务的现金需求，其次才是使这些现金获得最大的收益。这两个目的要求企业把闲置资金投入到流动性高、风险性低、交易期限短的金融工具中，以期获得较多的收入。在货币市场上，财务人员通常使用的金融工具主要有国债、可转让大额存单、回购协议等。

第三节　应收账款管理

一、应收账款的功能与成本

(一) 应收账款的功能

应收账款的发生意味着企业有一部分资金被顾客占用,由此将发生一系列的成本。那么,企业为什么还愿意持有应收账款呢? 究其原因主要有以下两点:

1. 扩大销售

在市场竞争比较激烈的情况下,赊销是促进销售的一种重要的方式。在同等的产品价格、类似的质量水平、一样的售后服务等情况下,实行赊销的产品的销售额将大于现销的产品的销售额。进行赊销的企业,实际上是向顾客提供了以下两项交易:(1)向顾客销售产品;(2)在一个有限的时间里向顾客提供资金。

虽然赊销仅仅是影响销售额的因素之一,但在银根紧缩、市场疲软、资金匮乏的情况下,赊销的促销作用仍是很明显的。

2. 减少存货

企业持有产成品存货,要增加管理费、仓储费和保险费等支出;相反,企业持有应收账款则无须上述支出。因此,无论是季节性生产企业还是非季节性生产企业,当产成品存货较多时,一般都可能采用较为优惠的条件进行赊销,把存货转化为应收账款,以减少产成品存货,节约相关费用支出。

(二) 应收账款的成本

持有应收账款要付出一定的代价,此为应收账款的成本,也称信用成本。应收账款的成本一般包括机会成本、管理成本和坏账成本。

1. 机会成本

应收账款的机会成本是指企业资金占用在应收账款上不能用于其他用途而丧失的潜在收益。企业的资金如果不投资到应收账款,可用于其他方面,如投资到有价证券会有利息收入。这种因投资应收账款而放弃的投资收益,即为应收账款的机会成本。机会成本的大小和企业应收账款占用资金(即维持赊销业务所需要的资金)的数量密切相关,应收账款占用的资金数量越多,机会成本就越高。其计算公式为:

应收账款机会成本 = 维持赊销业务所需资金 × 机会成本率

上式中的维持赊销业务所需资金即应收账款占用资金,也称为应收账款投资额,应收账款资金占用额可以根据企业赊销收入净额和应收账款周转率来确定。机会成本率通常可以使用有价证券的投资收益率代替,也称为资金成本率。

维持赊销业务所需要的资金数量可按下列步骤计算:

第一步,计算应收账款平均余额:

$$\text{应收账平均余额} = \frac{\text{年赊销额}}{360} \times \text{平均收账天数}$$

$$= \text{平均日赊销额} \times \text{平均收账天数}$$

式中,平均收账天数一般以客户各自赊销额占总赊销额比重为权数的所有客户收账天数的加权平均数表示。

第二步，计算维持赊销业务所需要的资金：

维持赊销业务所需资金 = 应收账款平均余额 × 变动成本率

在上述分析中，假设企业的成本水平保持不变（即单位变动成本不变，固定成本总额不变），随着赊销业务的扩大，只有变动成本总额随之上升。

【例 5 - 5】 假设某企业预测的年度赊销额为 9 600 000 元，应收账款平均收账天数为 48 天，变动成本率为 65%，机会成本率为 8%，则应收账款机会成本可计算如下：

$$应收账款平均余额 = \frac{9\ 600\ 000}{360} \times 48 = 1\ 280\ 000（元）$$

$$维持赊销业务所需资金 = 1\ 280\ 000 \times 65\% = 832\ 000（元）$$

$$应收账款机会成本 = 832\ 000 \times 8\% = 66\ 560（元）$$

上述计算表明，企业投放 832 000 元的资金可维持 9 600 000 元的赊销业务，相当于垫支资金的 11 倍之多。这较高的倍数在很大程度上得益于应收账款的收账速度。在正常情况下，应收账款收账天数越少，一定数量资金所维持的赊销额就越大；应收账款收账天数越多，维持相同赊销额所需要的资金数量就越多。而应收账款机会成本在很大程度上取决于企业维持赊销业务所需要资金的多少。

2. 管理成本

应收账款的管理成本是指企业对应收账款进行日常管理所耗费的各种费用，主要包括：对客户的资信调查费用、应收账款账簿记录费用、收账费用和其他相关费用。一般情况下，应收账款的管理成本在一定数额下是相对固定的，但是当一定时期内企业的应收账款有很大的变化时，其管理成本也会随之发生变化。

3. 坏账成本

应收账款的坏账成本是指应收账款因故不能收回而给企业带来的损失。此项成本一般与应收账款的数量正相关，即企业应收账款数量越大，可能发生的坏账成本也越大。为避免坏账成本给企业生产经营活动的稳定性带来不利影响，按照会计制度的规定，企业应按规定提取一定数量的坏账准备金。

二、信用政策

应收账款信用政策是企业财务政策的一个重要组成部分。信用政策即应收账款的管理政策，是指企业为对应收账款投资进行规划与控制而确立的基本原则与行为规范，包括信用标准、信用条件和收账政策三部分内容。

（一）信用标准

信用标准是客户获得企业商业信用所应具备的最低条件，通常以预期的坏账损失率表示。如果企业把信用标准定得过高，将使许多客户因信用品质达不到所设的标准而被企业拒之门外，其结果虽然有利于降低违约风险及收账费用，但是不利于企业市场竞争能力的提高和销售收入的扩大；相反，如果企业接受较低的信用标准，虽然有利于企业扩大销售，提高市场竞争力和占有率，但是同时也会导致坏账损失风险加大和收账费用增加。

1. 影响信用标准的因素分析

企业在制定或选择信用标准时，应考虑三个基本因素：其一，同行业竞争对手的情况；其二，企业承担违约风险的能力；其三，客户的资信程度。客户资信程度的高低通常取决于五个方面，即客户的信用品质（character）、偿付能力（capacity）、资本（capital）、抵押品

(collateral)、经济状况(condition)等,它们的英文都以C开头,故称"5C"系统。

2. 确立信用标准的定量分析

对信用标准进行定量分析,旨在解决两个问题:一是确定客户拒付账款的风险,即坏账损失率;二是具体确定客户的信用等级,以作为给予或拒绝信用的依据。这主要通过以下三个步骤来完成:

第一步,设定信用等级的评价标准,即根据对客户信用资料的调查分析,确定评价信用优劣的数量标准。即运用信用评分法,选取一组(比如10项)具有代表性、能够说明付款能力和财务状况的若干比率作为信用风险指标,根据以往数年内客户偿债情况,分别找出信用好和信用差两类顾客的上述比率的平均值,作为比较其他顾客的信用标准。

第二步,利用既有或潜在客户的财务报表数据,计算各自的指标值,并与上述标准比较。比较的方法是:若某客户的某项指标值等于或者低于差的信用标准,则该客户的拒付风险系数(即坏账损失率)增加10个百分点;若客户的某项指标值介于好与差的信用标准之间,则该客户的拒付风险系数(即坏账损失率)增加5个百分点;当某客户的某项指标值等于或者高于好的信用标准时,则视该客户的这一指标无拒付风险。最后,将客户的各项指标的拒付风险系数累加,即作为该客户发生坏账损失的总比率。

当然企业为了能够更详尽地对客户的拒付风险作出准确的判断,也可以设置并分析更多的指标数值,如增为20项,各项最高的坏账损失率为5%,介于好与差的信用标准之间的,每项增加2.5%的风险系数。

第三步,进行风险排队,并确定各有关客户的信用等级。依据上述风险系数的分析数据,按照客户累计风险系数由小到大进行排序。然后结合企业承受违约风险的能力及市场竞争的需要,具体划分客户的信用等级,如累计拒付风险系数在5%以内的为A级客户,在5%与10%之间的为B级客户等等。对不同信用等级的客户,分别采取不同的信用优惠条件或附加某些限制条款等。

对信用标准进行定量分析,有利于企业提高应收账款投资决策的效果,但由于实际情况错综复杂,不同企业的同一指标往往存在很大差异,难以按照统一的标准进行衡量。因此,要求企业财务决策者必须在更加深刻地考察各指标内在质量的基础上,结合以往的经验,对各项指标进行具体的分析、判断。

(二)信用条件

所谓信用条件就是指企业接受客户信用订单时所提出的付款要求,主要包括信用期限、折扣期限及现金折扣率等。信用条件的基本表现方式如"2/10,n/45",意思是:若客户能够在发票开出后的10日内付款,可以享受2%的现金折扣;如果放弃折扣优惠,则全部款项必须在45日内付清。在此,45天为信用期限,10天为折扣期限,2%为现金折扣率。

1. 信用期限

信用期限是指企业允许客户从购货到付款的时间限定,即企业允许客户的最长付款时间。通常,延长信用期限,可以在一定程度上扩大销售量,从而增加毛利。但不恰当地延长信用期限,也会给企业带来不良后果:一是使平均收账期延长,占用在应收账款上的资金相应增加,引起机会成本增加;二是引起坏账损失和收账费用的增加。因此,企业是否给客户延长信用期限,应视延长信用期限增加的边际收入是否大于增加的边际成本而定。

2. 现金折扣和折扣期限

现金折扣是企业为鼓励顾客提前付款而给予的价格优惠。许多企业为了加速资金周转,往往给予在规定的时间内提前偿付货款的客户以可按销售收入一定比例享受折扣的优惠。所谓折扣期限是指顾客可享受现金折扣的付款时间，所谓现金折扣率是指在顾客提前付款时所给予的价格优惠幅度。现金折扣实际上是对现金收入的扣减，企业决定是否提供以及提供多大比例的现金折扣，考虑的是提供折扣后所得的收益是否大于现金折扣的成本。

虽然企业在信用管理政策中已对可接受的信用风险水平作了规定，但当企业的生产经营环境发生变化时，就需要对信用管理政策中的某些规定进行修改和调整，并对改变条件的各种备选方案进行认真的评价。

（1）不同信用期方案的评价。

【例5－6】 某企业预测2011年度的赊销额为2400万元，其信用条件是：n/30，变动成本率为65%，资金成本率（或有价证券利息率）为10%。假设企业收账政策不变，固定成本总额不变。目前，企业尚有剩余生产能力。为此，该企业拟放宽信用条件促销，并准备了三个备选方案：（1）维持n/30的信用条件；（2）将信用条件放宽到n/60；（3）将信用条件放宽到n/90。各种备选方案估计的赊销水平、坏账百分比和收账费用等有关数据见表5－4。

表5－4 信用条件备选方案

信用条件	*A*	*B*	*C*
	n/30	n/60	n/90
年赊销额（万元）	2 400	2 640	2 800
坏账损失率	2%	3%	5%
收账费用（万元）	24	40	56

根据以上资料，可计算有关分析评价指标（见表5－5）。

表5－5 信用条件分析评价 单位：万元

信用条件 / 项目	A	B	C
	n/30	n/60	n/90
年赊销额	2 400	2 640	2 800
变动成本	1 560	1 716	1 820
信用成本前收益	840	924	980
信用成本：			
应收账款平均余额	200	440	700
维持赊销业务所需资金	130	286	455
应收账款机会成本	13	28.6	45.5
坏账损失	48	79.2	140
收账费用	24	40	56
小计	85	147.8	241.5
信用成本后收益	755	776.2	738.5

根据表5－5可知，在这三种方案中，B方案（n/60）的获利最大，它比A方案（n/30）增加收益21.2万元（776.2－755）；比C方案（n/90）多收益37.7万元（776.2－738.5）。因此，在其他条件不变的情况下，应选择B方案。

(2)不同现金折扣方案的评价。

【例 5-7】 仍按上例,如果企业选择了 B 方案,但为了加速应收账款的回收,决定将赊销条件改为“2/10,1/20,n/60”(D 方案),估计约有 60% 的客户(按赊销额计算)会利用 2% 的折扣,15% 的客户将利用 1% 的折扣。坏账损失率降为 2%,收账费用降为 30 万元。根据上述资料,有关指标可计算如下:

应收账款平均收账天数 $=60\%\times10+15\%\times20+(1-60\%-15\%)\times60=24$(天)

应收账款平均余额 $=\dfrac{2\ 640}{360}\times24=176$(万元)

维持赊销业务所需资金 $=176\times65\%=114.4$(万元)

应收账款机会成本 $=114.4\times10\%=11.44$(万元)

坏账损失 $=2\ 640\times2\%=52.8$(万元)

现金折扣 $=2\ 640\times(60\%\times2\%+15\%\times1\%)=35.64$(万元)

根据以上资料可编制信用条件分析评价表(见表 5-6)。计算结果表明,实行现金折扣以后,企业的收益增加 17.92 万元(794.12-776.2),因此,企业最终应选择 D 方案(2/10,1/20,n/60)作为最佳方案。

表 5-6 信用条件分析评价 单位:万元

信用条件 / 项目	B	D
	n/60	2/10,1/20,n/60
年赊销额	2 640	2 640
变动成本	1 716	1716
信用成本前收益	924	924
信用成本:		
应收账款平均余额	440	176
维持赊销业务所需资金	286	114.4
应收账款机会成本	28.6	11.44
现金折扣	0	35.64
坏账损失	79.2	52.8
收账费用	40	30
小计	147.8	129.88
信用成本后收益	776.2	794.12

(三)收账政策

收账政策亦称收账方针,是指当客户违反信用条件,拖欠甚至拒付账款时企业所采取的收账策略与措施。

在企业向客户提供商业信用时,必须考虑三个问题:一,客户是否会拖欠或拒付账款,程度如何;二,怎样最大限度地防止客户拖欠账款;三,一旦账款遭到拖欠甚至拒付,企业应采取怎样的对策。前两个问题主要依靠信用调查和严格信用审批制度;第三个问题则必须通过制定完善的收账方针,采取有效的收账措施予以解决。

通常的步骤是:当账款被客户拖欠或拒付时,企业应当首先分析现有的信用标准及信用审批制度是否存在纰漏,然后重新对违约客户的资信等级进行调查、评价,将信用品质恶劣的客户从信用名单中删除，对其所拖欠的款项可先通过信函、电信或者派员前往等方式进行催收，态度可以渐加强硬，并提出警告。当这些措施无效时，可考虑通过仲裁、诉讼解决。为了提高诉讼效果，可以与其他经常被该客户拖欠或拒付账款的单位联合向法院起诉，以增强该客户信用品质不佳的证据力度。对以往信用记录正常的客户，在去电、去函的基础上，不妨派人与客户直接进行协商，彼此沟通意见，达成谅解协议，既可密切相互间的关系，又有助于较为理想地解决账款拖欠问题，并且一旦将来彼此关系置换时，也有一个缓冲的余地。当然，如果双方无法取得谅解，就只能付诸法律进行最后裁决。

一般而言，企业加强收账管理，及早收回货款，可以减少坏账损失，减少应收账款上的资金占用，但会增加收账费用。因此，制定收账政策就是要在增加收账费用与减少坏账损失、减少应收账款机会成本之间进行权衡。

【例5－8】　假设某企业应收账款原有的收账政策和拟新采用的收账政策如表5－7所示。

表5－7　收账政策备选方案资料

项目	现行收账政策	拟新采用的收账政策
年收账费用（万元）	6	10
平均收账天数（天）	60	30
坏账损失占赊销额的百分比（%）	3	2
赊销额（万元）	480	480
变动成本率（%）	60	60

假设资金利润率为10%，根据表5－7中的资料，计算两种方案的收账总成本如表5－8所示。表5－8的计算结果表明，拟新采用的收账政策相关的收账总成本低于现行收账政策的收账总成本。因此，拟新采用的收账政策的方案是可以接受的。

影响信用标准、信用条件及收账政策的因素很多，如销售额、赊销期限、收账期限、现金折旧、坏账损失、过剩生产能力、信用部门成本、机会成本、存货投资等的变化。这就使得信用政策的制定更为复杂。一般来说，理想的信用政策就是企业采用或松或紧的信用政策时所带来的收益最大的政策。

表5－8　收账政策分析评价　　　　单位：万元

项目	现行收账政策	拟新采用的收账政策
赊销额	480	480
应收账款平均收账天数（天）	60	30
应收账款平均余额	480/360×60＝80	480/360×30＝40
应收账款占用的资金	80×60%＝48	40×60%＝24
收账成本：		
应收账款机会成本	48×10%＝4.8	24×10%＝2.4
坏账损失	480×3%＝14.4	480×2%＝9.6
年收账费用	6	10
收账总成本	25.2	22

三、信用风险管理

(一)信用风险管理的目标

所谓应收账款信用风险,是指企业在正常的经营过程中,因销售商品或提供劳务等向购货单位或接受劳务的单位应收取的账款、代垫的运杂费等不能收回而发生坏账损失的可能性。

应收账款信用风险管理的目标是保证企业一定收益的前提下风险最小化。企业为了谋求高收益,就要发挥应收账款扩大销售的功能,通过赊销来增加收入、增加利润,但较多的应收账款又会使企业面临着较大的风险。风险管理的艺术就在于使风险性、盈利性得到最佳的统一,达到总效用的最大化。而通过应收账款信用风险管理机制的建立,对应收账款全程实行风险化管理,就能使企业在保证一定收益水平的情况下,降低风险水平,保证企业经营的安全。

(二)信用风险管理理念

信用风险管理应是一个全方位、全过程的管理理念。所谓全方位,是指信用风险管理是市场营销、财务管理、信息管理等相互交叉的管理领域;所谓全过程,是指信用风险管理包括事前控制、事中控制、事后控制三个阶段。为此,企业应建立信用风险管理链(见图5－7)。

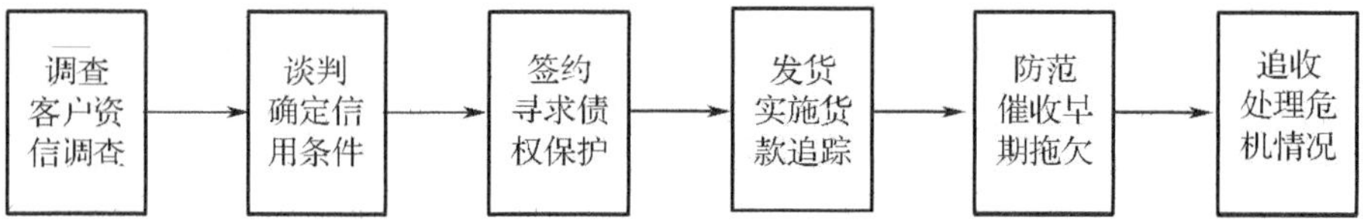

图5－7 信用风险管理链

(三)信用风险管理制度

按照全过程管理和内部控制的原理,信用风险管理制度可以分为事前、事中和事后三方面的信用管理制度。

(1)事前控制——客户资信管理制度。目标是实现对信用风险的预测和监督。强化信用风险管理,企业必须首先做好客户的资信管理工作,尤其是在交易之前对客户信用信息进行收集调查和风险评估,这些工作具有非常重要的作用,而且都需要在规范的管理制度下进行。在这项制度中,企业应关注以下五个方面:客户信用信息的搜集;客户资信档案的建立与管理;客户信用分析管理;客户资信评级管理;客户群的经常性监督与检查。

(2)事中控制——授信业务管理制度。企业在交易过程中产生的信用风险主要是由于销售部门或相关的业务管理部门在销售业务管理上缺少规范和控制造成的。其中较为突出的问题是没能对客户的赊销额度和期限进行有效的控制。一些企业在给予客户的赊销额度上随意性很大,销售人员或者个别管理人员说了算,结果往往是被客户牵着鼻子走。实践证明,企业必须建立与客户间直接的信用关系,实施直接管理,改变单纯依赖于销售人员"间接管理"的状况。因此,必须实行严格的内部授信制度,这方面的制度应包括:信用政策的制定及合理运用;信用额度审核程序;发货控制。

(3)事后控制——应收账款监控制度。关于应收账款管理,许多企业已制定了一些相应的管理制度,但是在实际操作中,这些制度还远远不能适应当前市场环境和现代企业管理的要求,存在的主要问题是缺少管理的系统性和科学性。这方面的制度主要涉及账龄控制、货款追收与债权管理。

四、应收账款日常管理

（一）应收账款追踪分析

应收账款一旦产生，赊销企业就必须考虑如何按期足额地收回。如果客户具有良好的信用品质，则赊销企业如期足额地收回客户欠款一般不会有多大的问题。然而，市场供求关系所具有的易变性使得客户所赊购的商品不能顺利地销售（或加工后销售）与变现，经常出现的情形有两种：积压或赊销。无论属于其中的哪种情形，对客户而言，都意味着与应付账款相对的现金支付能力匮乏。在这种情况下，客户能否严格履行赊销企业的信用条件，取决于两个因素：其一，客户的信用品质；其二，客户现金的持有量与调剂程度（如现金用途的约束性、其他短期债务偿还对现金的要求等）。如果客户的信用品质良好，持有一定的现金余额，且现金支出的约束性较小，可调剂程度较大，客户大多是不愿以损失市场信誉为代价而拖欠赊销企业账款的；如果客户信用不佳，或者现金匮乏，或者现金的可调剂程度低，那么，赊销企业的账款遭到拖欠就在所难免。

（二）应收账款账龄分析

企业已发生的应收账款时间长短不一，有的尚未超过信用期，有的则已逾期拖欠。一般来讲，逾期拖欠时间越长，账款催收的难度越大，成为坏账的可能性也就越大。因此，进行账龄分析，密切注意应收账款的回收情况，是提高应收账款收现效率的重要环节。

应收账款账龄分析就是分析应收账款的账龄结构。所谓应收账款的账龄结构，是指各账龄应收账款的余额占应收账款总余额的比重。

【例5－9】 已知某企业的账龄如表5－9所示。该企业应收账款余额中，有60万元尚在信用期内，占全部应收账款的60%。过期数额40万元，占全部应收账款的40%，其中逾期在1、2、3、4、5、6个月内的，分别为10%、6%、4%、7%、5%、2%。另有6%的应收账款已经逾期半年以上。此时，企业应分析逾期账款具体属于哪些客户，这些客户是否经常发生拖欠情况，发生拖欠的原因是什么。一般而言，账款的逾期时间越短，收回的可能性越大，亦即发生坏账损失的可能性越小；反之，收账的难度及发生坏账损失的可能性也就越大。因此，对不同拖欠时间的账款及不同信用品质的客户，企业应采取不同的收账方法，制定出经济可行的针对性收账政策、收账方案。对可能发生的坏账损失，需提前有所准备，充分估计这一因素对企业损益的影响。对尚未过期的应收账款，也不能放松管理与监督，以防发生新的拖欠。

表5－9　应收账款账龄分析

应收账款账龄	账户数量	金额（万元）	比重（%）
信用期内	100	60	60
超过信用期1个月内	50	10	10
超过信用期2个月内	20	6	6
超过信用期3个月内	10	4	4
超过信用期4个月内	15	7	7
超过信用期5个月内	12	5	5
超过信用期6个月内	8	2	2
超过信用期6个月以上	16	6	6
应收账款余额总计		100	100

通过应收账款账龄分析,不仅能提示财务管理人员应把催收过期款项视为工作重点,而且有助于促进企业进一步研究与制定新的信用政策。

(三)建立应收账款坏账准备制度

无论企业采取怎样严格的信用政策,只要存在着商业信用行为,坏账损失的发生总是不可避免的。确定坏账损失的标准主要有两条:

(1)因债务人破产或死亡,以其破产财产或遗产清偿后,仍不能收回的应收款项;

(2)债务人逾期未履行偿债义务,且有明显特征表明无法收回。

企业的应收账款只要符合上述任何一个条件,均可作为坏账损失处理。需要注意的是,当企业的应收账款按照第二个条件已经作为坏账损失处理后,并非意味着企业放弃了对该项应收账款的索取权。实际上,企业仍然拥有继续收款的法定权利,企业与欠款人之间的债权债务关系不会因为企业已做坏账处理而解除。

既然应收账款的坏账损失无法避免,那么,遵循谨慎性原则,应对坏账损失的可能性预先进行估计,并建立弥补坏账损失的准备制度,即提取坏账准备金就显得极为必要。

第四节　存货管理

一、存货的功能与成本

(一)存货的功能

1. 保持生产经营的正常进行

企业在日常的生产经营活动中,可能会因为内、外部非正常事件的发生,例如供货方不能按时足额供货、企业临时增大产量而增加对原材料的需求等,打破资金运转的正常状态。企业只有保持一定的存货,才能有效防止停工待料事件的发生,维持生产的连续性,减少企业的停工损失。

2. 满足市场需求

市场对一个企业的产品需求具有不确定性,保持一定的存货储备,能增强企业适应市场需求变化的能力。充足的库存产品能有效地供应市场,满足顾客的需要,增加企业收益。相反,如市场有需求而企业存货不足,则会造成产品的供不应求,企业将会错失收益,并有可能因此而失去客户。

3. 降低进货成本

由于存在商业折扣,企业采取批量集中进货可获得较多的价格优惠。此外,通过增加每次购货数量,减少购货次数,可以降低采购费用支出。即便在推崇零库存管理的今天,仍有不少企业采取大批量购货方式,只要订货成本的降低额大于因存货增加而导致的储存费用的增加额,就可以采取大批量进货的方式。

4. 维持均衡生产

对于那些产品具有季节性的公司,或生产所需材料的供应具有季节性的公司,为实现均衡生产,降低生产成本,就必须适当储存一定的成品、半成品或保持一定的原材料库存。否则,这些公司若按照季节变动组织生产活动,难免会产生忙时超负荷运转,闲时生产能力得不到充分利用的情况,这也会导致生产成本的提高。

（二）存货的成本

为了维持企业的正常生产经营活动，企业必须储备一定数量的存货，但是存货过多也会影响企业的经济效益，因为采购、储存存货要发生各种费用支出，这些费用支出就构成了企业存货的成本。一般来说，存货成本主要涉及以下四个方面：

1. 采购成本

采购成本是存货成本的主要组成部分，它是指构成存货本身价值的进价成本，主要包括买价、运杂费、装卸费、运输途中的合理损耗和入库前的挑选整理费等。采购成本与采购数量呈正比，它是采购数量与单位采购成本的乘积。采购成本受存货的市场价格影响较大，因此在采购存货时，应当尽可能以较低的市价采购符合要求的存货，以降低存货的成本。在存货的市价稳定的情况下，存货的采购成本通常属于无关成本；但当供应商为扩大销售而采用数量折扣等优惠方法时，采购成本就成为相关成本了。存货采购成本可以表示为：

$$TC_1 = D \cdot P$$

式中，D 为存货年需求量；P 为一存货单位价格。

2. 订货成本

订货成本是指企业为组织订购存货而发生的各种费用支出，如为订购而发生的差旅费、邮资、通信费、专设采购机构的经费等。订货成本分为固定性订货成本和变动性订货成本。固定性订货成本与订购次数无关，如专设采购机构的经费支出等；变动性订货成本与订购次数成正比，而与每次订购数量关系不大，订购次数越多，变动性订货成本越高，如采购人员的差旅费、通信费等。订货成本可表示为：

$$TC_2 = G_1 + \frac{D}{Q} \cdot K_1$$

式中，G_1 为固定订购成木；K_1 为每次订购的成本；Q 为每次进货量。

3. 储存成本

储存成本是指企业为储存存货而发生的各种费用支出，如仓储费、保管费、搬运费、保险费、存货占用资金支付的利息费、存货残损和变质损失等。存货的储存成本也分为变动性储存成本和固定性储存成本：变动性储存成本与储存存货的数量成正比，储存的存货数量越多，变动性储存成本就越高，如存货占用资金的利息费、存货的保险费、存货残损和变质损失等；固定性储存成本与存货的储存数量无关，如仓库折旧费、仓库保管人员的固定月工资等，储存成本可表示为：

$$TC_3 = G_2 + \frac{Q}{2} \cdot K_2$$

式中，G_2 为存货的固定储存成本；K_2 为存货的单位储存成本。

4. 短缺成本

短缺成本是指由于存货储备不足而给企业造成的经济损失，如由于原材料储备不足造成的停工损失，由于商品储备不足造成销售中断的损失，成品供应中断导致延误发货的信誉损失及丧失销售机会的损失等。如果生产企业以紧急采购代用材料解决库存材料中断问题，则短缺成本表现为额外的购入成本，即紧急购入的支出大于正常购入的支出部分。存货的短缺成本与存货的储备数量负相关，储存存货的数量越大，发生缺货的可能性越小，短缺成本越小。

二、存货决策

（一）经济订购批量基本模型

订购批量，是指每次订购的数量。经济订购批量（Economic Order Quantity，EOQ）是指能够使一定时期存货的相关总成本达到最低时的订购批量。订货成本的高低与订购次数成正比，而与每次采购的批量成反比；储存成本的高低与订购次数成反比，而与每次采购的批量成正比。具体来说，在一定时期（通常为一年）内需求量一定的前提下，每次订购批量越大，订购次数就越少，订货成本总额越低，但储存成本则会增加；反之，每次订购批量越小，订购次数就越多，订货成本总额就越高，但储存成本则会降低。

经济订购批量基本模型需要设立以下七项假设条件：

（1）企业能够及时补充存货，即需要订购时便可立即取得存货；

（2）能集中到货，而不是陆续入库；

（3）不允许缺货，即缺货成本为零；

（4）需求量稳定，为可预测的常量；

（5）不考虑数量折扣，存货单价为不变的常量；

（6）企业现金充足，不会因现金短缺而影响进货；

（7）所需存货市场供应充足。

由于企业不允许缺货，即每当存货数量降至零时，下一批订货便会随即全部购入（类似图5－3），故不存在缺货成本。此时与存货订购批量、批次直接相关的就只有订货成本和储存成本两项。于是：

存货相关总成本＝相关订货成本＋相关储存成本

$=\frac{\text{存货年需要量}}{\text{每次订购批量}}\times\text{每次订货成本}+\frac{\text{每次订货批量}}{2}\times\text{单位存货年储存成本}$

用符号表示即为：

存货相关总成本 $TC=\frac{A}{Q}\times B+\frac{Q}{2}\times C$

式中，Q 为订购批量；A 为存货年需要量；B 为平均每次订货成本；C 为单位存货年度储存成本。

令

$$\frac{\mathrm{d}TC}{\mathrm{d}Q}=\frac{1}{2}\times C-\frac{A}{Q^2}\times B=0$$

得经济订购批量 Q^*，即：

$$Q^*=\sqrt{\frac{2AB}{C}}$$

经济订购批量的存货相关总成本 $TC^*=\sqrt{2ABC}$

经济订购批量平均占用资金 $W^*=\frac{Q^*}{2}\times P=\sqrt{\frac{AB}{2C}}\times P$（$P$ 为存货单价）

年度最佳订购批次 $N^*=\frac{A}{Q^*}=\sqrt{\frac{AC}{2B}}$

【例5－10】 某企业每年耗用甲材料720千克，该材料单位采购成本20元，单位储存成本4元，平均每次订货成本40元，则：

$$Q^* = \sqrt{\frac{2AB}{C}} = \sqrt{\frac{2 \times 720 \times 40}{4}} = 120(\text{千克})$$

$$TC^* = \sqrt{2ABC} = \sqrt{2 \times 720 \times 40 \times 4} = 480(\text{元})$$

$$W^* = \frac{Q^*}{2} \times P = \frac{120}{2} \times 20 = 1\ 200(\text{元})$$

$$N^* = \frac{A}{Q^*} = \frac{720}{120} = 6(\text{次})$$

上述计算表明，当进货批量为120千克时，订货成本与储存成本的总额最低。

（二）实行数量折扣的经济订购批量模式

为了鼓励客户购买更多的商品，销售企业通常会给予不同程度的价格优惠，即实行商业折扣或称数量折扣，购买越多，所获得的价格优惠越大。此时，进货企业对经济订购批量的确定，除了考虑订购与储存成本外，还应考虑存货的采购成本。

在经济订购批量基本模式其他各种假设条件均具备的前提下，存在数量折扣时的存货相关总成本可按下式计算：

存货相关总成本＝采购成本＋相关订货成本＋相关储存成本

存在数量折扣的经济订购批量确定的具体步骤如下：

第一步，按数量折扣条件划分若干个购货数量区间；

第二步，按照基本经济进货批量模式确定经济订购批量 Q^*（有可能需要根据计算结果所在区间重新调整计算）；

第三步，就每一个购货数量区间依据 Q^* 值分别确定各个购货数量区间的最优批量（原则为：同一区间内距 Q^* 值最近的数量为该区间的最优批量）；

第四步，分别计算各区间最优批量的存货相关总成本；

第五步，比较各区间最优批量的存货相关总成本，选择最小值，其批量即为最终的经济订购批量。

【例5－11】 某企业甲材料的年需要量为4 000千克，每千克标准价为20元。销售企业规定：客户每批购买量不足1 000千克的，按照标准价格计算；每批购买量1 000千克以上，2000千克以下的，价格优惠2%；每批购买量2 000千克以上的，价格优惠3%。已知每批订货成本60元，每千克材料的年储存成本3元。

按经济进货批量基本模式确定的经济进货批量为：

$$Q^* = \sqrt{2 \times 4\ 000 \times 60/3} = 400(\text{千克})$$

每次进货400千克时的存货相关总成本为：

$$\text{存货相关总成本} = 4\ 000 \times 20 + \frac{4\ 000}{400} \times 60 + \frac{400}{2} \times 3 = 81\ 200(\text{元})$$

每次进货1 000千克时的存货相关总成本为：

$$\text{存货相关总成本} = 4\ 000 \times 20 \times (1 - 2\%) + \frac{4\ 000}{1\ 000} \times 60 + \frac{1\ 000}{2} \times 3 = 80\ 140(\text{元})$$

每次进货2 000千克时的存货相关总成本为：

$$\text{存货相关总成本} = 4\ 000 \times 20 \times (1 - 3\%) + \frac{4\ 000}{2\ 000} \times 60 + \frac{2\ 000}{2} \times 3 = 80\ 720(\text{元})$$

由上可知,每次订购1 000千克时的存货相关总成本最低,所以经济订购批量为1 000千克。

三、存货的日常控制

存货日常管理的目标是在保证企业生产经营正常进行的前提下尽量减少库存,防止积压。实践中形成的行之有效的管理方法有存货定额控制、存货供应时点控制、存货储存期控制、存货ABC分类管理以及零库存管理等多种方法。本书只介绍后三种。

(一)存货储存期控制

无论是商品流通企业,还是生产制造企业,其商品一旦购进入库或产品一旦完工入库,就面临着如何尽快销售出去的问题。即使不考虑未来市场供求关系的不确定性,仅是存货储存本身就要求企业付出一定的资金占用费(如利息或机会成本)和仓储管理费。

因此,尽力缩短存货储存时间,加速存货周转,是节约资金占用,降低成本费用,提高企业获利水平的重要途径。

企业进行存货投资所发生的费用支出,按照与储存时间的关系可以分为固定储存费与变动储存费两类。前者包括进货费用、管理费用,其金额多少与存货储存期的长短没有直接关系;后者包括存货资金占用费(贷款购置存货的利息或现金购置存货的机会成本)、存货仓储管理费、仓储损耗(为计算方便,如果仓储损耗较小,亦将其并入固定储存费)等,其金额与存货储存期成正比。

基于上述分析,可以将产量、成本、利润的平衡关系式调整为

利润=毛利-固定储存费-营业税金及附加-每日变动储存费×储存天数

上式稍作变形便可得出存货保本储存天数(利润为零)和存货保利储存天数(利润为目标利润)的计算公式

$$存货保本储存天数=\frac{毛利-固定储存费-营业税金及附加}{每日变动储存费}$$

$$存货保利储存天数=\frac{毛利-固定储存费-营业税金及附加-目标利润}{每日变动储存费}$$

可见,存货的储存成本之所以会不断增加,主要是由于变动储存费随着存货储存期的延长而不断增加的结果,所以利润与费用之间此增彼减的关系实际上是利润与变动储存费之间此增彼减的关系,这样随着存货储存期的延长,利润将日渐减少。当毛利扣除固定储存费和营业税金及附加后的差额,被变动储存费抵消到恰好等于企业目标利润时,表明存货已经到了保利期,当它完全被变动储存费抵消时,便意味着存货已经到了保本期。

(二)ABC管理法

意大利经济学家巴雷特在19世纪首创了ABC管理法,经过不断发展和完善,现在已经广泛用于存货管理、成本管理和生产管理中。存货的ABC管理就是按照一定的标准,将企业的存货划分为A、B、C三类,分别实行分品种重点管理、分类别一般控制和按总额灵活掌握的存货管理方法。对于一个企业而言,存货品种繁多,尤其是大中型企业的存货往往有成千上万种,有的存货品种数量少,但价值很高,有的存货品种数量繁多,但价值较小。如果不分主次,对所有的存货都进行周密的计划、严格的控制,就抓不住重点,不能有效地控制主要存货。因此,对存货的管理不必事无巨细、面面俱到,应当分清主次。对于价值昂贵、占用资金较多的存货应当重点管理;对于价值较低、占用资金不多的存货,可以不作重

点管理,实行一般控制即可。

在实际应用中,通常分类的标准主要有两个:一是金额标准,二是品种数量标准,其中金额标准是最基本的,品种数量标准仅作为参考。

A 类存货一般是种类少,但资金占用较多的存货;C 类存货通常是种类繁多,但资金占用不多的存货;B 类存货是介于 A 类和 C 类之间的存货。一般而言,三类存货的金额比重大致为 A∶B∶C = 0.7∶0.2∶0.1,而品种数量比重大致为 A∶B∶C = 0.1∶0.2∶0.7。

可见,由于 A 类存货占用着企业绝大多数的资金,只要能够控制好 A 类存货,基本上也就不会出现大问题。同时,由于 A 类存货品种数量较少,企业完全有能力按照每一个品种进行管理,企业可以为 A 类存货分别设置永续盘存卡片,以加强日常的控制。B 类存货金额相对较小,企业不必像对待 A 类存货那样花费太多的精力。同时,由于 B 类存货的品种数量远远多于 A 类存货,企业通常没有能力对每一具体品种进行控制,因此可以通过划分类别的方式进行管理。C 类存货尽管品种数量繁多,但其所占金额却很小,对此,企业可以采用较为简化的方法进行管理。

(三)零存货管理

零存货管理系统(Just in Time lnventory System, JIT)的特征是,争取存货为零,即在生产刚开始时,供应商发出的原材料刚好到达;在生产线上没有留存的半成品,只有不断运动的在产品;产品一旦完工,马上销售出去。零存货库存突破了传统的存货库存模式,这种模式能够使企业加速流动资金周转,减少利息支出,减少库存仓储存放费用和运输装卸费用,降低原材料费用成本。同时还避免随着商品不断更新,库存物资因不适合市场需要和生产质量工艺要求,出现削价处理、报废处理,甚至霉烂变质等损失。

零存货库存的管理要有严密的生产计划。企业根据产品订货合同和交货进度,与原材料供应公司订立原材料供货合同;按照原材料交货时间、质量标准和数量多少来安排生产计划和组织生产,尽可能在供应、生产、销售三个环节实现零存货库存,进而逐步做到不需要建立原材料、外购件、半成品及产成品的库存准备或者少储存。同时,这种管理模式也对供应商、员工、生产系统等提出了更高的要求。只有这些要求能够得到满足,零存货管理才能取得成功。

思考与练习

1. 搞好营运资本管理需要遵循的原则有哪些?可供选择的管理政策有几种?

2. 简述企业持有现金的动机以及现金管理的目标。

3. 简述应收账款的功能和成本。

4. 什么叫信用政策?信用政策如何制定?

5. 如何运用 5C 系统评估顾客的信用品质?

6. 什么叫经济批量?如何确定?

7. 什么叫存货的 ABC 管理法?怎样实行 ABC 管理法?

8. 已知某公司现金收支平稳,预计全年(按 360 天计算)现金需要量为 250 000 元,现金与有价证券的转换成本为每次 500 元,有价证券年利率为 10%。要求:

(1)计算最佳现金持有量。

(2)计算最佳现金持有量下的全年现金管理总成本、全年现金转换成本和全年现金持有机会成本。

(3)计算最佳现金持有量下的全年有价证券交易次数和有价证券交易间隔期。

9. 假设B公司以赊购方式购买原料,以赊销方式销售产品,赊购原料的信用条件是30天付款,赊销产品是以60天收款,其实际平均应付账款延期支付期间为35天,平均应收账款收账期为70天,从原料购进至产品售出期间平均为85天,即平均存货周转期。公司每年经营投资额(现金)为720万元,一年以360天计算。根据上述资料计算:

(1)公司营业周期以及现金周转期。

(2)为保持正常经营,公司应持有多少现金?

(3)假设公司的融资利率为12%,若现金周转期缩短20天,可为公司节约多少现金?增加多少利润?

10. 某企业预测2011年度销售收入净额为4 500万元,现销与赊销比例为1:4,应收账款平均收账天数为60天,变动成本率为50%,企业的资金成本率为10%。一年按360天计算。要求:

(1)计算2011年度赊销额。

(2)计算2011年度应收账款的平均余额。

(3)计算2011年度维持赊销业务所需要的资金额。

(4)计算2011年度应收账款的机会成本额。

(5)若2011年应收账款需要控制在400万元,在其他因素不变的条件下,应收账款平均收账天数应调整为多少天?

11. 某公司DVD播放器的生产能力是年产10 000台,变动成本是1 200元/台,年固定成本总额500 000元,每件售价1 500元。目前均采用30天按发票金额付款的信用政策,可销售8 000台,坏账损失率为2%;如果公司将信用期限放宽至60天并按发票金额付款,全年销售量可增加至9 000台,坏账损失率估计为2.5%;如果公司将信用期限放宽至120天仍按发票金额付款,全年销售量可增加至9 500台,坏账损失率估计为4%。公司根据以往经验,其收账费用为赊销收入的5%。公司目前最低的投资报酬率为10%。

要求:根据上述资料,测算企业实行不同信用期限政策可实现的收益并选择合适的信用期限。

12. 某企业预计生产耗用甲材料6 000件,单位采购成本为15元,单位储存成本9元,平均每次进货费用30元,假设该材料不存在缺货的情况。试计算:

(1)甲材料的经济订货批量EOQ。

(2)经济订货批量下的总成本。

(3)经济订货批量的平均资金占用额。

(4)年度最佳订货批次。

13. 某企业2010年A产品销售收入为4 000万元,总成本为3 000万元,其中固定成本为600万元。假设以后的以销售收入为基础的变动成本率保持不变。2011年该企业有两种信用政策可供选用:甲方案给予客户60天信用期限(n/60),预计销售收入为5 000万元,货款将于第60天收到,其信用成本为140万元;乙方案的信用政策为(2/10,1/20,n/90),预计销售收入为5 400万元,将有30%的货款于第10天收到,20%的货款于第20天收到,其余50%的货款于第90天收到(前两部分货款不会产生坏账,后一部分货款的坏账损失率为该部分货款的4%),收账费用为50万元。该企业A产品销售额的相关范围为3 000

万—6 000 万元，企业的资金成本率为 8%（为简化计算，本题不考虑增值税因素）。

要求：(1) 计算该企业 2010 年的下列指标：①变动成本总额；②以销售收入为基础计算的变动成本率。

(2) 计算乙方案的下列指标：①应收账款平均收账天数；②应收账款平均余额；③维持应收账款所需资金；④应收账款机会成本；⑤坏账成本；⑥不含现金折扣的信用成本。

(3) 计算以下指标：①甲方案的现金折扣；②乙方案的现金折扣；③甲方案信用成本后收益；④乙方案信用成本后收益。

(4) 该企业应采用何种信用政策？说明理由。

第六章 对外证券投资管理

学习目标：通过本章学习，要求学生理解对外投资的目的、意义及方式；掌握债券及股票定价的基本方法；掌握定价方法的局限性；掌握证券投资的风险及证券收益的计算方法；了解投资组合的目的与意义。

第一节 证券投资概述

证券是适应市场经济发展的要求产生的，证券特有的融资功能与取得企业控制权功能，促进企业和社会的发展。随着经济的不断发展，证券种类也在逐步增多，证券的交易也日益频繁。于是新的投资方式——证券投资就逐步发展起来并为广大投资者所接受。证券投资与所有投资方式相同的地方就在于它同样存在风险，证券投资的风险性就要求投资者进行证券投资必须建立在对证券投资科学定价与科学分析基础之上，否则不仅不能管理好闲置资金，获得收益，还会招来损失。

一、证券含义

（一）证券的概念

证券指的是特定主体，根据国家有关法律发行的，代表一定权利的一种信用凭证或法律凭证，用以证明持有人有权依其所持有的凭证记载的内容获取相应的权益。广义的证券包括商品证券、货币证券、资本证券。

（1）商品证券。商品证券是证明持有人具有商品所有权或使用权的凭证，取得此种证券即取得这种商品的所有权，并受到法律的保护，比如提货单、运货单。

（2）货币证券。货币证券是证明持有人具有凭借其所持有的证券索取货币的权利凭证，一般有两种：商业证券、银行证券。商业证券包括商业汇票和商业本票；银行证券包括银行汇票、银行本票和支票。

（3）资本证券。资本证券是证明持有人具有收入请求权以及依法参与管理权利的凭证，如股票、债券以及衍生的金融品种。

一般人们所谈到的以及本教材中所涉及的证券指的就是资本证券，且当前资本证券是证券的主要形式。

（二）证券的功能

（1）筹资。为经济的发展筹措资本，企业通过发行证券筹集资本，国家通过发行国债筹集建设资金。

（2）配置资本。通过证券的发行吸收社会上的闲置资金，使得流出社会循环系统的资金重新回到经济的循环系统中来，并创造价值。

二、证券投资的含义与目的

证券投资是指企业通过购买有价证券的形式，以期获得收益或其他长远权利的投资行为，它属于一种间接投资，是企业对外投资的重要组成部分。

证券投资与直接投资的最大区别在于证券流通性强，增加企业收益的同时，降低企业风险。

（一）证券投资的特点

首先，相对于实际投资而言，证券投资流动性强，一般判断流动性强弱的标准包括：有明显的、大规模的投资单位的交易，而不导致市场价格的上下波动；营业时间内存在连续的买价和卖价，存在微小的价差，证券有着活跃的二级市场。与实物投资相比证券转让过程快捷、简便，因此证券具有流动性强的特征。

其次，价值不稳定，证券投资是人与人之间的交易，证券相对于实际资产来说，受人为影响较大，且没有实物作保证，其价值受政治、经济等环境的影响较大，因此价值不稳定。

再次，交易成本低，这里的交易成本低是相比较实际资产的繁琐交易过程来说的，证券投资减少了各种烦琐的手续，交易快捷、简便。

最后，证券投资本身融价值贮藏、增值、流通于一身。证券信息的披露制度决定了证券投资能较好地实现投资者与筹资者的沟通，投资者通过购买上市公司的股票取得投资多样化所带来的分散投资风险的效果。

（二）证券投资的目的

暂时存放闲置资金，通过持有一定量的证券来代替企业库存较多的非营利现金余额，在现金流入超过流出时取得收益，在现金流出超过流入时，资金出现短缺，仅依靠银行提供这些资金是不可靠的，持有一定数量的证券可以通过出售证券增加现金，调节资金的余缺，这一点对存在季节性特征的公司尤为适合。在筹集长期资金时，通过证券投资可以实现证券投资与筹资的有效配合，比如：企业长期筹资之后并不是一次性用完，在筹资之后将暂时不使用的资金投放证券市场获取收益，可以减少资金使用成本；取得相应的控制权，对于想多元化经营的企业，或者出于战略的考虑需要控制一些上游下游及相关的企业，通过股票投资可以实现控制权，减少自己重新建设的不确定性。

三、证券投资的对象与种类

（一）债券

债券是政府、金融机构、工商企业等机构直接向社会借债筹集资金，并向投资者承诺按一定利率支付利息、按约定条件偿还本金的一种债券债务凭证。债券发行人为债务人，投资者为债权人。债券按其发行主体的不同分为以下三种：

1. 政府债券

政府债券又称国债，是中央政府为筹集财政资金而发行的一种债券，是中央政府向投资者出具的，承诺一定时期支付利息并到期偿还本金的债券债务凭证，因为政府债券是以税收作为还本付息的保障，所以风险小、流动性强，但是利率较低。

国债又分成凭证式国债、无记名国债、记账式国债。凭证式国债不能上市流通，如需兑换可到购买网点兑换。无记名国债是一种实物债券，发行时在国债销售机构柜台购买，在证券交易所设立账户者，可委托证券公司通过交易系统申购，发行结束后可在柜台卖出，也可交由证券交易所托管，通过交易系统卖出；记账式国债通过证券交易所发行和交易，买卖证券都通过证券交易所，基本是无纸化交易。

国债从发行主体上又可以分成国家公债、地方政府公债、政府机构公债。国家公债是指中央政府发行的以国家财政收入为担保的债券，如我国的国库券。地方政府公债是地方政府部门为筹集本地区的建设资金而发行的债券。政府机构公债是政府所属机构或公共团体发行，由政府提供担保的债券，又称政府保证债券，如1988年由我国专业投资公司发行的基本建设债券和重点企业债券等。

2. 金融债券

金融债券是由银行金融机构发行的债券，金融机构在国家经济中占有特殊地位，从风险角度上说金融债券违约风险较小，相对安全，但利率一般低于企业债券。金融机构发行债券主要为解决金融机构资金来源和资金运用期限不匹配的问题，因此金融债券以长期债券为主，到期前不兑换，只能在市场中交易。金融债券又可以分为付息债券、贴现债券、普通金融债券和累进利息金融债券，其中累进利息金融债券利率不固定，一般一年比一年高。

我国从1985年开始发行金融债券，债券发行机构涉及各商业银行、专业银行及其他金融机构，主要为补充部分企业自有流动资金不足和增添国家规划中效益好的项目建成后所需的流动资金，品种也包括了普通金融债券、贴现金融债券和累进利率金融债券。普通债券1985年开始发行，不能提前兑换，不能流动转让和抵押；1987年开始发行贴现金融债券，不能提前兑换，过期不另计利息、不记名、不挂失、可以转让；1987年10月开始发行累进金融债券，不记名、不挂失、可以转让，发行对象是城乡个人。与银行存款相比，债券利息免征利息所得税，储蓄存款要交20%的所得税，债券逐步为广大投资者所接纳和欢迎。

3. 公司债券

公司债券又称企业债券，是公司为筹措资金而发行的债务凭证。它也属于一种借贷关系。公司债券持有人是公司的债权人，享有到期收回本息的权利，取得利息优先于股东分红，公司破产清理后，对公司剩余资产有优先于股东的要求权。公司债券风险要高于政府债券和金融债券，但发行债券一般是业绩较好的公司，且经过严格的审查和财产抵押，安全性基本可以得到保证，除非出现较大的金融危机。

（二）股票

股票是股份有限公司签发的证明股东所持股份的凭证，是为筹措权益资金而发行的有价证券，它代表持股人在企业拥有的所有权。股票持有人即为企业的股东，企业股东按照出资额享有权利，取得收益。

股票从投资角度按不同特征分为以下几大类：

1. 红筹股、蓝筹股

红筹股概念诞生于20世纪90年代初期的香港股票市场，香港和国际投资者把在境外注册、在香港上市的那些带有中国内地概念的股票称为红筹股。早期的红筹股主要是一些中资公司收购香港中小型上市公司后改造形成的，随着中国经济实力的不断增强，融资环境的不断优化，以前在香港和国外上市的公司回归中国股市，于是出现所谓的红筹股回归的概念。蓝筹的概念起源于西方赌场，赌场中有蓝色、红色、白色筹码，其中蓝色代表的资金最多，其次是红色，白色最低，投资者把这些行话用于股票市场，用蓝筹形容那些在其所属行业内占支配性地位、业绩优良、成交活跃、红利优厚的大公司股票，称为蓝筹股。

2. 周期股、热门股、投机性股票、绩优股、概念股、成长性股票、防守型股票

周期股指经营业绩随经济周期的涨缩而变动的公司股票，如航空、钢铁、汽车、化工等板块在经济复苏的时候，这些股票上升得快，经济走向衰退的时候，这些股票下跌的幅度也很大。热门股是指一些经营和资信状况良好的大公司所发行的普通股股票，一般为蓝筹股，交易量大，周转快，股价涨跌幅度大，这些热门股的形成往往有着特定的政治经济背景。投机性股票是指价格不稳定，前景不明朗的普通股票。绩优股就是业绩优良公司的股票。概念股是指能迎合一定的潮流的股票，股价呈较大的起伏。成长性股票是指营业收入和利润都具有良好的增长幅度和增长潜力的公司所发行的股票。防守型股票指不论在怎样的市场环境下，都能提供稳定回报的股票，是一种低风险通常也低回报的股票。理论上的防守类股票是公用事业如水、电、煤气供应，交通运输、食品、医药、零售等板块。在 A 股市场上，当整个经济处于长期快速增长态势时，一些防守型股票在具备其防守特性的同时也能提供成长型股票的回报。概念股是指具有某种特别内涵的股票，而这一内涵通常会被当作一种选股和炒作题材，成为股市的热点，其有具体的名称、事物、题材等，例如金融股、地产股、资产重组股、券商股、奥运题材股、保险股、期货概念等都称之为概念股。简单来说，概念股就是对股票所在的行业经营业绩增长的提前炒作。

3. 一线股、二线股、三线股

根据股票交易价格的高低，我国投资者直观地将股票分为一线股、二线股、三线股。一线股指的是价格较高、业绩较好的股票；二线股是股票市场中大部分的股票，价格中等，业绩参差不齐；三线股是指价格低廉、业绩不好、前景不乐观以及亏损性的股票。

（三）基金

投资基金是一种集合投资制度，由基金发起人以发行收益证券形式汇集一定数量的具有共同投资目的的投资者的资金，委托由投资专家组成的专门投资机构进行各种分散的投资组合，投资者按出资的比例分享投资收益，并共同承担投资风险。

1. 投资基金与股票、债券的区别

（1）发行的主体不同，体现的权利关系不同。投资基金证券是由基金发起人发行的，基金证券的投资人与发起人之间是一种契约关系，投资者与发起人双方都不参与基金的运营管理，而是委托基金管理人进行运营，发起人与管理人、托管人之间完全是一种信托契约关系，与债券的债权债务关系以及股票的所有者与经营者之间的关系有明显的区别。

（2）风险和收益不同。基金的风险介于股票和债券之间，收益不固定，一般小于股票大于债券。

（3）存续时间不同。与债券到期日要还本付息，和股票不存在到期日的区别在于基金有一定的存续期，存续期届满之后可以再延续，也可以由基金持有人大会决议提前终止。

2. 基金按其投资对象、变现方式以及组织形式形成不同的分类

（1）按基金投资对象的不同分为：股票基金、配置型基金、债券基金、保本型基金、货币基金、期货基金、期权基金、认股权证基金、混合型基金。股票型基金主要投资于股票、债券，股票比例一般不低于60%，具有明显的高收益、高风险的特征，主要适合于愿意承受较高风险、追求高收益的积极型投资者；配置型基金主要投资于股票、债券，但是投资于股票的上限有约束，相对来讲，具有较高收益、较高风险的特征，主要适合于愿意承担一定风险、追求较高收益的稳健型投资者；债券型基金主要投资于国债、可转债、企业债，风险较低，收益一般，适合于追求本金相对安全、回报略高的稳健型、保守型投资者；保本型基金投资对

象以债券为主,配有一定比例的股票,具有保障本金、收益一般、流动性差的特点,适合于愿意牺牲流动性、追求本金的绝对安全、回报略高的保守型投资者;货币基金主要投资于短期国债、金融债、央票、存款,具有本金安全、流动性较高的特点,收益略高于存款,适合于追求本金绝对安全、流动性高、回报略高于存款的保守型投资者。

(2)按不同的变现方式分为:封闭式基金、开放式基金。封闭式基金就是发起人在设立基金时,限定了基金单位的发行总额,筹资达到发行总额后,基金宣告成立,进行封闭,一定时期内不再接受新的投资,基金单位的流通采用交易所上市的办法,通过二级市场竞价交易,这一点上封闭式基金有点类似于普通股股票,封闭期结束后,封闭式基金面临着是继续生存还是退出市场的选择。开放式基金指基金发起人在设立基金时,基金单位总额不固定,可以根据经营策略和发展需要追加发行,投资者根据市场状况和各自的投资决策,可以要求发行机构按现期净资产扣除手续费后赎回股份或受益凭证,或者再买入股份,增加基金单位份额的持有比例。两者区别在证券的交易价格上以及投资策略上呈现不同,封闭式基金买卖价格受市场供求关系影响,并不必然反映公司净资产值,开放式基金则取决于基金单位净值,基本不受市场供求影响。投资上来说封闭式基金因为不存在中间套现的问题,可以将全部资金用于长期投资,而开放式基金在首次发行一段时间(多为 3 个月)后,通过基金经理的柜台交易赎回,开放式基金需要应付可能的赎回风险,基金资产不能全部用于投资,更不能把所有资金全部用于长期投资。

(3)按组织方式分为:契约性基金和公司型基金。契约性基金又称单位信托基金,由管理人、托管人、投资人三者作为基金当事人,由管理人与托管人通过签订信托契约的形式发行受益凭证而设立的一种基金。契约性基金由基金管理人负责基金的管理操作,由基金托管人作为基金资产的名义持有人,负责基金资产的保管和处置,对基金管理人的运作实行监督。公司型基金是按照公司法以公司形态组成的,它以发行股份的方式募集资金,一般投资者购买该公司的股份即为认购基金,享有管理权、收益分配权、剩余财产求索权,类似于股份公司,不同之处在于委托基金管理公司作为专业的财务顾问经营管理基金资产。

基金的投资对象、组织方式、变现方式不同程度地影响着基金的估价。

(四)其他的一些投资品种,如期货投资、期权投资

期货投资是指将期货作为投资对象的一种投资行为。本身期货投资是投资者为躲避价格风险而买卖期货合约的一种保值行为。而期货合约因为具有了保值的功能也就产生了期货合约的价格。这种合约被用于摄取利润的一种投资方式,也是高风险投资的一种。

期权投资是为了实现盈利的目的或者避免风险而进行期权买卖的一种行为。根据买进卖出的性质划分为看涨期权、看跌期权和双向期权。

认股权证是由股份公司发行的可认购其股票的一种买人期权,它赋予持有者在一定期限内以事先约定的价格购买发行公司一定股份的权利,权证波动大于股票,市场投机性很强,属于高风险投资。

投资者选择什么样的证券作为投资操作对象,要综合考虑证券品种的风险水平、收益状况、期限结构以及自身资金水平、承受风险的能力等。

四、证券投资的风险

证券投资在取得收益的同时也在承受着风险。按风险的成因可以分为以下几种:

（一）违约风险

违约风险是指证券发行人无法按期支付利息或偿还本金的风险。导致发行人违约的原因很多，有因为政治经济形势发生重大改变，也有自然灾害导致的结果，还有企业经营管理不善导致的。一般而言政府发行的证券违约风险较小，金融机构次之，公司发行证券违约风险较高。如2008年美国次贷危机中债券大幅下跌的主要原因是随着金融市场的持续下跌，违约的情况不断增加，导致一些公司债券价格的大幅下跌。

（二）利息率风险

利息率风险是指由于利息率的变动引起证券价格的波动而使投资者遭受损失的风险。证券价格随利息率的变动而变动，银行利率上升，证券价格下跌；反之证券价格上升。

（三）购买力风险

购买力风险是指由于通货膨胀而使证券到期或出售时所获得的货币资金的购买力降低的风险。购买力风险不同于利率风险和市场风险，因为投资者有可能在其价格持续上升的情况下丧失购买力。许多投资者错误地认为货币越多越富裕，这种货币幻觉使投资者忽视了通货膨胀的问题。投资者只有把注意力集中在实际收益率而非名义收益率上，才能克服货币幻觉问题，而且只有当实际收益率为正值，即名义收益率大于通货膨胀时，购买力才真正有增长。

（四）流动性风险

流动弹性风险是指在投资者想出售有价证券获取现金时，证券不能立即出售的风险。如果能出售但是要面临证券价格大幅下跌的可能，同样表示市场中存在着流动性风险。一般大公司证券相对流动性较强，小公司比较弱。

（五）再投资风险

再投资风险是由于市场利率的下降而造成的无法通过再投资实现预期收益。根据流动性偏好，长期投资收益率要高于短期收益率。但为避免市场利率变动的利息率风险，投资者可能选择投资于短期证券，但短期证券又会面临市场利率下降的再投资风险，即无法按预定收益率进行再投资实现所要求的预期收益。

五、证券投资的一般程序

（一）选择合适的投资对象

企业在选择投资对象时一般应遵循三个原则：

1. 安全性原则

投资证券存在风险，风险在于超出预期，也许会带来超出预期的收益，也许带来超出预期的损失，即使风险较小的债券依旧存在着由于利率的变化而导致二级市场价格的变动。投资债券的本身目的在于获息，但二级市场价格的波动却使投资者蒙受资本品价格变动的风险。投资者在进行证券买卖的时候，首先考虑证券投资的本金是否安全，是否有遭受损失的危险，为增加投资的安全性，投资者在投资时应当认识到风险与收益的匹配。

2. 流动性原则

投资者所投资的证券是否具有较强的流通变现能力是投资时必须注意的，便于转让的流通证券可使投资者在需要资金的时候及时变现并获得收益。考察流通性关键在于存在活跃的二级市场，随时可以变现，保证证券持有人可按自己的需要转让证券换取现金。

3. 收益性原则

投资者最关心从证券中能否获得收益,债券获取利息,股票获取红利,利息和红利等都是投资者出让资本使用权应取得的回报。当然有价证券的收益不仅仅在于利息和红利,也包括二级市场中证券买卖的差价。在衡量收益多少时,投资者需要综合考虑风险、税金和手续费等交易成本及其他相关因素。

(二)确定合适的证券买入价格

确定证券买入价格就要做好证券的估价与收益的预期,证券的买卖对于企业来说,往往不是一次性全部买入,一般都遵循阶段性买入的策略,可制定一个切实可行的购买步骤,分批购进,低价位多买,高价位时少买。

(三)委托买卖并发出委托投资指示

在证券买卖中,委托投资指示主要有以下几种:

1. 随市指示

随市指示指投资者向证券经纪人发出按当时市场价格买卖某种证券的指令。

2. 限定性指示

限定性指示指投资者向证券经纪人发出的买卖某种证券并对买卖价格有所限制的指令。

3. 停止损失指示

停止损失指示指投资者为保障既得利益或限制可能的更大的损失,向证券经纪人发出的当某种证券的价格上涨或下跌到超过所指定的限度时,便代其按市价买入或卖出。

4. 撤销前有效委托指示

撤销前有效委托指示指当投资者发现以前的委托指令失误时,向经纪人发出的撤销以前委托的指示。

(四)进行证券交割和清算

证券结算是指证券交易完成后,对买卖双方应收应付的证券和价款进行核定计算,并完成证券由卖方向买方的转移和相对应的资金由买方向卖方的转移的全过程。

在证券实行无纸化交易方式以后,结算在事实上只需要通过证券交易所将各券商买卖证券的数量和金额分别予以抵消,计算应收、应付证券和应收、应付股款的差额,就可以了。交割是结算过程中,投资者与证券商之间的资金结算。

投资者应注意的是,我国目前实施的 T+1 制度当日买入的证券当日不能卖出,而当日卖出的股票是可以买入的。

投资者进行证券委托买卖以后,应及时办理交割手续,如发现有疑问,可在一定期限内(一般为 3 天),向证券营业部提出质疑。对于因此而产生的损失,如果证据确凿,理由充分,完全可以要求证券营业部进行赔偿。

(五)办理证券过户

股权与债权的过户是指股权与债权在投资者之间的转移。

现代证券交易的对象大多是非实物的记名式证券,由于没有实物载体,股东(或债权人)对相应证券的所有权无法凭借实物券来体现,而是通过在股东名册(或债权人名册)上对股东(或债权人)的姓名等资料加以登录从而确认其股东(或债权人)身份,并明确相应权利义务法律关系,这即是股权(债权)登记的由来。

在证券交易中,股东(债权人)的身份会不断发生改变,权利义务不断在交易者之间转移，从而要求能够对已有的股权（债权）登记进行修改，这便是股权（债权）的过户。

对于大多数的证券投资来说在购买成功的同时自动完成过户，对于一些非流通股和不上市的证券依旧需要专门的过户办理。

六、证券交易方式

证券交易方式有许多分类方法，例如，按交易场所的角度来分类，可以分为交易所交易、柜台交易和第三市场交易等。按买卖双方结合方式不同，可以分为议价买卖和竞价买卖。按交割期限和对象的不同，可以分为以下几类：

（一）现货交易

现货交易也称现金交易，是指证券买卖双方在成交之后，便按规定及时办理交割，买方支付现金，收取证券，卖方交出证券，收回现金，双方钱货两清。

（二）期货交易

期货交易是在现在时点买进或卖出证券而以将来某一特定日期作为交割日的证券交易。

（三）指数期货交易

指数期货交易是一种以证券交易所的股票指数变动作为买卖对象的期货交易。

（四）期权交易

股票期权交易是通过签订期权合约来进行的一种交易。期权交易按合约规定的权利划分，可以分为买进期权和卖出期权。

1. 买进期权

买进期权赋予合约购买者按约定的价格，在约定的日期购买一定数量的资产或金融指标的权利。

2. 卖出期权

卖出期权又称看跌期权，它赋予投资者在合约有效期限内按某一确定价格卖出一定数量的有价证券或期货的权利。

第二节　债券投资

一、债券投资的主要特点

债券投资属于债权性投资，债券体现的是债权人与债务人之间的关系。与其他有价证券相比，债券投资具有明显的优势的地方有：

（一）本金安全性强

债券的安全性是因为债券具有固定的利率，尤其是政府债券，一般视之为无风险证券，即便是企业债券也因受偿权在前，损失本金的可能性较小，投资者可以按照预定的期限和利率收到筹资人支付的利息，直到债券到期。债券利率一般不受银行利率的影响。包括我国在内许多国家都对发行债券的企业有严格的限制条件，保证发债企业有足够的偿还能力，很多公司债券还设有担保。

（二）波动性小，收益稳定

债券的收益性体现在两个方面：债券可以获得固定的，高于储蓄存款的利息；也可以通过在证券市场上买卖，获得比一直持有至到期更高的收益。债券的交易价格受市场利率的升降波动影响，当市场利率下降时，债券价格会上涨；当市场利率上升的时候，债券价格会下跌。比如从2008年8月以来，随着银行利率不断下调，债券也积累了较大的涨幅。投资者根据债券市场的行情，于价格高时卖出，于价格低时买入，得到比一直持有债券更高的收益。但是这里所说的债券波动小、收益稳定是相对的，美国次贷危机实际说明在一些极端的情况下，债券的风险也是很大的。

（三）流动性较好

债券变现能力较强，首先在于其期满后可以得到本金和利息，其次在于存在着可以迅速交易的金融市场，投资者在购买债券后，并不一定持有至到期，而是可以选择适当的时机在债券市场上出售，收回投资并获取收益，还在于当投资者需要现金时，又不想出售债券，可以选择到银行用债券进行抵押办理债券抵押贷款。债券的流动性表现在不影响筹资者所筹资金稳定的同时，使得投资者也拥有了随时转卖、变现的投资品。

但是，债券也存在缺点：由于债券在购买后一段时间内不管通货膨胀水平如何，利息水平保持不变，因此在通货膨胀水平较高的情况下，易使本金承受购买力下降的风险，不能抵御购买力风险，不能参与企业的经营管理，不利于债权人保护自己的利益。

二、债券的估价

进行债券投资必须对债券的价值进行评估，以便和债券的现实价格进行比较后作出证券的投资决策，现介绍几种常见的估价模型。

（一）债券的一般估价模型

债券的价值是由其未来的现金流入量的现值决定的，其未来的现金流入量由未来的利息收入和到期偿还的本金组成，因此债券可按下面的计算公式进行估价。债券估价模型根据资金的时间价值得来，并考虑了再投资收益。

$$V = \sum_{t=1}^{n} \frac{I_t}{(1+r)^t} + \frac{M}{(1+r)^n}$$

$$= I(P/A, r, n) + M(P/F, r, n)$$

$$I_t = \text{票面金额} \times \text{票面利率}$$

式中，V为债券价值；I_t为第t期的利息；r为市场利率或投资人要求的必要收益率；M为债券面值；n为付息期数。

注：如果每年付息一次，则利率为年利率；如果半年付息一次，则利率为市场利率的一半，n为债券的付息期数。

【例6-1】 A公司欲在市场上购买B公司曾在2007年1月1日平价发行的债券，每张面值1000元，票面利率10%，5年到期，每年12月31日付息。（计算过程中至少保留小数点后4位，计算结果取整）

要求：假定2011年1月1日的市场利率下降到8%，若A在此时欲购买B债券，则债券的价格为多少时才可购买？

解 债券价值 $V = \frac{100\text{元}}{1.08} + \frac{1\,000\text{元}}{1.08} = 1\,019\text{元}$

债券价格低于1 019元时，可以购买。

（二）几种特殊债券的估价模型

特殊债券的估价模型都是源自于一般估价模型，区别是计息方式不同，主要难点是理清各期的现金流量。

(1)息票债券的估价模型

息票债券是最普通的债券,其估价模型只要是按固定期限付息,则与一般估价模型相同。

【例6-2】 某债券面值为1 000元,票面利率为8%,期限为6年,某企业要对这种债券进行投资,当前的市场利率为10%,则该债券价格为多少时值得投资?

解 $P=1\,000$ 元 $\times 8\% \times (P/A,10\%,6) + 1\,000$ 元 $\times (P/F,10\%,6)$

$=80$ 元 $\times 4.3553 + 1\,000$ 元 $\times 0.5645$

$=912.92$ 元

当债券的价格低于912.92元的时候,可以进行投资。

(2)到期一次还本付息且不计复利的债券估价模型

在到期一次还本的债券中,因为中间各期没有现金流动,且各期利息本金不变(一些特殊债券除外),故债券估价模型为:

$$V = \frac{M + M \cdot i \cdot n}{(1+r)^n} = M(1 + i \cdot n) \cdot (P/F,r,n)$$

式中,i 为票面利率;V 为债券价值;M 为债券面值;r 为市场利率或投资人要求的必要收益率;n 为付息期数。

【例6-3】 A企业于2009年1月5日以每张1 020元的价格购买B企业发行的到期一次还本付息且不计复利的企业债券。该债券的面值为1 000元,期限为3年,票面年利率为10%,不计复利。购买时市场年利率为8%,不考虑所得税。要求:利用债券估价模型评价A企业购买此债券是否合算。

解 $P=\frac{[1\,000+1\,000\times 10\%\times 3]}{(1+8\%)^3}$ 元 $=1\,031.99$ 元

由于其投资价值(1 031.99元)大于购买价格(1 020元),故购买此债券合算。

(3)零息债券的估价模型

$$V = \frac{M}{(1+r)^n} = M \cdot (P/F,r,n)$$

式中,V 为债券价值;M 为债券面值;r 为市场利率或投资人要求的必要收益率;n 为付息期数。

【例6-4】 某债券面值为1 000元,期限为6年,以折现方式发行,期内不计利息,到期按面值偿还,当时市场利率为6%,则其价格为多少企业才能购买?

解 $P=1000\times(P/F,6\%,6)=1000$ 元 $\times 0.7050 = 705$ 元

当债券价格低于705元的时候,企业才能购买。

三、债券投资收益

债券投资收益的高低常用债券收益率表示。债券收益率是一定时期内债券投资收益与投资额的比率,是衡量债券投资是否可行的重要指标。债券的投资收益包含两个部分:一是债券的年利息收入,这是债券发行时就决定的,一般不会改变。二是资本损益,指债券买入价与卖出价或偿还额之间的差额,当债券卖出价大于买入价,为资本收益;当卖出价小

于买入价时，为资本损失。债券的买卖价格受市场利率和供求关系影响，这部分属于债券投资收益不固定的主要原因。

计算债券投资收益率应区分以下 4 个概念：息票收益率、本期收益率、持有期收益率和到期收益率。

息票收益率是年利息收入与债券面额之比率，也就是债券的名义收益率、票面利率或者票面收益率。息票收益率只适用于投资者按票面金额买入债券，持有至到期并按面值收回本金的情况，没有反映债券发行价格与票面金额不一致的情况，也没有考虑投资者中途出手债券的可能，因此使用范围受到条件限制。其计算公式为：

$$\text{票面收益率} = \frac{\text{债券年利息}}{\text{债券面额}} \times 100\%$$

本期收益率是债券的年利息收入与买入债券的实际价格之比。当债券票面利率与实际市场利率相等时，债券基本不存在溢价和折价的情况，这时本期收益率一般与票面收益率相等。因为其与票面收益率一样，不能全面反映投资者实际收益，忽视资本损益，既没有计算投资者买入价和持有债券到期按面额偿还本金之间的差额，也没有反映买入价与到期前出售或赎回价格之间的差额，因此也不作为买卖决策的主要依据。其计算公式为：

$$\text{本期收益率} = \frac{\text{债券年利息}}{\text{债券买入价}} \times 100\%$$

鉴于前面两种收益率计算的缺陷，债券投资收益较少直接用以上两种方法，一般债券的收益率主要指的是持有期收益率和到期收益率。

（一）持有期收益率的计算

持有期收益率指的是买入债券后持有一段时间，又在债券到期前出售而取得的收益率。持有期收益率不仅考虑了利息收入，还考虑了买卖差价，是投资者实际的收益率。

计算债券的持有期收益率，不论长期还是短期，一般不考虑资金的时间价值影响与再投资收益，收益部分都折合到年收益率中。假定持有一年，则持有期收益率为：

$$y = \frac{(P_1 - P_0) + I}{P_0} \times 100\%$$

式中，y 为债券投资收益率；P_1 为债券年末卖出价格；I 为年利息收入；P_0 为债券年初购买价格。

按债券的种类不同分成 3 种：

1. 息票债券持有期收益率

（1）附息债券一般采用单利计息方法，每期利息额均是相等的。在使用单利计息方法计算投资收益时，如果不考虑债券利息的再投资收益，则债券持有期收益率的计算公式为：

$$y = \frac{I + (P_1 - P_0)/n}{P_0}$$

式中，y 为债券投资收益率；P_1 为债券卖出价格；I 为年利息收入；P_0 为债券购买价格；n 为持有期数。

【例 6－5】 某企业于 2004 年 10 月 1 日，购入面额为 500 元的附息债券 50 张，票面利率为年利率的 6%，以发行价格每张 510 元买入，到期日为 2006 年 10 月 1 日。要求计算该债券的投资收益率。

解 $y = \frac{500\text{元} \times 50 \times 6\% + (500\text{元} \times 50 - 510\text{元} \times 50) \div 2}{510\text{元} \times 50} \times 100\%$

$=4.9\%$

(2)如果投资收益率的计算采用复利计息,并且考虑债券的利息收入和转让价差及再投资收益时,一般需要把利息折算到终值。债券投资收益率的计算公式为:

$$y = \sqrt[n]{\frac{P_n + I\sum_{t=1}^{n}(1+i)^{t-1}}{P_0}} - 1$$

式中,y 为债券投资收益率;P_n 为债券卖出价格;I 为年利息收入;i 为实际市场利率;P_0 为债券购买价格;n 为持有期数。

复利计息且考虑再投资收益计算收益率的方法需要的期限一般比较长,因此并不常用,除非期限很长。

2. 到期一次还本付息债券持有期收益率

(1)单利计息方法计算持有期收益率:

因为到期一次还本付息,所以持有期中不存在利息付现的情况,利息最终表现为出售的价格,持有期收益率为:

$$y = \frac{(P_n - P_0)/n}{P_0}$$

式中,y 为债券投资收益率;P_n 为债券卖出价格;P_0 为债券购买价格;n 为持有期数。

(2)复利计息方法计算持有期收益率为:

$$y = \sqrt[n]{\frac{P_n}{P_0}} - 1$$

式中,y 为债券投资收益率;P_n 为债券卖出价格;P_0 为债券购买价格;n 为持有期数。

3. 贴现债券持有期收益率

贴现债券又称贴水债券,是指以低于面值发行的债券。债券发行价与票面金额差额相当于筹资者已经提前向投资者支付了利息,到期按面值偿还投资者资金。一般用于短期、中期债券,很少用于长期。证券市场行情表中每天公布未到期贴现债券二级市场的折扣率,投资者根据折扣率计算债券卖出价,再计算持有期收益率。如果持有期收益率高于到期收益率,则出售合算。

【例 6-6】 引用例 6-3,如果 A 企业于 2010 年 1 月 5 日将该债券以 1 130 元的市价出售,计算该债券的投资收益率。

解 $y = \frac{(P_n - P_0)/n}{P_0} = \frac{(1\ 130 - 1\ 020)\text{元}}{1\ 020} \times 100\% = 10.78\%$

(二)到期收益率的计算

到期收益率又称最终收益率,投资者不仅要关心利息收入,还要关心未来价格的变化,同时更要考虑的是债券未来利息收入以及到期值与当前市价的差额所揭示的收益水平,即到期收益率,或者是内部收益率。如果到期收益率大于投资者所要求的收益率,就应该进行投资决策;反之则放弃。

到期收益率就是来反映未来现金流按此到期收益率折现到现值的收益率,一般时间相对较长。因为到期收益率并不是真实的收益率,仅仅是预期的收益率,所以在计算到期收益率的时候,一般要考虑资金的时间价值的影响,还要分持有时间的长短决定是否考虑再投资收益。债券存在到期日,且随到期日的临近,债券价格越来越接近面值。

1. 息票债券

(1)投资期较长,复利计息方法计算到期收益率的公式为:

$$P = \sum_{t=1}^{n} \frac{I_t}{(1+y)^t} + \frac{M}{(1+y)^n}$$
$$= I(P/A,y,n) + M(P/F,y,n)$$

式中,y 为到期收益率;I_t 为第 t 期的利息;M 为债券面值;n 为付息期数。

(2)期限较短,单利计算到期收益率的公式为:

如果购买日距离到期日较短,到期收益率为短期收益率的计算,可按短期持有期收益率的计算方法计算:

$$y = \frac{I + (M - P_0)/n}{P_0}$$

式中,P_0 为债券的购买价格;n 为付息期数;I 为每一期的利息;M 为债券面值。

此式同样适用于贴现债券和一次还本付息债券。

【例 6-7】 引用例 6-3,假定 2011 年 1 月 1 日 B 的市价为 900 元,此时 A 公司购买该债券持有至到期时的投资收益率是多少?

解 因为购买日距离到期日只有一年,时间较短,则到期收益率为:

$$y = \frac{[1000\text{ 元} \times 10\% + (1000 - 900)\text{元}]}{900\text{ 元}} = 22\%$$

2. 到期一次还本付息债券

(1)期限较长,资金时间价值影响较大的时候,采用复利计息方法计算持有期收益率的公式为:

$$P = \frac{M + M \cdot i \cdot n}{(1+y)^t} = M(1 + i \cdot n) \cdot (P/F,y,t)$$

$$y = \sqrt[t]{\frac{M + M \cdot i \cdot n}{P}}$$

式中,y 为到期收益率;M 为债券面额;P 为债券购买的价格;i 为债券票面利率;n 为债券偿还年限;t 为债券实际持有年限。

(2)期限较短,资金时间价值影响较小,单利计息方法计算短期债券到期收益率方法为:

$$y = \frac{[M(1 + i \cdot n) - P_0]}{t}$$

式中,y 为到期收益率;M 为债券面额;P_0 为债券购买的价格;i 为债券票面利率;t 为债券实际持有年限。

3. 贴现债券

(1)复利计息方法计算到期收益率,适用于期限较长,资金时间价值影响较大的债券。到期收益率公式为:

$$P = \frac{M}{(1+y)^n} = M(P/F,y,n) \Leftrightarrow y = \sqrt[n]{M/P} - 1$$

式中,y 为到期收益率;M 为债券面额;P 为债券购买的价格;n 为债券实际持有年限。

(2)单利计息情况下的投资收益率,适用于期限较短,资金的时间价值影响较小的债券。其计算公式为:

$$y = \frac{M - P}{nP}$$

比较而言,复利计息所得到的投资收益率或者持有期收益率要低些。

【例 6－8】 某投资者在债券发行时购买一张面值为 1 000 元,期限 2 年的贴现债券,发行价格 860 元,按复利计算债券到期收益率。

解 $y = \sqrt[n]{M/P} - 1 = \sqrt[2]{1000\text{元}/860\text{元}} - 1 = 7.83\%$

是否进行债券投资的决策依据:r 是市场收益率或者投资者要求的必要报酬率,y 是债券预期收益率。投资者在决策的时候用 r 与 y 比较,如果 $r > y$,说明预期收益率低于投资者要求的收益率,投资者应该放弃;如果 $r < y$,说明预期收益率大于投资者要求的收益率,应该投资;如果 $r = y$ 则投资者购买债券还是不购买差异不大。

四、债券投资的风险特征及价格影响因素

(一)债券的风险特征

1. 利息率风险

债券的价格决定于债券的价值,债券的价值是未来利息与债券面值的贴现,因此贴现率的大小决定了债券价格的高低,而贴现率的大小与无风险收益的大小有关,银行利率作为无风险收益的重要参考指标,因此银行利率上升,债券价格下跌,银行利率下降,债券价格上涨,债券价格与利率之间的关系相对比较密切。

2. 债券购买力风险

由于债券票面利率的固定性,使得债券不能有效地抵御由于通货膨胀所造成的购买力风险。这一点股票要好于债券,股票购买力风险的抵御能力较强。

3. 债券违约风险

债券发行人无法按期支付利息或者偿还本金的风险称之为违约风险。在各种债券中国家债券违约风险较小,其次是金融债券,公司债券最大。雷曼兄弟债券在美国次贷危机中一天跌幅达到 80%,原因不仅仅是利息不能支付,更多的是投资者对本金不能收回的预期。

4. 债券流动性风险

债券流动性风险指的是投资者想要出售债券获取现金而不能立即出售,或者能够出售但是要蒙受较大的资本损失的风险。作为债券,一般流动性风险是较小的,在一些特殊情况下,债券一般也不会不能出售,但会存在出售的时候遭受较大的资本损失的风险。流动性的大小在债券中不是相同的,比如国库券的流动性要好于公司债券。

5. 债券期限性风险

债券期限性风险是由于证券期限较长给投资者带来的风险。一项投资,到期日越长,投资人遭受的不确定性越多,承担的风险也越大。债券一般在距离到期日时间越长,价格波动越大,反之越小。比如同一家企业发行的 10 年期债券要比 1 年期债券的风险大,这就是债券特有的期限性风险。

6. 债券再投资风险

债券再投资风险是由于市场利率的下降而造成的无法通过再投资实现预期收益。2008 年以来由于国内外经济形势大环境影响,中国进入了利率下降的阶段,这个阶段中,到期的债券面临着如何选择投资品种的再投资风险。

(二)债券价格的影响因素

1. 待偿期

债券的待偿期愈短,债券的价格就愈接近其终值(兑换价格 M);债券的待偿期愈长,其价格就愈低。另外,待偿期愈长,不但债券持有人获息次数愈多,而且面临发债企业遭受的各种风险可能愈大,因此债券的价格也就愈低。

2. 票面利率

债券的票面利率也就是债券的名义利息率,债券的名义利率愈高,到期的收益就愈大,因此债券的售价也就愈高。

3. 投资者的获利预期

债券投资者的获利预期(投资收益率 R)是跟随市场利率而发生变化的,若市场利率调高,则投资者的获利预期也高涨,债券的价格就下跌;若市场的利率调低,则债券的价格就会上涨。这一点表现在债券发行时最为明显。

4. 市场利率

一般债券印制完毕离发行有一段间隔,若此时市场利率发生变动,即债券的名义利息率就会与市场的实际利息率出现差距,此时要重新调整已印好的票面利息已不可能,而为了使债券的利率和市场的现行利率相一致,就只能以债券溢价或折价发行了。

5. 企业的资信程度

发债者资信程度高的,其债券的风险就小,因而其价格就高;而资信程度低的,其债券价格就低。因此在债券市场上,对于其他条件相同的债券,国债的价格一般要高于金融债券,而金融债券的价格一般又要高于企业债券。

6. 供求关系

债券的市场价格还决定于资金和债券供给间的关系。在经济发展呈上升趋势时,企业一般要增加设备投资,因此它一方面因急需资金而抛出持有的其他企业的债券,另一方面它会从金融机构借款或发行公司债券,这样就会使市场的资金趋紧而债券的供给量增大,从而引起债券价格下跌。

7. 宏观经济环境

当经济不景气时,生产企业对资金的需求将有所下降,金融机构则会因贷款减少而出现资金剩余,从而增加对债券的投入,引起债券价格的上涨;反之债券价格就要下降。当中央银行、财政部门、外汇管理部门对经济进行宏观调控时也往往会引起市场资金供给量的变化,其反映一般是利率、汇率跟随变化,从而引起债券价格的涨跌。

8. 物价波动

当物价上涨的速度较快或通货膨胀率较高时,人们出于保值的考虑,一般会将资金投资于房地产、黄金、外汇等可以保值的领域,从而引起资金供应的不足,导致债券价格的下跌。

9. 政治因素

政治是经济的集中反映,并反作用于经济的发展。当人们认为政治形式的变化将会影响到经济的发展时,将会促使债券的持有人作出买卖决策,比如说在政府换届时,国家的经济政策和规划将会有大的变动。

10. 投机因素

在债券交易中,人们总是想方设法地赚取价差,而一些实力较为雄厚的机构大户就会利用手中的资金或债券进行技术操作，如拉抬或打压债券价格从而引起债券价格的变动。

第三节　股票投资

一、股票投资的主要特点

股票投资和债券投资一样都属于证券投资，都具有流动性强的特点，股票跟债券都有专门的交易市场，因此变现能力较强。持有股票除了存在风险收益或风险损失之外与货币无异，随时可以变现，并且股票的高流动性促进了社会资源的有效配置，使资金得到有效利用。但是股票投资相比较于债券投资还有以下不同特点：

（一）股票投资是股权性投资

股票体现了所有权关系，持有人作为公司股东不仅有收益索取权，而且有参与企业管理的权利。购买了发行公司的股票就成为发行公司的股东，有依法参加企业经营管理的权利，享有法律赋予的对管理者的选举权和对重大事项的表决权。对于一些资源缺乏和上下游行业关联度比较大的企业，可以通过购买发行公司的股票获取收益，同时取得对发行公司的控制地位。当然也因为股票是股权性投资，在发行企业因经营不善或者其他原因导致破产的时候，股票因求偿权居后，可能导致较大的投资本金损失，尤其在企业经营不善即将破产的时候，企业偿还债券后，留给股东的资本往往已经所剩无几。从变现方式上来说，投资者在购买股票之后，不能要求发行公司退还投资入股的本金，只能在股票交易市场上变现。

（二）收益较高，但不稳定

股票投资的收益主要是公司发放的股利和股票转让的价差收益。在企业总资产收益率大于债券资金成本的时候，企业盈利会因为杠杆作用被放大，股利发放可能也会迅速增多；相反导致股利迅速减少，甚至遭受股价大幅下跌的损失。但是长期看，优质股票总是上涨的居多，只要选择得当，都有可能获得优厚的投资收益。在企业正常经营的时候，股票收益率往往要高于债券。

（三）风险较大，波动性大

投资者购买股票之后，不能要求发行人偿还本金，只能在证券市场上转让。股票投资收益取决于股票发行公司经营状况和股票市场行情。如果发行公司经营状况好，盈利多，股票价格也会上涨，投资者收益会较大；如果企业经营状况不佳，整个经济形势不景气，股票价格下跌，投资者遭受较大损失。股价的波动除受收益变化的影响之外，还要受到股市投机行为的影响，投资者可能在市场上赚取高额利润，也可能会损失惨重，甚至血本无归。自从有股市以来，股价暴涨暴跌的例子屡见不鲜。波动性大决定了企业在选择投资时，不宜冒险的资金最好不要用于股票投资，而应该选择债券投资。

综上所述，股票投资的优点在于：可以获取高收益，高收益可以有效抵御购买力风险，且可以拥有企业一定的控制权。

股票投资的缺点主要在于：风险大，股票在企业破产的时候求偿权居后，股票价格不稳定，股利收入不稳定。

二、股票的估价

(一)股票的相关价值

1. 票面价值

股票的票面价值又称为面值或者名义价值,是指股票票面所标明的货币金额。主要作用是确定股东所持有股份的数量及其在公司全部股本中所占的比例和确定股份公司的资本总量,股份公司的注册资本必须与股票面值总额相等。

2. 发行价格

股票的发行价格是指股票发行时所使用的价格,通常由票面金额、市场行情以及其他因素确定。股票的发行价格与票面价值不一致是股票的重要特征之一。我国股票不能低于面值发行。

3. 账面价值

账面价值又称每股净资产,是指每一普通股所拥有的公司账面净资产。它与股票面额的区别在于账面价值能反映股票发行之后企业净资产的增值情况,是监控公司资产运营状况的重要指标。

账面价值的计算公式为:

$$\text{普通股每股账面价值} = \frac{\text{资产总额} - \text{负债总额} - \text{优先股权益}}{\text{普通股股数}}$$

4. 内在价值

内在价值是由公司未来收益所决定的股票价值,它是将股票所带来的未来收益按照一定的贴现率贴现之后计算出来的现值之和。贴现率为投资者所要求的必要报酬率。内在价值的计算公式为:

$$V = \sum_{t=1}^{\infty} \frac{D_t}{(1 + K)^t}$$

式中,V 为股票的内在价值;D_t 为第 t 期的预期股利;K 为投资者要求的必要收益率。

股票不存在到期日,故期数为∞。因为某一期限内股利和每股盈利不一致,但从整个长期过程中是一致的,有时股利多于盈利,有时盈利多于股利,所以股票价值为未来股利的现值,式中股利也可以用股票的每股盈余来计算。

5. 市场价值

股票的市场价值是指股票在股票交易市场上转让的价格,又称市场价格。股票的市场价格受公司自身因素影响,同时受系统因素影响,如:宏观经济形势、政治经济体制、经济周期、资金供求等。

6. 清算价值

清算价值是股票在公司最后清算时候的价格。清算价值与票面价值和市场价值之间存在着很大差距。

(二)股票的估价

1. 股利的贴现模型

股票的估价即股票内在价值的估算,其基本的估价模型为股利的贴现模型,即未来股票现金流的折现值。

几种常见的股票估价模型,都是基于一定的假设基础上得出的,这个假设既包括股票持有期限,还有对未来股利增长率的预测。

(1)短期持有股票、未来准备出售的股票估价模型

一般情况下,投资者投资于股票,不仅希望得到股利收入,还希望能在未来股价的上涨中得到好处,此时股票的估价模型为:

$$V = \sum_{t=1}^{n} \frac{D_t}{(1+K)^t} + \frac{V_n}{(1+K)^n}$$

式中,V 为股票的内在价值;D_t 为第 t 期的预期股利;K 为投资者要求的必要收益率;V_n 为未来出售时预计的股票价格;n 为预计持有股票的期数。

(2)长期持有、股利稳定不变的股票估价模型

假设每年股利稳定不变,投资者持有期限很长,股利支付过程实际是一个永续年金,则股票的估价模型为:

$$V = \frac{D}{K}$$

式中,V 为股票的内在价值;D 为每年固定股利;K 为投资者要求的必要报酬率。

【例 6-9】 某企业购入一种股票准备长期持有,预计每年股利为 4 元,预期收益率为 10%,股票价值为多少?

解
$$V = \frac{D}{K} = \frac{4\text{ 元}}{10\%} = 40\text{ 元}$$

即如果股票价格低于 40 元,价值就被低估,反之被高估。但是这个股价模型必须建立在股利稳定不变,且被投资企业持续经营的假定之上。

(3)长期持有股票,股利固定增长的股票股价模型为:

$$V = \frac{D_0(1+g)}{K-g} = \frac{D_1}{K-g}$$

式中,D_0 为基年股利;D_1 为预期第 1 年的股利;g 为每年股利比上年的增长率;V 为股票的内在价值;K 为投资者要求的必要报酬率。

【例 6-10】 甲企业计划利用一笔长期资金投资购买股票。现有 M 公司股票和 N 公司股票可供选择,甲企业只准备投资一家公司股票。已知 M 公司股票现行市价为每股 9 元,上年每股股利为 0.15 元,预计以后每年以 6% 的增长率增长。N 公司股票现行市价为每股 7 元,上年每股股利为 0.60 元,股利分配将一贯坚持固定股利政策。甲企业所要求的投资必要报酬率为 8%。要求:

a. 利用股票估价模型,分别计算 M、N 公司股票价值。

b. 代甲企业作出股票投资决策。

解 *a*. 计算 M、N 公司股票价值:

M 公司股票价值: $$V_M = \frac{[0.15 \times (1+6\%)]}{8\% - 6\%} = 7.95\text{ 元}$$

N 公司股票价值: $$V_N = \frac{0.6}{8\%} = 7.5\text{ 元}$$

b. 分析与决策。

由于 M 公司股票现行市价为 9 元,高于其投资价值 7.95 元,故 M 公司股票目前不宜投资购买。N 公司股票现行市价为 7 元,低于其投资价值 7.50 元,故 N 公司股票值得投资,甲企业应购买 N 公司股票。

(4)长期持有、股利非固定增长的股票估价模型

一般可按3个步骤求得:

a.将现金流分为两个部分,开始时的非固定增长阶段和其后的永久性固定增长阶段,然后计算高速增长阶段部分股利的现值。

b.采用固定增长模式,在高速增长期末,即固定增长开始时,计算股票的价值,并将该数值折为现值。

c.将上述两部分求得的现值相加,即为股票的现时价值。

【例6-11】 假定A公司持有B公司股票,其要求的投资收益率为15%。B公司最近支付的股利为每股2元,预计该公司未来3年股利将高速增长,增长率为10%,此后将转入稳定增长,年增长率为3%。现计算B公司股票的价值。

解 首先,计算高速增长阶段的股利现值,如表6-1所示。

表6-1 高速增长阶段的股利现值

t	第t年股利	股利现值$=d_t(P/F,15\%,t)$
1	$2\times(1+10\%)^1=2.20$	$2.2\times(P/F,15\%,1)=1.91$
2	$2\times(1+10\%)^2=2.42$	$2.42\times(P/F,15\%,2)=1.83$
3	$2\times(1+10\%)^3=2.66$	$2.66\times(P/F,15\%,3)=1.75$
合计		5.49

其次,计算第三年末时股票价值:$V=\dfrac{D_4}{K-g}=\dfrac{D_3(1+3\%)}{15\%-3\%}=22.83$元

再次,将第三年末股票价值折成现值:22.83元$\times(P/F,15\%,3)=15.01$元

最后,求得B公司股票的价值:$V=15.01$元$+5.49$元$=20.50$元

2.市盈率评估股票价值

根据行业平均市盈率来评价股票价值的方法,认为行业中各个企业之间的市盈率应该相差不大,具有可比性,通过对某企业的市盈率与行业平均市盈率进行比较,可以判定企业的价格是否处于合理区域。此方法计算公式为:

$$股票价值=行业平均市盈率\times普通股每股收益$$

$$市盈率=\frac{每股市价}{每股收益}$$

【例6-12】 中金岭南公司2006年每股收益1.7元,深圳证交所金属行业平均市盈率为19倍,则中金岭南公司股票的内在价值为多少?

解 19×1.7元$=32.3$元

使用市盈率对股票进行估价,依赖于盈利在未来时间里稳定不变,企业能持续经营等假定。市盈率法对股票价值的判断有一定的参考价值,但是用来作投资判定还是过于简单。这种估价方法在2008年曾一度被投资者视为对股票估价的重要工具。

三、股票投资收益

企业投资股票并不一定单纯为了获利,也可能是为了达到控股的目的,因此对于股票投资是否只重视计算投资收益率,要看企业投资股票的目的。如果企业投资股票单纯为了获利,则计算投资收益率是非常有必要的。股票没有票面利率和到期日,也就不存在息票收益率和到期收益率,因此只有本期收益率和持有期收益率。

（一）本期收益率

本期收益率指股份公司以现金派发的股利与本期股票价格的比率。本期收益率的计算中因为不存在出售过程，因此确认收益只确认股利收入。

$$\text{本期收益率}=\frac{\text{年现金股利}}{\text{股票购买价格}}$$

（二）持有期收益率

持有期收益率是投资者从购买股票到出售股票的一段时间内获得的年收益率。

1. 短期股票投资收益率

一般投资者持有股票的时间不超过 1 年，不用考虑资金的时间价值，在只存在股利收入与价格变动的情况下，其持有期收益率可按如下公式计算：

$$y=\frac{(P_1-P_0)+D}{P_0}$$

式中，y 为短期投资收益率；P_1 为股票的销售收入；P_0 为股票的购买支出；D 为持有期间红利。

【例 6－13】　2005 年 10 月 1 日，以每股 50 元价格购买 A 公司股票 50 000 元，2006 年 2 月该公司每股现金股利 0.8 元，2006 年 10 月 1 日该公司以每股 60 元售出，计算该股票的投资收益率。

解　$y=\frac{60\times1\ 000-50\ 000+0.8\times1\ 000}{50\ 000}=21.6\%$

如果投资目标在本期中有股利收入、价格变化，还有股票股利收入、新股配售等，则本期收益率计算公式为：

$$y=\frac{D+S_1+S_2+S_3}{P_0}\times100\%$$

式中，y 为股票投资收益率；P_0 为股票购买价格；D 为每年收到的股利；S_1 为股价上涨的收益；S_2 为新股认购收益；S_3 为公司无偿增资收益。

2. 长期股票投资的收益率

期限较长，资金时间价值影响较大，采用复利计息的方法计算投资收益率：

$$y=\sum_{j=1}^{n}\frac{D_j}{(1+r)^j}+\frac{P_n}{(1+r)^n}$$

式中，y 为投资收益率；D_j 为第 j 期的股利；P_n 为股票售出价格；r 为市场利率；n 为付息期数。

【例 6－14】　现代公司在 2006 年 1 月 1 日投资 600 万购买某种股票 100 万股，在 2006 年、2007 年和 2008 年的 12 月 31 日每股各分得现金股利 1 元、1.2 元和 1.3 元，并于 2008 年 12 月 31 日以每股 6 元的价格将股票全部出售，试计算该项投资的投资收益率。

解　采用逐次测试法和插值法计算，如表 6－2 所示。

表 6－2　逐次测试法分析表

时间	股利及股价	投资收益率为 20%		投资收益率为 18%		投资收益率为 16%	
		系数	现值	系数	现值	系数	现值
2006	100 万元	0.833 3	83.33 万元	0.847 5	84.75 万元	0.862 1	86.21 万元
2007	120 万元	0.694 4	83.328 万元	0.718 2	86.184 万元	0.743 2	89.184 万元
2008	730 万元	0.578 7	422.451 万元	0.608 6	444.278 万元	0.640 7	467.711 万元
合计			589.109 万元		615.212 万元		643.105 万元

根据测试表可以看出投资收益率介于20%与18%之间，利用插值法计算：

$$i = i_1 + \frac{\beta_1 - \alpha}{\beta_1 - \beta_2}(i_2 - i_1)$$

$$y = 18\% + \frac{615.212 - 600}{615.212 - 589.109} \times (20\% - 18\%) = 19.17\%$$

四、股票投资风险及价格影响因素

（一）股票投资的风险

股票投资与债券投资的风险差异更多地表现在风险大小上而不是种类上，股票投资同样存在着利息率风险、流动性风险、破产风险、违约风险、购买力风险、经营风险、再投资风险等风险。

股票的利息率风险不像债券市场那么灵敏，但是在每次调高利率之后，股市都会表现出价格向下调整的迹象，只是不像债券那么密切；股票的流动性风险与债券没有严格意义上的区别，但是流动性强弱在大公司股票与小公司股票之间还是存在差别，在高价股和低价股之间也存在差异；债券中除非是可转换公司债券，否则不存在停牌情况，但是股票存在重大事项导致停牌的可能，停牌时间一般也较长，从而导致流动性减弱；股票破产风险要大于债券的破产风险，因为股票在破产的时候求偿权居后，到股票受偿的时候，剩余财产已经所剩无几；股票不存在违约风险，因为股票持有者本身就是股东，是所有人；股票购买力风险小，原因在于上市公司的收益一般随通货膨胀水涨船高；股票存在着发行人筹资使用的经营风险，企业经营上的失误对债券影响较小，对股票影响很大；股票因为不存在到期日，自然也就不存在期限性风险或者再投资风险。

从投资收益的波动和价格的波动上来说，股票总体风险大于债券。

（二）股票价格影响因素

股票价格是指在证券市场上买卖股票的价格。实际上股票只是一种凭证，本身并没有价格，它之所以具有价格，能够在市场上进行买卖，是因为它可以给持有者带来股息收入。股票内在的价值的大小取决于未来预期实现的盈利和贴现率。企业未来盈利越多，其现值越大，股票价格也越高；而贴现率越高，股票内在价值就越低，股票价格也越低。因此，在西方股票市场上，人们都密切注视着企业未来盈利的状况。但事实上，股票价格的确定十分复杂，因为人们对一个企业未来盈利状况的看法并不完全相同，有的估计得比较悲观，股票在他们眼里的价值就低些，就要卖出；有的认为企业有发展的希望，股票在他们眼里价值就高些，就要买进。当买者多于卖者时，股票的价格就上升；当买者少于卖者时，股票的价格就下跌。因此，股票的市场价格与内在价格更多的时候表现为不一致，投资者大都希望寻找那些内在价值大于市场价格的股票。

这样一来，就使股票的市场价格处于不断变化之中。它不仅要受各种经济因素的影响，而且要受政治局势、政府政策、投资者心理、报纸杂志的消息以及谣言等社会因素的影响。下面通过公司内部因素与外部环境分析股价的影响动因。

1. 内部因素

（1）公司的股利政策。投资者之所以购买股票，是因为它能带来不低于存款利息的股息。股份公司发行股票的价格，不是取决于它的实际资本拥有量，而是取决于股息的派发量。股息越高，购者越踊跃，股票的价格也越高。但是，股息的增加又取决于企业收益的增长。为了不断发展业务，使企业收益日益增长，有的企业把公司的净利润大部分或全部留下，以扩大资本积累，用于生产和经营，只发放少量股息或不发放股息，并且国家在税收制度上也积极支持这种行为。由于企业的股票不发股利是因为将来有更高收益的期望，所以即使不发或少发股息，这种股票对投资者也仍有很大的吸引力。

(2)公司净资产。公司的净资产是股东在公司的权益额。公司发行的每一股股票都代表一定比例的净资产。公司在经营过程中，其净资产额会发生变化，进而影响股价的波动，从而影响投资者的投资决策。

(3)公司的获利能力。公司的获利能力一方面影响公司当前可供分配收益的多少，另一方面会预示公司未来发展前景。投资者选择一个投资目标，不仅要看过去的资产情况，还要考虑未来的增长能力，因为获利能力也就代表着投资的回报能力。

(4)资本经营战略。资本经营战略包括增资扩股、联营重组等重大经营决策，不仅会影响公司经营实力、财务结构、未来发展潜力，对每股净资产也会带来增减变化。一般增资扩股可能带来股权的稀释，导致股价下跌，但对于业绩优良的公司增资会给股东带来更多的回报，股价不降反升的案例也很多。在企业更多地将闲置资金投放到证券市场的情况下，公司之间交叉持股也带来股票价格随同参股公司股价共同波动的特征，形成市场中所说的“一荣俱荣，一辱俱辱”的特殊现象。比如从 2006 年 5 月开始，中国走出独立的牛市行情，在这个行情中券商板块大幅上升，基本上参股公司的股票也因参股一起上升，而在下跌的时候又导致持有该公司股票的企业一起下跌。

2. 外部环境

(1)宏观经济环境。宏观经济环境包括经济周期、通货变动、国际经济的变化等因素，以及国家的财政、货币政策，对证券市场的监管政策等都在影响着股票的投资价值。宏观经济环境反映在股票市场的整体变动趋势中，对投资者选择投资时机产生较大的影响。

一般而言，在经济繁荣时期，企业盈利多，股息高，股票则上涨；在经济危机时期，企业生产萎缩，股息下降，股价则下跌；在经济萧条时期，股价渐有转机；在进入复苏时期后，股价又开始慢慢上涨。因此，股票价格的变动，一般是与经济周期相适应的。

经济政策中影响较大的就是贴现率与存款利率。存款率越高，贴现率也越高。由于股票的价格与企业未来预期盈利成正比，与贴现率(利息率)成反比，因此贴现率(或利息率)的提高，会导致股票价格的下降。但很多市场中往往在银行利率上升时，股票市场依然活跃，比如在 2007 年至 2008 年末中国股市先后经历了利率上升，股价上涨，利率下跌股价也跟着下跌的情况，原因是投资者常常在两者之间选择：银行定期存款风险小，利率高，收入稳定，但不灵活，在一段时间内资金被固定不能挪作他用，并且难以抵消通货膨胀造成的损失；而股票可以买卖，较为灵活，风险虽大，但碰上好运，可获大利。因此，在银行利率提高的情况下，仍然有一些具有冒险精神的投资者热心于股票交易。

社会货币供应量的增减是影响股票价格的原因之一。通常，货币供应量增加，社会一部分闲置资金就会投向证券交易，从而抬高股价；相反，货币供应量减少，社会购买力降低，股价也必然下跌。由货币供应量不断增大而导致的通货膨胀，在一定限度内对生产有刺激作用，因为它能促进企业销售收入和股票投资名义收益的增加，所以在银行利率不随物价同比例上升的条件下，人们为了保值，将不再热心于存款，而转向投资股票，使股票价格不断提高。但是，如果通货膨胀上升过猛，甚至超过了两位数，那么将造成人们实际收入下降和市场需求不足，加剧生产过剩，导致经济危机，使股票价格下跌。

(2)行业发展状况。不同行业的发展状况不同,盈利水平不同,也会相对影响到属于该行业企业的盈利能力,因此股票投资一定要关注投资公司所属的行业状况。我国现阶段,属于高新技术产业的公司,如医院、生物制品、电子信息、券商等行业普遍盈利较高,风险也较大;汽车、房地产、体育、旅游尚属于新兴行业,目前盈利水平普遍较高,未来发展前景也较为广阔;道路交通、环境保护、资源再利用等行业受国家产业政策的扶持,盈利稳定,风险较小。

在产业结构调整和转移时期,新产品的开发也越来越大地影响着股价的波动。

(3)证券市场因素。证券市场因素主要指的就是市场参与的积极程度。股票价格从理论上讲是由股利和市场利率决定的,市场利率在一定时期是固定的,但是投资者的预期却有不同,这也是股市会存在交易的原因。因为投资者往往都具有从众心理,如果出现恶意炒作,操纵股市的情况,从众心理将对股市产生助涨助跌的作用。

第四节　证券投资组合与基金投资

一、证券投资组合

(一)系统性风险与非系统性风险

1. 证券投资组合的目的:获取收益的同时降低风险

证券投资中风险与收益是对应的,即风险越大,收益也越大,人们喜欢收益,却讨厌风险,因此往往希望在取得收益的同时,降低风险。根据风险能否降低,投资中把风险分成两种:非系统性风险和系统性风险。

(1)系统性风险。证券的系统性风险,是由于外部经济环境因素变化引起的整个证券市场不确定性加强,从而对市场上所有证券都产生影响的共同性风险。系统性风险无法通过投资多样化的证券组合而加以避免,也称为不可分散风险。系统性风险包括:利息率风险、再投资风险、购买力风险。

(2)非系统性风险。证券的非系统性风险,是由于特定经营环境或特定事件变化引起的不确定性,从而对个别证券产生影响的特有性风险。非系统性风险可以通过持有证券的投资多样化来抵消,也称为可分散风险,是公司特有的风险。

从公司内部管理的角度考察,公司特有风险的主要表现形式是公司经营风险和财务风险。从公司外部证券市场投资者的角度考察,公司经营风险和财务风险的特征无法明确区分,公司特有风险是以履约风险、变现风险、破产风险等形式表现出来的。

a. 履约风险。履约风险是指证券发行者无法按时兑付证券利息和偿还本金的可能性。

b. 变现风险。变现风险是证券持有者无法在市场上以正常的价格平仓出货的可能性。

c. 破产风险。破产风险是在证券发行者破产清算时投资者无法收回应得权益的可能性。

对于非系统风险,可以通过投资多样化来分散。当投资组合中各单个项目预期报酬存在正相关时,其组合不会产生任何风险分散效应,它们之间正相关的程度越小,则其组合可产生的风险分散效应越大;当投资组合中各单个项目预期报酬存在负相关时,其组合可使其总体的风险趋近于 0,它们之间负相关的程度越小,则其组合可产生的风险分散效应越小。

2. 证券组合风险的计量

投资组合的期望收益率就是组成投资组合的各种投资项目的期望收益率的加权平均数，其权数等于各种投资项目在整个投资组合总额中所占的比例。其公式为：

$$\overline{R}_P = \sum_{j=1}^{m} W_j \overline{R}_j$$

式中，$\overline{R}_P$ 为投资组合的期望收益率；W_j 为各单向投资在组合中的比重；$\overline{R}_j$ 为单向投资的期望收益率。

（二）两项资产构成的投资组合的风险

1. 协方差

协方差是一个用于测量投资组合中某一具体投资项目相对于另一投资项目风险的统计指标。其计算公式为：

$$\mathrm{Cov}(R_1, R_2) = \frac{1}{n}\sum_{i=1}^{n}(R_{1i} - \overline{R}_1)(R_{2i} - \overline{R}_2)$$

式中，Cov (R_1, R_2) 为投资组合的协方差；R_{1i}，R_{2i} 为各单项投资各种可能的收益率；$\overline{R}_1$，$\overline{R}_2$ 为单项投资的期望收益率；n 为可能出现结果数量。

当协方差为正值时，表示两种资产的收益率呈同方向变动；当协方差为负值时，表示两种资产的收益率呈相反方向变化。

2. 相关系数

相关系数是协方差与两个投资方案投资收益率的标准差之积的比值，其计算公式为：

$$\rho_{12} = \frac{\mathrm{Cov}(R_1, R_2)}{\sigma_1 \sigma_2}$$

式中，Cov(R_1, R_2) 为投资组合的协方差；σ_1，σ_2 为各单项投资各种可能的收益率的标准差；R_1, R_2 为单项投资的期望收益率；ρ_{12} 为投资组合的相关系数。

相关系数总是在 1 到 +1 之间的范围内变动，−1 代表完全负相关，+1 代表完全正相关，0 则表示不相关。

3. 两项资产构成的投资组合的总风险

投资组合的总风险由投资组合收益率的方差和标准离差来衡量。由两种资产组合而成的投资组合收益率方差的计算公式为：

$$V_P = W_1^2\sigma_1^2 + W_2^2\sigma_2^2 + 2W_1W_2\mathrm{Cov}(R_1, R_2)$$

式中，W_1，W_2 为两项资产在投资组合中所占比例；σ_1，σ_2 为各单项投资各种可能的收益率的标准差；Cov(R_1, R_2) 为投资组合的协方差；V_P 为投资组合的方差。

由两种资产组合而成的投资组合收益率的标准离差的计算公式为：

$$\sigma_P = \sqrt{V_P} = \sqrt{W_1^2\sigma_1^2 + W_2^2\sigma_2^2 + 2W_1W_2\mathrm{Cov}(R_1, R_2)}$$

不论投资组合中两项资产之间的相关系数如何，只要投资比例不变，各项资产的期望收益率不变，则该投资组合的期望收益率就不变。

4. 风险的不可分散程度

系统性风险指的是由于某些因素给市场上所有的证券都带来经济损失的可能性的风险，它的不可分散程度，通常用 β 系数来计量。

如果将市场上全部证券看作一个市场证券组合，某一证券的系数的计量公式为：

$$\beta_i = \frac{\mathrm{Cov}(R_P, R_m)}{\sigma_m^2}$$

式中，m 为市场上全部证券的组合；σ_m^2 为市场全部证券组合的方差；$\mathrm{Cov}(R_P, R_m)$ 为投资组合与市场的协方差；R_P 为某一证券组合的收益率；R_m 为市场全部证券的收益率。

假如某种股票的 β 系数等于 1，则它的风险与整个市场的平均风险相同，假如某种股票的 β 系数大于 1，则它的风险程度大于股票市场的平均风险；假如某种股票的 β 系数小于 1，则它的风险程度小于市场平均风险。

证券组合 β 系数的计量公式为：

$$\beta_P = \sum_{i=1}^{n} W_i \beta_i$$

式中，W_i 为第 i 项证券占整个证券组合的比重；β_i 为第 i 项证券的 β 系数；n 为组合中证券的数量。

（三）证券投资组合的风险收益计量

第一种方法：

$$R_P = \beta_P (K_m - K_F)$$

式中，R_P 为证券组合的风险收益率；β_P 为证券组合的 β 系数；K_m 为所有股票的平均收益率；K_F 为无风险收益率。

第二种方法：证券投资组合的收益是指投资组合中单项资产预期收益率的加权平均数，其计算公式为：

$$R_P = \sum_{i=1}^{n} W_i R_i$$

式中，R_P 为投资组合的期望收益率；n 为投资组合中证券的种类数；W_i 为第 i 项证券在投资组合总体中所占比重；R_i 为第 i 项证券的期望收益率。

（四）证券投资组合的必要收益率

证券组合投资能够分散非系统性风险，而且如果组合是充分有效的，非系统性风险能完全被消除。美国金融财务学家夏普（W. F. Sharpe）在 1964 年提出的风险资产价格决定理论，即资本资产定价模型（CAPM，Capital Asset Pricing Model），有效地描述了在市场均衡状态下单个证券的风险与期望报酬率的关系，进而为确定证券的价值提供了计量前提。证券投资组合的目的在于分散非系统风险，如果通过适当的证券组合可以有效地分散掉全部的非系统风险，则证券组合的投资收益便只与无风险收益和系统风险收益有关，与非系统风险收益无关。

证券投资要求的投资收益率计算方法为：

$$K_P = R_F + \beta_P (K_m - R_F)$$

式中，K_P 为证券组合的必要收益率；R_F 为无风险收益率；K_m 为整个市场组合的必要收益率；β_P 为证券组合的 β 系数。

【例 6－15】 甲公司持有 A，B，C 3 种股票，在由上述股票组成的证券投资组合中，各股票所占的比重分别为 50%、30% 和 20%，其 β 系数分别为 2.0，1.0 和 0.5。市场收益率为 15%，无风险收益率为 10%。A 股票当前每股市价为 12 元，刚收到上一年度派发的每股 1.2元的现金股利，预计股利以后每年将增长 8%。要求：

①计算以下指标：

a. 甲公司证券组合的 β 系数;

b. 甲公司证券组合的风险收益率(R_P);

c. 甲公司证券组合的必要投资收益率(K);

d. 投资 A 股票的必要投资收益率。

②利用股票估价模型分析当前出售 A 股票是否对甲公司有利。

解　①计算以下指标:

a. 甲公司证券组合的 β 系数 $=50\% \times 2+30\% \times 1+20\% \times 0.5=1.4$

b. 甲公司证券组合的风险收益率 $R_P=1.4\times(15\%-10\%)=7\%$

c. 甲公司证券组合的必要投资收益率 $K=10\%+7\%=17\%$

d. 投资 A 股票的必要投资收益率 $=[1.2\times(1+8\%)]/(15\%-8\%)=18.5$ 元

②利用股票估价模型分析当前出售 A 股票是否对甲公司有利。

因为 A 股票的内在价值 18.5 元 > A 股票的当前市价 12 元,所以甲公司当前出售 A 股票是不利的。

(五)常见的证券投资组合

证券投资组合的方法主要有:选择足够数量的证券进行组合;把风险大、风险中等、风险小的证券放到一起进行组合;把投资收益呈负相关的证券放在一起进行组合。

根据风险偏好和对收益要求不同,证券投资组合可以分为:

1. 保守型证券投资组合

这种证券投资组合策略是尽量模拟证券市场现状,将尽可能多的证券包括进来,以便分散掉全部可分散风险,得到与市场平均报酬率相同的投资报酬。

2. 进取型证券投资组合

这种组合策略是尽可能多地选择一些成长性较好的股票,而少选择低风险低报酬的股票,这样就可以使投资组合的收益高于证券市场的平均收益。这种组合的收益高,风险也高于证券市场的平均风险。

3. 收入型证券投资组合

这种投资组合以追求低风险和稳定的收益为主要目标。选择这种组合的投资者通常认为,股票的价格主要是由企业的经营业绩决定的,只要企业的经济效益好,股票的价格终究会体现其优良的业绩。因此在进行股票投资时,要全面深入地进行证券投资分析,选择一些品质优良的股票组成投资组合。

(六)证券投资组合操作的基本程序

1. 确定证券投资组合的目标与投资方向

投资目标是基金投资经营运作所要达到的目的,引导基金的投资方向和投资政策。根据对投资风险和收益的选择,基金的投资目标一般有 4 种:

(1)资本的迅速增值。这种目标决定了这类基金要在短时间内为投资者谋取较大的资本增长幅度,投资收益侧重于资本利得,即投资对象的买卖价差,而不是所持股票的本期收益,投资政策一般采取快进快出以避免风险。这类基金一般分红较少,而是以盈利滚入本金再投资,以取得高速增长。投资对象基本上集中于一些高成长、有潜力的小型公司股票或者一些高科技公司股票。

(2)资本的长期增值。这类基金强调为投资者谋取长期稳定的资本增幅,投资收益来源主要是资本利得。这类基金的投资对象往往是一些价格稳定上升的绩优股,投资政策主要是在有成长潜力的证券中组合投资。

(3)收益与风险的平衡。此类基金既注重收益又注重资本增值,要求派发红利的同时又能获得资本适当成长。投资对象一般是价格波动较小的证券、强调收益稳定的证券(债券、优先股)和成长型证券(股票)组合,基金运营较为保守,适合资金不多的小投资者购买。

(4)收益的长期稳定。此类基金注重长期稳定的收益,一般证券投向政府债券、公司债券、优先股以及其他货币市场工具,本金损失风险小,但易受市场利率的影响,适合保守的投资者。

2. 进行证券投资分析

证券投资分析是证券组合管理的第二步,是指对证券组合管理第一步所确定的金融资产类型中个别证券或证券组合的具体特征进行的考察分析。这种考察分析的一个目的是明确这些证券的价格形成机制和影响证券价格波动的诸因素及其作用机制;另一个目的是发现那些价格偏离价值的证券。

3. 组建最优证券投资组合

确定最优证券投资组合是证券组合管理的第三步,主要是确定具体的证券投资品种和在各证券上的投资比例。在构建证券投资组合时,投资者需要注意个别证券选择、投资时机选择和多元化三个问题。个别证券选择主要是预测个别证券的价格走势及其波动情况;投资时机选择涉及预测和比较各种不同类型证券的价格走势和波动情况(例如,预测普通股相对于公司债券等固定收益证券的价格波动);多元化则是指在一定的现实条件下,组建一个在一定收益条件下风险最小的投资组合。

证券最优组合一般按以下方式选择足够数量的证券进行组合:把风险大、风险中等、风险小的证券放到一起进行组合;把投资收益呈负相关的证券放在一起进行组合,并采用行业比重、市值平均数、持股数量几个指标来反映证券组合情况。

行业比重是建立在证券市场中股票分为信息业、服务业和制造业三大行业类别,具体又可细分为12小类基础上的。一般地,同一大类的股票在证券市场中具有相似的波动趋势。如果基金的投资组合都集中在同一行业中,投资者就有必要考虑将投资分散到专注于其他行业的基金。同样,如果投资者自身的企业属于高科技行业,意味着公司财富与高科技行业息息相关,因此不宜再持有那些集中投资于高科技行业的基金。

市值平均数是基金投资组合中所有股票市值的几何平均数,体现了基金投资组合中股票的市值大小。由于大盘股、中盘股和小盘股在市场中的表现各不相同,投资者可投资于不同市值规模的基金来分散风险。

从分散风险的角度来看,仅投资20只股票的基金与投资上百只股票的基金在业绩波动方面有很大的不同。通常,持股数量较少的基金波动性较大。因此,除了关注基金投资的行业比重外,投资者还应当了解基金是否将大量资产集中投资在某几只股票上。

4. 修订证券投资组合

投资组合的修正作为证券组合管理的第四步,实际上是定期重温前三步的过程。随着时间的推移,过去构建的证券组合对投资者来说,可能已经不再是最优组合了,这可能是因为投资者改变了对风险和回报的态度,或者是其预测发生了变化。作为这种变化的一种反映,投资者可能会对现有的组合进行必要的调整,以确定一个新的最佳组合。然而,进行任何调整都将支付交易成本,因此,投资者应该对证券组合在某种范围内进行个别调整,使得在剔除交易成本后,在总体上能够最大限度地改善现有证券组合的风险回报特性。

5. 进行证券投资组合的业绩评估

证券组合管理的第五步是通过定期对投资组合进行业绩评估，来评价投资的表现。业绩评估不仅是证券组合管理过程的最后一个阶段，同时也可以看成是一个连续操作过程的组成部分。说得更具体一点，可以把它看成证券组合管理过程中的一种反馈与控制机制。由于投资者在投资过程中获得收益的同时，还将承担相应的风险，获得较高收益可能是建立在承担较高风险的基础之上的，因此在对证券投资组合业绩进行评估时，不能仅仅比较投资活动所获得的收益，而应该综合衡量投资收益和所承担的风险情况。

评价一个证券投资组合是否有效，必须先确立适宜的评价指标，现在用得比较多的几套评价体系是：

(1)詹森指数，以证券市场线为基准，指数值实际上就是证券组合的实际平均收益率与由证券市场线所给出的该证券组合的期望收益率之间的差。

詹森指数就是证券组合所获得的高于市场的那部分风险溢价，风险由 β 系数测定，代表证券组合与证券市场线之间的落差。如果证券组合的詹森指数为正，则其位于证券市场线上方，绩效好；如果组合的詹森指数为负，则位于证券市场线下方，绩效不好。

(2)特雷诺指数，用获利机会来评价绩效，指数值由每单位风险获取的风险溢价来计算，风险仍然由 β 系数来测定。

特雷诺指数是连接证券组合与无风险证券的直线的斜率。当斜率大于证券市场线斜率($T_P > T_M$)时，组合绩效好于市场绩效，此时组合位于证券市场线上方；相反，斜率小于证券市场线斜率($T_P < T_M$)时，组合绩效不如市场绩效好，此时组合位于证券市场线下方。

(3)夏普指数，以资本市场线为基准，指数值等于证券组合的风险溢价除以标准差。公式为：

$$S_P = (R_P - R_f)/\delta_P$$

夏普指数是连接证券组合与无风险资产的直线的斜率，与市场组合的夏普指数比较，高的夏普指数表明该管理者比市场经营得好，组合位于资本市场线上方；低的夏普指数表明经营得比市场差，组合则位于资本市场线下方；位于资本市场线上的组合的夏普指数与市场组合的夏普指数均相等，表明管理具有中等绩效。

二、基金的估价

投资组合可以有效地降低风险，但是在降低风险的时候不可避免地会遇到资金数额限制和投资信息不足的问题，与单一的债券、股票相比，基金拥有相对专业的团队，以及较充足的资金数额，更能有效地采用组合投资策略进行多元化的投资来解决这些问题，因此也就产生了基金投资这个理财品种。对投资基金进行财务评价的目的是衡量其经营业绩，以便在不同基金之间进行选择，评价所依据的信息来源主要是公开的基金财务及管理信息。

(一)基金价值的内涵

债券的价值取决于债券投资所带来的利息收入和所收回的本金，股票的价值取决于股份公司净利润的增长性和稳定性，未来的现金流量决定着债券和股票的内在价值。基金也是一种证券，与其他证券一样，基金的内涵价值也是指在基金投资上所能带来的未来现金净流量。但是股票的未来收益是可以预测的，投资基金的未来收益却难以预测，基金不断变化的投资对象以及投资结果的不确定性使得预测基金未来收益不太可能，因此基金的价值在于“现在”，即基金资产的现有市场价值，这个市场价值中必然要包括的增值成分就是基金经理们的运营能力。

（二）基金的单位净值

基金的单位净值（NAV）也称单位净资产值。基金的价值取决于基金净资产的现在价值，因此基金的单位净值是评价基金业绩最基本和最直观的指标，也是开放式基金申购价格、赎回价格以及封闭式基金上市交易价确定的重要依据。

基金单位净值是在某一时点每一基金单位所具有的市场价值，计算公式为：

$$基金单位净值=\frac{基金净资产价值总额}{基金单位总份额}$$

式中，基金净资产价值总额＝基金资产总额－基金负债总额。基金总资产的价值并不是资产总额的账面价值，而是资产总额的市场价值。

（三）基金的报价

基金的价值决定了基金的交易价，从理论上说，基金的价值决定了基金的价格，基金的交易价格是以基金单位净值为基础的，基金单位净值高，基金的交易价格也高。

开放式基金价格决定于资产净值，购买价格与购买时净值不会发生背离，开放基金的"买卖"，叫作"申购"和"赎回"，是与基金管理公司发生买卖关系。申购的时候，基金公司按当时基金净值作价，基金公司增加申购数量的基金份额；赎回的时候，基金公司按当时基金净值作价，基金公司减少赎回数量的基金份额。

开放型基金的柜台交易价格则完全以基金单位净值为基础，通常采用两种报价形式：认购价（卖出价）和赎回价（买入价）。开放型基金柜台交易价格的计算方式为：

$$基金认购价=基金单位净值+首次认购费$$

$$基金赎回价=基金单位净值-基金赎回费$$

【例6－16】 某开放式基金的资产净值为10元，其认购费为8%，则其认购价格为多少？

解 认购价格＝10元×（1＋8%）＝10.8元

封闭型基金在二级市场上竞价交易，由买卖双方报价，由证券市场撮合成交，买卖与基金公司无关，其基金净值只是交易价格的参考。其交易价格由供求关系和基金业绩决定，围绕着基金单位净值上下波动，于是也就出现了基金发行后在二级市场交易产生的折价和溢价的可能。

（四）基金收益率

基金收益率用以反映基金增值情况，一般通过基金净资产的价值变化来衡量，通常以年增值率表示。其公式为：

$$基金收益=\frac{年末\ NAV\times基金持有份额-年初\ NAV\times基金持有份额}{年初基金单位净值\times基金持有份额}$$

式中，如果年末年初基金持有份额相同，基金收益率就简化为基金单位净值在年内的变化幅度。

（五）有价证券周转率

投资对象中包含有价证券的基金，还可以用有价证券周转率来衡量基金投资组合政策，有价证券周转率的计算与一般企业资产周转率的计算方式一样，计算方法如下：

$$有价证券周转率=\frac{证券年售出净额}{证券资产年平均余额}$$

$$证券资产年平均余额 = \frac{证券资产年初余额 + 证券资产年末余额}{2}$$

有价证券周转率的高低一定程度上反映了基金的投资组合政策,基金换手率用于衡量基金投资组合变化的频率以及基金经理持有某只股票平均时间的长短,其计算是用基金一年中证券投资总买入量和总卖出量中较小者,除以基金每月平均净资产。例如,周转率为100%的基金通常持股期限为一年;周转率为25%的基金则为4年。

通过换手率,能了解基金经理的投资风格到底是买入并长期持有,还是积极地买进卖出。通常,换手率较低的基金采用低风险投资策略,而换手率较高的基金则比较激进且风险较高。价值型基金持有股票的时期较长,周转率较低;而成长型基金则周转率较高,风险也较高。

值得注意的是,高换手率意味着基金证券投资的税收和交易费用也随之增加。一方面是买卖股票要单边征收1‰的印花税(从2008年9月19日起),另一方面,还有交易佣金、过户费、经手费、证管费等交易费用。这些税收和费用直接从基金资产中扣除,从而影响投资者的收益。周转率高的基金较频繁地买入卖出证券,税收和交易费用也相应地增加。

此外,频繁交易还可能产生隐形的"交易费用",即由于交易金额较大,使股价向不利方向运动。例如基金要大量卖出一只股票,分批卖出时容易造成价格不断下跌,使得基金以越来越低的价格成交,投资者的收益也相应越少。因此,换手率低的基金会为投资者带来更好的长期回报。

三、基金投资风险及收益率的影响因素

(一)基金投资风险

基金投资的风险因其投资对象的不同,风险也各有差异:股票型基金呈现股票风险特征;债券型基金呈现债券的风险特征。基金基本可以按各自主投资品种参考确定风险特征,当然基金在表现与其所主要投资对象相同的风险特征之外,还有一些特有的风险。

1. 管理风险

基金管理人的专业技能、研究能力及投资管理水平直接影响到其对信息的攫取、分析和对经济形势、证券价格走势的判断,进而影响基金的投资收益水平。同时,基金管理人的投资管理制度、风险管理和内部控制制度是否健全,能否有效防范道德风险和其他合规性风险,以及基金管理人的职业道德水平等,也会对基金的风险水平造成影响,进而影响投资者的投资收益。

2. 流动性风险

我国证券市场作为新兴转轨市场,市场整体流动性风险较高。基金投资组合中的股票和债券会因各种原因面临较高的流动性风险,使证券交易的执行难度提高,买入成本或变现成本增加。此外,基金投资人的赎回需求可能造成基金仓位调整和资产变现困难,加剧流动性风险。

3. 操作和技术风险

基金的相关当事人在各业务环节的操作过程中,可能因内部控制不到位或者人为因素造成操作失误或违反操作规程而引致风险,如越权交易、内幕交易、交易错误和欺诈等。此外,在开放式基金的后台运作中,可能因为技术系统的故障或者差错而影响交易的正常进行,甚至导致基金份额持有人利益受到影响。这种技术风险可能来自基金管理人、基金托

管人、注册登记人、销售机构、证券交易所和证券登记结算机构等。

4. 合规性风险

合规性风险指基金管理或运作过程中，违反国家法律、法规或基金合同有关规定的风险。

5. 其他风险

(1)因基金业务快速发展而在制度建设、人员配备、风险管理和内控制度等方面不完善而产生的风险。

(2)因金融市场危机、行业竞争压力而产生的风险。

(3)战争、自然灾害等不可抗力因素的出现，可能严重影响证券市场运行，导致基金资产损失。

(4)其他意外导致的风险。

(二)基金收益率的影响因素

1. 市场大势

目标市场大涨时，最差的封闭式基金也能赚钱，市场大跌时业绩最好的基金亦不能幸免，这也是所谓的系统风险。在2007年股市大涨的时候，股票型基金增长迅速，有些甚至达到300%以上，而在2008年以来股票市场的大跌造成股票型基金跌幅也达到60%。

2. 投资组合风险

即使同样的股票市场，由于基金所配置的股票类型的不同，其收益和承担的风险亦有不同。承担风险大的基金，收益也高。

3. 基金经理的团队能力

一般情况下，一个基金经理人不可能独立分析所有资讯，总会有一些专业研究人员协助其分析资料，以及对证券发行单位进行实地的考察以获取准确的资讯信息。对于封闭式基金来说，基金团队运营能力影响着基金的销售，进而影响到价格。

4. 基金市场的活跃程度

一般来说，基金的价格和基金市场有着密切的关系，基金交易的活跃程度直接影响着基金价格。影响基金市场交易活跃的因素主要有下列3点：基金交易成本、投资者的投机心理、基金市场的供求关系。

5. 基金单位资产净值

基金单位资产净值是基金单位的内在价值，是决定基金价格的最重要因素。基金单位资产净值高，基金价格就会相应较高，反之基金价格就会较低。基金单位资产净值主要受3个因素影响：基金管理人的管理水平、证券市场的走势及活跃程度、基金的所得税政策。

6. 银行存款利率

对投资者来说，有着许多投资选择，如将手头的钱存入银行，或者直接投资于证券市场，或购买基金等。如果银行存款利率提高，将增加银行存款对投资者的吸引力，部分投资者将增加银行存款，减持基金，从而使基金价格回落；反之，如果调低银行存款利率，将使基金价格趋升。

总的来说，影响基金价格的因素很多，除上述几项因素外，还包括其他各种政治、经济和人文因素，例如：外汇市场汇率的变化、资金市场利率的变化、投资者的心理因素、各种突发事件，以及基金本身的封闭期限长短等。

（三）基金购买证券的操作策略

1. 平均成本投资策略

平均成本投资策略是指在均衡的时间间隔内按固定的金额分次投资于同一种证券。在证券市价高于平均成本时，将分批买进的证券一次性全部抛出以获取盈利。采用平均成本投资策略，能够通过证券持有份数的变化来抵消证券价格的波动。

平均成本投资策略的实质是分次投资，能避免一次性在高价位上套牢的价格波动风险。平均成本投资策略只针对同一投资对象，与其他投资对象的投资不发生关系，不适用于对投资组合的调整。

2. 固定比重投资策略

固定比重投资策略要求将资金按比例分配投资于各类证券，使持有的各类证券市价总额达到设置的比重。一旦由于市价波动使证券比重变化超过一定限度时，就通过买卖证券来调整投资比重，以保持原有的投资组合比重。

固定比重投资策略的实质是用一种投资对象的增值利润投资于另一种投资对象，这样能使基金投资经常保持低成本状态，也有助于让投资者及时实现既得的利益。固定比重投资策略一般不适用于投资对象长期持续上涨或长期持续下跌的情况。

3. 分级定量投资策略

分级定量投资策略的基本做法是设定投资对象的价格涨跌等级，价格每上升一个等级就抛售，每下降一个等级就购进，每次抛售或购进的数量是相等的。

分级定量投资策略与平均成本投资策略相类似，都是针对同一投资品种分次进行投资。分级定量投资策略中，价位涨跌等级间隔的设定是关键的因素。

思考与练习

1. (1) 资料：某公司现金部经理决定 L 值应为 10 000 元，估计公司现金流量标准差 σ 为 1 000 元，持有现金的年机会成本为 15%（15%/360），换算为 i 值是 0.000 42，每次转换有价证券的固定成本为 150 元。

(2) 要求：根据随机模型，求目标现金余额。

2. (1) 资料：某企业全年需用 A 材料 360 000 kg，该材料单价 100 元，每次进货费用 400 元，单位材料年储存成本 8 元，单位缺货成本 10 元。销售企业规定：客户每批购买量不足 8 000 kg，按标准价格计算；每批购买 8 000 kg 以上、10 000 kg 以下的，价格优惠 2%；每批购买量高于 10 000 kg 的，价格优惠 3%。

(2) 要求：

①如果不考虑商业折扣和缺货，计算下列指标：Ⅰ. 经济进货批量；Ⅱ. 经济进货批量的存货相关总成本；Ⅲ. 经济进货批量平均占用资金；Ⅳ. 年度最佳进货批次。

②如果考虑商业折扣，但不考虑缺货，计算经济进货批量。

③如果不考虑商业折扣但考虑缺货，计算经济进货批量和平均缺货量。

3. (1) 资料：已知某公司的下列库存信息及相关信息：

①订货数量只能按 100 的倍数；

②年使用数量为 300 000 单位（假定一年有 50 周）；

③库存持有成本是商品购买价格的 30%；

④购买价格为每单位 10 元；

⑤订货成本为 50 元/单位；

⑥公司希望的安全存量为 1 000 单位(不包括运送期库存)；

⑦运送期为两周。

(2)要求计算：

①最优经济订货量水平为多少？

②若该店以此数量订货，则年平均库存持有成本为多少？年存货总成本为多少？

③每年的订货周期为多少周(四舍五入取整)？

④库存水平为多少时应补充订货？

4. (1)资料：B 企业准备购买一大型设备，初步确定了两家供应商。甲供应商的付款条件为(2/10，n/30)，乙供应商的付款条件为(1/20，n/30)，其他条件完全相同。

(2)要求计算：

①B 企业对甲、乙两供应商放弃现金折扣的成本；

②如果 B 企业准备放弃现金折扣，应选哪家供应商？

③如果 B 企业准备享受现金折扣，应选哪家供应商？

④如果短期借款利率为 35%，B 企业应放弃现金折扣，还是享受现金折扣？

5. (1)资料：ABC 公司预期下一年度会产生 375 000 元的现金流出量，这些现金流出将平均发生在每一天中。公司打算定期地出售其投资组合中的有价证券满足对现金的需求。该公司的有价证券能得到 12% 的报酬率，每次将有价证券转换为现金时，要负担 4 元的交易成本。

(2)要求：

①试运用存货模式来决定 ABC 公司每次将有价证券转换为现金时的最佳余额。

②ABC 公司的平均现金余额将为多少？

③ABC 公司每年所需的交易次数？

④为了维持最佳现金余额，ABC 公司每年需负担多少现金总成本？

6. (1)资料：某生产企业使用 A 零件，可外购也可自制。若外购，单价 4 元，一次订货成本 10 元；如果自制，单位成本 3 元，每次生产准备成本 600 元，每日产量 50 件。零件的全年需求量为 3 600 件，储存变动成本为零件价值的 20%，每日平均需求量 10 件。

(2)要求：分别计算零件外购和自制的总成本，并选择较优的方案。

第七章　项 目 投 资

学习目标：通过本章的学习，使学生了解项目投资的特点、分类、决策程序；深入理解项目投资使用现金流量的原因、项目现金流量的内容、项目现金流量的计算以及计算时应注意的问题；学会运用项目投资的决策方法；学会运用贴现的分析评价方法；理解项目投资风险的两种常见处理方法；了解项目投资决策的具体应用实例。

第一节　投 资 概 述

一、投资的概念和种类

（一）投资的概念

投资是指特定经济主体（包括国家、企业和个人）为了在未来可预见的时期内获得收益或使资金增值，在一定时期向一定标的物投放足够数额的资金或实物等货币等价物的经济行为。从企业角度看，投资就是为获取收益而向一定对象投放资金的经济行为。

（二）投资的种类

投资按不同标志可分为以下类型：

(1) 按照投资行为的介入程度，分为直接投资和间接投资。直接投资指由投资人直接介入投资行为，即将货币资金直接投入投资项目，形成实物资产、无形资产或者购买目标企业现有资产的一种投资。间接投资指投资者以其资本购买公债、公司债券、金融债券或公司股票等，以预期获取一定收益的投资，也称为证券投资。

(2) 按照投入的领域不同，分为生产性投资和非生产性投资。生产性投资指将资金投入生产、建设等物质生产领域中，并能够形成生产能力或可以产出生产资料的一种投资。非生产性投资指将资金投入非物质生产领域中，不形成生产能力，但形成社会消费或服务能力，满足人民的物质文化生活需要的一种投资。

(3) 按照投资的方向不同，分为对内投资和对外投资。企业的对内投资就是项目投资，指企业将资金投放于为取得供本企业生产经营使用的固定资产、无形资产、其他资产和垫支流动资金而形成的一种投资。对外投资指企业为购买国家及其他企业发行的有价证券或其他金融产品（包括期货、期权、信托、保险），或以货币资金、实物资产、无形资产向其他企业（如联营企业、子公司等）注入资金而发生的投资。

(4) 按照投资的内容不同，分为固定资产投资、无形资产投资、流动资产投资、房地产投资、有价证券投资、期货与期权投资、信托投资和保险投资等多种形式。

本章所讲的投资，是指属于直接投资范畴的企业内部投资，即项目投资。

二、投资的程序和原则

企业投资主要包括的程序,如图7－1所示。

图7－1　企业投资和程序

(1)提出投资,即提出投资领域和投资对象。这就需要根据企业的长远发展战略、中长期投资计划和投资环境进行选择,把握好投资机会。

(2)投资评价,即评价投资方案的财务可行性。在确定了投资领域和投资对象后,就需要对投资方案的财务可行性进行评价。

(3)方案选择,即进行投资方案比较与选择。在财务可行性评价的基础上,对可供选择的多个投资方案进行比较和选择。

(4)方案执行,即投资方案的执行,投资行为的具体实施。

(5)再评估,即进行投资方案的再评价。在投资方案的执行过程中,原来的决策是否合理、是否正确,需要不断进行信息反馈,以便于随时调整投资计划。

企业投资决策应遵循以下原则:①综合性原则;②可操作性原则;③相关性和准确性原则;④实事求是原则;⑤科学性原则。

三、投资项目可行性研究

(一)可行性研究的概念

可行性是指一项事务可以做到的、现实行得通的、有成功把握的可能性。企业投资项目的可行性就是指项目对企业内外部环境的不利影响较小,技术上具有先进性和适应性,产品在市场上能够被容纳或被接受,财务上具有合理性和较强的盈利能力,对国民经济有贡献,能够创造社会效益。

广义的可行性研究是指在现代环境中,组织一个长期投资项目之前,必须进行的有关该项目投资必要性的全面考察与系统分析,以及有关该项目未来在技术、财务乃至国际经济等诸方面能否实现其投资目标的综合论证与科学评价。它是有关决策人(包括宏观投资管理当局与投资当事人)作出正确、可靠投资决策的前提与保证。

狭义的可行性研究专指在实施广义可行性研究过程中,与编制相关研究报告相联系的有关工作。

广义的可行性研究包括机会研究、初步可行性研究和最终可行性研究三个阶段,具体又包括环境与市场分析、技术与生产分析和财务可行性评价等主要内容。

(二)可行性分析的主要内容

1. 环境与市场分析

(1)建设项目的环境影响评价。在可行性研究中,必须开展建设项目的环境影响评价。所谓建设项目的环境,是指建设项目所在地的自然环境、社会环境和生态环境的统称。

建设项目的环境影响报告书应包括:①建设项目概况;②建设项目周围环境现状;③建设项目对环境可能造成影响的分析、预测和评估;④建设项目环境保护措施及其技术、经济论证;⑤建设项目对环境影响的经济损益分析;⑥建设项目实施环境监测的建议;⑦环境影响评价的结论。

建设项目的环境影响评价属于否决性指标，凡未开展或没通过环境影响评价的建设项目，不论其经济可行性和财务可行性如何，一律不得上马。

(2)市场分析。又称市场研究，指企业进行项目可行性分析，在市场调查的基础上，通过预测未来市场的变化趋势，了解拟建项目产品的未来销路而开展的工作。

进行投资项目可行性研究，必须要从市场分析入手。因为一个投资项目的设想，大多来自市场分析的结果或源于某一自然资源的发现和开发，以及某一新技术、新设计的应用，即使是后两种情况，也必须把市场分析放在可行性研究的首要位置。如果市场对于项目的产品完全没有需求，项目不能成立。

市场分析要提供未来生产经营周期不同阶段的产品年需求量和价格等预测数据，同时要综合考虑潜在或现实竞争产品的市场占有率和变动趋势，以及人们的购买力及消费心理的变化情况。这项工作通常由市场营销人员或委托的市场分析专家完成。

2. 技术与生产分析

技术分析指在生产过程中由系统的科学知识、成熟的实践经验和优良的操作技艺综合而成的专门学问和手段。它经常与工艺统称为工艺技术，但工艺是指为生产某种产品所采用的工作流程和制造方法，不能将两者混为一谈。

广义的技术分析是指在构成项目组成部分及发展阶段上，所有与技术问题有关的分析论证与评价。它贯穿于可行性研究的项目确立、厂址选择、工程设计、设备选型和生产工艺确定等各项工作，是与财务可行性评价相区别的技术可行性评价的主要内容。狭义的技术分析是指对项目本身所采用工艺技术、技术装备的构成以及产品内在的技术含量等方面内容进行的分析研究与评价。技术可行性研究是一项十分复杂的工作，通常由专业工程师完成。

生产分析指投资项目确保能够通过其对环境影响评价的基础上，所进行的厂址选择分析、资源条件分析、建设实施条件分析、投产后生产条件分析等一系列分析论证工作的统称。厂址选择分析包括选点和定址两方面内容。前者主要指建设地区的选择，主要考虑生产力布局对项目的约束，而后者则指项目具体地理位置的确定。在厂址选择时，应全盘考虑自然因素（包括自然资源和自然条件）、经济技术因素、社会政治因素和运输及地理位置因素。生产分析涉及的因素多，问题复杂，需要组织各方面专家分工协作才能完成。

3. 财务可行性分析

财务可行性评价指在已完成相关环境与市场分析、技术与生产分析的前提下，围绕已具备技术可行性的建设项目而开展的，考察该项目在财务方面是否具有投资可行性的一种专门分析评价。

第二节　项目现金流量分析

一、项目投资的特点与计算期的构成

（一）项目投资的特点

项目投资是一种以特定建设项目为对象，直接与新建项目或更新改造项目有关的长期投资行为。本章所介绍的工业企业投资项目主要包括新建项目（含单纯固定资产投资项目和完整工业投资项目）和更新改造项目两种类型。

与其他形式的投资相比，项目投资具有投资内容独特（每个项目都至少涉及一项固定

资产投资)、投资数额大、影响时间长(至少一年或一个营业周期以上)、发生频率低、变现能力差和投资风险大的特点。

(二)项目计算期的构成

项目计算期指投资项目从投资建设开始到最终清理结束整个过程的全部期间,包括建设期和生产经营期(具体又包括投产期和达产期)。其中,建设期是指项目资金正式投入开始到项目建成投产为止所需要的时间。建设期的第一年初称为建设起点,建设期的最后一年末称为投产日。在实践中,通常应参照项目建设的合理工期或项目的建设进度计划,合理确定建设期。项目计算期的最后一年年末称为终结点。假定项目最终报废或清理均发生在终结点(但更新改造除外)。

从投产日到终结点之间的时间间隔称为生产经营期。生产经营期又包括投产期和达产期(完全达到设计生产能力)两个阶段。投产期是指项目投入生产,但生产能力尚未完全达到设计能力时的过渡阶段。达产期指生产运营达到设计预期水平后的时间。生产经营期一般应根据项目主要设备的经济使用寿命期确定。

项目计算期、建设期和生产经营期之间存在以下关系:

项目计算期(n) = 建设期(s) + 生产经营期(p)

$$n = s + p$$

【例 7-1】 企业构建一项固定资产,预计使用寿命为 10 年。如果在建设起点投资并投产,则项目计算期就是 10 年;若建设期为 1 年,一年后才投产,则项目计算期还要加上建设期的一年,总共是 11 年。

二、项目投资的内容与资金投入方式

(一)项目投资的内容

原始投资(又称初始投资)是为使该项目完全达到设计生产能力、开展正常经营而投入的全部现实资金,包括建设投资和流动资金投资两项内容。

1. 建设投资

建设投资指在建设期内按一定生产经营规模和建设内容进行的投资,具体包括固定资产投资、无形资产投资和其他资产投资三项内容。

(1)固定资产投资指项目用于购置或安装固定资产而发生的投资。固定资产原值与固定资产投资之间的关系如下:

固定资产原值 = 固定资产投资 + 建设期资本化利息

原始投资 = 建设投资 + 流动资金投资

建设投资 = 固定资产投资 + 无形资产投资 + 其他资产投资

(2)无形资产投资指项目适用于取得无形资产而发生的投资。

(3)其他资产投资指组织项目投资的企业在其筹建期内发生的,不能计入固定资产和无形资产价值的那部分投资,包括生产准备和开办费等的投资。

2. 流动资金投资

流动资金投资指项目投产前后分次或一次投放于流动资产项目的投资增加额,亦称垫支流动资金或垫支营运资金投资。计算公式为:

本年流动资金投资额 = 本年流动资金需用额 - 截至上年的流动资金投资额

本年流动资金需用额 = 本年流动资产需用额 - 本年流动负债预计额

项目总投资是反映项目投资总体规模的价值指标，等于原始投资与建设期资本化利息之和。

项目总投资 = 原始投资 + 建设期资本化利息

其中，建设期资本化利息指在建设期发生的与购建项目所需的固定资产、无形资产等长期资产有关的借款利息。

项目投资的内容和各要素之间的关系，如图 7 - 2 所示。

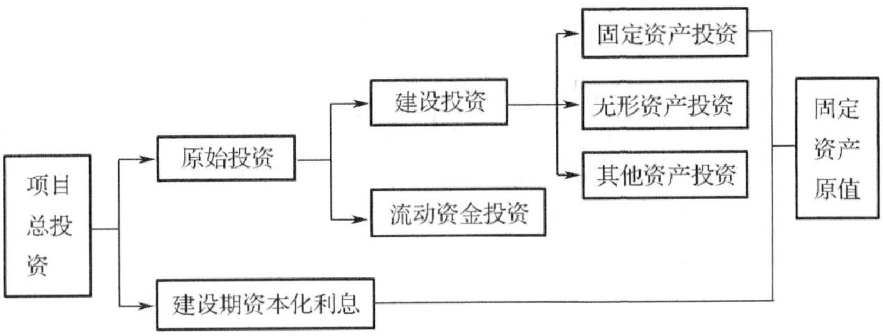

图 7 - 2　项目投资内容和关系

（二）资金投入方式

投入方式包括一次投入和分次投入两种形式。一次投入指投资行为集中一次发生在项目计算期第一个年度的年初或年末。如果投资行为涉及两个或两个以上年度，或虽然只涉及一个年度但同时在该年的年初和年末发生，则属于分次投入方式。

【例 7 - 2】　A 企业拟新建一条生产线，需要在建设起点一次投入固定资产 1 200 万元，在建设期末投入无形资产投资 500 万元。建设期为 1 年，建设期资本化利息为 100 万元，全部计入固定资产原值。流动资金投资合计为 200 万元。

根据上述资料，计算该项目有关指标：

固定资产原值 = 1 200 + 100 = 1 300（万元）

建设投资 = 1 200 + 500 = 1 700（万元）

原始投资 = 1 700 + 200 = 1 900（万元）

项目总投资 = 1 900 + 100 = 2 000（万元）

三、项目投资现金流量分析

项目投资决策中的现金是指区别于观念货币的现实货币资金，它是广义的现金，不仅包括各种货币资金，而且还包括项目需要投入的企业现有的非货币资源的变现价值。现金流量是指投资项目在其计算期内因资本循环而可能或应该发生的各项现金流入量与现金流出量的统称。

（一）现金流量的内容

1. 单纯固定资产投资项目的现金流量

单纯固定资产投资项目是指只涉及固定资产投资而不涉及无形资产投资、其他资产投资和流动资金投资的建设项目。它以新增生产能力，提高生产效率为特征。

（1）现金流入量包括增加的营业收入和回收的固定资产余值等。

（2）现金流出量包括固定资产投资、新增经营成本和增加的各项税款等。

2. 完整工业投资项目的现金流量

完整工业投资项目简称新建项目，是以新增工业生产能力为主的投资项目，其投资内容不仅包括固定资产投资，而且还包括流动资金投资的建设项目。

（1）现金流入量，包括营业收入、补贴收入、回收的固定资产余值和回收的流动资金。

（2）现金流出量，包括建设投资、流动资金投资、经营成本、营业税金及附加、维持运营投资和调整所得税。

3. 固定资产更新改造投资项目的现金流量

固定资产更新改造投资项目，可分为以恢复固定资产生产效率为目的的更新项目和以改善企业经营条件为目的的改造项目。

（1）现金流入量，包括因使用新固定资产而增加的营业收入、处置旧固定资产的变现净收入和新旧固定资产回收固定资产余值的差额等。

（2）现金流出量，包括购置新固定资产的投资、因使用新固定资产而增加的经营成本、因使用新固定资产而增加的流动资金投资和增加的各项税款等。其中，因提前报废旧固定资产所发生的清理净损失而发生的抵减当期所得税额用负值表示。

（二）完整工业投资项目现金流量的估算

在估算现金流量时，为防止多算或漏算有关内容，需要注意：

（1）必须考虑现金流量的增量；

（2）尽量利用现有的会计利润数据；

（3）不能考虑沉没成本等不相关的成本因素；

（4）充分关注机会成本；

（5）考虑项目对企业其他部门的影响。

1. 现金流入量的估算

（1）营业收入，是经营期最主要的现金流入量，应按项目在经营期内有关产品的各年预计单价和预测销售量（假定经营期每期均可以自动实现产销平衡）进行估算。

（2）补贴收入，是与经营期收益有关的政府补贴，可根据按政策退还的增值税、按销量或工作量分期计算的定额补贴和财政补贴等予以估算。

（3）在终结点上一次回收的流动资金，等于各年垫支流动资金投资额的合计数。回收的流动资金和固定资产余值称为回收额。假定新建项目的回收额都发生在终结点。

【例7－3】 设例7－2拟新建的生产线需要流动资产合计200万元，固定资产终结点回收余值100万元。则：

该固定资产项目的终结点回收额＝200＋100＝300（万元）

2. 现金流出量的估算

（1）建设投资的估算。固定资产投资是所有类型的项目投资在建设期必然会发生的现金流出量，应按项目规模和投资计划所确定的各项建筑工程费用、设备购置费用、安装工程费用和其他费用来估算。

在估算构成固定资产原值的资本化利息时，可根据长期借款本金、建设期年数和借款利息率按复利计算，且假定建设期资本化利息只计入固定资产的原值。

（2）流动资金投资的估算。在项目投资决策中，流动资金是指在生产经营期内长期占用并周转使用的营运资金。按下式进行计算：

本年流动资金投资额＝本年流动资金需用数－截止上年的流动资金投资额

＝本年流动资金需用数－上年流动资金实有数

本年流动资金需用数＝该年流动资产需用数－该年流动负债可用数

上式中，流动资产只考虑存货、货币资金、应收账款和预付账款等项内容，流动负债只考虑应付账款和预收账款。

我国有关建设项目评估制度假定，流动资金投资从投产第一年开始安排。

(3)经营成本的估算。经营成本又称付现的营运成本(付现成本)，是指在经营期内为满足正常生产经营而动用现实货币资金支付的成本费用。经营成本是所有类型的项目投资在生产经营期都要发生的主要现金流出，它与融资方案无关。其估算公式如下：

某年经营成本 = 该年外购燃料、原材料和动力费 + 该年工资薪酬 + 该年修理费 + 该年其他费用

上式中，其他费用指从制造费用、管理费用和营业费用中扣除了折旧费、摊销费、修理费、工资薪酬以后的剩余部分。

(4)营业税金及附加的估算。在项目投资决策中，应按在生产经营期内应交纳的营业税、消费税、土地增值税、资源税、城市维护建设税和教育费附加等估算。

(5)维持运营投资的估算。指矿山、油田等行业为维持正常运营而需要在生产经营期投入的固定资产投资，应根据特定行业的实际需要估算。

(6)所得税的估算。根据估算利润与适用的企业所得税税率计算。

3. 关于增值税因素的估算

增值税属于价外税，在估算项目投资的现金流量时，应将销项税额不作为现金流入，进项税额和应交增值税也不作为现金流出项目处理。这种方式的优点是比较简单，也不会影响净现金流量的计算，但不利于城市维护建设税和教育费附加的估算。

(三)净现金流量的确定

1. 净现金流量的含义

净现金流量又称现金净流量，是指在项目计算期内由每年现金流入量与同年现金流出量之间的差额所形成的序列指标。其计算公式为：

某年净现金流量(NCF_t) = 该年现金流入量 − 该年现金流出量

$$= CI_t - CO_t (t = 0, 1, 2, \cdots)$$

净现金流量一般是指所得税后净现金流量。所得税后净现金流量将所得税视为现金流出，用于评价在考虑融资条件下，项目投资对企业价值所作的贡献。它在所得税前净现金流量的基础上，直接扣除调整所得税而得到的。

2. 现金流量表及其特点

在项目投资决策中使用的现金流量表是用于全面反映某投资项目在其未来项目计算期内，每年的现金流入量和现金流出量的具体构成内容，以及净现金流量水平的分析报表。它与财务会计的现金流量表的区别有：反映对象不同、期间特征不同、钩稽关系不同、信息属性不同。

现金流量表包括“项目投资现金流量表”、“项目资本金现金流量表”和“投资各方现金流量表”等不同形式。

项目投资现金流量表要详细列示所得税前净现金流量、累计所得税前净现金流量、所得税后净现金流量和累计所得税后净现金流量，并要求根据所得税前后的净现金流量分别计算两套内含报酬率、净现值和投资回收期指标。

【例 7－4】　B 企业拟新建一条饮水机生产线，需要在建设起点一次投入固定资产 800 万元，在建设期末投入无形资产 50 万元。建设期为 1 年，建设期资本化利息为 80 万元，全部计入固定资产原值。流动资金投资合计为 50 万元，固定资产终结点估计余值 10 万元。

该项目投产后，预计经营期 10 年，每年预计营业收入 500 万元（不含税），增值税税率 17%，城市维护建设税 7%，教育费附加 3%，所得税 25%。设企业不缴纳其他税金。

另外，预计饮水机生产线投产后每年外购材料、燃料、动力费约为 206 万元（不含税），职工薪酬 50 万元，其他费用 55 万元，设备折旧每年（800 − 10）÷ 10 = 79 万元，无形资产摊销 50 ÷ 10 = 5 万元。设无其他费用（也无财务费用）。

根据以上资料估计投产后的下列指标：

①每年营业收入 = 500（万元）

②每年经营成本 = 206 + 50 + 55 + 79 = 390（万元）

③每年不包括财务费用的总成本费用 = 390 + 5 = 395（万元）

④每年应交增值税（进项）= 206 × 17% ≈ 35（万元）

⑤每年应交增值税（销项）= 500 × 17% = 85（万元）

⑥每年应交营业税金及附加 =（85 − 35）×（7% + 3%）= 5（万元）

⑦每年税前利润 =（500 − 395 − 5）= 100（万元）

⑧每年应交所得税 = 100 × 25% = 25（万元）

⑨每年净现金流量 =（100 − 25）+ 79 + 5 = 159（万元）

根据以上资料，编制 B 企业饮水机生产线项目的现金流量表，如表 7 − 1。

表 7 − 1　B 公司饮水机生产线项目投资方案的现金流量表　　单位：万元

项目计算期	建设期		经营期							合计
（t 年）	0	1	2	3	4	5	…	10	11	
1. 现金流入量	−	−	500	500	500	500		500	560	5 060
1.1 营业收入			500	500	500	500		500	500	5 000
1.2 补贴收入										
1.3 回收固定资产余值									10	10
1.4 回收流动资金									50	50
2. 现金流出量	800	100	400	400	400	400	400	400	400	4 900
2.1 建设投资	800	50								850
2.2 流动资金投资		50								50
2.3 经营成本			395	395	395	395	395	395	395	3 950
2.4 营业税金及附加			5	5	5	5	5	5	5	50
2.5 维持运营资金										
3. 所得税前净现金流量	−800	−100	184	184	184	184	184	184	184	940
4. 累计所得税前净现金流量	−800	−900	−716	−532	−348	−164		572	756	940
5. 调整所得税			25	25	25	25	25	25	25	250
6. 所得税后净现金流量	−800	−100	159	159	159	159	159	159	159	690
7. 累计所得税后净现金流量	−800	−900	−741	−582	−423	−264		372	531	690

与全部投资的现金流量表相比，项目资本现金流量表的现金流入项目没有变化，但现

金流出项目不同,内容包括:项目资本金投资、借款本金偿还、借款利息支付、经营成本、营业税金及附加、所得税和维持运营投资等。此外,该表只计算所得税后净现金流量,并据此计算资本金内含报酬率指标。

四、项目投资净现金流量的简化计算方法

(一)单纯固定资产投资项目

建设期某年的净现金流量 = －该年发生的固定资产投资额

生产经营期某年所得税前净现金流量 = 该年因使用该固定资产新增的息税前利润 + 该年因使用该固定资产新增的折旧 + 该年回收的固定资产净残值

生产经营期某年所得税后净现金流量 = 生产经营期该年所得税前净现金流量 － 该年因使用该固定资产新增的所得税

【例 7－5】 已知 A 公司拟建一项固定资产,需在建设起点一次性投入资金 2 000 万元,建设期为 1 年,建设期资本化利息为 200 万元。该固定资产使用寿命为 10 年,采用直线法进行折旧,期末残值 200 万元。投入使用后,营运期第 1 ~ 10 年每年产品销售收入(不含税)900 万元,每年的经营成本 500 万元,营业税金及附加 9 万元。该企业适用的所得税税率为 25%,不享受减免税待遇。

要求:计算该项目的净现金流量(保留两位小数)。

①先计算相关指标:

项目计算期 = 1 + 10 = 11(年)

固定资产原值 = 2 000 + 200 = 2 200(万元)

年折旧额 = (2200 － 200)/10 = 200(万元)

②计算净现金流量:

NCF_0 = －2 000 － 200 = －2 200(万元)

$NCF_{1\sim9}$ = (900 － 500 － 9 － 200) × (1 － 25%) + 200 = 343.25(万元)

NCF_{10} = (900 － 500 － 9 － 200) × (1 － 25%) + 200 + 200 = 543.25(万元)

还可以用编制项目的现金流量表的方法来计算项目的净现金流量。

【例 7－6】 续上例。若用编制项目的现金流量表的方法来计算项目的净现金流量,如表 7－2。

表 7－2　项目的现金流量表　　单位:万元

	1	2	…	8	9	10
1. 营业收入	900	900	…	900	900	900
2. 回收固定资产余值	0	0	…	0	0	200
3. 现金流出	509	509	…	509	509	509
3.1 流动资金投资	0	0	…	0	0	0
3.2 经营成本	500	500	…	500	500	500
3.3 营业税金及附加	9	9	…	9	9	9
4. 所得税前净现金流量	391	391	…	391	391	391
5. 税前利润(391 － 200)	191	191	…	191	191	191
6. 所得税(25%)	47.75	47.75	…	47.75	47.75	47.75
7. 税后净现金流量	343.25	343.25	…	343.25	343.25	543.25

（二）完整工业投资项目

建设期某年净现金流量 = －该年原始投资额

如果项目在生产经营期内不追加流动资金投资，则完整工业投资项目的生产经营期所得税前净现金流量可按以下简化公式计算：

生产经营期某年所得税前净现金流量 = 该年息税前利润 + 该年折旧 + 该年摊销 + 该年回收额 － 该年维持运营投资

完整工业投资项目的生产经营期所得税后净现金流量可按以下简化公式计算：

生产经营期某年所得税后净现金流量（NCF_t）= 该年息税前利润 ×（1 － 所得税税率）+ 该年折旧 + 该年摊销 + 该年回收额 － 该年维持运营投资 = 该年自由现金流量

所谓生产经营期自由现金流量是指投资者可以作为偿还借款利息、本金、分配利润、对外投资等财务活动资金来源的净现金流量。

如果不考虑维持运营投资，而且回收额为零，则生产经营期所得税后净现金流量又称为经营净现金流量。按照有关回收额均发生在终结点上的假设，经营期内回收额不为零时的所得税后净现金流量亦称为终结点所得税后净现金流量，显然终结点所得税后净现金流量等于终结点那一年的经营净现金流量与该期回收额之和。

（三）更新改造投资项目

建设期某年净现金流量 = －（该年固定资产投资 － 该年旧固定资产变价净收入）

建设期末的净现金流量 = 因固定资产提前报废发生净损失而抵减的所得税额

如果建设期为零，则生产经营期所得税后净现金流量的简化公式为：

生产经营期第 1 年所得税后净现金流量 = 该年因更新改造而增加的息税前利润 ×（1 － 所得税税率）+ 该年因更新改造而增加的折旧额 + 因旧固定资产提前报废发生净损失而抵减的所得税额

生产经营期其他各年所得税后净现金流量 = 该年因更新改造而增加的息税前利润 ×（1 － 所得税税率）+ 该年因更新改造而增加的折旧额 + 该年回收新固定资产净残值超过假定继续使用的旧固定资产净残值的差额

【例 7－7】 某企业准备购入一设备以扩充生产能力。现有甲、乙两个方案可供选择。甲方案需投资 20 000 元，使用寿命 5 年，采用直线法计提折旧，5 年后无残值，5 年中每年销售收入为 15 000 元，每年付现成本为 5 000 元。乙方案需投资 30 000 元，采用直线法计提折旧，使用寿命也是 5 年，5 年后有残值收入 4 000 元，5 年中每年销售收入为 17 000 元，付现成本第一年为 5 000 元，以后逐年增加修理费用 200 元，另需垫支营运资金 3 000 元。假设所得税税率为 25%，资金成本为 12%。

要求：分别计算两个方案的现金流量。

①先计算年折旧额：

甲方案年折旧额 = 20 000 ÷ 5 = 4 000（元）

乙方案年折旧额 =（30 000 － 4 000）÷ 5 = 5 200（元）

②计算两个方案的现金净流量。

甲方案：

NCF_0 = －20 000（元）

$NCF_{1\sim5}$ =（15 000 － 5 000 － 4 000）×（1 － 25%）+ 4 000 = 8 500（元）

乙方案：

$NCF_0 = -30\ 000 - 3\ 000 = -33\ 000$(元)

$NCF_1 = (17\ 000 - 5\ 000 - 5\ 200) \times (1 - 25\%) + 5\ 200 = 10\ 300$(元)

$NCF_2 = (17\ 000 - 5\ 200 - 5\ 200) \times (1 - 25\%) + 5\ 200 = 10\ 150$(元)

$NCF_3 = (17\ 000 - 5\ 400 - 5\ 200) \times (1 - 25\%) + 5\ 200 = 10\ 000$(元)

$NCF_4 = (17\ 000 - 5\ 600 - 5\ 200) \times (1 - 25\%) + 5\ 200 = 9\ 850$(元)

$NCF_5 = (17\ 000 - 5\ 800 - 5\ 200) \times (1 - 25\%) + 5\ 200 + 4\ 000 + 3\ 000 = 16\ 700$(元)

第三节　项目投资决策评价指标及计算

一、投资决策评价指标及其类型

(一)投资决策评价指标的意义

投资决策评价指标指用于衡量和比较投资项目可行性,并以此进行投资项目方案决策的定量化标准和尺度。

从财务评价的角度,投资决策评价指标主要包括静态投资回收期、投资收益率、净现值、净现值率、获利指数、内含报酬率。

(二)投资决策评价指标的分类

(1)按照是否考虑资金时间价值分类,可分为静态评价指标和动态评价指标。前者指在计算过程中不考虑资金时间价值因素的指标,包括投资收益率和静态投资回收期;后者指在指标计算过程中充分考虑和利用资金时间价值的指标。

(2)按指标性质不同,可分为在一定范围内越大越好的正指标和越小越好的反指标两大类。只有静态投资回收期属于反指标。

(3)按指标在决策中的重要性分类,可分为主要指标、次要指标和辅助指标。净现值、内含报酬率等为主要指标;静态投资回收期为次要指标;投资收益率为辅助指标。

二、静态评价指标

(一)静态投资回收期

1. 静态投资回收期的计算

静态投资回收期(简称回收期)指以投资项目经营净现金流量抵偿原始总投资所需要的全部时间。它有"包括建设期的投资回收期(PP)"和"不包括建设期的投资回收期(PP′)"两种形式。确定静态投资回收期指标可分别采取公式法和列表法。

(1)公式法。如果某一项目的投资均集中发生在建设期内,投产后一定期间内每年经营净现金流量相等,且其合计大于或等于原始投资额,可按以下简化公式直接求出不包括建设期的投资回收期:

不包括建设期的投资回收期(PP') = 建设期发生的原始投资合计 ÷ 运营期内前若干年每年相等的净现金流量 $= \dfrac{\sum_{t=0}^{S} I_t}{NCF_{(S+1)\sim(S+m)}}$

式中,I_t 为建设期第 t 年发生的原始投资额;S 为建设期年数;m 为净现金流量相等的年数。

包括建设期的投资回收期(PP) = 不包括建设期的投资回收期 + 建设期 $= PP' + S$

【例 7-8】 已知某企业拟构建一项固定资产,需在建设起点一次投入全部资金 1 800 万元,按直线法折旧,使用年限为 10 年,期末有 200 万元净残值。建设期为 2 年,发生建设期资本化利息 200 万元。预计投产后每年可获得息税前利润 200 万元。

要求:判断是否可利用公式法计算静态回收期,如果可以,请计算其结果。

该项目建设期 $S=2$ 年,投产后 3 ~ 11 年净现金流量相等,$m=9$ 年,折旧 $=(1\ 800+200)\div 10=200$ 万元,经营期前 9 年每年净现金流量 $NCF_{3\sim11}=200+200=400$ 万元,原始投资 $I=2\ 000$ 万元。

因为在经营期前 m 年每年相等的净现金流量合计 $=9\times400=3\ 600$ 万元 > 原始投资额 $=2\ 000$ 万元,所以可以使用简化公式计算静态回收期:

不包括建设期的投资回收期 $PP'=\dfrac{2\ 000}{400}=5$(年)

包括建设期的投资回收期 $PP=PP'+S=5+2=7$(年)

(2)列表法。指通过列表计算累计净现金流量的方式来确定包括建设期的投资回收期,再推算出不包括建设期的投资回收期的方法。因为不论在什么情况下都可以通过这种方法来确定静态投资回收期,所以又称为一般方法。

该法的原理是:包括建设期的投资回收期满足以下关系式:

$$\sum_{t=0}^{PP} NCF_t = 0$$

即

$$\sum_{t=0}^{n} I_t = \sum_{t=0}^{n} O_t$$

式中,t 为项目期限,I_t 为第 t 年的现金流入量,O_t 为第 t 年的现金流出量。

这表明,在财务现金流量表的"累计净现金流量"一栏中,包括建设期的投资回收期恰好是累计净现金流量为零的年限。

若无法在"累计净现金流量"栏找到零,按下式计算包括建设期的投资回收期:

包括建设期的投资回收期(PP) = 最后一项为负值的累计净现金流量对应的年数 + 最后一项为负值的累计净现金流量绝对值 ÷ 下年净现金流量

= 累计净现金流量第一次出现正值的年份 - 1 + 该年初尚未回收的投资 ÷ 该年净现金流量

【例 7-9】 仍按例 7-8 的资料所列示的净现金流量信息。

要求:按列表法确定该项目的静态投资回收期。

依题意,列表计算如表 7-3 所示。

表 7-3 某固定资产投资项目现金流量表(项目投资)(金额:万元)

项目计算期(t 年)	建设期			经营期							合计
	0	1	2	3	4	…	7	…	11	12	
…											
净现金流量	-2 000	0	0	400	400	…	400	…	400	600	2 200
累计净现金流量	-2 000	-2 000	-2 000	-1 600	-1 200		0		1 600	2 200	2 200

第 7 年的累计现金流量为 0，故 $PP = 7$ 年。

$PP' = 7 - 2 = 5$（年）

按照列表法计算的结果与按公式法计算的结果相同。

2. 静态投资回收期的特点

只有静态投资回收期小于或等于基准投资回收期的投资项目才具有财务可行性。

静态投资回收期能够直观地反映原始总投资的返本期限，便于理解，计算也比较简单，可以直接利用回收期之前的净现金流量信息；缺点是没有考虑资金时间价值因素和回收期满后继续发生的现金流量，不能正确反映不同投资方式对项目的影响，也会促使企业接受短期投资项目而放弃有战略意义的长期投资项目。

为了克服回收期法不考虑货币时间价值的缺陷，有学者提出了折现回收期法，即动态回收期。折现回收期指在考虑资金时间价值的情况下，以项目现金流入抵偿全部投资所需要的时间。

（二）投资收益率

1. 投资收益率的计算

投资收益率（ROI）又称投资报酬率，指达产期正常年份的年息税前利润或生产经营期年均息税前利润占投资总额的百分比。其计算公式为：

$$投资收益率(ROI) = \frac{年息税前利润(或年均息税前利润)}{项目总投资} \times 100\%$$

2. 投资收益率的特点

投资收益率的优点是计算公式简单，使用的财务数据容易取得，并考虑了整个项目寿命期的全部利润；缺点是没有考虑资金时间价值因素，不能正确反映建设期长短及投资方式不同和回收额的有无对项目的影响，分子、分母计算口径的可比性较差，无法直接利用净现金流量信息。

只有投资收益率大于或等于无风险投资收益率的投资项目才具有财务可行性。

【例 7 - 10】 A 公司拟建一项固定资产，建设起点一次投入资金 2 000 万元，建设期为 1 年，建设期资本化利息 200 万元。该固定资产预计年息税前利润 200 万元。

要求：计算该项目的投资收益率。

年息税前利润 200 万元，项目总投资 2 200 万元，则：

$$投资收益率 = \frac{200}{2\ 200} \times 100\% = 9.09\%$$

三、动态评价指标

（一）净现值

1. 净现值的计算

净现值（NPV）指在计算期内，按设定折现率或基准收益率计算的各年净现金流量现值的代数和，也就是特定项目未来现金流入的现值与未来现金流出的现值之间的差额。净现值是评价投资项目是否可行的最重要的指标。计算公式如下：

$$\begin{aligned} 净现值(NPV) &= \sum_{t=0}^{n} (第\ t\ 年的净现金流量 \times 第\ t\ 年的复利现值系数) \\ &= \sum_{t=0}^{n} [NCF_t \times (P/F, i_c, t)] \end{aligned}$$

式中，i_c 为行业基准收益率。

计算净现值指标有一般方法、特殊方法和插入函数法。

净现值指标计算的一般方法，包括公式法和列表法两种。

公式法指根据净现值的定义直接利用理论计算公式来完成该指标计算。

列表法指通过现金流量表计算净现值指标的方法，即在现金流量表上，根据已知的各年净现金流量，分别乘以各年的复利现值系数，从而计算出各年折现的净现金流量，最后求出项目计算期内折现的净现金流量的代数和，就是所求的净现值指标。

【例 7－11】有关净现金流量数据见例 7－7，该项目的基准折现率为 12%。

要求：用公式法分别计算该项目的净现值。

两个方案的净现值为：

$NPV_{甲} = 8\ 500 \times (P/A, 12\%, 5) - 20\ 000 = 8\ 500 \times 3.605 - 20\ 000 = 10\ 642.5$(元)

$NPV_{乙} = 10\ 300 \times 0.893 + 10\ 150 \times 0.797 + 10\ 000 \times 0.712 + 9\ 850 \times 0.636 + 16\ 700 \times 0.567 - 33\ 000 = 7\ 140.95$(元)

净现值指标计算的特殊方法，是指在特殊条件下，当项目的全部投资均于建设期投入，生产经营期不再追加投资，项目投产后净现金流量表现为普通年金或递延年金时，可以利用计算年金现值或递延年金现值的技巧直接计算出项目净现值的方法，又称简化方法。

当建设期为零，投产后的净现金流量表现为普通年金形式时，公式为：

$NPV = NCF_0 + NCF_{1\sim n} \times (P/A, i_c, n)$

当建设期为零，投产后每年经营净现金流量（不含回收额）相等，但终结点第 n 年有回收额 R_n（如残值）时，公式为：

$$NPV = NCF_0 + NCF_{1\sim(n-1)} \times (P/A, i_c, n-1) + NCF_n \times (P/F, i_c, n)$$

或：

$$NPV = NCF_0 + NCF_{1\sim n} \times (P/A, i_c, n) + R_n \times (P/F, i_c, n)$$

当建设期不为零，全部投资在建设起点一次投入，投产后每年净现金流量为递延年金形式时，公式为：

$$NPV = NCF_0 + NCF_{(S+1)\sim n} \times [(P/A, i_c, n) - (P/A, i_c, S)]$$

或：

$$NPV = NCF_0 + NCF_{(S+1)\sim n} \times (P/A, i_c, n-S) \times (P/F, i_c, S)$$

当建设期不为零，全部投资在建设起点分次投入，投产后每年净现金流量为递延年金形式时，公式为：

$$NPV = NCF_0 + NCF_1 \times (P/F, i_c, 1) + \cdots + NCF_S \times (P/F, i_c, S) + \mathrm{NCF}_{(S+1)\sim n} \times [(P/A, i_c, n) - (P/A, i_c, S)]$$

净现值指标计算的插入函数法是指运用 Excel 软件，通过插入财务函数"NPV"，并根据计算机系统的提示，正确输入已知的基准折现率和电子表格中的净现金流量，来直接求得净现值指标的方法。

当第一次原始投资发生在建设起点时，按插入函数法计算出来的净现值与按其他两种方法计算的结果有一定误差，但可以按一定方法将其调整正确。

2. 净现值的特点

净现值指标的优点是综合考虑了资金时间价值、项目计算期内的全部净现金流量和投资风险；缺点是无法从动态的角度直接反映投资项目的实际收益率水平，而且计算比较繁琐。

只有净现值指标大于或等于零的投资项目，才具有财务可行性。

(二)净现值率

1. 净现值率的计算

净现值率(NPVR)指投资项目净现值占原始投资现值总和的百分率。公式为：

$$净现值率=\frac{项目净现值}{原始投资现值合计}$$

【例 7-12】 某企业拟建一项固定资产，需投资 100 万元，按直线法计提折旧，使用寿命 10 年，期末无残值。该项工程当年投产，建设期 1 年，建设资金分别于年初、年末各投入 50 万元，预计投产后可获息税前利润 20 万元。假定该项目的行业基准折现率为 10%。

要求：计算该项目的净现值率。

依题意，净现值 $=20\times(P/A,10\%,10)\times(P/F,10\%,1)=16.2666$(万元)

原始投资现值 $=-50-50\times(P/F,10\%,1)=95.4545$(万元)

项目净现值率 $=16.2666\div95.4545=0.1704$

2. 净现值率的特点

净现值率指标的优点是从动态的角度反映项目投资的资金投入与净产出之间的关系，计算过程比较简单；缺点是无法直接反映投资项目的实际收益率。

只有净现值率指标大于或等于零的投资项目，才具有财务可行性。

(三)获利指数

1. 获利指数计算

获利指数(PI)是指投产后按基准收益率或设定折现率折算的各年净现金流量的现值合计与原始投资的现值合计之比。其计算公式为：

$$获利指数(PI)=投产后各年净现金流量的现值合计\div原始投资的现值合计$$
$$=1+净现值率$$

【例 7-13】 续例 7-12。

要求：分别计算两个项目的获利指数。

两个方案的获利指数为：

$$PI_{甲}=\frac{10\ 642.5+20\ 000}{20\ 000}=1.5321\approx1.53$$

$$PI_{乙}=\frac{7\ 140.95+33\ 000}{33\ 000}=1.2164\approx1.22$$

2. 获利指数的特点

获利指数指标的优点是可以从动态的角度反映项目投资的资金投入与总产出之间的关系；缺点是无法直接反映投资项目的实际收益率，而且计算也相对复杂。

只有获利指数指标大于或等于 1 的投资项目，才具有财务可行性。

(四)内含报酬率

1. 内含报酬率的计算

内含报酬率(IRR)指项目投资实际可望达到的收益率。实质上是能使项目的净现值等于零时的折现率。IRR 满足下列等式：

$$\sum_{t=0}^{n}[NCF_t\times(P/F,\mathrm{IRR},t)]=0$$

当项目投产后的净现金流量表现为普通年金的形式时，可直接利用年金现值系数计算内含报酬率：

$$(P/A, \mathrm{IRR}, n) = \frac{I}{NCF}$$

计算内含报酬率必要时还需要应用内插法。

【例7-14】 续例7-7。某企业有一个投资项目——甲方案，其现金净流量为：

$NCF_0 = -20\ 000$(元)

$NCF = (15\ 000 - 5\ 000 - 4\ 000) \times (1 - 25\%) + 4\ 000 = 8\ 500$(元)

要求：计算甲方案的内含报酬率。

甲方案每年现金流量相等，设现金流入的现值与原始投资额相等：

$$20\ 000 = 8\ 500 \times (P/A, i, 5)$$

$$(P/A, i, 5) = 2.352\ 9$$

查年金现值系数表，与2.352 9最接近的年金现值系数2.435 6和2.345 2分别指30%和32%。则：

$$甲方案内含报酬率 = 30\% + \frac{2.435\ 6 - 2.352\ 9}{2.435\ 6 - 2.345\ 2} \times (32\% - 30\%) = 31.83\%$$

内含报酬率还可以用插入函数法计算，即运用Excel软件，通过插入财务函数“IRR”，并根据计算机系统的提示正确输入已知的电子表格中的净现金流量来直接求得内含报酬率指标的方法。

2. 内含报酬率的特点

内含报酬率指标的优点从动态的角度直接反映投资项目的实际收益水平，又不受基准收益率高低的影响，比较客观；缺点是计算过程复杂，尤其当经营期大量追加投资时，有可能导致多个内含报酬率出现，或偏高，或偏低，缺乏实际意义。

内含报酬率指标大于或等于基准收益率或资金成本的项目才具有财务可行性。

（五）动态指标之间的关系

净现值、净现值率、获利指数和内含报酬率指标之间存在同方向变动关系，即：

当净现值 >0 时，净现值率 >0，获利指数 >1，内含报酬率 > 基准收益率；

当净现值 =0 时，净现值率 =0，获利指数 =1，内含报酬率 = 基准收益率；

当净现值 <0 时，净现值率 <0，获利指数 <1，内含报酬率 < 基准收益率。

第四节　项目投资决策评价指标的运用

一、独立方案财务可行性评价及投资决策

独立方案是指一组互相分离、互不排斥的方案。在独立方案中，选择某一方案并不排斥选择另一方案。评价独立方案财务可行性的要点包括：

1. 判断方案是否完全具备财务可行性的条件

某一投资方案的所有评价指标均处于可行区间，即同时满足以下条件时，可断定该投资方案无论从哪个方面看都具备财务可行性，或完全具备可行性。这些条件是：

（1）净现值 NPV≥0；

（2）净现值率 NPVR≥0；

(3)获利指数 PI≥1；

(4)内含报酬率 IRR≥基准折现率 i_c；

(5)包括建设期的静态投资回收期 PP≤$n/2$(即项目计算期的一半)；

(6)不包括建设期的静态投资回收期 PP′≤$P/2$(即生产经营期的一半)；

(7)投资利润率 ROI≥基准投资利润率 i(事先给定)。

2. 判断方案是否完全不具备财务可行性的条件

某一投资项目的评价指标均处于不可行区间，即同时满足以下条件时，可以断定该投资项目无论从哪个方面看都不具备财务可行性，或完全不具备可行性，应彻底放弃该投资方案。这些条件是：

(1)净现值 NPV<0；

(2)净现值率 NPVR<0；

(3)获利指数 PI<1；

(4)内含报酬率 IRR<基准折现率 i_c；

(5)包括建设期的静态投资回收期 PP>$n/2$(即项目计算期的一半)；

(6)不包括建设期的静态投资回收期 PP′>$P/2$(即生产经营期的一半)；

(7)投资利润率 ROI<基准投资利润率 i(事先给定)。

3. 判断方案是否基本具备财务可行性的条件

在评价过程中发现某项目的主要指标处于可行区间(如 NPV≥0，NPVR≥0，PI≥1，IRR≥i_c)，但次要或辅助指标处于不可行区间(如 PP>$n/2$，PP′>$P/2$ 或 ROI<i)，则可以断定该项目基本上具有财务可行性。

4. 判断方案是否基本不具备财务可行性的条件

在评价过程中发现某项目出现：净现值 NPV<0，净现值率 NPVR<0，获利指数 PI<1，内含报酬率 IRR<基准折现率 i_c 的情况，即使有 PP′≤$P/2$ 或投资利润率 ROI>基准投资利润率 i 发生，也可断定该项目基本上不具有财务可行性。

对独立方案进行财务可行性评价时应注意：

(1)主要评价指标在评价财务可行性的过程中起主导作用；

(2)利用动态指标对同一个投资项目进行评价和决策，可能得出完全相同的结论。

【例 7-15】 某固定资产投资项目只有一个方案，原始投资 10 000 万元，项目计算期 11 年(生产经营期 10 年)，基准投资收益率 9.5%，行业基准折现率 10%。有关投资决策评价指标如下：ROI=10%，PP=6 年，NPV=162.65 万元，NPVR=17.04%，PI=1.1704，IRR=12.73%。

要求：评价该项目的财务可行性。

判断过程如下：

因为 ROI=10%>i=9.5%，PP′=5 年=$P/2$，NPV=162.65 万元>0，NPVR=17.04%>0，PI=1.1704>1，IRR=12.73%>i_c=10%，所以该方案基本上具有财务可行性(尽管 PP=6>5.5 年，超过基准回收期)。

二、多个互斥方案的比较决策

互斥方案指互相关联、互相排斥的方案，即一组方案中的各个方案彼此可以相互代替，采纳方案组中的某一方案，就会自动排斥这组方案中的其他方案。

多个互斥方案的比较决策指在每一个入选方案已具备财务可行性的前提下，利用具体决策方法比较各个方案的优劣，利用评价指标从各个备选方案中最终选出一个最优方案的过程。

项目投资多方案比较决策的方法，主要包括净现值法、净现值率法、差额投资内含报酬率法、年等额净回收额法和计算期统一法等。

（一）净现值法

净现值法，是指通过比较所有已具备财务可行性投资方案的净现值指标的大小来选择最优方案的方法，该法适用于原始投资额相同且项目计算期相等的多方案比较决策。

在此法下，净现值最大的方案为优。

【例 7－16】 按例 7－7 中的数据判断，用净现值法比较甲、乙方案哪个更优。

甲方案的净现值 = 10 642.5 元 > 乙方案的净现值 = 7 140.95 元

故应选择甲方案。

（二）净现值率法

净现值率法，是指通过比较所有已具备财务可行性投资方案的净现值率指标的大小来选择最优方案的方法。该法可用于原始投资额不同的投资方案的比较决策。在此法下，净现值率最大的方案为优。

（三）差额投资内含报酬率法

差额投资内含报酬率法，是指在两个原始投资额不同方案的差量净现金流量（记作 ΔNCF）的基础上，计算出差额内含报酬率（记作 ΔIRR），将其与行业基准折现率比较，进而判断方案孰优孰劣的方法。该法适用于原始投资额不相同，但项目计算期相同的多方案比较决策。当差额投资内含报酬率指标大于或等于基准收益率或设定折现率时，原始投资额大的方案较优；反之则原始投资额小的方案为优。

【例 7－17】 某企业准备变卖一套尚可使用 5 年的旧设备，另购置一套新设备来替换它。旧设备账面净值 90 000 元，目前变现收入 80 000 元，若仍使用旧设备，按变现收入为基础计提折旧。新设备的投资额 200 000 元，预计使用年限 5 年，到第 5 年末新设备与继续使用旧设备的预计净残值相等。新设备投入使用后，每年可为企业增加营业收入 70 000 元，增加付现成本 35 000 元。该设备采用直线法折旧，新旧设备的替换不会影响企业正常经营。该企业所得税率 25%，预期投资报酬率 10%。

要求：采用差额投资内含报酬率法判断应否用新设备替换旧设备。

使用新设备增加的投资额 = 200 000 － 80 000 = 120 000（元）

使用新设备增加的折旧额 = (200 000 － 80 000) ÷ 5 = 24 000（元）

因新旧设备预计净残值相等，在计算折旧额的增量时，净残值没有影响。

$\Delta NCF_0 = -120\ 000$（元）

$\Delta NCF_1 = (70\ 000 - 35\ 000 - 24\ 000) \times (1 - 25\%) + 24\ 000 + (90\ 000 - 80\ 000) \times 25\%$
$= 34\ 750$（元）

$\Delta NCF_{2\sim5} = (70\ 000 - 35\ 000 - 24\ 000) \times (1 - 25\%) + 24\ 000 = 32\ 250$（元）

设 $i = 12\%$：

$\Delta NPV = 32\ 250 \times [(P/A, 12\%, 5) - (P/A, 12\%, 1)] + 34\ 750 \times (P/F, 12\%, 1)$
$- 120\ 000 = -1\ 512.95$（元）

同理，设 $i = 10\%$ 时，$\Delta NPV = 4\ 526.05$（元）。

$\Delta IRR=10\%+(12\%-10\%)\times(0-4\ 526.05)\div(-1\ 512.95-4\ 526.05)=11.50\%$

$\Delta IRR=11.50\%$ 大于 10%，说明更新方案可行，应当用新设备替换旧设备。

（四）年等额净回收额法

年等额净回收额法指通过比较所有投资方案的年等额净回收额（NA）指标的大小来选择最优方案的决策方法。该法适用于原始投资额不相同，特别是项目计算期不同的多方案比较决策。在此法下，某方案的年等额净回收额等于该方案净现值与相关回收系数（或年金现值系数倒数）的乘积。

$$年等额净回收额=方案净现值\times回收系数=净现值\times\frac{1}{年金现值系数}$$

年等额净回收额最大的方案为优。

【例 7－18】 某企业拟投资建设一条新生产线。现有三个方案可供选择：A 方案原始投资 1 500 万元，项目计算期 11 年，净现值 985.5 万元；B 方案原始投资 1 100 万元，项目计算期 10 年，净现值 920 万元；C 方案净现值 －15 万元。行业基准利率 10%。

要求：（1）判断每个方案的财务可行性；

（2）用年等额净回收额法做出最终的投资决策。

A 方案和 B 方案的净现值均大于零，所以这两个方案均具有财务可行性；

而 C 方案的净现值小于零，所以 C 方案不具有财务可行性。

$$A方案的年等额净回收额=A方案的净现值\times\frac{1}{(P/A,10\%,11)}$$

$$=985.5\times\frac{1}{6.4\ 951}=151.73(万元)$$

$$B方案的年等额净回收额=B方案的净现值\times\frac{1}{(P/A,10\%,10)}$$

$$=920\times\frac{1}{6.1\ 446}=149.72(万元)$$

所以 A 方案优于 B 方案。

（五）计算期统一法（共同年限法）

计算期统一法指通过对计算期不相等的多个互斥方案选定一个共同的计算分析期，以满足时间可比性的要求，进而根据调整后的评价指标来选择最优方案的方法。包括方案重复法和最短计算期法两种具体处理方法。

（1）方案重复法。方案重复法也称计算期最小公倍数法，是将各方案计算期的最小公倍数作为比较方案的计算期，进而调整有关指标，据此进行多方案比较决策的一种方法。此法适用于项目计算期相差比较悬殊的多方案比较决策。

（2）最短计算期法。最短计算期法又称最短寿命期法，是在将所有方案的净现值均还原为等额年回收额的基础上，再按照最短的计算期来计算出相应净现值，进而根据调整后的净现值指标进行多方案比较决策的一种方法。

三、多方案组合排队投资决策

（一）组合排队方案决策的意义

如果一组方案中既不属于相互独立又不属于相互排斥，而是可以实现任意组合或排队，则这些方案称作组合或排队方案，又包括先决方案、互补方案和不完全互斥方案等形式。这种方案决策，首先要求评价所有方案的财务可行性，淘汰不具备财务可行性的方案，在接下来的决策中，需要反复衡量和比较不同组合条件下的有关评价指标的大小，从而作出最终决策。这类决策分两种情况：

(1)在资金总量不受限制的情况下，可按每一项目的净现值(NPV)大小排队，确定优先考虑的项目顺序。

(2)在资金总量受到限制时，则需按净现值率(NPVR)或获利指数(PI)的大小，结合净现值进行各种组合排队，从中选出能使 ΣNPV 最大的最优组合。

(二)组合排队方案决策的程序

(1)以各方案净现值率高低为序，逐项计算累计投资额，并与限定投资总额进行比较。

(2)当截止到某项投资项目(假定为第 j 项)的累计投资额恰好达到限定的投资总额时，则第 1 项至第 j 项的项目组合为最优的投资组合。

(3)若在排序过程中未能直接找到最优组合，必须按下列方法进行必要的修正：

当排序中发现第 j 项的累计投资额首次超过限定投资额，而删除该项后，按顺延的项目计算的累计投资额却小于或等于限定投资额时，可将第 j 项与第(j+1)项交换位置，继续计算累计投资额。这种交换可连续进行。

当排序中发现第 j 项的累计投资额首次超过限定投资额，又无法与下一项进行交换，第(j-1)项的原始投资大于第 j 项原始投资时，可将第 j 项与第(j-1)项交换位置，继续计算累计投资额。这种交换亦可连续进行。

若经过反复交换，已不能再进行交换，但仍未找到能使累计投资额恰好等于限定投资额的项目组合时，可按最后一次交换后的项目组合作为最优组合。

总之，在主要考虑投资效益的条件下，多方案比较决策的主要依据，是在保证充分利用资金的前提下，获得尽可能多的净现值总量。

思考与练习

1. 简述企业投资的类型、程序和应遵循的原则。

2. 单纯固定资产投资项目和完整工业项目现金流量的内容是什么？

3. 简述静态投资回收期、净现值、内含报酬率的含义、计算方法及其优缺点。

4. (1)资料：某企业拟新建一条生产线，拟在建设起点一次购入固定资产 100 万元，预计使用寿命 10 年，购入无形资产 20 万元，建设期 2 年，建设期资本化利息 5 万元，全部计入固定资产原值。生产经营期第一年预计需要流动资产 40 万元，流动负债 18 万元；生产经营期第二年预计流动资金需用额为 50 万元，流动负债预计金额为 20 万元。

(2)要求计算：

①该生产线的项目计算期；

②该项目的各项投资金额。

5. (1)资料：某企业拟新建一条生产线项目，建设期为 2 年，生产经营期为 10 年。全部建设投资分别安排在建设起点、建设期第 2 年年初和建设期末共分三次投入，投资额分别为 100 万元、300 万元和 600 万元；全部流动资金投资安排在建设期末和投产后第一年年末分两次投入，投资额分别为 150 万元和 50 万元。根据项目筹资方案的安排，建设期资本化借款利息为 200 万元。

(2)要求：估算该投资项目的各项投资指标。

6.(1)资料：某企业拟购置一台设备，购入价200 000元，预计可使用5年，净残值8 000元，假设资金成本10%，投产后每年可增加利润50 000元。

(2)要求计算：

①该设备的年折旧额；

②该方案的净现值、净现值率；

③该方案的现值指数。

7.(1)资料：某企业有一台旧设备，原值15 000元，预计使用年限10年，已使用5年，每年付现成本3 000元，目前变现价值9 000元，报废时无残值。现市场上有一新的同类设备，购置成本20 000元，可使用5年，每年付现成本1 000元，期满无残值。假设该公司资金成本为10%。

(2)要求：确定该设备是否进行更新。

8.(1)华通公司拟于20×1年初用自有资金购置设备一台，需一次性投资100万元。经考证，该设备不需要安装调试，设备使用寿命5年，税法亦允许按5年计提折旧，设备投入运营后每年可新增利润20万元。假定该设备按直线法计提折旧，预计的净残值率为5%，不考虑公司所得税。

(2)要求计算：

①各年的净现金流量；

②该设备的静态投资回收期；

③该投资项目的投资收益率；

④如果以10%作为折现率，计算其净现值。

9.(1)资料：某公司现有资金200万元，可用于以下投资方案：

A方案：购买债券(5年期，年利率14%，不计复利，到期一次还本付息)。

B方案：购买新设备，使用期5年，预计净残值收入为设备总额10%，按直线法计提折旧。设备投产后年预计营业收入150万元，外购原材料、燃料和动力费用60万元，职工薪酬20万元，其他费用5万元。企业不缴纳营业税和消费税，资金成本10%，城建税7%，教育费附加3%。

(2)要求计算：

①投资方案A的净现值；

②投资方案B各年的现金净流量及净现值；

③运用净现值法对上述投资方案进行选择。

10.(1)资料：某企业计划购建一固定资产，预计投资100万元，按直线法计提折旧，使用寿命10年，期末无残值。该项目无建设期，可直接投产使用，投产后每年获利10万元。项目的折现率10%。

(2)要求：

①计算该项目的净现值；

②假定固定资产报废时有5万元残值，计算该项目的净现值；

③假定项目的建设期为1年，其他条件不变，计算该项目的净现值；

④假设项目的建设期为1年，建设资金分别于年初、年末各投入50万元，其他条件不变，计算该项目的净现值。

11.(1)资料:A 企业有一台旧设备,尚可继续使用 4 年,预计 4 年后残值 3 000 元,目前出售可获 30 000 元。使用该设备每年的营业收入 600 000 元,经营成本 400 000 元。市场上有一新型号设备,价值 100 000 元,预计 4 年后残值 6 000 元。使用新设备使年经营成本减少 30 000 元。所得税率 25%。

(2)要求:

①分别确定新旧设备的原始投资及其差额;

②分别计算新旧设备的每年折旧及其差额;

③分别计算新旧设备的每年净利润及其差额;

④计算新旧设备残值的差额;

⑤计算新旧设备各年的净现金流量 NCF;

⑥计算新旧设备差额净现金流量 ΔNCF;

⑦若设定折现率 10%,计算差额净现值 ΔNPV,据此判断是否应进行设备更新改造。

第八章　收益分配管理

学习目标：通过本章学习，要求学生了解收益分配的概念和作用；掌握收益的组成及日常管理；理解影响股利政策的因素；掌握收益分配管理的基本概念、基本理论和基本方法；掌握主要股利形式，重点掌握股利政策。

第一节　收益分配概述

一、收益分配的意义

收益分配管理是企业收益与分配的主要活动及其形成的财务关系的组织与调节，是企业将一定时期内所创造的经营成果合理地在企业内部、外部各利益相关者之间进行有效分配的过程。企业的收益分配有广义和狭义两种概念。广义的收益分配是指对企业的收入和净利润进行分配，包括对企业收入的分配和对企业净利润的分配两个层次的内容。狭义的收益分配则仅仅是指对企业净利润的分配。本章所指收益分配是广义的收益分配概念，即对企业收入和净利润的分配。

企业通过经营活动取得收入后，要按照补偿成本、缴纳所得税、提取公积金、向投资者分配利润等顺序进行收益分配。收益分配不仅是资产保值、保证简单再生产的手段，也是资产增值、实现扩大再生产的工具。收益分配可以满足国家政治职能与组织经济职能的需要，是处理所有者、经营者等各方面物质利益关系的基本手段。

收益分配管理作为现代企业财务管理的重要内容之一，对于维护企业与各相关利益主体的财务关系、提升企业价值具有重要意义。具体而言，企业收益分配管理的意义表现在以下四个方面：

(1)收益分配集中体现了企业所有者、债权人与职工之间的利益关系。企业所有者是企业权益资金的提供者，按照谁出资谁受益的原则，投资者应得的投资收益须通过企业的收益分配来实现，而获得投资收益的多少取决于企业盈利状况及利润分配政策。

通过收益分配，投资者能实现预期的收益。同时，企业信誉提高，有利于企业未来融通资金。

企业的债权人在向企业投入资金的同时也承担了一定的风险，企业的收益分配应体现出对债权人利益的充分保护。除了按时支付到期本金、利息外，企业在进行收益分配时也要考虑债权人未偿付本金的保障程度，否则将在一定程度上削弱企业的偿债能力，从而降低企业的财务弹性。

职工是价值的创造者，是企业收入和利润的源泉。通过薪资的支付以及各种福利的提供，可以提高职工的工作热情，为企业创造更多价值。因此，为了正确、合理地处理好企业各方利益相关者的需求，就必须对企业所实现的收益进行合理分配。

（2）收益分配是企业进行再生产的重要条件。生产经营过程中投入的各类资金，随着生产经营活动的进行不断消耗和转移，形成成本费用，最终构成商品价值的一部分。销售收入的取得，为企业成本费用的补偿提供了前提，为企业简单再生产的正常进行创造了条件。通过收益分配，企业能形成一部分自行安排的资金，可以增强企业生产经营的财力，有利于企业扩大再生产。

（3）收益分配是企业优化资本结构的重要措施。留存收益是企业重要的权益资金来源，收益分配给留存收益的多少，影响企业积累的多少，从而影响权益与负债的比例，即资本结构。企业价值最大化的目标要求企业的资本结构最优，因而收益分配便成了优化资本结构、降低资本成本的重要措施。

（4）收益分配是国家建设资金的重要来源之一。在企业正常的生产经营活动中，职工不仅为自己创造了价值，还为社会创造了一定的利润。利润代表企业的新创财富，是企业收入的重要构成部分。通过收益分配，国家财政也能够集中一部分企业利润，由国家有计划地分配使用，实现国家政治职能和经济职能，为社会经济的发展创造良好条件。

二、收益分配的原则

收益分配作为企业一项重要的财务活动，关系着投资者、债权人等各方的利益，涉及企业的生存与发展，应当遵循以下原则：

（1）依法分配原则。企业的收益分配必须依法进行。为了规范企业的收益分配行为，维护各利益相关者的合法权益，国家颁布了相关法律、法规，严格规定了企业收益分配的基本要求、一般程序和重要比例。企业应当认真执行，不得违反。

（2）分配与积累并重原则。企业的收益分配必须坚持积累与分配并重的原则。企业通过经营活动赚取收益，既要保证企业简单再生产的持续进行，又要不断积累企业扩大再生产的财力基础，恰当处理分配与积累之间的关系，留存一部分净收益以供未来分配之需，在增强企业抵抗风险能力的同时，提高企业经营的稳定性与安全性。

（3）兼顾各方利益原则。企业的收益分配必须兼顾各方面的利益。企业是经济社会的基本单元，企业的收益分配涉及国家、企业股东、债权人、职工等多方面的利益。企业在进行收益分配时，应当统筹兼顾，维护各利益相关者的合法权益，正确处理它们之间的关系，协调其矛盾，保证企业的生存和长远发展。

（4）投资与收益对等原则。企业的收益分配必须坚持投资与收益对等原则，即企业进行收益分配应当体现“谁投资谁受益”、收益大小与投资比例相适应的原则。投资者因其投资行为而享有收益权，投资收益应同其投资比例对等，不允许发生任何一方随意多分多占的现象，这样才能从根本上实现收益分配中的公开、公平、公正，有效保护投资者的利益，提高投资者的积极性。

三、确定收益分配政策时应考虑的因素

（一）法律因素

为了保护债权人和股东的利益，法律法规就公司的收益分配作出规定，公司的收益分配政策必须符合相关法律规范的要求。相关要求主要体现在资本保全约束、偿债能力约束、资本积累约束、超额累积利润约束等几个方面。

(1)资本保全约束。要求公司股利的发放不能侵蚀资本,即公司不能因支付股利而引起资本减少。资本保全的目的,在于防止企业任意减少资本结构中的所有者权益的比例,以保护债权人的利益。

(2)偿债能力约束。偿债能力是指企业按时足额偿还各种到期债务的能力,是企业确定收益分配政策时要考虑的一个基本因素。现金股利是企业现金的支出,而大量的现金支出必然影响公司的偿债能力。因此,公司在确定股利分配数量时,一定要考虑现金股利分配对公司偿债能力的影响,保证在现金股利分配后公司仍能保持较强的偿债能力,防止企业无力偿付债务的情况出现,维护公司的信誉和借贷能力,保证公司的正常资金周转。

(3)资本积累约束。要求企业必须按照一定的比例和基数提取各种公积金,股利只能从企业的可供分配收益中支付,企业当期的净利润按照规定提取各种公积金后和过去累积的留存收益形成企业可供分配的收益。另外,在进行收益分配时,一般应当贯彻"无利不分"的原则,即当企业出现年度亏损时,一般不进行利润分配。

(4)超额累积利润约束。因为资本利得与股利收入的税率并不一致,往往股东接受股利缴纳的所得税高于其进行股票交易的资本利得税。公司通过保留利润来提高其股票价格,可使股东避税。有些国家的法律禁止公司过度地积累盈余,如果一个公司盈余的积累大大超过公司目前及未来投资的需要,则可看做是过度保留,将被加征额外的税款,如美国《国内收入法》规定,如果国内税务局能够查实企业是故意压低股利支付率以帮助股东逃避缴纳个人所得税,就可对企业的累积盈余处以惩罚性的税率。我国法律目前对此尚未作出规定。

(5)净利润约束。一般规定,企业年度累计净利润必须为正数时,才可以发放股利,以前年度亏损必须足额弥补。

(二)公司因素

公司在确定收益分配政策时,出于长期发展和短期经营的考虑,需要考虑以下因素,来确定收益分配政策。

(1)现金流量。公司资金的正常周转,是公司生产经营得以有序进行的必要条件。因此,保证企业正常的经营活动对现金的需求是确定收益分配政策的最重要限制因素。企业在进行收益分配时,必须充分考虑企业的现金流量,而不仅仅是企业的净收益。由于会计规范的要求和核算方法的选择,有一部分项目增加了企业的净收益,但并未增加企业可供支配的现金流量。因此,在确定收益分配政策时,企业应当充分考虑这方面的影响。

(2)投资需求。企业的收益分配政策应当考虑未来投资需求的影响。如果一个公司有较多的投资机会,那么它需要有强大的资金支持,因而往往少发放股利,采用低股利支付水平的分配政策;相反,如果一个公司的投资机会比较少,那么就有可能倾向于采用较高的股利支付水平的分配政策。

(3)筹资能力。企业收益分配政策受其筹资能力的限制。如果公司具有较强的筹资能力,随时能筹集到所需资金,那么公司有可能采取较为宽松的股利政策。

(4)资产的流动性。企业现金股利的支付能力,在很大程度上受其资产变现能力的限制。较多地支付现金股利,会减少企业的现金持有量,使资产的流动性降低,而保持一定的资产流动性是企业正常运转的基础和必要条件。如果一个公司的资产有较强的变现能力,现金的来源比较充裕,则它的股利支付能力也比较强。

(5)盈利的稳定性。企业收益分配政策在很大程度上会受其盈利稳定性的影响。一般来讲，一个公司的盈利越稳定，面临经营风险和财力风险越小，筹资能力越强，股利支付水平相对越高。

(6)筹资成本。留存收益是企业内部筹资的一种重要方式，它同发行新股或举债相比，有成本低的优点。因此，很多企业在确定收益分配政策时，往往将企业的净收益作为首选的筹资渠道，特别是在负债资金较多、资本结构欠佳的时期。

(7)股利政策惯性。一般情况下，企业不宜经常改变其收益分配政策。企业在确定收益分配政策时，应当充分考虑股利政策调整有可能带来的负面影响。如果企业历年采取的股利政策具有一定的连续性和稳定性，那么重大的股利政策调整有可能对企业的声誉、股票价格、负债能力、信用等多方面带来影响。另外，靠股利来生活和消费的股东不愿意投资于股利波动频繁的股票。

(8)其他因素。收益分配政策的确定还会受其他公司因素的影响，如上市公司所处行业也会影响到它的股利政策。朝阳行业一般处于成长期，甚至能以数倍于经济发展速度的水平发展，因此就可能进行较高比例的股票股利支付；而夕阳产业则由于处在衰退期，会随着经济的高增长而萎缩，难以进行高比例的分红；公用事业往往有及时、充裕的现金来源，可是可选择的投资机会有限，所以发放高比例现金股利的可能性较大。另外，企业可能有意地多发股利使股价上升，使已发行的可转换债券尽快实现转换，从而达到调整资本结构或反兼并、反收购的目的等。

(三)股东因素

股东在收入控制权、税赋风险及投资机会等方面的考虑，也会对企业的收益分配政策产生影响。

(1)稳定的收入。有的股东依赖公司发放的现金股利维持生活，他们往往要求公司保持较高水平的股利支付水平，反对公司留存过多的收益。另外，有些股东认为留存利润使公司股票价格上升而获得资本利得具有较大的不确定性，取得现实的股利比较可靠。因此，这些股东也会倾向于多分配股利。

(2)控制权。收益分配政策也会受到现有股东对控制权要求的影响。以现有股东为基础组成的董事会，在长期的经营中可能形成了一定的有效控制格局，他们往往会将股利政策作为维持其控制地位的工具。当公司为有利可图的投资机会筹措所需资金，而外部又无适当的筹资渠道可以利用时，为避免由于增发新股，可能会有新的股东加入公司而打破目前已经形成的控制格局，股东就会倾向于较低的股利支付水平，以便从内部的留存收益中取得所需资金。

(3)税赋。公司的股利政策会受股东对税赋因素考虑的影响。一般来讲，股利收入的税率要高于资本利得的税率，很多股东会由于对税赋因素的考虑而偏好于低股利支付水平。因此，低股利政策会使他们获得更多节税上的好处。

(4)投资机会。股东的外部投资机会也是公司制定分配政策必须考虑的一个因素。如果公司将留存收益用于再投资的所得报酬低于股东个人单独将股利收入投资于其他投资机会所得的报酬，则股东倾向于公司少留存收益，而多发股利给股东，因为这样做，将对股东更有利。

(四)债务契约与通货膨胀

1. 债务契约

一般来说，股利支付水平越高，留存收益越少，公司的破产风险加大，就越有可能损害到债权人的利益。因此，为了保证自己的利益不受侵害，债权人都会在公司借款合同、债务契约以及租赁合约中加入关于借款公司股利政策的限制性条款，以限制公司股利的发放。

限制条款通常包括以下方面：

(1)未来股利只能以签订合同之后的收益发放，即不能以过去留存收益来发放；

(2)营运资金低于某一特定金额时不得发放股利；

(3)将利润的一部分以偿债基金的形式留存下来；

(4)利息保障倍数低于一定水平时不得发放股利。

2. 通货膨胀

通货膨胀会带来货币购买力水平下降、固定资产重置资金来源不足的后果，此时企业往往不得不考虑留用一定的利润，以弥补由于货币购买力水平下降而造成的固定资产重置资金缺口。因此，在通货膨胀时期，企业一般会采取偏紧的收益分配政策。

第二节　收入管理

企业的收入是指企业在销售商品、提供劳务、转让资产使用权所取得的各种收入的总称。由于销售收入一般是企业的收入主体，故一般企业的收入主要是指销售收入，即企业在日常生产经营活动中，销售商品、提供劳务形成的收入总额。

销售收入是企业的重要财务指标，在资金运动过程中处于起点和终点的地位，具有重要的经济意义。它是企业简单再生产和扩大再生产的资金来源，是加速资金周转的前提，所以必须加强对销售收入的管理。销售收入的制约因素，包括产品的销售数量和销售价格，因此，企业在经营管理过程中一定要做好销售预测分析以及销售定价管理。

一、销售预测分析

销售预测分析是指通过市场调查，以有关的历史资料和各种信息为基础，运用科学的预测方法和管理人员的实际经验，对企业产品在计划期间的销售量或销售额作出预计或估量的过程。企业在进行销售预测时，应充分研究和分析企业产品销售的相关资料，如产品价格、产品质量、售后服务、推销方法等。此外，对企业所处的市场环境、物价指数、市场占有率及经济发展趋势等情况也应进行研究分析。

销售预测的方法有很多种，主要包括定性分析法和定量分析法。

(一)定性分析法

定性分析法即非数量分析法，是指由专业人员根据实际经验，对预测对象的未来情况及发展趋势作出预测的一种分析方法。定性分析法一般适用于预测对象的历史资料不完备或无法进行定量分析时，主要包括推销员判断法、专家判断法和产品寿命周期分析法。

1. 推销员判断法

推销员判断法又称意见汇集法，是由企业熟悉市场情况及相关变化信息的经营管理人员对由推销人员调查得来的结果进行综合分析，从而作出预测的方法。

2. 专家判断法

专家判断法是通过组织专家会议，运用专家各方面专业知识和经验的判断能力，相互启发，集思广益，对成本等重大战略目标的决策进行预测的方法。该法与推销员判断法相比，其优点在于信息量大，考虑因素多，易于展开思路。适用于进行初步预测分析，或对已提出的预测方案进行评价。但专家判断法的准确性比较差，在预测时易受专家个性、会议时间、专家感情等方面的影响。专家判断法有三种形式：个别专家意见汇集法、专家小组法和德尔菲法。

个别专家意见汇集法是分别向每位专家征求本企业产品未来销售情况的个人判断和意见，然后综合专家意见确定预测值。

专家小组法是将专家分成若干小组，运用专家智慧进行判断和预测。该方法的缺点在于小组中其他专家的意见可能会受到权威专家的意见的影响，客观性得不到保证。

德尔菲法是由20世纪40年代美国兰德公司所推广的著名的定性分析法，它实质上是专家判断法的发展。它不同于专家判断法把一组专家召集在一起对预测对象发表意见，而是通过中间机构以匿名方式征求每个专家的意见，以消除专家间在个性、情感等方面的相互影响。经过几轮反复调查和总结，最后取得专家们一致意见的预测。德尔菲法的特点有：匿名调查消除权威的影响；多次信息反馈使结果更为客观、可信；统计处理使每一个观点都得到公平的反映表达。

【例8－1】 某公司准备投产一种新产品，现请A，B两类专家进行销售预测，A类专家为技术专家，拟定加权权数为5；B类专家为管理专家，拟定加权权数为3。另外，本企业直接销售人员预测新产品市场最高销售量为260万件，拟定加权权数为2。A，B两类专家对新产品销售预测的分析判断如表8－1。

表8－1　新产品销售量专家调查表

状况	A类专家（权数5）			B类专家（权数3）		
	销售量（万件）	概率	期望值	销售（万件）	概率	期望值
1	238	30%	71.40	230	10%	23.00
2	270	60%	162.00	238	50%	119.00
3	290	10%	29.00	270	40%	108.00
合计		100%	262.40		100%	250.00

根据表8－1资料，并考虑本企业销售人员的意见，新产品销售预测值为：

$$\text{新产品预测销售量} = \frac{262.40 \times 5 + 250 \times 3 + 260 \times 2}{5 + 3 + 2} = 258.20\text{（万件）}$$

3. 产品寿命周期分析法

产品寿命周期分析法是利用产品在不同寿命周期上销售量的变化趋势进行销售预测。它根据产品的寿命周期四阶段——萌芽期、成长期、成熟期和衰退期，判断产品所处的阶段并作出预测。

（二）销售预测的定量分析法

定量分析法也称数量分析法，是指在预测对象有关资料完备的基础上，运用一定的数学方法，建立预测模型作出预测。它一般包括趋势预测分析法和因果预测分析法两大类。

1. 趋势预测分析法

趋势预测分析法主要包括算术平均法、加权平均法、移动平均法和指数平滑法等。

（1）算术平均法。即将若干历史时期的实际销售量或销售额作为样本值，求出其算术

平均数,并将该平均数作为下期销售量的预测值。计算公式为:

$$Y = \frac{\sum_{i=1}^{n} X_i}{n}$$

式中,Y 是预测值,X_i 是第 i 期的实际销售量,n 为期数。

算术平均法适用于每月销售量波动不大的产品的销售预测。

【例 8-2】 W 公司 20×1~20×8 年的产品销售量资料如表 8-2。

表 8-2 产品销售量资料

年 度	20×1	20×2	20×3	20×4	20×5	20×6	20×7	20×8
销售量(万吨)	3 200	3 300	3 100	3 300	3400	3 500	3400	3 600

根据算术平均法的计算公式,公司 20×9 年的预测销售量为:

$$\text{预测销售量}(Y) = \frac{3\ 200 + 3\ 300 + 3\ 100 + 3\ 300 + 3\ 400 + 3\ 500 + 3\ 400 + 3\ 600}{8}$$

$$= 3\ 350(\text{万吨})$$

(2)加权平均法。是将若干期的历史资料(实际销售量或销售额)作为样本值,将各个样本值按照一定的权数计算得出加权平均数,并将加权平均数作为下期销售量的预测值。由于市场变化一般较大,离预测期越近的样本值对其影响越大,而离预测期越远的则越小,所以权数的选取应遵循"近大远小"的原则。计算公式为:

$$Y = \sum_{i=1}^{n} W_i X_i$$

式中,Y 是预测值,W_i 是第 i 期的权数 $(0 < W_i \leqslant W_{i+1} < 1$,且 $\sum_{i=1}^{n} W_i = 1)$,X_i 是第 i 期的实际销售量,n 是期数。

【例 8-3】 沿用例 8-2 中的资料,假设 W 公司 20×1~20×8 年 W 公司各期数据的权数如表 8-3。

表 8-3 产品销售量资料及权数

年 度	20×1	20×2	20×3	20×4	20×5	20×6	20×7	20×8
销售量(万吨)	3 200	3 300	3 100	3 300	3400	3 500	3400	3 600
权数	5%	6%	8%	10%	12%	15%	19%	25%

根据加权平均法的计算公式,W 公司 20×9 年的预测销售量为:

$$\text{预测销售量 } Y = \sum_{i=1}^{n} W_i X_i = 3\ 200 \times 5\% + 3\ 300 \times 6\% \cdots 3\ 400 \times 19\% + 3\ 600 \times 25\%$$

$$= 3\ 415(\text{万吨})$$

加权平均法较算术平均法更为合理,计算也较方便,在实践中应用较多。

(3)移动平均法。是从 n 期的时间数列销售量中选取 m 期(m 数值固定,且 $m < n/2$)数据作为样本值,求其 m 期的算术平均数,并不断向后移动,计算观测期平均值,以最后一个 m 期的平均数作为未来第 $n+1$ 期预测销售量的一种方法。这种方法假设预测值主要受最

近 m 期销售量的影响。其计算公式为：

$$Y_{n+1}=\frac{X_{n-(m-1)}+X_{n-(m-2)}+\cdots+X_{n-1}+X_n}{m}$$

为了使预测值更能反映销售量变化的趋势，对上述结果按趋势值进行修正，计算公式为：

$$\overline{Y}_{n+1}=Y_{n+1}+(Y_{n+1}-Y_n)$$

由于移动平均法只选用了 n 期数据中的最后 m 期作为计算依据，故代表性较差，计算起来也比较麻烦，适用于销售量略有波动的产品预测。

【例8-4】 沿用例8-2的资料。假定W公司预测前期(20×8年)的预测销售量为3 350万吨，要求分别用移动平均法和修正的移动平均法预测W公司20×9年的销售量(设定样本期为3期)。根据有关资料，分析计算如下：

根据移动平均法的计算公式，W公司20×9年的预测销售量为：

$$Y_{n+1}=\frac{3\ 500+3\ 400+3\ 600}{3}=3\ 500(\text{万吨})$$

根据修正的移动平均法计算公式，W公司20×9年修正的预测销售量为：

$$\overline{Y}_{n+1}=3\ 500+(3\ 500-3\ 350)=3\ 650(\text{万吨})$$

(4)指数平滑法。这实质上是一种加权平均法，是以事先确定的平滑指数 a 及 $(1-a)$ 作为权数进行加权计算，预测销售量的一种方法。计算公式为：

$$Y_{n+1}=aX_n+(1-a)Y_n$$

式中，Y_{n+1}是未来第$(n+1)$期的预测值；Y_n 是第 n 期预测值，即预测前期的预测值；X_n是第 n 期的实际销售量，即预测前期的实际销售量；a 是平滑指数；n 是期数。

平滑指数的取值通常在0.3~0.7之间，取值大小决定了前期实际值与预测值对本期预测值的影响。采用较大的平滑指数，预测值可以反映样本值新近的变化趋势；采用较小的平滑指数，则反映了样本值变动的长期趋势。因此，在销售量波动较大或进行短期预测时，选择较大的平滑指数；在销售量波动较小或进行长期预测时，选择较小的平滑指数。

【例8-5】 沿用例8-2的资料。W公司20×8年实际销售量为3 600万吨，原预测销售量为3 350万吨，平滑指数 $a=0.5$。要求用指数平滑法预测公司20×9年的销售量。

根据指数平滑法的计算公式，W公司20×9年的预测销售量为：

$$\begin{aligned}\text{预测销售量 } Y_{n+1}&=aX_n+(1-a)Y_n\\&=0.5\times 3\ 600+(1-0.5)\times 3\ 350=3\ 475(\text{万吨})\end{aligned}$$

该方法运用比较灵活，适用范围较广，但平滑指数选择具有一定的主观性。

2. 因果预测分析法

因果预测分析法是指通过影响产品销售量(因变量)的相关因素(自变量)以及它们之间的函数关系，并利用这种函数关系进行产品销售预测的方法。因果预测分析法最常用的是回归分析法，这里主要介绍回归直线法。

回归直线法也称一元回归分析法。它假定影响预测对象销售量的因素只有一个，建立销售量 y 与其影响因素 x 之间的函数关系 $y=f(x)$，利用已知资料数据，对函数中自变量 x 进行估计和检验，得到预测模型。假设已知变量(即自变量)为 x，所需预测的未知变量为 y(即因变量)，则一元线性回归预测方程为：

$$y=a+bx$$

参数 a 与 b 用下列最小二乘公式估算：

$$b = \frac{n\sum xy - \sum x \sum y}{n\sum x^2 - (\sum x)^2}$$

$$a = \frac{\sum y - b\sum x}{n}$$

求出 a,b 的值后，代入 $y = a + bx$，结合自变量的取值，即可求得预测对象 y 的预测销售量或销售额。

【例 8－6】 G 公司 20×1～20×6 年上半年各月销售量与广告费资料如表 8－4 所示。

表 8－4 G 公司 20×1～20×6 年销售量与广告费资料

年 份	20×1	20×2	20×3	20×4	20×5	20×6
广告费（元）	10 000	8 000	10 000	9 000	11 000	12 000
销售量（吨）	160 000	120 000	150 000	140 000	170 000	180 000

根据资料，用回归直线法计算参数，如表 8－5。

表 8－5 参数计算表

年份	广告费 x（千元）	销售量 y（万吨）	x^2	xy	y^2
20×1	10	16	100	160	256
20×2	8	12	64	96	144
20×3	10	15	100	150	225
20×4	9	14	81	126	196
20×5	11	17	121	187	289
20×6	12	18	144	216	324
$n=6$	$\sum x = 60$	$\sum y = 92$	$\sum x^2 = 610$	$\sum xy = 935$	$\sum y^2 = 1\ 434$

计算 a,b 值如下：

$$b = \frac{6 \times 935 - 60 \times 92}{6 \times 610 - 60^2} = 1.5$$

$$a = \frac{92 - 1.5 \times 60}{6} = 0.33$$

如果该企业 20×7 年预计支出广告费 13 000 元，则预测销售量为：

$$y = 0.33 + 1.5 \times 13 = 19.83\text{（万吨）}$$

二、销售定价管理

销售定价不仅影响产品的边际贡献，而且影响产品的销售数量与市场地位，进而对企业收入产生复杂而直接的影响。正确制定销售定价策略，直接关系到企业的生存和发展。

（一）销售定价管理的含义

销售定价管理是指在调查分析的基础上选用合适的产品定价方法，为销售的产品制定最为恰当的售价，以实现经济效益最大化的过程。

企业销售各种产品都必须确定合理的产品销售价格。产品价格的高低直接影响到销售量的大小，进而影响到企业的盈利水平。单价水平过高，导致销售量降低，如果达不到保本点，企业就会亏损；单价水平过低，虽然会起到促销作用，但单位毛利降低，使企业的盈利水平下降。因此，产品销售价格的高低，价格策略运用得恰当与否，都会影响到企业正常的生产经营活动，甚至企业的生存和发展。进行良好的销售定价管理，可以使企业的产品更富有吸引力，可以扩大市场占有率，改善企业的相对竞争地位。

（二）影响产品价格的因素

影响产品价格的因素非常复杂，主要包括：

（1）价值因素。价格是价值的货币表现，价值的大小决定着价格的高低，而价值量的大小又是由生产产品的社会必要劳动时间决定的。因此，提高社会劳动生产率，缩短生产产品的社会必要劳动时间，可以相对地降低产品价格。

（2）成本因素。成本是影响定价的基本因素。企业必须获得足额的可以弥补已发生成本费用的收入，才能长期生存发展下去。虽然短期内的产品价格有可能会低于其成本，但从长期来看，产品价格应等于总成本加上合理的利润，否则企业无利可图，难以长久生存。

（3）市场供求因素。市场供求变动对价格的变动具有重大影响。当一种产品的市场供应大于需求时，就会引起价格下降；而当其供应小于需求时，则会推动价格的提升。市场供求关系是永远矛盾着的两个方面，因此产品价格也会随着供求关系变动而不断波动。

（4）竞争因素。产品竞争程度不同，对定价的影响也不同。竞争越激烈，对价格的影响也越大。在完全竞争的市场，企业几乎没有定价的主动权；在不完全竞争的市场，竞争的强度主要取决于产品生产的难易和供求形势。为了做好定价决策，企业必须充分了解竞争对手的情况，最重要的是竞争对手的定价策略。

（5）政策法规因素。各个国家对市场物价的高低和变动都有限制和法律规定，同时国家会通过生产市场、货币金融等手段间接调节价格。企业在制定定价策略时一定要很好地了解本国及所在国有关方面的政策和法规。

（三）产品定价方法

产品定价方法包括以成本为基础的定价方法和以市场需求为基础的定价方法两类。

1. 以成本为基础的定价方法

作为定价基础的成本，即变动成本、制造成本和完全成本。

变动成本是指其总额会随业务量的变动而变动的成本。变动成本可以作为增量产品的定价依据，但不能作为一般产品的定价依据。

制造成本是指企业为生产产品或提供劳务等发生的直接费用支出，一般包括直接材料、直接人工和制造费用。由于它不包括各种期间费用，因此不能正确反映企业产品的真实价值消耗和转移。利用制造成本定价不利于企业简单再生产的继续进行。

完全成本是指企业为生产、销售一定种类和数量的产品所发生的费用总额，包括制造成本和管理费用、销售费用及财务费用等各种期间费用。在完全成本基础上制定价格，既可以保证企业简单再生产的正常进行，又可以使劳动者为社会劳动所创造的价值得以全部实现。因此，当前产品定价的基础，多数采用产品的完全成本。

（1）完全成本加成定价法。是在完全成本的基础上，加合理利润来定价。合理利润的确定，在工业企业一般是根据成本利润率，而在商业企业一般是根据销售利润率。

在考虑税金的情况下,计算公式为:

成本利润率定价:

$$成本利润率=\frac{预测利润总额}{预测成本总额}\times 100\%$$

$$单位产品价格=\frac{单位成本\times(1+成本利润率)}{1-适用税率}$$

销售利润率定价:

$$销售利润=\frac{预测利润总额}{预测销售总额}\times 100\%$$

$$单位产品价格=\frac{单位成本}{1-销售利润率-适用税率}$$

式中,单位成本是指单位完全成本,可用单位制造成本加上单位产品负担的期间费用来确定。

【例8-7】 E公司生产A产品,预计单位产品的制造成本200元/件。计划销售10 000件,计划期的期间费用总额100万元,产品适用的消费税税率10%,成本利润率必须达到20%。用完全成本加成定价法测算的单位产品价格为:

$$A产品单位产品价格=\frac{(200+\frac{1\ 000\ 000}{10\ 000})\times(1+20\%)}{1-10\%}=400(元/件)$$

(2)保本点定价法。保本点是指企业处于不盈不亏的销售点。保本点定价法是使企业销售处于保本的状况来定价。采用保本点定价的产品价格应是企业的最低价格。

$$单位产品价格=\frac{单位固定成本+单位变动成本}{1-适用税率}=\frac{单位完全成本}{1-适用税率}$$

【例8-8】 T企业生产B产品,本期计划销售量为10 000吨,应负担的固定成本总额为50 000元,单位产品变动成本为600元,适用的消费税税率为8%。根据上述资料,运用保本点定价法来测算的单位B产品价格为:

$$B产品单位产品价格=\frac{\frac{50\ 000}{10\ 000}+600}{1-8\%}=\frac{605}{0.92}=657.61(元/吨)$$

(3)目标利润法。目标利润是指企业在预定时期内应实现的利润水平。目标利润定价法是根据预期目标利润和产品销售量、产品成本、适用税率等因素来确定产品销售价格的方法。计算公式为:

$$单位产品价格=\frac{目标利润总额+完全成本总额}{产品销售量\times(1-适用税率)}$$

$$=\frac{单位目标利润+单位完全成本}{1-适用税率}$$

【例8-9】 W公司生产C产品,本期计划销售量为10 000吨,目标利润总额为400万元,完全成本总额为8 000万元,适用的消费税税率为8%,根据上述资料,运用目标利润法来测算的单位C产品价格为:

$$C产品单位产品价格=\frac{4\ 000\ 000+80\ 000\ 000}{10\ 000\times(1-8\%)}=9\ 130.43(元/吨)$$

即要保住目标利润总额400万元,每吨销售价格必须达到9 130.43元。

(4)变动成本定价法。是指企业在生产能力有剩余的情况下增加生产一定数量的产品所应分担的成本。这些增加的产品可以不负担企业的固定成本,只负担变动成本。在确定价格时产品成本仅以变动成本计算。此处所指变动成本是指完全变动成本,包括变动制造费用和变动期间费用。计算公式为:

$$单位产品价格=\frac{单位变动成本\times(1+成本利润率)}{1-适用税率}$$

【例8-10】 D公司生产T产品,设计生产能力为20 000吨,计划生产18 000吨,预计单位产品的变动成本为200元,计划期的固定成本费用总额为360 000元,该产品适用的消费税税率为10%,成本利润率要求达到20%。假定本年度接到一额外订单,订购1 000吨T产品,单价290元。问:该企业计划内产品单位价格是多少?是否应接受这一额外订单?

根据上述资料计算,企业计划内生产的产品价格为:

$$计划内T产品单位产品价格=\frac{\left(200+\frac{360\ 000}{18\ 000}\right)\times(1+20\%)}{1-10\%}=293.33(元/吨)$$

$$追加生产的T产品单位产品价格=\frac{200\times(1+20\%)}{1-10\%}=266.67(元/吨)$$

因额外订单单价(290元/吨)高于其按变动成本计算的价格(266.67元/吨),故应接受这一额外订单。

2. 以市场需求为基础的定价方法

以成本为基础的定价方法,主要关注企业的成本状况而不考虑市场需求状况,因而这种方法制定的产品价格不一定满足企业销售收入或利润最大化的要求。最优价格应是企业取得最大销售收入或利润时的价格。以市场需求为基础的定价方法可以契合这一要求,主要有需求价格弹性系数定价法和边际分析定价法等。

(1)需求价格弹性系数定价法。产品在市场上的供求变动关系,实质上体现在价格的刺激和制约作用上。需求增大导致价格上升,刺激企业生产;而需求减小,则会引起价格下降,从而制约了企业的生产规模。从另一个角度看,企业也可以根据这种关系,通过价格的升降来作用于市场需求。在其他条件不变的情况下,某种产品的需求量随其价格的升降而变动的程度,就是需求价格弹性系数。计算公式为:

$$E=\frac{\Delta Q/Q_0}{\Delta P/P_0}$$

式中,E是某种产品的需求价格弹性系数;ΔP是价格变动量;ΔQ是需求变动量;P_0是基期单位产品价格;Q_0是基期需求量。

运用需求价格弹性系数确定产品的销售价格时,计算公式为:

$$P=\frac{P_0Q_0^{\alpha}}{Q^{\alpha}}$$

式中,P_0是基期单位产品价格;Q_0是基期需求量;E是需求价格弹性系数;P是单位产品价格;Q是预计销售量;α是需求价格弹性系数绝对值的倒数,即$\frac{1}{|E|}$。

【例8-11】 Q企业生产销售R产品。20×9年前三个季度中,实际销售价格和销售数量如表8-6所示。若企业在第四季度要完成40 000吨的销售任务,那么销售价格应为多少?

表 8-6　前三季度 R 产品销售价格和销售数量

项目	第 1 季度	第 2 季度	第 3 季度
销售价格(元/吨)	7 500	8 000	7 800
销售数量(吨)	38 590	33 780	35 580

根据上述资料,R 产品的销售价格的计算过程为:

$$E_1 = \frac{(33\ 780 - 38\ 590) \div 38\ 590}{(8\ 000 - 7\ 500) \div 7\ 500} = -1.87$$

$$E_2 = \frac{(35\ 580 - 33\ 780) \div 33\ 780}{(7\ 800 - 8\ 000) \div 8\ 000} = -2.13$$

$$E = \frac{E_1 + E_2}{2} = \frac{-1.87 - 2.13}{2} = -2$$

$$\alpha = \frac{1}{|E|} = \frac{1}{|-2|} = \frac{1}{2}$$

$$P = \frac{P_0 Q_0^{\alpha}}{Q^{\alpha}} = \frac{7\ 800 \times 35\ 580^{1/2}}{40\ 000^{1/2}} = 7\ 356.4(\text{元})$$

即第四季度要完成 40 000 吨的销售任务,其单位产品的销售价格为 7 356.4 元。

(2)边际分析定价法。是指基于微分极值原理,通过分析不同价格与销售量组合下的产品边际收入、边际成本和边际利润之间的关系决策的一种定量分析方法。边际是指自变量每增加或减少一个单位所带来的因变量的差异。那么,产品边际收入、边际成本和边际利润就是指销售量每增加或减少一个单位所形成的收入、成本和利润的差额。按照微分极值原理,如果利润函数的一阶导数等于零,即边际利润等于零,边际收入等于边际成本,那么利润将达到最大值。此时的价格就是最优销售价格。

当收入函数和成本函数均可微时,直接对利润函数求一阶导数即可得到最优售价;当收入函数或成本函数为离散型函数时,可以通过列表法分别计算各种价格与销售量组合下的边际利润,在边际利润大于或等于零的组合中,边际利润最小时的价格就是最优售价。

(四)价格策略

企业之间的竞争在很大程度上表现为企业产品在市场上的竞争。市场占有率的大小是衡量产品市场竞争能力的主要指标。除了提升产品质量之外,根据具体情况合理运用不同的价格策略,可以有效地提高产品的市场占有率和企业的竞争能力。主要的价格策略有:

(1)折让定价策略。指在一定条件下,以降低产品的销售价格来刺激购买者,从而达到扩大产品销售量的目的。价格的折让主要表现是折扣,一般表现为单价折扣、数量折扣、现金折扣、推广折扣和季节折扣等形式。单价折扣是指给予所有购买者以价格折扣,而不管其购买数量的多少。数量折扣即按照购买者购买数量的多少所给予的价格折扣。购买数量越多,则折扣越大;反之,则越小。现金折扣即按照购买者付款期限长短所给予的价格折扣,其目的是鼓励购买者尽早偿还贷款,以加速资金周转。推广折扣是指企业为了鼓励中间商帮助推销本企业产品而给予的价格优惠。季节折扣即企业为鼓励购买者购买季节性商品所给予的价格优惠,这样可以鼓励购买者提早采购,减轻企业的仓储压力,加速资金周转。

(2)心理定价策略。指针对购买者的心理特点而采取的一种定价策略,主要有声望定价、尾数定价、双位定价和高位定价等。声望定价是指企业按照其产品在市场上的知名度和消费者中的信任程度来制定产品价格的一种方法。一般地,声望越高,价格越高,这就是产品的"名牌效应"。尾数定价即在制定产品价格时,价格的尾数取接近整数的小数(如199.9元)或带有一定谐音的数(158元)等。它一般只适用于价值较小的中低档日用消费品定价。双位定价是指在向市场以挂牌价格销售时,采用两种不同的标价来促销的一种定价方法。比如:某产品标明"原价158元,现促销价99元"。这种策略适用于市场接受程度较低或销路不太好的产品。高位定价即根据消费者"价高质优"的心理特点实行高标价促销的方法。但高位定价必须是优质产品,不能弄虚作假。

(3)组合定价策略。是针对相关产品组合所采取的一种方法。它根据相关产品在市场竞争中的不同情况,使互补产品价格有高有低,或使组合售价优惠。对于具有互补关系的相关产品,可以采取降低部分产品价格而提高互补产品价格,以促进销售,提高整体利润,如便宜的整车与高价的配件等。对于具有配套关系的相关产品,可对组合购买进行优惠,如西服套装的上衣和裤子等。组合定价策略可以扩大销售量,节约流通费用,有利于企业整体效益的提高。

(4)寿命周期定价策略。是根据产品从进入市场到退出市场的生命周期,分阶段确定不同价格的定价策略。产品在市场中的寿命周期一般分为推广期、成长期、成熟期和衰退期。推广期产品需要获得消费者的认同,进一步占有市场,应采用低价促销策略;成长期的产品有了一定的知名度,销售量稳步上升,可以采用中等价格;成熟期的产品市场知名度处于最佳状态,可以采用高价促销,但由于市场需求接近饱和,竞争激烈,定价时必须考虑竞争者的情况,以保持现有市场销售量;衰退期的产品市场竞争力下降,销售量下滑,应该降价促销或维持现价并辅之以折扣等其他手段,同时,积极开发新产品,保持企业的市场竞争优势。

第三节　分配管理

一、股利分配及其程序

(一)股利分配的概念

股利分配是指公司制企业向股东分派股利,是企业利润分配的一部分。股利分配涉及的方面很多,如股利支付程序中各日期的确定、股利支付比率的确定、股利支付形式的确定、支付现金股利所需资金筹集方式的确定等。其中,最主要的是确定股利的支付比率,即用多少盈余发放股利,多少盈余为公司所留用(称为内部筹资),因为它会对公司股票价格产生影响。

(二)股利分配程序

根据我国《公司法》的规定,公司税后利润分配的顺序是:

(1)弥补企业以前年度亏损。公司的法定公积金不足以弥补以前年度亏损的,在提取法定公积金之前,应当先用当年利润弥补亏损。

(2)提取法定盈余公积金。根据《公司法》的规定,法定盈余公积金的提取比例为当年税后利润(弥补亏损后)的10%。法定盈余公积金已经达到注册资本的50%时可不再提取。法定盈余公积金可用于弥补亏损、扩大公司生产经营或转增资本,但企业用盈余公积金转增资本后，法定盈余公积金的余额不得低于转增前公司注册资本的25%。

(3)提取任意盈余公积金。根据《公司法》的规定，公司从税后利润中提取法定公积金后，经股东会或者股东大会决议，还可以从税后利润中提取任意公积金。

(4)向股东投资者分配股利(利润)。根据《公司法》的规定，公司弥补亏损和提取公积金后所余税后利润，可以向股东(投资者)分配股利(利润)。其中，有限责任公司股东按照实缴的出资比例分取红利，全体股东约定不按照出资比例分取红利的除外。股份有限公司按照股东持有的股份比例分配，但股份有限公司章程规定不按持股比例分配的除外。

根据《公司法》的规定，股东会、股东大会或者董事会违反相关规定，在公司弥补亏损和提取法定公积金之前向股东分配利润的，股东必须将违反规定分配的利润退还公司。另外，公司持有的本公司股份不得分配利润。

(三)股利分配方案应考虑的因素

股利分配方案的确定，需要考虑以下几个方面的内容：

1. 选择股利政策

股利政策不仅会影响股东的利益，也会影响公司的正常运营以及未来的发展。因此，制定恰当的股利政策就显得尤为重要。由于各种股利政策各有利弊，所以公司在进行股利政策决策时，要综合考虑公司面临的各种具体影响因素，适当遵循收益分配的各项原则，以保证不偏离公司目标。

另外，每家公司都有自己的发展历程，就规模和盈利来讲，都会有初创阶段、增长阶段、稳定阶段、成熟阶段和衰退阶段等。在不同的发展阶段，公司所面临的财务、经营等问题都会有所不同，比如初创阶段公司的获利能力、现金流入量水平、融资能力、对资金的需求等，和公司在经历高速增长阶段之后的成熟阶段相比，是完全不同的，所以公司制定的股利政策还要与其所处的发展阶段相适应。

公司在不同成长与发展阶段宜采用的股利政策可用表8－7来描述。

表8－7　不同成长与发展阶段宜采用的股利政策

发展阶段	特点	适用的股利政策
初创阶段	公司经营风险高，有投资需求且融资能力差	剩余股利政策
快速发展阶段	公司快速发展，投资需求大	低正常股利加额外股利政策
稳定增长阶段	公司业务稳定增长，投资需求减少，净现金流入量增加，每股净收益呈上升趋势	固定或稳定增长型股利政策
成熟阶段	公司盈利水平稳定，公司通常已经积累了一定的留存收益和资金	固定支付率股利政策
衰退阶段	公司业务锐减，获利能力和现金获得能力下降	剩余股利政策

2. 确定股利支付水平

股利支付水平通常用股利支付率来衡量。股利支付率是当年发放股利与当年净利润之比或每股股利除以每股收益。股利支付率的制定往往使公司处于两难境地。低股利支付率政策虽然有利于公司对收益的留存，有利于扩大投资规模和未来的持续发展，但显然在资本市场上对投资者的吸引力会大大降低，进而影响到公司未来的增资扩股；而高股利支付率政策有利于增强公司股票的吸引力，有助于公司在公开市场上筹措资金，但由于留存收益的减少，又会给企业资金周转带来影响，加重公司财务负担。

是否对股东派发股利以及股利支付率高低的确定，主要取决于企业对下列因素的权衡：①企业所处的成长周期；②企业的投资机会；③企业的筹资能力及筹资成本；④企业的资本结构；⑤股利的信号传递功能；⑥借款协议及法律限制；⑦股东偏好；⑧通货膨胀。

二、股利支付程序和方式

（一）股利的支付程序

公司在选择了股利政策、确定了股利支付水平和方式后，应当进行股利的发放。公司股利的发放必须遵循相关的要求，按照日程安排来进行。股利支付需要按照下列日程来进行：

（1）预案公布日。上市公司分派股利时，首先要由公司董事会制定分红预案，包括本次分红的数量、分红的方式、股东大会召开的时间、地点及表决方式等。以上内容由公司董事会向社会公开发布。

（2）宣布日。董事会制定的分红预案必须经过股东大会讨论。只有讨论通过之后，才能公布正式分红方案及实施的时间。

（3）股权登记日。这是由公司在宣布分红方案时确定的一个具体日期。凡是在此指定日期收盘之前，取得了公司股票，成为公司在册股东的投资者都可以作为股东享受公司分派的股利。在此日之后取得股票的股东则无权享受已宣布的股利。

（4）除息日。在除息日，股票的所有权和领取股息的权利分离，股利权利不再从属于股票。所以，在这一天购入公司股票的投资者不能享有已宣布发放的股利。另外，由于失去了附息的权利，除息日的股价会下跌。下跌的幅度约等于分派的股息。

（5）股利发放日。在这一天，公司按公布的分红方案向股权登记日在册的股东实际支付股利。

（二）股利支付形式

大多数情况下，非股份制企业投资分红一般采用现金方式。但股份公司股利支付形式有一定的特殊性，除了现金股利外，还存在其他股利支付形式。常见的有：

1. 现金股利

指以现金支付股利，是企业最常见的，也是最易被投资者接受的股利支付方式。这种形式能满足大多数投资者希望得到一定数额的现金这种实在收益的要求。但这种形式增加了企业现金流出量，增加企业的支付压力，在特殊情况下，有悖于留存现金用于企业投资与发展的初衷。因此，采用现金股利形式时，企业必须具备两个基本条件：一是企业要有足够的未指明用途的留存收益（未分配利润）；二是企业要有足够的现金。因此，公司在支付现金股利前需筹备充足的现金。

2. 股票股利

是公司以发行的股票作为股利支付的方式。股票股利并不直接增加股东的财富，不导致公司现金的流出或负债的增加，同时也不因此而增加公司的财产，但会引起所有者权益各项目的结构发生变化。发放股票股利后，如果盈利总额与市盈率不变，会由于普通股的增加而引起每股收益和每股股利的下降。但由于股东所持有的股份的比例不变，每位股东所持有的股票市场价值总额仍然保持不变，因而股票股利不涉及公司的现金流。

【例 8－12】 S 公司在发放股票股利前，股东权益情况见表 8－8。

若 S 公司宣布发放 10% 的股票股利，即发放 2 万股普通股股票，并规定现有股东每持

10股可得1股新发放股票。若股票当时市价20元，随着股票股利的发放，需从“未分配利润”项目划转出的资金为20×200 000×10%＝40万元。

由于股票面值不变，此次再发放2万股，普通股只应增加“普通股”项目2万元，其余的38万元（40万元－2万元），则应作为股票溢价转至“资本公积”项目，而公司股东权益总额保持不变。发放股票股利后，公司股东权益各项目见表8－9。

表8－8 S公司发放股票股利前的股东权益

普通股（20万股流通在外，每股面值1元）	20万元
资本公积	40万元
未分配利润	200万元
股东权益合计	260万元

表8－9 S公司股票股利后的股东权益

普通股（22万股流通在外，每股面值1元）	22万元
资本公积	78万元
未分配利润	160万元
股东权益合计	260万元

表8－8与8－9的比较说明，发放股票股利不会对公司股东权益总额产生影响，但会发生资金在各股东权益项目间的再分配。发放股票股利后，如果盈利总额不变，会由于普通股股数增加而引起每股收益和每股市价的下降，但又由于股东所持股份的比例不变，每位股东所持股票的市场价值总额仍保持不变。

股票股利是一种比较特殊的股利。股票股利对公司来说，并没有现金流出公司，也不会导致公司的财产减少，而只是将公司的留存收益转化为股本。但股票股利会增加流通在外的股票数量，同时降低股票的每股价值。它不会改变公司股东权益总额，但会改变股东权益的构成。它不会引起公司资产的流出或负债的增加，而只涉及股东权益内部结构的调整，即在减少未分配利润项目金额的同时，增加公司股本额，同时还可能引起资本公积的增减变化，但它们之间是此消彼长的关系，股东权益总额并不改变。

发放股票股利对每股收益的影响，通过每股收益、每股市价的调整直接算出：

$$\text{发放股票股利后的每股收益} = \frac{E_0}{1 + D_S}$$

式中，E_0为发放股票股利前的每股收益，D_S为股票股利发放率。

发放股票股利对每股市价的影响：

$$\text{发放股票股利后的每股市价} = \frac{M}{1 + D_S}$$

式中，M为股利分配权转移日的每股市价。

【例8－13】 接例8－12。设S公司本年盈余为44万元，T股东持有2万股S公司的普通股股票，发放股票股利对股东的影响，如表8－10所示。

表8－10 S公司发放股票股利对股东的影响

项 目	发放前	发放后
每股收益（RPS，元/股）	44÷20＝2.2	44÷22＝2
每股市价（元/股）	20	20÷（1＋10%）＝18.18
持股比例（%）	2÷20＝10%	2.2÷22＝10%
持股总价值（万元）	20×2＝40	18.18×2.2＝40

$$发放股票股利后的每股收益 = \frac{E_0}{1 + D_S} = \frac{2.2}{1 + 10\%} = 2(元)$$

$$发放股票股利后的每股市价 = 20 \div (1 + 10\%) = 18.18(元)$$

股票股利对股东来讲,其意义主要有以下几点:

(1)如果公司在发放股票股利后同时发放现金股利,股东会因所持股数的增加而得到更多的现金。

(2)有时公司发放股票股利后其股价并不成比例下降,这可使股东得到股票价值相对上升的好处。

(3)发放股票股利通常由成长中的公司所为,因此投资者往往认为发放股票股利预示着公司将会有较大发展,利润将大幅度增长,足以抵消增发股票带来的消极影响。这种心理会稳定住股价甚至反致略有上升。

(4)在股东需要现金时,还可以将分得的股票股利出售。有些国家税法规定,出售股票所需交纳的资本利得(价值增值部分)税率,比收到现金股利所需交纳的所得税率低,这使得股东可以从中获得纳税上的好处。

3. 财产股利

财产股利是以现金以外的资产支付的股利,主要是以公司所拥有的其他企业的有价证券,如债券、股票作为股利支付给股东。

4. 负债股利

负债股利也称期票股利,是公司以负债形式支付的股利,通常以公司的应付票据支付给股东,不得已情况下也有发行公司债券抵付股利的。

财产股利和负债股利实际上是现金股利的替代。这两种股利方式目前在我国公司实务中很少使用,但并非法律所禁止。

三、股利政策分析

股利政策是指在法律允许的范围内企业选择是否发放股利、发放多少股利以及何时发放股利的方针及对策。

企业的净收益可以支付给股东,也可以留存在企业内部。股利政策的关键问题是确定分配和留存的比例。股利政策不仅会影响股东的财富,而且会影响企业在资本市场上的形象以及企业股票的价格,更会影响企业长期和短期利益,因此,合理的股利政策对企业及股东来讲是非常重要的。企业应当确定适当的股利政策,并使其保持连续性,以便股东据以判断其发展的趋势。在实际工作中,通常有以下几种股利理论和股利政策选择:

(一)收益分配的理论基础

收益分配与股利、股票市价有关系,因此存在着不同的观点并形成了不同的股利理论。股利理论主要包括股利无关论、股利相关论、所得税差异理论及代理理论。

1. 股利无关论

股利无关论认为,在一定的假设条件限定下,股利的支付率不影响公司的市场价值,公司的市场价值高低由投资决策的优劣决定,单就股利政策来说,无所谓最佳与最次,它与企业的市场价值无关,企业的权益资本成本与股利分配政策无关。

股利无关论是在这样一些假设上提出的:

(1)公司的投资政策已确定并且已经为投资者所理解;

(2)不存在股票的发行和交易费用;

(3)不存在个人或公司所得税;

(4)不存在信息不对称;

(5)经理与外部投资者之间不存在代理成本。

2. 股利相关论

股利相关理论认为,企业的股利政策会影响到股票价格。主要观点包括以下两种:

(1)股利重要论。该理论认为,现实的资本市场环境不是完美或完全的,有许多不确定的因素存在。在不确定的条件下,现金股利是有把握的收入,其风险要比未来的资本投资收益小得多。对于厌恶风险的投资者来说希望公司将利润以现金股利形式分配给投资者,而不是为获得风险性大的资本利得而将利润留存公司,这就是所谓的"双鸟在林,不如一鸟在手"。在这种思想影响下,当公司提高其股利支付率时,就会降低投资者的风险,投资者可要求较低的必要报酬率,公司股票价格上升;如果公司降低其股利支付率或延付股利,则会增加投资者的风险,投资者必然要求较高的必要报酬率,以作为负担额外风险的补偿,从而导致公司股价下降。

(2)信号传递理论。该理论认为,在信息不对称的情况下,投资者相信作为内部人的管理层就公司目前的经营状况和前景拥有权威的信息。而股利分配政策的变化具有信息传递的功能,是管理层向市场传递其所掌握内部信息的一种手段。股利支付向投资者发出了有关管理层对公司未来盈利和现金流估计的信号。若预测企业发展形势良好,公司收益水平的提高能够支付长期增加的股利时,管理当局就会通过增加股利的方式将这一利好信息及时告诉股东和潜在的投资者;相反,若预测企业发展形势堪忧,未来持续盈利的能力不理想时,管理当局通常会维持甚至降低现有的股利水平。

3. 所得税差异理论

所得税差异理论认为,由于普遍存在的税率的差异及纳税时间的差异,资本利得收入比股利收入更有助于实现收益最大化目标,企业应当采用低股利政策。由于认为股利收入和资本利得收入是不同类型的收入,所以在很多国家对它们征收所得税的税率不同。一般地,对资本利得收入征税的税率低于对股利收入征收的税率。另外,即使不考虑税率差异因素的影响,资本利得收入比股利收入的纳税时间选择更具有弹性。由于投资者可以自由后推资本利得收入的纳税时间,它们之间也会存在延迟纳税带来的收益差异。

因此,在其他条件不变的情况下,投资者更偏好资本利得收入而不是股利收入。而持有高股利支付政策股票的投资者,为了取得与低股利支付政策股票相同的税后净收益,必须要求有一个更高的税前回报预期。所以会导致资本市场上的股票价格与股利支付水平呈反方向变化,而权益资本成本与股利支付水平呈正向变化的情况。

4. 代理理论

代理理论认为,股利政策有助于减缓管理者与股东之间的代理冲突。股利政策是协调股东与管理者之间代理关系的一种约束机制,较多地派发现金股利至少具有以下好处;股利分配一方面可以减少公司管理人员所用的自由现金流量,使其失去了可用于满足自身利益(如装修豪华办公室,购置高档汽车等)的资金来源;另一方面股利分配减少了公司的盈余公积,当公司需要扩大规模时,使用留存收益这种内部融资方式提供资金的可能性会减小,而进入资本市场进行融资意味着公司将接受更多更严格的监督和检查。如果公司想通过资本市场筹集资金,公司只有凭借其优良业绩才能在资本市场上筹措到资金,因此管理层就会努力经营,提升公司的价值。那么股东对管理层的监管问题以及管理层对风险的回避问题都能在一定程度上得到缓和。这样新资本的供应者实际上帮助老股东监控了管理人员,股利支付则成了一种间接约束管理人员的监管机制和降低代理成本的有效途径。

(二)股利分配政策

1. 剩余股利政策

剩余股利政策指公司生产经营所获得的净收益首先应满足公司的资金需求,如果还有剩余,则派发股利;如果没有剩余,则不派发股利。其决策步骤如下:

(1)根据公司的投资计划确定公司的目标资本预算。

(2)根据公司的目标资本结构及最佳资本预算,预计公司资金需求中所需要的权益资本数额。

(3)最大限度地用留存收益来满足资金需求中所需增加的股东权益资本数额。

(4)留存收益在满足公司股东权益资本增加需求后,如果有剩余再用来发放股利。

【例 8－14】 假设 S 公司 20×8 年的税后净利润 2 000 万元,20×9 年的投资计划需要资金 2 200 万元。公司目标资本结构为权益资本占 60%,债务资本占 40%。那么按照目标资本结构的要求,公司投资方案所需的权益资本数额为:

$$投资方案所需权益资本 = 2\ 200 \times 60\% = 1\ 320(万元)$$

公司当年全部可用于分派的盈利为 2 000 万元,除了可以满足上述投资方案所需的权益性资本额以外,还有剩余可以用于分派股利。20×8 年可以发放的股利数额为:

$$可发放的股利 = 2\ 000 - 1\ 320 = 680(万元)$$

假设该公司当年流通在外的普通股为 1 000 万股,那么每股股利为:

$$每股股利 = 680 \div 1\ 000 = 0.68(元)$$

剩余股利政策的优点是留存收益优先保证再投资的需要,从而有助于降低再投资的资金成本,保持最佳的资本结构,实现企业价值的长期最大化。剩余股利政策的缺点是如果完全遵照执行剩余股利政策,股利发放额就会每年随投资机会和盈利水平的波动而波动。即使在盈利水平不变的情况下,股利也将与投资机会的多寡呈反方向变动,投资机会越多,股利越少;反之,投资机会越少,股利发放越多。而在投资机会维持不变的情况下,股利发放额将因公司每年盈利的波动而同方向波动。剩余股利政策不利于投资者安排收入与支出,也不利于公司树立良好的形象,一般适用于公司初创阶段。

2. 固定或稳定增长股利政策

固定或稳定增长股利政策指公司将每年派发的股利额固定在某一特定水平,或是在此基础上维持某一固定比率逐年稳定增长。只有在确信公司未来的盈利增长不会发生逆转时,才会宣布实施固定或稳定增长的股利政策。在固定或稳定增长的股利政策下,首先确定的是股利分配额,而且该分配额一般不随资金需求的波动而波动。

固定或稳定增长股利政策的优点是:第一,稳定的股利向市场传递着公司正常发展的信息,有利于树立公司良好的形象,增强投资者对公司的信心,稳定股票价格;第二,稳定的股利额有利于投资者安排股利收入和支出,特别是对那些对股利有着很高依赖性的股东;第三,稳定的股利政策可能不符合剩余股利理论,但考虑到股票市场会受到多种因素的影响,为了使股利维持在稳定的水平上,即使推迟某些投资方案或者暂时偏离目标资本结构,也可能要比降低股利或降低股利增长率更为有利。

固定或稳定增长股利政策的缺点是:第一,股利的支付与盈余脱节,当盈余较低时仍要支付固定的股利，这可能导致资金短缺，财务状况恶化；第二，不能像剩余股利政策那样保持较低的资本成本。

一般来说，公司确定的固定股利额不应太高，要留有余地，以免陷入公司无力支付的被动局面。固定或稳定增长的股利政策一般适用于经营比较稳定或正处于成长期的企业，且很难被长期采用。

3. 固定股利支付率政策

固定股利支付率政策指公司将每年净收益的某一固定百分比作为股利分派给股东。这一百分比通常称为股利支付率。股利支付率一经确定，不得随意变更。

固定股利支付率越高，公司留存的净收益越少，在这一股利政策下，只要公司的税后利润一经计算确定，所派发的股利也就相应确定了。

固定股利支付率政策的优点：一是可以使股利与盈余配合。采用固定股利支付率政策，股利与公司盈余紧密地配合，体现了多盈多分、少盈少分、无盈不分的股利分配原则。二是较为科学合理。由于公司的盈利能力在年度间是经常变动的，因此每年的股利也应当随着公司收益的变动而变动，并保持分配与留存收益间的一定比例关系。采用固定股利支付率政策，公司每年按固定的比例从税后利润中支付现金股利。从企业支付能力的角度看，这是一种稳定的股利政策。

固定股利支付率政策的缺点：一是传递的信息容易成为公司的不利因素。大多数公司每年的收益很难保持稳定不变，如果公司每年收益状况不同，固定支付率的股利政策将导致公司每年股利分配额的频繁变化，而股利通常被认为是公司未来前途的信号传递，那么波动的股利向市场传递的信息就是公司未来收益前景不明确、不可靠，很容易给投资者带来公司经营状况不稳定、投资风险较大的不良印象。二是容易使公司面临较大的财务压力。因为公司实现的盈利越多，一定支付比率下派发的股利就越多，如果公司实现利润较多而现金流量不好，也不代表公司有充足的现金派发股利，只能表明公司盈利状况较好而已。如果现金流量状况并不好，还要按固定比率派发股利的话，很容易给公司造成较大的现金支付压力。三是缺乏财务弹性。股利支付率是公司股利政策的主要内容，模式的选择、政策的制定是公司的财务手段和方法。在不同阶段，根据财务状况制定不同的股利政策，会更有效地实现公司的财务目标。但在固定股利支付率政策下，公司丧失了利用股利政策的财务方法，缺乏财务弹性。四是合适的固定股利支付率的确定难度大。如果固定股利支付率确定得较低，不能满足投资者对投资收益的要求；而固定股利支付率确定得较高，没有足够的现金派发股利时，会给公司带来巨大财务压力。另外，当公司发展需要大量资金时，也要受其制约。所以，确定较优的股利支付率的难度很大。

由于公司每年面临的投资机会、筹资渠道都不同，一成不变地奉行按固定比率发放股利的公司，在实际中并不多见。固定股利支付率政策只是比较适用于那些处于稳定发展且财务状况也较稳定的公司。

4. 低正常股利加额外股利政策

低正常股利加额外股利政策指企业事先设定一个较低的正常股利额，每年除了按正常股利额向股东发放现金股利外，还在企业盈利情况较好、资金较为充裕的年度，向股东发放高于每年度正常股利的额外股利。

低正常股利加额外股利政策的优点：一是具有较大的财务弹性。低正常股利加额外股利政策，赋予公司一定的灵活性，使公司在股利发放上留有余地和具有较大的财务弹性。

同时,每年可以根据公司的具体情况,选择不同的股利发放水平,以完善公司的资本结构,进而实现公司的财务目标。二是投资者较为有收益保障。低正常股利加额外股利政策有助于稳定股价,增强投资者信心。由于公司每年固定派发的股利维持在一个较低的水平上,在公司盈利较少或需用较多的留存收益进行投资时,公司仍然能够按照既定承诺的股利水平派发股利,使投资者保持一个固有的收益保障,这有助于维持公司股票的现有价格。而当公司盈利状况较好且有剩余现金时,就可以在正常股利的基础上再派发额外股利,而额外股利信息的传递则有助于公司股票的股价上扬,增强投资者信心。

可以看出,低正常股利加额外股利政策既吸收了固定股利政策对股东投资收益的保障为优点,同时又摒弃其对公司所造成的财务压力方面的不足,所以在资本市场上颇受投资者和公司的欢迎。

低正常股利加额外股利政策的缺点:一是使投资者感到收益不稳定。由于年份之间公司的盈利波动使得额外股利不断变化,或时有时无造成分派的股利不同,容易给投资者以公司收益不稳定的感觉。二是可能会引起公司股价下跌。当公司在较长时期持续发放额外股利后,可能会被股东误认为是“正常股利”,而一旦取消了这部分额外股利,传递出去的信号可能会使股东认为这是公司财务状况恶化的表现,进而可能会引起公司股价下跌的不良后果。

所以相对来说,对那些盈利水平随着经济周期而波动较大的公司或行业,这种股利政策也许是一种不错的选择。

四、股票分割和股票回购

(一)股票分割

1. 股票分割概述

股票分割又称股票拆细,是指将面额较高的股票交换为面额较低的股票的行为,即将一股股票拆分成多股股票的行为。例如,两股换一股的股票分割,是指两股新股换一股旧股等。

股票分割对企业的财务结构不会产生任何影响,一般只会使发行在外股数增加,每股面值降低,并由此使每股市价下跌,而资产负债表中股东权益各账户(普通股、资本公积、留存盈利等)的余额都保持不变,股东权益合计数也维持不变。

【例 8－15】 S 公司在股票分割之前的资本结构如表 8－11。

若经董事会决议,决定实施两股换一股的股票分割计划,分割之后资金结构如表 8－12。

表 8－11 S 公司股票分割前的资本结构

普通股(40 万股流通在外,每股面值 2 元)	80 万元
资本公积	400 万元
留存盈利	400 万元
股东权益合计	880 万元

表 8－12 S 公司股票分割后的资本结构

普通股(80 万股流通在外,每股面值 1 元)	80 万元
资本公积	400 万元
留存盈利	400 万元
股东权益合计	880 万元

如果该公司本年度净利润 80 万元,那么在股票分割前,每股收益 2 元(80 万元/40 万股);假设该公司股票分割后净利润不变,分割后的每股收益为 1 元(80 万元/80 万股),每股市价也会因此下降。从实践效果看,除了会计处理不同外,股票分割可以说与股票股利基本相同。在实务上,两者之间的差别较小,一般根据有关证券管理部门的规定来加以区别。例如,美国纽约证券交易所规定,发行 25% 及以上的股票股利即被认为是股票分割。

2. 股票分割的作用

(1)降低股票市价,吸引更多的投资者。一般情况下,股票价格太高不利于股票交易活动,而股票价格的下降则有助于股票交易,有利于吸引更多的投资者,易于增加该股票在投资者之间的换手,并且可以使更多的资金实力有限的潜在股东变成持股的股东。因此,股票分割可以促进股票的流通和交易。

(2)为新股发行作准备。股票价格太高使许多潜在投资者力不从心而不敢轻易对公司股票进行投资。在新股发行之前,利用股票分割降低股票价格,有利于提高股票的可转让性和促进市场交易活动,由此增加投资者对股票的兴趣,促进新发行股票的畅销。

(3)有助于公司兼并、合并政策的实施。当一个公司兼并或合并另一个公司时,一些公司首先将自己的股票加以分割,有助于增加对对方股东的吸引力。

【例 8 - 16】　假定 A 公司准备通过股票交换来实施对 B 公司的兼并。设 A,B 两公司目前的股票市场价格分别为 40 元和 4 元。根据对双方企业价值的分析,A 公司认为,1∶10 的交换比率(即 1 股 A 公司股票换 10 股 B 公司的股票)对于双方股东似乎是公平合理的。但 1∶10 的比例,有可能会使 B 公司股东在心理上难以接受。为此,A 公司决定先按 1 股换 5 股,对本公司的股票进行股票分割,然后再按 1∶2的交换比率实施对 B 公司的兼并。这样做的结果,尽管实质并未改变,但 1∶2的交换比率易于为 B 公司股东所接受,有助于兼并的顺利完成。这一过程的计算和结果如表 8 - 13 所示。

表 8 - 13　A 公司股票分割前后的股票市价及对照

	股票分割前		股票分割后	
	股票市价	交换比率	股票市价	交换比率
A 公司	40 元	1	8 元	1
B 公司	4 元	10	4 元	2

在有些情况下,某些公司认为其股票价格过低,为提高其股票的每股市价而采取反分割措施。例如,某公司股票市价为 5 元,公司为提高其股票市价,决定采用 4 股旧股换 1 股新股的反分割行动。反分割的结果,将使其股价由原来的每股 5 元提高到每股 20 元。

(二)股票回购

1. 股票回购及其法律规定

股票回购指公司在有多余现金时,向股东回购自己的股票,出资将其发行的流通在外的股票以一定价格购买回来予以注销或作为库存股的一种资本运作方式。

我国《公司法》规定,公司不得收购本公司股份。但是,有下列情形之一的除外:

①减少公司注册资本;

②与持有本公司股份的其他公司合并;

③将股份奖励给本公司职工;

④股东因对股东大会作出的公司合并、分立决议持异议，要求公司收购其股份的。

2. 股票回购的动机

在证券市场上，股票回购的动机主要有以下几点：

(1)现金股利的替代。对公司来讲，派发现金股利会对公司产生未来的派现压力，而股票回购属于非正常股利政策，不会对公司产生未来的派现压力。对股东来讲，需要现金的股东可以选择出售股票，不需要现金的股东可以选择继续持有股票。因此，当公司有富余资金，但又不希望通过派现方式进行分配的时候，股票回购可以作为现金股利的一种替代。

(2)提高每股收益。由于财务上的每股收益指标是以流通在外的股份数作为计算基础，有些公司为了自身形象、上市需求和投资人渴望高回报等原因，采取股票回购的方式来减少实际支付股利的股份数，从而提高每股收益指标。

(3)改变公司的资本结构。股票回购可以改变公司的资本结构，提高财务杠杆水平。无论是用现金回购还是举债回购股份，都会提高财务杠杆水平，改变公司的资本结构。在现金回购方式下，假定公司的负债规模不变，那么股票回购之后的权益资本在公司资本结构中的比重下降，公司财务杠杆水平提高；而在举债回购股份的情况下，一方面是公司负债规模增加，另一方面是公司权益资本比重下降，公司财务杠杆水平更会明显提高。因此，公司在认为权益资本在资本结构中所占比例较大时，会为了调整资本结构而进行股票回购，从而在一定程度上降低整体资金成本。

(4)传递公司的信息以稳定或提高公司的股价。由于信息不对称和预期差异，证券市场上的公司股票价格可能被低估，而过低的股价将会对公司产生负面影响。因此，如果公司认为公司的股价被低估时，可以进行股票回购，以向市场和投资者传递公司真实的投资价值，稳定或提高公司的股价。这时，股票回购就是公司管理层向市场和投资者传递公司内部信息的一种手段。一般情况下，投资者会认为股票回购意味着公司认为其股票价值被低估而采取的应对措施。

(5)巩固既定控制权或转移公司控制权。许多股份公司的大股东为了保证其所代表股份公司的控制权不被改变，往往采取直接或间接的方式回购股票，从而巩固既有的控制权。另外，有些公司的法定代表人并不是公司大股东的代表，为了保证不改变其在公司中的地位，也为了能在公司中实现自己的意志，往往也采取股票回购的方式分散或削弱原控股股东的控制权，以实现控制权的转移。

(6)防止敌意收购。股票回购有助于公司管理者避开竞争对手企图收购的威胁，因为它可以使公司流通在外的股份数变少，股价上升，从而使收购方要获得足够的法定股份比例以控制公司变得更为困难。而且，股票回购可能会使公司的流动资金大大减少，财务状况恶化，这样的结果也会减少收购公司的收购兴趣。

(7)满足认股权的行使。在企业发行可转换债券、认股权证或施行经理人员股票期权计划及员工持股计划的情况下，采取股票回购的方式既不会稀释每股收益，又能满足认股权的行使。

(8)满足企业兼并与收购的需要。在进行企业兼并与收购时，产权交换的实现方式包括现金购买及换股两种。如果公司有库藏股，则可以用公司的库藏股来交换被并购公司的股权，这样可以减少公司的现金支出。

(9)分配公司超额现金。如果一个公司的现金超过其投资机会的需要量，但又没有足够的盈利性投资机会可以使用这笔资金，则公司为股东利益着想，就有可能通过股票回购的方式，而不使用现金股利的方式，将资金分配给股东。这是因为，在盈利保持不变的情况下，股票回购可使流通在外的股数减少，由此使每股盈余和每股市价提高。假定市盈率保持不变，则股东持有股份的总价值将由此而达到最大化。

【例 8－17】 A 公司有盈利 500 万元，流通在外的普通股 100 万股。公司董事会决定，将其中 200 万元盈利分配给股东。分配形式有两种：现金股利或股票回购。目前的股票市价为每股 30 元，已考虑预期每股 2 元股利的影响。

现公司决定以每股 32 元的价格回购 62 500 股(2 000 000 ÷ 32)流通在外的股票。如果股票回购前后市盈率保持不变，公司盈利不变，股票回购对剩余股东产生的影响如表 8－14。

表 8－14 A 公司股票回购对股东的影响

项目	股票回购前	股票回购后
①盈余总额	500 万元	500 万元
②流通在外股数	100 万股	93.75 万股
③每股盈余(EPS)(①÷②)	5 元	5.33 元
④市盈率	6 倍	6 倍
⑤股利前的每股市价(③×④)	30 元	32 元
⑥预期每股股利	2 元	0 元

可以看出，如果公司选择发放现金股利，则股票每股可得 32 元(30 元市价 +2 元股利)的价值，而在股票回购的情况下，股东每股市价也是 32 元，所差别的是，前者所得为 2 元股利，而后者是资本利得。如果资本利得税率低于股利收入所得税率，则股票回购可使股东得到更多的实惠。当然，市盈率将有可能随股票回购而发生变动，在此情况下，剩余的股东是盈是亏，将取决于市盈率的高低走向。另外，股东对于现金股利和资本利得的偏好也不一致，公司在作股利决策时也应考虑这一因素。

3. 股票回购的方式

(1) 按照股票回购的地点不同，分为场内公开回购和场外协议收购。场内公开回购是指公司把自己等同于任何潜在的投资者，委托证券公司代自己按照公司股票当前市场价格回购；场外协议收购是指公司与某一类或某几类投资者直接见面，通过协商来回购股票的一种方式。协商的内容包括价格与数量的确定，以及回购时间等。

(2) 按照股票回购对象的不同，分为在资本市场上进行随机回购、向全体股东招标回购、向个别股东协商回购。在资本市场上随机回购的方式最为普遍，但往往受到监管机构的严格监控；在向全体股东招标回购的方式下，回购价格通常高于当时的股票价格，具体的回购工作一般要委托金融中介机构进行，成本费用较高；向个别股东协商回购由于不是面向全体股东，所以必须保持回购价格的公正合理性，以免损害其他股东的利益。

(3) 按照筹资方式不同，可分为举债回购、现金回购和混合回购。举债回购是指企业通过银行等金融机构借款的办法来回购公司的股票；现金回购是指企业利用剩余资金来回购本公司的股票；如果企业既动用剩余资金，又向银行等金融机构举债来回购本公司股票，则称之为混合回购。

(4) 按照回购价格的确定方式不同，分为固定价格要约回购和荷兰式拍卖回购。固定价格要约回购是指企业在特定时间发出的以某一高出股票当前市场价格的价格水平，回购既定数量股票的要约。荷兰式拍卖回购指在股票回购价格确定方面给予公司更大的灵活性。首先公司指定回购价格的范围和计划回购的数量，然后由股东进行投标，公司在汇总所有股东提交的价格和数量后，确定股票回购的"价格—数量曲线"，并根据实际回购数量确定最终的回购价格。

思考与练习

1. 什么是收益分配？收益分配的基本原则是什么？确定收益分配政策时应考虑的因素有哪些？

2. 股利理论有哪些？各股利政策的基本原理、优缺点和适用范围是什么？

3. 股利分配的程序、股利分配方案的确定，以及股利的发放程序是什么？

4. 股票股利的含义和优点是什么？股票分割的特点及作用是什么？

5. 简述股票回购的含义、动机、方式及对股东的影响。

6. (1) 资料：A 公司成立于 2007 年 1 月 1 日，2007 年度实现的净利润为 1 000 万元，分配现金股利 550 万元，提取盈余公积 450 万元（所提盈余公积均已指定用途）。2008 年实现的净利润为 900 万元（不考虑计提法定盈余公积的因素）。2009 年计划增加投资，所需资金为 700 万元。假定公司目标资本结构为自有资金占 60%，借入资金占 40%。

(2) 要求计算：

①在保持目标资本结构的前提下，计算 2009 年投资方案所需的自有资金额和需要从外部借入的资金额。

②在保持目标资本结构的前提下执行剩余股利政策，计算 2008 年分配的现金股利。

③在不考虑目标资本结构的前提下执行固定股利政策，计算 2008 年分配的现金股利、可用于 2009 年投资的留存收益和需要额外筹集的资金额。

④不考虑目标资本结构的前提下，如果公司执行固定股利支付率政策，计算该公司的股利支付率和 2008 年度应分配的现金股利。

⑤假定公司 2009 年面临着从外部筹资的困难，只能从内部筹资，不考虑目标资本结构，计算在此情况下 2008 年度应分配的现金股利。

7. (1) 资料：B 公司当年年底的所有者权益总额是 5 000 万元，普通股 600 万股。目前资本结构：长期负债占 75%，所有者权益占 25%。没有流动负债，公司的所得税税率 25%，预计继续增加长期债务不会改变当前 10% 的利息率水平。董事会在讨论明年的资金安排时，提出了三种方案：1. 计划年度分配现金股利，0.1 元/股；2. 为新的投资项目筹资 600 万元资金；3. 计划年度维持当前资本结构，并且不增发新股。

(2) 要求：测算实现董事会上述要求所需要的息税前利润。

8. (1) 资料：华强公司 2001—2009 年的产品销售量资料如下表：

年度	2001	2002	2003	2004	2005	2006	2007	2008	2009
销售量(吨)	1950	1980	1890	2010	2070	2100	2040	2260	2110
权数	0.03	0.05	0.07	0.08	0.1	0.13	0.15	0.18	0.21

(2)要求：

①根据以上相关资料，用算术平均法预测公司2010年的销售量；

②根据上述相关资料，用加权平均法预测公司2010年的销售量；

③分别用移动加权平均法和修正的移动加权平均法预测公司2010年的销售量(假设样本期为4期)；

④若平滑指数 a=0.6，要求利用指数平滑法预测公司2010年的销售量(假设移动平均样本期为4期)。

9.(1)资料：某地区一生产企业生产D产品，设计生产能力为20 000件，计划生产15 000件，预计单位产品的变动成本为200元，计划期的固定成本费用总额为420 000元，该产品适用的消费税率为5%，成本利润率必须达到25%。假定本年度接到一额外订单，订购2 000件D产品，单价265元。

(2)要求：

①计算企业计划内产品单位价格是多少？

②是否接受额外订单？

10.(1)资料：甲公司本年实现的净利润为500万元，资产合计5 600万元，当前每股市价10元。年终利润分配前的股权收益项目资料如下表：

股本——普通股(每股面值4元，200万股)	800万元
资本公积	320万元
未分配利润	1 680万元
所有者权益合计	2 800万元

(2)要求：计算回答下述相关的问题：

①计划按每10股送1股的方案发放股票股利，股票股利的金额按市价计算，计算完成这一分配方案的股东权益各项目数额，以及每股收益和每股净资产；

②计划按每10股送1股的方案发放股票股利，股票股利的金额按市价计算，并按发放股票股利前的股数派发每股现金股利0.2元。计算完成这一分配方案后股东权益各项目数额，以及每股收益和每股净资产；

③若每1股分割为4股，计算完成这一分配方案后的股东权益项项目数额，及每股收益和每股净资产。

第九章　企业破产与重整

学习目标：通过本章的学习，要求学生了解财务困境的含义、特征，掌握如何通过财务预警系统透视企业财务困境；了解非正式财务重整的方式，了解正式财务重整的程序；掌握企业清算的类型及形成原因；理解企业破产界限，了解破产清算、解散清算的程序；掌握清算财产、清算债务、清算费用和清算损益的确定。

第一节　财务困境

企业是处在日益激烈的市场竞争环境中的组织系统。由于受到内外环境因素的影响，财务困境时有发生，严重威胁到企业的生存与发展。因此，如何有效辨识财务困境，探究防范、化解之道，也是企业财务人员的重要职责之一。

一、财务困境概述

（一）财务困境的含义

财务困境又称财务危机、财务失败，国内外学术界并没有给出财务困境的统一定义，通常公认的有两种定义方法：一是法律对企业破产的定义，企业破产是用来衡量企业财务困境最常用的标准，也是最准确和最极端的标准；二是以证券交易所对持续亏损、有重大潜在损失或者股价持续低于一定水平的上市公司给予特别处理或退市作为定义的标准。

财务困境有轻重之分，轻者可能仅仅是暂时的资金周转困难，而重者已是经营失败或破产清算。其间，财务困境还存在多种表现形态，企业发展过程可能经历各种类型的财务困境而不一定破产。也就是说，财务困境是破产的必要条件，而不是充分条件。

大多数学者倾向将财务困境定义为一个过程，既包括较轻微的财务困难，也包括极端的破产清算以及介于两者之间的各种情况。我们认为，财务困境是企业无力支付到期债务或费用的一种经济现象，包括从资金管理技术性失败到破产以及处于两者之间的各种状态。由于资金管理技术性失败而引发的支付能力不足，通常是暂时的和比较轻度的困难，一般可以采取一定的措施加以补救，如通过协商，求得债权人的让步、延长信用期限，或通过资产抵押等借新债还旧债。但当资金匮乏和信誉丧失同时出现时，破产便难以避免。

（二）财务困境的特征

美国危机管理专家史蒂文·菲克在 1986 年著的《危机管理》一书中，将危机的发展分为四个阶段，即潜伏期、爆发期、长期或慢性化期、解决期。一个企业财务危机的出现到最后的解决，理所当然也要经历这四个阶段，并且呈现出如下特征：

1. 隐蔽性

一个正常运转的企业不会顷刻间陷入财务危机，而是在企业的生产经营过程中，逐渐出现了诱发财务状况恶化的原因，如管理混乱、产品质量低下、市场定位不准、盲目扩张、高负债经营、现金收支混乱等。如果企业没有良好的财务危机预警系统，是很难发现这些病症的，致使这些小病长期潜伏在企业的体内，并不断恶化，最终爆发为财务危机。

2. 复杂多样性

首先，诱发财务危机的原因是复杂多变的，既有内部管理因素，也有外部环境因素，而且因素之间相互影响，呈现很强的关联性与层次性，很难分清因果关系。其次，财务危机的症状表现也呈现多样性。从企业管理的角度看，财务危机是一种综合征，在生产、营销、人事、内部控制和企业文化等各个方面都有不同程度的体现。因此，对财务危机的管理和解决，需要综合考虑，兼顾各相关主体的利益，全面实施企业重整和清算。

3. 灾难性

企业财务危机的发生将给企业带来灾难性的后果与损失。当企业发生财务危机时，虽然也有不少企业应对有方，成功化解了危机，避免了破产，但企业也为此付出了沉重的代价，比如为此进行的改革和重组，增加的代理成本、资本成本等。也有一些企业濒临破产，财务危机给企业带来的则更是毁灭性的灾难。

4. 可预见性

虽然财务危机前期异常隐蔽，但这并不排除其具有可预见性。因为在诱发财务危机的复杂原因中，总能察觉出某些征兆，比如销售额的非正常下降，现金回笼状况差，资产负债率大幅度上升等。这些现象的出现正是企业财务状况开始恶化的信号。企业管理层应该提高警觉，找到原因，及时采取措施，将问题解决在萌芽状态。

（三）财务困境的分类

按照资产收益与资产流动匹配的状态，可以把财务困境分成亏损型财务困境和盈利型财务困境两类。

1. 亏损型财务困境

亏损企业按照其亏损时间，可以分为偶然亏损企业、间断亏损企业和连续亏损企业三类。偶然亏损企业是指历史上没有亏损发生，只是当下一年亏损的企业；间断亏损企业是指历史上亏损时有发生，但并非连续亏损的企业，即时盈时亏的企业；连续亏损企业是指连续两年以上亏损的企业。企业亏损的主要原因可能如下：销售收入过小，成本费用过大；销售收入过小，现金短缺；成本费用过大，现金短缺；销售收入过小，成本费用过大，现金短缺。对于前三种情况，企业若能加强管理，问题可以解决，但第四种情况则会导致财务困境或危机发生，若不及时采取有效措施，企业只能破产，别无他途。

2. 盈利型财务困境

盈利企业按照其发展状况，可以分为稳健发展的盈利企业和超常发展的盈利企业。其中的超常发展是指只求利润，不顾风险的直线发展或急剧成长。尽管不乏通过贷款取得高负债进行高风险的投资扩张，获得超常发展而成功的企业家和企业，但“技改和扩建债务危机现象”非常普遍，财务危机深重，甚至破产的企业更不胜枚举。盈利型财务困境往往始发于扩大销售。为了扩大销售，于是增加产成品存货、原材料存货，增加应收款项，增加设备投资。具体表现为订货踊跃，企业唯恐生产能力不足，急忙增加设备，进行固定资产投资，但自有资金又不充裕，于是匆忙借款，导致固定资产投资过大，负债过多。固定资产购置后，必定需要较多的相关原材料和在产品资金，势必又造成存货过大，并促使产成品占用资金上升。同时，由于借债或赊购的增加，负债也进一步增大。如此这般，产成品存货过大，造成赊销量过大,应收款项过大。应收款项过大又进一步导致借款的增加或应付款的无力支付,负债再次增加,这就出现了恶性循环。一旦市场变化,销货锐减,势必出现现金短缺,进入“有利可图,无钱可用”的财务困境。

(四)导致财务困境的原因

在正常的市场经济条件下,外部因素对每个企业来说基本上都是公平的,因此分析财务困境的原因,应重点从企业内部入手。从企业自身看,导致财务困境的主要原因有:

1. 负债过度

负债是导致企业财务困境的主要原因,但不能认为负债就必然导致财务困境。在企业资产收益率较高的情况下,适度负债不仅不会导致财务困境,而且有利于企业获得财务杠杆效益。如果一个企业权益资本不足,但盲目追求规模经济效益和财务杠杆效益而过度负债,一方面会增加企业偿还债务的负担,另一方面,企业所有者和债权人会因投资风险加大而要求获得相应的补偿,从而使企业财务负担进一步加重,偿债能力进一步降低,不能偿还到期债务的可能性进一步加大。

2. 亏损严重

从根本上讲,企业偿还债务的现金来源于投资以后所获得的现金流入,如果投资以后不能获得现金净流入,就表明企业发生了亏损,资本不能保值,企业可能无力清偿到期债务。尤其是那些亏损严重的企业,现金十分缺乏,财务失败将不可避免。

3. 资产或负债结构不合理

当企业没有足够的现金偿还到期债务时,可将变现能力强的流动资产变卖后偿还债务。一般而言,企业的短期债务资金应当用于流动资产。如果企业把通过举债筹集的短期债务资金投资于变现能力差的固定资产或其他长期资产,导致长期资产在全部资产中所占比重过高,就会降低资产的流动性,增加企业偿还债务的难度,造成偿债困难。

4. 信用等级低下

在市场经济条件下,举债是一种信用活动。一个信用等级高的企业,举债是很方便的,当债务到期需要偿还而又缺乏现金时,可顺利实现借新债还旧债。如果一个企业信用等级低下,借新债还旧债必将困难重重,财务危机将难以避免。

二、财务困境的预警模型

在激烈的市场竞争中,每一个企业都必须居安思危,防患于未然。正像史蒂文·芬克在《危机管理》一书中指出的,每一个企业主管“都应当像认识到死亡和纳税是不可避免的并必须为之做计划一样,认识到危机也是不可避免的,也必须为之做准备”。因此,企业财务困境预警管理就显得尤为必要。所谓财务困境预警分析系统是指采用及时的数据化管理方式,通过全面分析企业内部经营和外部环境各种资料,以财务指标数据形式将企业面临的潜在危险预先告知经营者,同时寻找财务困境发生的原因和企业财务管理中隐藏的问题,并明确告知经营者解决问题的有效措施的智能化管理系统。而构建财务困境预警分析模型是设计财务困境预警分析系统的关键。

(一)财务困境预警的职能

企业财务困境预警,作为一种成本低廉的诊断工具,其灵敏度越高企业经营者就能越早地发现问题,就能越有效地防范与解决问题、回避财务困境的发生。所以,一个有效的财务困境预警系统应当具有以下职能:

(1)预知财务困境的征兆。当可能危害企业财务状况的关键因素出现时,财务困境预警系统能预先发出警告,提醒企业经营者早做准备或采取对策以减少财务损失。

(2)预防财务困境发生或控制其进一步扩大。当财务困境征兆出现时,有效的财务困境预警系统不仅能预知并预告,还能及时寻找可能导致企业财务状况进一步恶化的原因,避免严重的财务困境真正发生。

(3)避免类似财务困境再次发生。有效的财务困境预警系统不仅能及时回避现存的财务危机,而且能通过系统详细地记录其发生缘由、解决措施、处理结果,并及时提出改进建议,弥补企业现有财务管理及经营中的缺陷,完善财务困境预警系统,从而为未来类似情况提供前车之鉴,从根本上消除隐患。

(二)单变量模型

1. 财务困境的预警方法

财务困境的预警方法分为定性和定量两大类:

(1)定性预警方法。其特点是分析人员根据自己的经验对企业财务困境的原因进行分析,以判断财务危机发生的可能性。比较典型的有"四阶段症状分析法",即将财务困境分为潜伏期、发作期、恶化期、实现期四个阶段,通过财务分析进行判断。此外,较常采用的定性预警方法还有专家调查法、管理评分法等。这类方法的共同特点是简单,但受分析人员的素质、经验等主观因素的影响较大。

(2)定量预警方法。主要有:单变量模型,即运用单一变量、用个别财务比率来预测财务危机的方法,其具体包括比率分析法、利息及票据贴现费用判别分析法、安全率分析法;多变量模型,即通过建立多元函数来分析预测企业的财务困境,主要有奥特曼的 Z 计分法模型及改进的 ZETA 模型、野田式企业实力测定法、F 分数模型等。

2. 单变量模型

最早建立单变量模型进行财务困境预测研究的是 Fitzpatrick,他发现,出现财务危机的公司其财务比率和正常的财务比率相比,有显著不同。1932 年 Fitzpatrick 以 19 家公司作为样本,运用单个财务比率将样本分为破产组与非破产组,结果表明判别能力最高的是资本收益率与债权股权比率两个指标。1966 年,威廉·比弗(William Beaver)沿用这样的思路,第一次系统运用统计方法和财务比率进行企业财务危机研究,他的《财务比率与失败预测》一文已成为研究企业失败与财务困境预警模型领域的经典之作,对深化这一领域的研究起到了奠基性作用。他通过对美国 1954—1964 年间资产规模相同的 79 家经营失败的公司和 79 家经营正常的公司进行对比研究发现,具有良好预测性的财务比率指标依次为:

(1)债务保障率 = 现金流量 ÷ 债务总额;

(2)资产负债率 = 负债总额 ÷ 资产总额;

(3)资产收益率 = 净收益 ÷ 资产总额;

(4)资产安全率 = 资产变现率 - 资产负债率。

威廉·比弗的研究表明:对企业失败最具预测能力的指标是债务保障率,其次是资产负债率,并且离失败日越近,误判率越低。在失败前 5 年可达 71% 的预测准确率,失败前 1 年更可达 87% 的预测准确率。但各比率判断准确率在不同的情况下会有所差异,所以在实际应用中往往使用一组财务比率,而不是一个比率,这样才能取得良好的预测效果。

威廉·比弗采用单变量进行企业失败预测研究以后,很少有研究人员继续沿用单变量方法进行分析预测。原因在于单变量分析有以下缺点:

(1)就单变量分析的财务意义而言,一方面,企业的财务状况不可能通过单一财务比率就可以完全掌握,可能某一财务比率单独考虑时区别效果不显著,但与其他财务比率一同考虑时却可以增强解释能力;另一方面,不同的财务比率可能对同一企业有相互矛盾的预测,以至于难以判断。

(2)就单变量分析的统计方法而言,一方面,它只考虑到变量的集中趋势(即平均值),而没有考虑到变量的离散程度(如方差等),这种对变量变异程度考查的缺乏,使得单变量的研究未能对所产生的结果做进一步解释;另一方面,单变量分析没有考察所有变量之间的相关程度。

(3)和其他利用财务比率的财务预警方法一样,单变量模型也受到行业区别、通货膨胀、地区区别、虚假会计信息的影响。单变量分析只是朦胧地说明了公司正处在困境或未来可能处于困境,但不能具体证明公司可能破产或何时破产。

(三)多变量预警模型

为了克服单变量模型研究中存在的缺陷,获得对企业财务危机更好的预警模型,研究人员从20世纪60年代起,相继发展了多种新的模型和方法,预测的精度和效率也得到了极大的提高。其中,多变量分析(MDA)是基础性的思想方法。而最为经典的多变量财务预警模型是由美国纽约大学的教授爱德华·奥特曼(Edward Altman)于20世纪60年代中期提出的Z计分法模型,此后又有其他一些研究人员发展了这一模型。

1.Z计分法模型

美国纽约大学的教授爱德华·奥特曼是最早使用多元鉴别分析法研究企业失败预警的人。1968年,奥特曼运用多元鉴别分析技术(MDA),按照《美国国家破产法》第十章提出的破产申请作为企业财务失败的定义,随机抽取了1946—1965年间33家制造业的破产公司作为样本,并且按其行业类别及规模大小分层抽取了33家正常公司作为配对样本,把22个有可能预示公司发生问题的财务比率变量,分为流动性、获利能力、财务杠杆、偿债能力和周转能力五大指标。然后利用MDA技术在每一类财务比率中,逐步粹取一个最具区别预测能力的财务指标,建立起了一个类似回归方程式的鉴别函数——Z计分法模型,也叫奥特曼模型。该模型是通过五个变量(五种财务比率)将反映企业偿债能力的指标、获利能力指标和营运能力指标有机联系起来,综合分析预测企业财务失败或破产的可能性。其具体表达式为:

$$Z = 0.012X_1 + 0.014X_2 + 0.033X_3 + 0.006X_4 + 0.999X_5$$

其中,Z为判别函数值;X_1=(营运资金÷资产总额)×100;X_2=(留存收益÷资产总额)×100;X_3=(息税前利润÷资产总额)×100;X_4=(普通股及优先股市场值总额÷负债账面价值总额)×100;X_5=销售收入÷资产总额。

该模型实际上是通过五个变量(五种财务比率),将反映企业偿债能力的指标(X_1,X_4)、获利能力的指标(X_2,X_3)和运营能力的指标(X_5)有机联系起来,综合分析预测企业财务失败或破产的可能性。一般的,Z值越低,企业越有可能发生破产。奥特曼还提出了判断企业破产的临界值:若$Z>2.675$,则表明企业的财务状况良好,发生破产的可能性较小;若$Z>1.81$,则企业存在很大的破产危险;若$1.81 \leqslant Z \leqslant 2.675$,由于进入该区间的企业财务状况极不稳定,属于未知区域,较难估计企业破产的可能性,应结合其他方法具体分析,所以奥特曼称此区间为“灰色地带”。该模型的预测结果表明,企业破产前两年的预测准确率很高;预测期变长,准确率有所降低,距破产前5年的预测准确率仅为36%。

【例 9-1】 有 A、B 两个公司,相关资料如表 9-1 所示(单位:万元):

表 9-1　A、B 两个公司相关财务数据

	A 公司	B 公司
营业收入	59 000	28 200
息税前利润	5 120	860
资产总额	34 300	59 280
营运资金	13 800	6 420
负债总额	23 900	39 100
留存收益	2 160	1 200
股票市价总额	30 400	10 180

根据计分模型计算 A 公司各项指标及 Z 值如下:

$$X_1 = 13\ 800/34\ 300 \times 100 = 40.23$$

$$X_2 = 2\ 160/34\ 300 \times 100 = 6.30$$

$$X_3 = 5\ 120/34\ 300 \times 100 = 14.93$$

$$X_4 = 30\ 400/23\ 900 \times 100 = 127.20$$

$$X_5 = 59\ 000/34\ 300 = 1.72$$

则:

$$Z_A = 0.012 \times 40.23 + 0.014 \times 6.30 + 0.033 \times 14.93 + 0.006 \times 127.20 + 0.999 \times 1.72$$
$$= 3.545$$

同理,可计算 B 公司的 Z 值:$Z_B = 0.842$

由计算结果可知,A 公司的 Z 值大于临界值 2.675,表明其财务状况良好,没有破产危机;而 B 公司的 Z 值显然过低,小于临界值 1.81,表明该公司财务状况堪忧,已经出现破产的先兆。

当然,企业的财务危机预警系统还应包括对企业内部控制制度的关注。一般说来,良好的内部控制制度应当包括法人治理结构的完善、组织建设权责分明、交易处理程序适当、信息记录真实、披露及时、内部审计客观独立等内容,并确保其能得以切实执行,这也是财务困境预警系统的基本内容。

2. ZETA 模型

为了便于为非上市公司评分,1977 年奥特曼等人又对原始的 Z 计分模型进行扩展,建立了第二代模型——ZETA 模型。这一次的模型选取了自 1962—1975 年间的 53 家破产企业和 58 家配对的正常公司,样本公司平均资产规模在 1 亿美元左右,而且包括了相当数量的零售类企业,因而 ZETA 模型的适用性有所提高。

此次研究中,奥特曼等人利用 27 个初始财务比率进行区别分析,最后模型选取了 7 个解释变量,具体表达式如下:

$$ZETA = aX_1 + bX_2 + cX_3 + dX_4 + eX_5 + fX_6 + gX_7$$

模型中的 a、b、c、d、e、f、g,分别是 ZETA 模型中其变量各自的系数。X_1、X_2、X_3、X_4、X_5、X_6、X_7 分别表示模型中的 7 个变量,7 个变量是:

X_1——资产报酬率，采用息税前收益与总资产之比衡量。在以前的多变量研究中该变量在表明评估公司业绩方面相当有效。

X_2——盈余的稳定性，采用对 X_1 在 5—10 年估计值的标准误差指标作为这个变量的度量。收入上的变动会影响到公司风险，因此这种标准是相当有效的。

X_3——债务保障，可以用人们所常用的利息保障倍数（覆盖率），即息税前利润与总利息偿付之比来度量，这是固定收益证券分析者和债券评级机构所采用的主要变量之一。

X_4——累计盈余，可以用公司留存收益（资产减负债 ÷ 总资产）来度量。该比率对于 z 计分模型尤其有效，它需要考虑以下因素：公司年龄、公司股利政策，以及不同时期的获利记录。不管是单变量法还是多变量法，该比率都是最重要的。在非上市公司的该比率计算中，分子部分用公司净资产的账面价值代替权益市场价值，因为非上市公司没有市场价值指标。

X_5——流动性，可以用人们所熟悉的流动比率来衡量。

X_6——资本化率，可以用普通股权益与总资本之比衡量。在分子和分母中，普通股权益可以用公司 5 年的股票平均市值衡量，而不是账面值。5 年平均市值可以排除可能出现的严重、暂时性的市场波动，同时（与上述的 X_2）在模型中纳入了趋势的成分。

X_7——规模，可以用公司总资产的对数形式来度量。该变量可以根据财务报告的变动进行相应的调整。

实证研究表明，ZETA 模型的分类正确率高于原始的 Z 计分模型，特别是在破产前较长时间的预测准确率较高，其中灰色区域为 -1.45— +0.87 之间，Z 值大于 0.87 以上区域为非破产组，Z 值小于 -1.45 区域为破产组。

第二节　财务重整

一、财务重整的概念

公司财务重整是指对陷入财务困境提出破产但还有挽救希望的企业，通过债务人和债权人之间达成谅解，对企业进行必要的改组、债务调整，使企业放下包袱，恢复生产经营，避免破产清算的一种债务处理方式。财务重整是对已经达到破产界限企业的抢救措施。通过这种抢救，濒临破产企业中的一部分，甚至大部分能够重新振作起来，摆脱破产厄运，走上继续发展之路。因此，设置重整制度，对债权人、濒临破产企业和整个社会经济都有重要意义。

(1) 对债权人和股东来讲，重整可以减少债权人和股东的损失。不能清偿债务的企业一般都是资不抵债，即使资产还勉强大于债务，但是宣告破产后拍卖资产，资产难免会大幅贬值，破产债权往往只有很少的一部分能够得以实现，加之清算过程中还要发生诸多费用，因而债权人收回的数额往往十分有限，企业的股东损失则更为严重。如果经过重整和改组，企业能够改善内部经营管理并在一定时期内恢复生机，则债权人不仅可能如数收回债权，企业所有者亦会从中获益。因此，当企业濒临破产时，如果有可能或有机会一般都会进行重整和改组，只有重整无效继续亏损时，才不得已而采取破产清算程序。

(2) 对已达到破产界限的企业来说，重整可给企业背水一战、争取生存的最后一次机会。破产的威胁对于没有达到破产界限的企业来说，只是潜在的；对于已经达到破产界限的企业来说，就完全是现实的、迫在眉睫的事情。只要有一线希望，这种压力就能转化成强大的动力，在规范的市场经济体制下，没有什么比求生存的欲望更能激发企业的内在活力了。重整为企业提供了一种较为宽松的外部环境，企业可以根据同债权人达成的和解协议，获得宽限债务偿还的期限或减免部分债务的惠益，这样企业就有了重新站起来的可能性。

(3)对整个社会而言，重整能尽量减少社会财富的损失和因破产而失业的人口的数量。达到破产界限的企业，往往都存在经营管理上的问题，如果任其继续下去，就会浪费社会资源，宣告其破产就是终止对社会财富的浪费行为。但破产本身也是有代价的，不仅其原有的资产要廉价拍卖，而且破产企业的职工还将面临失业，从而给社会造成压力。例如，一个企业有净值1 000万元的设备，一旦拆卸拍卖，也许只能值50万元，甚至更少，有的东西可能成为废品，拍卖财产清偿债务实在是不得已的办法。如果经过改组，能够使企业重新恢复生机，则既能制止经营失败带来的对社会财富的浪费，又能避免破产造成的损失。对濒临破产企业进行重整的经验证明，大部分企业经过重整可以起死回生，从而使社会财富的损失减少到最小的程度，同时也能减少因企业破产而失业的职工人数。

二、非正式财务重整

财务重整按是否通过法律程序分为非正式财务重整和正式财务重整两种。在非正式财务重整下，当企业面临暂时性的财务危机时，债权人通常更愿意直接跟企业联系，帮助企业恢复和重新建立较坚实的财务基础，以避免因进入正式法律程序而发生的庞大费用和冗长的诉讼时间。非正式财务重整一般不会通过法律程序来进行处理，因此也称为自愿性和解与整顿。

(一)债务展期与部分减免

按债务的处理方式划分，非正式重整有债务展期和部分减免两种方式。债务展期是指债权人同意债务人延长已经到期债务的偿还期限。债务的部分减免也称为债务和解，是指债权人自愿同意减少债务人的债务，包括同意减少债务人偿还的本金数额，或同意降低利息率，或同意将一部分债权转化为股权，或将上述几种选择混合使用。无疑，非正式重整会使债权人蒙受损失，但所收回的债权数额要比通过正式的法律程序所收回的数额多。

企业在经营过程中发生财务困难时，债务展期或到期债务减免会为发生财务困难的企业赢得时间，使其调整财务，避免破产。而且，债务展期与债务和解均属非正式的挽救措施，是债务人与债权人之间达成的协议，既方便，又简捷。因此，当企业财务发生困难时，首先想到的便是债务展期与债务和解。

债务展期与债务和解作为挽救企业经营失败的两种方法，都能使企业继续经营并避免法律费用等开支。虽然由于债务展期或债务和解会使债权人暂时无法收取账款而发生一些损失，但是一旦债务人从困境中恢复过来，债权人不仅能如数收取账款，而且还能给企业带来长远效益。因此，这两种方法在实际工作中被普遍采用。

(二)准改组

当公司长期发生严重亏损，留存收益出现了巨额赤字，而且资产的账面价值严重不符合实际时，如果撤换了管理部门负责人，实施了新的经营方针，则有望在将来扭亏为盈。为此，企业便可以通过减资来消除大量亏损，并采取一些旨在使将来成功经营的措施。例如，企业可以出售多余的固定资产，对有些固定资产或其他长期资产进行重新估计，并以较低的公允价值反映；为资产、负债和所有者权益建立新的计价基础，以减少计入将来期间的折旧费用和摊销费用。准改组同样不需要法院参与，不需要解散企业，也不改变债权人的利益，只要征得债权人和股东同意，不立即向债权人支付债务和向股东派发股利，便可有效地实施。

（三）债转股

当企业在某些极端情况下，会将债务转为股权，即将债权人转化为股东，但可转换债券不包括于此。

（四）非正式财务重整的利弊分析

非正式财务重整可以为债务人和债权人双方都带来一定的好处。首先，这种做法避免了履行正式手续所需发生的大量费用，所需要的律师、会计师的人数也比履行正式手续要少得多，可最大限度降低重整费用。其次，非正式重整可以减少重整所需的时间，使企业在较短的时间内重新进入正常经营的状态，避免了因冗长的正式程序使企业迟迟不能进行正常经营而造成的企业资产闲置和资金回收推迟等浪费现象。最后，非正式重整使谈判有更大的灵活性，有时更易达成协议。

但是，非正式财务重整也存在一些弊端，主要表现为：当债权人人数很多时，可能难以达成一致；没有法院的正式参与，协议的执行缺乏法律的保障等。

三、正式财务重整

破产法中建立的重整制度，允许企业在破产时进行重整，但需经过法院裁定，因此涉及正式的法律程序。企业在其正常的经营活动中，有时会由于企业自身的经营条件或者企业外部环境和各种原因无法如期偿还债务，从而陷入暂时的财务困难，如果此时不具备自愿性和解与整顿的基本条件，便可以通过与其债权人协商达成协议后，按照法定的程序对企业进行重整，即正式财务重整。

正式财务重整是在法院受理债权人申请破产案件的一定时期内，经债务人及其委托人申请，与债权人会议达成和解协议，对企业进行整顿、重组的一种制度。正式财务重整与非正式财务重整有某些相似之处，但在正式财务重整中，涉及许多正式的法律程序，法院起着重要的作用，特别是要对协议中的公司重整计划的公正性和可行性作出判断。

依照规定，在法院批准重整之后不久，应成立债权人会议，所有债权人均为债权人会议成员。其主要职责是：审查有关债权的证明材料，确认债权有无财产担保，讨论通过改组计划，保护债权人的利益，确保债务企业的财产不至流失。债务人的法定代表必须列席债权人会议，回答债权人的询问。我国还规定要有工会代表参加债权人会议。

实际工作中，正式财务重整的程序主要有：

1. 企业不能及时清偿债务，债权人向法院提出破产申请

根据《中华人民共和国企业破产法》第七条的规定，债务人不能清偿到期债务时，债权人可以申请宣告债务人破产。当然，这种申请是在不愿进行自愿性和解与整顿的情况下提出的。

2. 向法院提出重组申请

企业由债权人申请破产的，在法院受理破产案件以后的3个月内，破产企业或其上级主管部门可以申请对该企业进行整顿。在向法院申请企业重组时，必须阐明对企业实施重整的必要性，以及不采用非正式重整的原因。同时要满足一定的条件：企业已达破产界限；企

业有3个或者3个以上债权人的债权合计数达到一定的数额。如果企业重整的申请符合有关规定,法院将批准重整申请。

3. 制订企业重整计划

重整计划是对公司现有债权、股权的清理和变更做出安排,重整公司资本结构,提出未来的经营方案与实施办法。一般来讲,制订重整计划需要包括下述四项内容:

(1)估算重整企业的价值。这是非常困难的一步,通常采用的方法是收益现值法。即:①估算公司未来的销售额;②分析公司未来的经营环境,以便预测公司未来的收益与现金流量;③确定用作未来现金流量贴现的贴现率;④用确定的贴现率对未来公司的现金流入量进行贴现,以估算公司的价值。

【例9-2】 某公司准备重整,重整前公司资本结构如下:银行借款30 000万元,长期债券18 000万元,优先股10 000万元,普通股30 000万元。重整后未来10年的年度现金净流量为8 000万元,同行业平均资本报酬率水平为8%,以此作为贴现率。则该公司的总价值为:

$$\text{公司总价值} = \sum_{t=1}^{n} \frac{\text{年经营现金净流量}}{(1+K)^t}$$

$$= 8\ 000 \times PVIFA_{8\%,10} = 8\ 000 \times 6.710\ 1 = 53\ 680(\text{万元})$$

(2)调整公司的资本结构,削减公司的债务负担和利息支出,为公司继续经营创造一个合理的财务状况。为了达到这一目的,需要对某些债务进行展期,将某些债务转换为其他证券,比如优先股、普通股等。

(3)公司新的资本结构确定之后,用新的证券替换旧的证券,实现公司资本结构的转换。要达到这一点,需要将公司各类债权人和权益所有者按照求偿权的优先级别分类统计,同一级别的债权人或权益所有者在进行资本结构调整时享有相同的待遇。一般来讲,在优先级别在前的债权人或权益所有者得到妥善安排之后,优先级别在后的债权人或权益所有者才能得到安置。

【例9-3】 续前例,为了确定合理的资本结构,就要以53 680万元为上限对原权益、证券作出重新分配。比如,银行方面提出用手中的30 000万元贷款交换新的18 000万元贷款和9 000万元优先股;长期债券持有人的18 000万元转化为普通股16 200万元;优先股持有人分配6 000万元,并继续以优先股存在;原普通股的股东享有剩余的4 480万元。这样,重组后新的公司资本结构如下:

银行贷款:18 000万元

优先股:15 000万元(9 000+6 000)

普通股:20 680万元(16 200+4 480)

(4)重整计划通常还包括以下措施:第一,如果公司现有管理人员不称职,则对公司管理人员进行调整,选择有能力的管理人员替代原有管理人员对公司进行管理,补充聘用新的经理和董事。第二,对公司存货及其他有关资产进行分析,对那些已经贬值的存货及其他资产的价值进行调整,以确定公司资产的当前价值。这也是调整公司资本结构、重新安排公司债权和股权的基础。第三,改进公司的生产、营销、广告等各项工作,改善经营管理方法,提高公司的工作效率。第四,必要时,还需要制订新产品开发计划和设备更新计划,以使公司有能力摆脱以往的困境,适应市场的需要。

显然,重整计划既可能改变企业债权人的法定的或者契约限定的权利,也可能改变企业股东的权益，无财产担保的债权人则往往选择以牺牲其部分债权为代价而收回部分现金。但经法院批准的重整计划，对企业本身、全体债权人及全体股东均有约束力。

4. 执行企业重整计划

按照重整计划所列示的措施逐项予以落实，包括整顿原有企业、联合新的企业，以及随时将整顿情况报告债权人会议，以便债权人及时了解企业重整情况。

5. 经法院认定宣告终止重整

有下列情形之一者，经法院裁定终止重整：其一，企业经过重整后，能按协议及时偿还债务，法院宣告终止重整；其二，重整期满，企业不能按协议清偿债务，法院宣告其破产清算而终止重整；其三，重整期间，企业不履行重整计划，欺骗债权人，致使财务状况继续恶化，法院终止企业重整，宣告其破产清算。

四、财务重整的决策

企业濒临破产时面临一项财务决策，即是通过清算而使企业解体，或者通过重整而生存下去，这项财务决策正确与否直接关系到企业的生死存亡，故必须慎重进行。

影响重整抑或破产清算财务决策的重要因素，首先是企业重整价值与清算价值之比较。重整价值，是指企业通过整顿、重组后所恢复的价值，包括设备的更新、过时存货的处理，以及对经营管理所做的种种改善等；而清算价值则指依企业使用的资本资产专门化程度所确定的价值，包括该资产的变现价值，以及在清算过程中所发生的资产清理费用及法律费用。通常，以重整价值大于清算价值作为重整优先考虑的条件。

其次，法院或债权人对企业重整的认可是以重整计划是否具备公平性和可行性为依据的。公平性是指在企业重整过程中对所有的债权人一视同仁，按照法律和财产合同规定的先后顺序，对各债权人的求偿权予以确认，不能违背法律。可行性是指重整应具备的相应条件，主要包括债权人与债务人两方面。为了使重整可行，债务人一般应具备如下条件：一是必须具有良好的道德信誉，在整个重整过程中，债务人不能欺骗债权人；二是债务人能提供详细的重整计划，以表明其有足够的把握使重整成功；三是债务人所处的经营环境有利于债务人摆脱困境，取得成功。为了使重整可行，债权人应具备的条件有：一是必须同意重整，这一般要经债权人会议讨论通过；二是愿意帮助债务人重建财务基础。

第三节　企业清算

企业清算是指在企业终止过程中，为了保护债权人、所有者等利益相关者的合法权益，依法对企业财产、债务等进行清理、变卖，以终止其经营活动，并依法取消其法人资格的行为。

一、企业清算的类型

（一）按企业清算的原因分类

按导致企业清算的原因分类，清算可分为解散清算和破产清算。

导致企业解散清算的原因主要有：（1）公司章程规定的经营期限届满或公司章程规定的其他解散事由出现（如经营目的已达到而不需继续经营，或目的无法达到且公司无发展前途等）；（2）公司的股东大会决定解散；（3）由于企业合并或者分立，需要解散；（4）公司违反法律或者从事其他危害社会公共利益的活动而被依法撤销；（5）发生严重亏损，或投资一方不履行合同、章程规定的义务，或因外部经营环境变化而无法继续经营。

破产清算是因经营管理不善造成严重亏损，不能偿还到期债务而进行的清算。根据我国《企业破产法》的有关规定，凡有下列情况之一，应由人民法院裁定，宣告破产：(1)企业因经营管理不善造成严重亏损，不能清偿债务的，依照规定宣告破产。(2)申请破产企业在整顿期间，不执行和解协议的，或财务状况继续恶化，债权人会议申请终结整顿的，或严重侵害债权人利益的，经人民法院裁定，终结企业整顿，宣告其破产。(3)申请破产企业整顿期满，不能按和解协议清偿债务的，依照规定宣告其破产。

(二)按企业清算是否自行组织分类

按企业清算是否自行组织分类，清算可分为普通清算和特别清算。

普通清算是指公司自行组织的清算。特别清算是指公司依照法院的命令开始，并且自始至终都在法院的严格监督之下进行的清算。

普通清算按法律规定的一般程序进行，法院和债权人不直接干预。特别清算是指不能由企业自行组织，而由法院出面直接干预并进行监督的清算。如果企业不能清偿到期债务，企业有资产不足清偿到期债务的嫌疑，企业无力自行组织清算工作，企业董事会对清算债务达不成一致意见，或者由债权人、股东、董事会中的任何一方申请等情况之一发生，就应采用特别清算程序。

对普通清算与特别清算，公司并无选择实行的权利。公司解散后，应立即进行普通清算。在普通清算过程中，当有下列情形之一发生时，法院方可命令公司实行特别清算：第一，当公司实行普通清算遇到明显障碍时。例如，公司的利害关系人人数众多，或公司的债权债务关系极为复杂，这时法院依债权人、股东或清算人的请求，或依职权命令实行特别清算。第二，当公司负债超过资产有不实之嫌疑时，即形式上公司负债超过资产，但实际上是否真正超过尚有嫌疑。例如，公司债务数额并非真实，或公司债权数额并非确定，或会计账面上所记载的资产价值较市场价低，所以清算人可能请求进行特别清算，这时法院依清算人的请求或依职权命令实行。

二、破产界限

当企业资不抵债，亦无债务展期、和解、重整的可能性时，企业实际上已经破产。从法律意义上理解，破产有两层含义：其一是资不抵债时发生的实际上的破产，即债务人因负债超过资产、不能清偿到期债务时发生的一种状况；其二是债务人因不能清偿到期债务而被法院依法宣告破产。此时债务人资产可能低于负债，也可能等于甚至超过负债，于是可能出现债务人资产虽然超过负债，却因无法获得足够的现金或无法以债权人同意的其他方式偿还到期债务不得不破产的情况。因为对债务人的破产宣告是依法律上确定的标准进行的，所以这种破产又称法律上的破产。

所谓破产界限，即法院据以宣告债务人破产的法律标准，在国际上又通称为法律破产原因。在破产立法上，对破产界限有两种规定方式：一种是列举方式，即在法律中规定若干种表明债务人丧失清偿能力的具体行为，凡实施行为之一者便认定达到破产界限；另一种方式是概括方式，即对破产界限作抽象性的规定，它着眼于破产发生的一般性原因，而不是具体行为。其通常有三种概括：不能清偿或无力支付；债务超过资产，即资不抵债；停止支付。我国和世界上大多数国家均采用概括方式来规定企业破产的界限。例如，美国于 1979 年 10 月 1 日开始生效的“破产改革法案”中指出，企业不能用现金支付到期的债务，或者对企业的债权超过了其资产时,应当破产。我国于2006年8月27日通过、2007年6月1日施行的《企业破产法》指出,企业因经营管理不善,造成严重亏损,不能清偿到期债务的依法宣告破产。

在理解法定企业破产界限时,应注意以下几点:

(1)对于造成亏损原因的理解各国有所不同。世界许多国家不管企业亏损原因,只要不能清偿到期债务便依法宣告破产。我国则对只有因经营管理不善造成严重亏损的企业,在不能清偿到期债务时才予以宣告破产;因其他原因导致不能清偿债务时,则不能采用破产方式解决。

(2)债务到期不能偿还,除指不能以现金偿还外,还包括不能以债权人指定的其他方式偿还,或没有足够的财产作担保,也没有良好的信誉可以借到新债来偿还到期债务。如果债务人能及时筹措到一笔新债来偿还到期债务时,即使债务人的债务已超过了资产,也不能认定已经破产。

(3)不能清偿债务通常是指债务人对全部或部分主要债务在可以预见的一定时间内持续不能清偿,而不是因资金周转一时不灵而暂时停止支付。总之,债务人停止清偿到期债务并呈连续状态,可推定为"不能清偿到期债务"。

三、破产清算的一般程序

根据我国《企业破产法》的有关规定,企业破产清算的基本程序大致可分为三个阶段:一是破产申请阶段;二是和解整顿阶段;三是破产清算阶段。和解整顿阶段已在前面一节介绍,现就破产申请阶段和破产清算阶段的主要操作程序概括如下:

1. 提出破产申请

《企业破产法》规定,提出破产申请的既可以是债权人,也可以是债务人。当债务人不能清偿到期债务时,债权人可以向债务人所在地人民法院申请宣告债务人破产;债务人不能清偿到期债务,并且资产不足以清偿全部债务或者明显缺乏清偿能力的,经过上级主管部门同意,可以向当地人民法院自动申请破产。目前,多数企业的破产申请是由破产企业(即债务人)提出的。

具体操作中,企业在提出破产申请前,应对其资产进行全面的清查,对债权债务进行清理,然后由会计师事务所对企业进行全面的审计,并出具资不抵债的审计报告。企业向法院提出破产申请时,要提供如下材料:请求破产的书面申请,会计师事务所对企业进行审计后出具的审计报告,上级主管部门同意破产的批准文件,企业的会计报表,企业对外投资情况,银行账户情况,各项财产明细表,债权人的名单、地址、金额,及其他法院认为需要的材料。

2. 法院接受申请

人民法院接到破产申请后即进行受理与否的审查、鉴定。受理债权人破产申请案件5日内应通知债务人,并发布破产案件受理公告。债务人对申请有异议的,应当自收到人民法院的通知之日起7日内向人民法院提出。人民法院应当自异议期满之日起10日内裁定是否受理。并且人民法院应当自裁定受理破产申请之日起25日内通知已知债权人,并予以公告。

3. 债权人申报债权

人民法院受理破产申请后,应当确定债权人申报债权的期限。债权人应当在收到通知后1个月内,未收到通知的债权人应当自公告之日起3个月内,向人民法院申报债权,说明债权的数额和有无财产担保,并且提交有关证据资料。逾期未申报债权的,视为自动放弃债权。

4. 法院裁定,宣告企业破产

人民法院对企业的破产申请进行审理,符合《企业破产法》规定情形的,即由人民法院依法裁定并宣告企业破产。

5. 组建清算组

按照《企业破产法》的规定,人民法院应当自宣告企业破产之日起15日内成立清算组,接管破产企业。清算组的组成人员一般包括财政部门、企业主管部门、国有资产管理部门、审计部门、社会保障部门、工商管理部门等部门的人员。清算组可以依法进行必要的民事活动。清算组成立后,一般都在法院的指导下,设立若干个小组,负责企业职工的思想工作、财产保管工作、债权债务清理工作、破产财产处置工作以及职工的安置工作等。

6. 接管破产企业,进行资产处置等工作

清算组成立后,应接管破产企业的一切财产、账册、文书、资料和印章等,并负责破产财产的保管、清理、估价、处理和分配等。

7. 编报、实施破产财产分配方案

清算组在清理、处置破产财产并验证破产债权后,应当在确定企业破产财产的基础上拟定破产财产的分配方案,经债权人会议通过,并报请人民法院裁定后,按一定的债务清偿顺序进行比例分配。

8. 报告清算工作

清算组在破产财产分配完毕之后,应编制有关清算工作的报告文件,向法院报告清算工作,并提请人民法院终结破产程序。破产程序的终结有三种情况:

第一种是债务人与债权人会议达成和解协议。企业经过整顿,能够根据和解协议清偿债务,人民法院应当终结该企业的破产程序并且予以公告。

第二种是破产财产不足以支付破产费用,人民法院应当宣布破产程序终结。

第三种是破产财产分配完毕,由清算组提请人民法院终结破产程序。清算组按照破产分配方案在破产财产分配完毕时,立即向人民法院提出关于破产财产分配完毕的报告,提请法院终结破产程序。法院接此报告后,应及时做出破产程序终结的裁定并公告此裁定,破产程序即为终结。

9. 注销破产企业

清算组在接到法院终结破产程序的裁定后,应当及时办理破产企业的注销登记手续。至此,破产清算工作宣告结束。

四、解散清算

比较《公司法》对公司破产清算和解散清算的不同规定,解散清算的特点主要表现在:

(一)清算程序

破产清算进入破产清算程序,而解散清算进入一般清算程序。一般清算程序的内容是:

1. 确定清算人或成立清算组

根据《公司法》的有关规定,公司应在公布解散的15日之内成立清算小组,有限责任公司的清算组由股东组成，股份有限公司的清算组则由股东大会确定其人选。逾期不成立清算组的，由法院根据债权人的指定成立清算组。清算组的职权包括：清理公司财产，分别编制资产负债表及财产清单；通知或者公告债权人；处理与清算有关的公司未了结的业务；清缴所欠税款；清理债权、债务，处理公司清偿债务后的剩余财产；代表公司参与民事诉讼活动。

2. 债权人进行债权登记

在清算组成立或者聘请受托人的一定期限内通知债权人进行债权申报，要求其应在规定的期限内对其债权的数额及其有无财产担保进行申请，并提供证明材料，以便清算组或受托人进行债权登记。

3. 清理公司财产，编制资产负债表及财产清单

在这一过程中，如果发现公司资不抵债的，应向法院申请破产。

4. 在对公司资产进行估价的基础上，制定清算方案

清算方案包括清算的程序和步骤、财产估价方法和估价结果、债权收回和财产变卖的具体方案、债务的清偿顺序、剩余财产的分配以及对公司遗留问题的处理等。

5. 执行清算方案

(1) 清算财产的范围及作价。清算财产包括宣布清算时企业的全部财产以及清算期间取得的资产。清算财产的作价一般以账面净值为依据，也可以重估价值或者变现收入等为依据。

(2) 确定清算损益。企业清算中发生的财产盘盈、财产变价净收入、因债权人原因确实无法归还的债务，以及清算期间的经营收益等作为清算收益；发生的财产盘亏、确实无法收回的债权，以及清算期间的经营损失等作为清算损失；发生的清算费用优先从现有财产中支付；清算终了，清算收益大于清算损失和清算费用的部分，依法缴纳所得税。

(3) 债务清偿及其顺序。有限责任公司和股份有限公司的最高还款能力为其注册资本额。企业财产拨付清算费用后，按照下列顺序清偿债务：应付未付的职工工资、劳动保险等；应缴未缴国家的税金；尚未偿付的债务。同一顺序不足清偿的，按照比例清偿。

(4) 分配剩余财产。企业清偿债务后的剩余财产的分配原则，一般应按照合同、章程的有关条款处理，充分体现公平、对等，照顾各方利益。其中，除公司章程另有规定者外，有限责任公司按投资各方出资比例分配；股份有限公司，按照优先股股份面值对优先股股东分配，剩余部分按照普通股股东的股份比例进行分配；国有企业，其剩余财产要上缴财政。

6. 办理清算的法律手续

企业清算结束后，应编制清算后的资产负债表和损益表，经企业董事会或职工代表大会批准后宣布清算结束。其后，清算机构提出的清算报告连同清算期间内收支报表和各种财务账册，经中国注册会计师审计后，一并报主管财政机关，并向工商行政管理部门办理公司注销手续，向税务部门注销税务登记。

（二）清算组成员的决定机关

破产清算的清算组由人民法院依法组织股东、债权人、有关机关及有关专业人员成立。而解散清算的清算组成员在不同情况下由不同机关决定：

(1) 当解散清算由自愿原因导致时，有限责任公司由股东组成清算组，股份有限公司由股东大会确定清算组成员。如果公司在 15 日内没有成立清算组，债权人可以申请人民法院指定有关人员成立清算组。

(2)当解散清算由强制原因导致时,由有关机关组织股东、有关机关人员及有关专业人员组成清算组。

五、企业清算的实施

(一)资产的清算

1. 清算财产的界定

清算财产包括企业在清算程序终结前拥有的全部财产以及应当由企业行使的其他财产权利。企业下列财产计入清算财产:宣告清算时企业经营管理的全部财产,包括各种流动资产、固定资产、对外投资以及无形资产;企业宣告清算后至清算程序终结前所取得的财产,包括债权人放弃优先受偿权、清算财产转让价值超过其账面净值的差额部分;清算期间收回的投资收益和取得的其他收益等;应当由破产企业行使的其他财产权利。

而企业下列财产应区分情况处理:(1)担保财产。依法生效的担保或抵押标的不属于清算财产,担保物的价款超过其所担保的债务数额的,超过部分属于清算财产。(2)公益福利性设施。企业的职工住房、学校、托儿所、医院等福利性设施,原则上不计入清算财产;但无须续办并能整体出让的,可计入清算财产。(3)职工集资款。属于借款性质的视为清算企业所欠职工工资处理,利息按中国人民银行同期存款利率计算;属于投资性质的视为清算财产,依法处理。(4)党、团、工会等组织占用清算企业的财产,属于清算财产。

人民法院受理破产案件前6个月至破产宣告之日的期间内,清算企业的下列行为无效,清算组有权向人民法院申请追回财产,并计入清算财产:(1)隐匿、私分或者无偿转让财产;(2)非正常压价出售财产;(3)对原来没有财产担保的债务提供担保;(4)对未到期的债务提前清偿;(5)放弃自己的债权。

2. 清算财产的作价

清算财产的作价一般以清算价值为依据,同时参考账面净值和评估价值。对清算企业的财产物资出卖和处理时,一般以成交价格即变现收入作为财产的作价依据。财产作价分为单项资产作价和综合资产"一揽子"作价。对"一揽子"作价应当再按适当方法折算成单项资产价值。对于企业的货币资产等,应当按其账面价值作价。如果企业合同或章程规定或投资各方协商决定,企业解散时需对现存财产物资、债权债务进行重新估价,则清算组应按重估价对企业财产作价。

(二)清算债务的清算

清算债务是指经清算组确认的至企业宣告破产或解散为止清算企业的各项债务。企业清算债务主要包括下列各项:(1)破产或解散宣告前设立的无财产担保债务;(2)宣告时未到期的债务,视为已到期的债务减去未到期利息后的债务;(3)债权人放弃优先受偿权的有财产担保债务;(4)有财产担保债务的数额超过担保物价款未受偿部分的债务;(5)保证人代替企业偿还债务后,其代替偿还款为企业清算债务;(6)清算组解除企业未履行合同,致使其他当事人受到损害的,其损害赔偿款为企业清算债务;等等。

但是,下列费用不得作为企业清算债务:(1)宣告日后的债务;(2)债权人参加清算程序按规定应自行负担的费用;(3)债权人逾期未申报的债权;(4)超过诉讼时效的债务。

(三)清算费用和清算损益的计算

1. 清算费用

清算费用是指企业清算过程中所发生的各项支出。清算费用应当从清算财产中优先拨付,一般随时发生、随时支付。清算财产不足以支付清算费用的,清算程序相应终结,未清偿的债务不再清偿。

清算费用的开支范围包括:清算期间职工生活费;清算财产管理、变卖和分配所需手续费用;破产案件诉讼费用;清算期间企业设施和设备维护费用、审计评估费用;为债权人共同利益而支付的其他费用,包括债权人会议会务费、破产企业催收债务的差旅费及其他费用。企业清算组应严格按照经债权人会议审核的开支范围和标准拨付清算费用。

2. 清算损益

企业清算中发生的财产盘盈、财产变价净收入、因债权人原因确实无法归还的债务,以及清算期间的经营收益等计入企业清算收益。

企业清算终了,清算收益大于清算损失、清算费用的部分,依法缴纳所得税。

(四)债务的清偿

根据我国《企业破产法》的有关规定,破产财产在优先清偿破产费用和公益债务后,依照下列顺序进行债务清偿:

1. 应付未付的职工工资、社会保险费等

这是债务清偿的第一顺序。职工工资是职工收入的主要来源,是维持职工本人及其家庭成员生活的基本保证;社会保险费则是职工社会保障制度的基本体现。这两项费用能否得到保证,直接关系到职工的物质利益,关系到整个社会的安定团结。

2. 应缴未缴的国家税金

税收是国家财政收入的主要来源,是国家实现其政治和经济宏观调控职能的物质基础。因此,在债务清偿中,必须把应缴未缴的国家税金同普通的债务区别开来,优先给予清偿。

3. 普通债务

债务清偿的最后一个顺序是普通债权人的债务。之所以将普通债权人的债务放到最后清偿,并不意味着普通债权人的利益不重要,而是因为这些债务的性质和形成原因与职工工资和国家税金不同,普通债权人理应承担更多的风险。因此,这一顺序只有在前两个顺序清偿完之后,才能得以清偿。但是由于破产财产数量有限,有时可能会不足以清偿全部债务,即使处于同一清偿顺序的债务也不能全部得到清偿。鉴于此,同一顺序的债权人之间受偿权应该平等,如果有关财产不足以偿还全部债务时,应在同一顺序的债权人之间按债权比例进行分配。

(五)剩余财产的分配

企业清偿债务后剩余财产的分配,一般应按合同、章程的有关条款处理,充分体现公平、对等原则,均衡各方利益。

清算后各项剩余财产的净值,不论实物或现金,均应按投资各方的出资比例或者合同、章程的规定分配。其中,有限责任公司除公司章程另有规定外,按投资各方出资比例分配。股份有限公司按照优先股股份面值对优先股股东优先分配,其后的剩余部分再按照普通股股东的股份比例进行分配。如果企业剩余财产尚不足全额偿还优先股股金,则按照各优先股股东所持比例分配。如果是国有企业,则其剩余财产应全部上缴财政。

【例9-4】 某企业申请破产,破产前经审计后的资产负债表(简表)如下(单位:万元):

表 9-2 资产负债表 单位:万元

资产		负债与所有者权益	
流动资产	800	应付账款	700
固定资产——厂房	1 400	应付职工薪酬	100
固定资产——设备	900	应交税费	300
无形资产	300	长期借款	700
		抵押债券	800
		所有者权益	800
合计	3 400	合计	3 400

表 9-2 中银行贷款(长期借款)系信用贷款,抵押债券则以企业厂房为抵押。

企业进入清算程序后,资产变卖收入如下:流动资产 450 万元,厂房 750 万元,设备 700 万元,无形资产不能变现,合计变现 1 900 万元。清算期间发生清算费用 100 万元。

$$\text{该企业破产财产价值} = 1\ 900 - 750 = 1\ 150(\text{万元})$$

$$\text{扣除清算费用后的清算财产结余} = 1\ 150 - 100 = 1\ 050(\text{万元})$$

$$\text{扣除应付职工薪酬、应缴税费的财产结余} = 1\ 050 - 100 - 300 = 650(\text{万元})$$

$$\text{一般债权的求偿总额} = 700 + 700 + (800 - 750) = 1450(\text{万元})$$

$$\text{结余收入的分配比率} = \frac{650}{1450} \times 100\% = 44.83\%$$

$$\text{银行贷款应分配的财产结余金额} = 700 \times 44.83\% = 313.81(\text{万元})$$

思考与练习

1. 什么叫财务困境?财务困境的特征有哪些?

2. 导致企业财务困境的内部原因有哪些?

3. 比较正式财务重整与非正式财务重整的异同。

4. 企业在何时应实施财务重整?何时进行破产清算?

5. 简述企业破产清算的基本程序。在破产过程中,企业应如何清偿企业债务?如何分配剩余财产?

6. 如果企业运用债务展期或债务和解进行财务重整,债权人应采取何种措施来保护自己的权益?

7. 某试点城市的一国有企业因长期经营不善,无力还债,于 2010 年 2 月 1 日被债权人申请破产,同年 4 月 1 日人民法院依法宣告其破产,4 月 10 日成立清算组。企业破产时管理的财产和债权人申报的债权情况如下:

企业破产时经营管理的财产评估变现价值为:

(1) 第 1 号房屋价值 300 万元,全部用于对 A 银行的债务抵押;

(2) 第 2 号房屋价值 160 万元,属于租用 B 企业的房产;

(3) 对外投资价值(含应得投资收益)140 万元;

(4) 专利权评估作价 70 万元;

(5)破产前职工以资本金形式投入的款项(货币资金)30 万元;

(6)2009 年 12 月 1 日破产企业主动放弃对某公司的债权 100 万元。

债权人申报的债权情况为:

(1)A 银行对该破产企业发放 3 年期贷款,本金 200 万元,年利率 10%,到期应计利息共 60 万元,尚有 1 年到期;

(2)B 公司拥有到期债权 700 万元;

(3)C 公司因为破产企业担保,替破产企业偿还债务本息 350 万元;

(4)D 公司因破产企业提前终止合同,造成直接经济损失 140 万元。

另外,该破产企业发生破产费用 10 万元,欠税款 130 万元。

要求根据上述资料,分析回答下列问题:

(1)破产企业管理的财产中,哪些属于清算财产?金额是多少?

(2)哪些属于清算债务?金额是多少?

(3)清算财产应按照怎样的顺序分配?每一顺序分配的金额是多少?

第十章 财务分析与业绩评价

学习目标：通过本章学习，要求学生了解财务分析的基本概念、基本程序，理解财务分析的基本方法，掌握反映企业财务能力相关指标的计算及其实际运用，了解企业业绩评价的基本理论与基本方法。

第一节 财务分析概述

一、财务分析的意义

财务分析是以企业财务报告及其他相关资料为主要依据，采用一系列分析方法，对企业一定期间的财务状况和经营成果进行研究和评价，反映企业在运营过程中的利弊得失和发展趋势，为改进企业财务管理和优化经济决策提供重要的财务信息。

财务分析可判断企业的偿债能力、营运能力、盈利能力、发展能力及财务状况和财务实力；评价和考核经营业绩，揭示财务问题；挖掘企业潜力，寻求提高经营管理水平和经济效益的途径；评价企业发展趋势。因此，财务分析具有重要的现实意义。

二、财务信息的需求者

财务信息的需求者包括企业投资者、债权人、经营者、政府、注册会计师、供应商、员工等。需求者出于不同的利益考虑，对财务报表分析信息有着各自不同的要求。

(1)投资者

投资者为决定是否投资，需要分析公司未来盈利能力和经营风险；为决定是否转让股份，需要分析盈利状况、股价变动和发展前景；为考察经营者业绩，需要分析资产盈利水平、破产风险和竞争能力；为决定股利分配政策，需要分析筹资状况。

(2)债权人

债权人为决定是否给公司贷款，需要分析贷款的报酬和风险；为了解债务人短期偿债能力，需要分析其资金流动状况；为了解债务人长期偿债能力，需要分析其盈利状况和资本结构。债权人投入的资金具有利息固定、支付优先，但不能参与剩余利益分享等特点，所以对投资安全性特别关注。因此，债权人更重视企业偿债能力指标。

(3)经营者

企业经营者作为管理者，为满足不同利益相关者的需要，协调各方面的利益关系，需要进行内容广泛的财务分析，几乎包括外部使用人关心的所有问题。

(4)政府

政府兼具多重身份，既是宏观经济管理者，又是国有企业的所有者和重要的市场参与者。因此，除了关注投资所产生的社会效应外，也会重点考虑投资经济效益。因此，政府为履行其职能，需要了解公司纳税情况、遵守政府法规和市场秩序情况以及员工收入和就业状况。

(5)注册会计师

注册会计师为减少审计风险，需要评估公司的盈利性和破产风险；为确定审计重点，需要分析财务数据的异常变动。

(6)其他财务信息使用者

包括供应商、客户、公司员工、并购分析师和社会媒体等各个方面。供应商为决定是否建立长期合作关系，需要分析公司长期盈利能力和偿债能力，为决定信用政策，需要分析公司短期偿债能力；客户为决定是否建立长期合作关系，需要分析公司持续供货能力和售后服务能力；公司员工为决定职业发展规划，需要分析公司的持续经营能力和盈利能力等。

三、财务分析的局限性

财务分析的局限性，主要表现为财务分析所依据的报表资料的局限性、分析方法的局限性和分析指标的局限性。

财务分析所依据的资料主要是企业所提供的财务会计报告，包括会计报表、会计报表附注和财务情况说明书，而这些资料本身就具有局限性，包括数据缺乏可比性、缺乏可靠性和存在滞后性等。

财务分析方法主要包括比率分析法、比较分析法和趋势分析法，都是依据企业已经存在的数据进行分析，根据《企业会计制度》的规定，年度财务会计报告可以在年度后的四个月内提供，因此财务报表分析所依据的资料与企业业务的实际发生时间有很长的时间间隔，这会导致分析的效果不理想。

财务分析指标主要包括流动比率、速动比例、已获利息倍数、应收账款周转率、存货周转率、销售利润率、资本保值增值率、净资产收益率等，由于各个指标有一定的局限性以及对个别指标概念界定的不统一，导致分析结果有一定的局限性。

第二节　财务分析方法

财务分析的方法包括趋势分析法、比率分析法、因素分析法等。

一、趋势分析法

又称水平分析法，是通过对比两期或连续数期财务报告的相同指标，确定其增减变动的方向、数额和幅度，考查企业财务状况、经营成果和现金流量变动趋势的方法。包括：重要财务指标的比较、财务报表的比较和报表项目构成的比较三种方式。

(一)重要财务指标的比较

是将不同时期财务报告中的相同指标或比率进行比较，直接观察其增减变动情况及变动幅度，考察其发展趋势，预测其发展前景。主要方法有：

1. 定基动态比率

是以某一时期的数额为固定的基期数额而计算的动态比率。公式：

$$定基动态比率 = \frac{分析期数额}{固定基期数额} \times 100\%$$

【例 10－1】 假设某企业 2006 年净利润 100 万元,2007 年净利润 120 万元,2008 年净利润 150 万元。以 2006 年为固定基期,分析 2007—2008 年利润增长比率。

$$2007\ 年定基动态比率 = 120 \div 100 = 120\%$$

$$2008\ 年定基动态比率 = 150 \div 100 = 150\%$$

2. 环比动态比率

是以每一分析期的前期数额为基期数额而计算的动态比率。计算公式:

$$环比动态比率 = \frac{分析期数额}{前期数额} \times 100\%$$

【例 10－2】 仍以上题的数据为例。以 2006 年为固定基期,分析 2007－2008 年利润增长比率。

$$2007\ 年环比动态比率 = 120 \div 100 = 120\%$$

$$2008\ 年环比动态比率 = 150 \div 120 = 125\%$$

(二)财务报表的比较

财务报表的比较是将连续数期的财务报表金额并列起来,比较其相同指标的增减变动金额和幅度,据以判断企业财务状况、经营成果和现金流量发展变化的一种方法。运用该方法进行比较分析时,最好是既计算有关指标增减变动的绝对值,又计算其增减变动的相对值。这样可以有效地避免分析结果的片面性。财务报表的比较,具体包括资产负债表比较、利润表比较和现金流量表比较等。

【例 10－3】 某企业利润表中反映 2006 年的净利润为 50 万元,2007 年的净利润为 100 万元,2008 年的净利润为 160 万元。

通过绝对值分析:

2007 年较 2006 年相比,净利润增长了 100－50＝50(万元)。

2008 年较 2007 年相比,净利润增长了 160－100＝60(万元)。

说明 2008 年的效益增长好于 2007 年。

通过相对值分析:

2007 年较 2006 年相比净利润增长率为(100－50)÷50×100%＝100%。

2008 年较 2007 年相比净利润增长率为(160－100)÷100×100%＝60%。

说明 2008 年的效益增长不及 2007 年明显。

(三)财务报表项目构成的比较

是以财务报表中的某个总体指标为 100%,再计算出其各组成项目占该总体指标的百分比,比较各个组成项目百分比的增减变动,以此来判断有关财务活动的变化趋势。这种方式较前两种更能准确地分析企业财务活动的发展趋势。它既可用于同一企业不同时期财务状况的纵向比较,又可用于不同企业之间的横向比较。同时,这种方法还能消除不同时期(不同企业)之间业务规模差异的影响,有利于分析企业的耗费和盈利水平,但资本结构的计算较为复杂。

比较分析法的优点是简便、直观,但应注意的是:用于对比指标的计算口径必须一致;剔除偶发性项目的影响;运用例外原则对某项有显著变动的指标做重点分析,研究其产生的原因,以便采取措施和对策,趋利避害。

二、比率分析法

是以同一期财务报表若干重要项目的相关数据相互比较，求出比率，用以分析和评价公司的经营活动以及公司目前和历史状况的一种方法，是财务报表分析最基本的工具。主要有构成比率、效率比率、相关比率三类。

（一）构成比率

又称结构比率，是某项财务指标的各组成部分数值占总体数值的百分比，反映部分与总体的关系。利用构成比率可以考察总体中某个部分的形成和安排是否合理，以便协调各项财务活动。其计算公式为：

$$\text{构成比率}=\frac{\text{某个组成部分数值}}{\text{总体数值}}\times 100\%$$

（二）效率比率

是用来计算某项财务活动中所费与所得的比率，反映投入与产出、耗费与收入的比例关系。效率比率指标可考察经营成果，评价经济效益的水平。如将利润项目与营业成本、营业收入、资本金等项目加以对比，可以计算成本利润率、营业净利率、资本金利润率等指标，从不同角度比较盈利能力的高低及其增减变化情况，分析考察财务成果，评价企业经营状况和经济效益水平。

（三）相关比率

是以某个项目与其有关但又不同的项目加以对比所得的比率，反映有关经济活动中财务指标间的相互关系。相关比率考察有联系的业务安排是否合理，能否保障企业生产经营活动顺畅运行。如将流动资产与流动负债相比，计算流动比率，判断企业的短期偿债能力。

比率分析法具有计算简便、计算结果容易判断的优点，同时可对不同规模、不同行业的企业进行比较，但采用这一方法时应注意以下几点：

（1）对比项目的相关性。计算比率的分子和分母必须具有相关性及逻辑关系，确保计算的比率能够说明问题，具有财务意义。在构成比率指标中，部分指标必须是总体指标这个大系统中的一个小系统；在效率指标中，投入与产出必须有因果关系；在相关比率指标中，两个对比指标也要有内在联系，才能评价有关经济活动之间是否协调均衡，安排是否合理。

（2）对比口径的一致性。计算比率的分子和分母必须在计算时间、范围、计算价格、计量单位等方面保持口径一致，具有可比性。通常，计算比率的分子、分母必须来自同一企业、同一时期的财务报表。

（3）比率指标要有对比的标准。财务比率能从指标的关联中，揭示企业财务活动的内在关系，但所提供的只是企业某一时点或某一时期的实际情况。采用的比率指标要有对比的标准，以便对财务状况作出正确的评价。通常用作对比的标准有目标标准、历史标准、行业标准及公认标准等。

三、因素分析法

是依据分析指标与其驱动因素的关系，从数量上确定各因素对分析指标影响方向及程度的一种方法。采用这种方法的假设前提是，当有若干因素对分析指标产生影响作用时，假定其他各个因素都无变化，顺序确定每个因素单独变化所产生的影响。常用的因素分析法主要有连环替代法和差额分析法两种。

(一)连环替代法

是将分析指标分解为各个可以计量的因素,根据各个因素之间的依存关系,顺次用各因素的比较值(通常为实际值)、替代基准值(通常为标准值或计划值),据以测定各因素对分析指标的影响。

【例10－4】 某企业材料费用总额实际数比计划数增加316 000元,请用连环替代法根据表10－1中的资料计算各因素变动对材料费用总额的影响程度。

表10－1　产品材料消耗资料表

项 目	单 位	计划数	实际数	差异
产品产量	件	200	190	－10
材料单耗	千克	300	320	20
材料单价	元	15	20	5
材料费用总额	元	900 000	1 216 000	316 000

根据表10－1的资料,材料费用总额实际数比计划数增加了316 000元,这是分析对象。运用连环替代法,计算各因素对材料费用总额的影响程度如下:

计划指标:200×300×15＝900 000(元)　　①

第一次替代:190×300×15＝855 000(元)　　②

第二次替代:190×320×15＝912 000(元)　　③

第三次替代:190×320×20＝1 216 000(元)　　④

因素分析:

②－①＝855 000－900 000＝－45 000(元)　　产量下降的影响

③－②＝912 000－855 000＝57 000(元)　　单耗增加的影响

④－③＝1 216 000－912 000＝304 000(元)　　价格提高的影响

－45 000＋57 000＋304 000＝316 000(元)　　全部因素的影响

(二)差额分析法

是连环替代法的一种简化形式,利用各个因素的比较值与基准值之间的差额,计算各因素分析指标的影响。

【例10－5】 仍以表10－1的数据为例。采用差额分析法计算确定各因素变动对材料费用的影响。

产量下降对材料费用的影响:

$$(190-200)\times 300\times 15=-45\ 000(元)$$

材料消耗增加对材料费用的影响:

$$190\times(320-300)\times 15=57\ 000(元)$$

价格提高对材料费用的影响:

$$190\times 320\times(20-15)=304\ 000(元)$$

因素分析法可全面分析各因素对某一经济指标的影响,又可单独分析某个因素对某一经济指标的影响,在财务报表分析中应用广泛。运用时,应注意以下问题:

(1)因素分解的关联性。即构成经济指标的各因素确实是形成该项指标差异的内在原因,它们之间存在着客观的因果关系。

(2)因素替代的顺序性。在实际工作中,往往是按照先数量后质量,先实物量后价值量,先原始后派生,先主要后次要,先分子后分母的顺序替代,不可随意加以颠倒。

(3)顺序替代的连环性。在计算每一个因素变动的影响时,都是在前一次计算的基础上进行,并采用连环比较的方法确定因素变化影响的结果。

(4)计算结果的假定性。由于因素分析法计算的每一个因素变动的影响值会因替代计算顺序的不同而有差别,计算结果具有一定程度的假定性和近似性。

第三节 财务指标分析

财务指标分析主要对偿债能力、营运能力、盈利能力和发展能力四个方面进行分析,其主要依据是财务会计报表及相关资料。为了便于说明,本节各项财务比率的计算分析主要以 A 公司为实例。A 公司 2009 年的资产负债表、利润表如表 10－2 和表 10－3 所示。

表 10－2 资产负债表

编制单位:A 公司　　2009 年 12 月 31 日　　(单位:万元)

资产	年初数	年末数	负债及所有者权益	年初数	年末数
流动资产:			流动负债:		
货币资金	1 600	1 800	短期借款	4 000	6 000
交易性金融资产	2 000	1 000	预收账款	1 600	800
应收账款	2 400	2 600	其他应付款	1 200	1 200
预付账款	80	140	流动负债合计	6 800	8 000
存货	8 000	10 400	非流动负债:		
其他流动资产	120	160	长期借款	4 000	5 000
流动资产合计	14 200	16 100	非流动负债合计	4 000	5 000
			负债合计	10 800	13 000
非流动资产:					
长期股权投资	800	800	股东权益:		
固定资产	24 000	28 000	盈余公积	3 200	3 200
无形资产	1 000	1 100	未分配利润	2 000	5 800
非流动资产合计	25 800	29 900	股东权益合计	29 200	33 000
资产合计	40 000	46 000	负债及股东权益合计	40 000	46 000

表 10－3 利润表

编制单位:A 公司　　2009 年 12 月 31 日　　(单位:万元)

项 目	上年实际	本年累计
一、营业收入	36 000	40 000
减:营业成本	21 400	24 400
营业税金及附加	2 160	2 400
销售费用	3 240	3 800
管理费用	1 600	2 000

表 10－3(续)

项 目	上年实际	本年累计
财务费用	400	600
加:公允价值变动收益	1 200	2 000
投资收益	600	600
二、营业利润	9 000	9 400
加:营业外收入	200	300
减:营业外支出	1 200	1 300
三、利润总额	8 000	8 400
减:所得税费用(税率 25%)	2 000	2 100
四、净利润	6 000	6 300

一、偿债能力指标

偿债能力指企业偿还到期债务(包括本息)的能力。偿债能力指标包括短期偿债能力指标和长期偿债能力指标。

(一)短期偿债能力指标

指企业流动资产对流动负债及时足额偿还的保证程度,是衡量企业当期财务能力尤其是流动资产变现能力的重要标志。企业短期偿债能力的衡量指标主要有流动比率、净营运资本、速动比率、现金流动负债比率和现金比率五项。

1. 流动比率

流动比率是流动资产与流动负债的比率,它表明企业每 1 元流动负债有多少流动资产作为偿还保证,反映企业用可在短期内转变为现金的流动资产偿还到期流动负债的能力,是企业短期偿债能力的一个存量比率指标。

$$流动比率 = \frac{流动资产}{流动负债}$$

流动资产一般包括现金、有价证券、应收账款及库存现金。流动资产的变现能力一般较强。流动负债一般包括应付账款、短期应付票据、本年到期的债务、应付未付的所得税及其他未付开支。通常偿付流动负债需要现金支付。如果一个公司遇到财务困难,它会延缓应付账款的支付,拖欠银行贷款等。为了支付到期债务,企业必须在相应的时间使流动资产转化为足以支付债务的现金。流动资产可在短期内转化为现金,并且可以以接近市值的价格转化为现金。要具备一定偿债能力,必须使流动资产与流动负债之间保持一定的比例。若流动负债上升速度过快,会使流动比率下降。

一般情况下,流动比率越高,说明企业短期偿债能力越强。通常认为,流动比率的下限为 1,而流动比率等于 2 时较为适当。流动比率过低,表明企业可能难以按期偿还债务;流动比率过高,表明企业流动资产占用较多,会影响资金的使用效率和企业的筹资成本,进而影响盈利能力。

运用流动比率指标时,应注意以下几个问题:

(1)虽然流动比率越高,偿还短期债务的流动资产保证程度越强,但这并不等于说企业有足够的现金或存款用来偿债。

(2)从短期债权人的角度看,自然希望流动比率越高越好,但从企业经营角度看,过高的流动比率通常意味着企业闲置现金的持有量过多,必然造成机会成本的增加和盈利能力的降低。企业应尽可能将流动比率维持在不使货币资金闲置的水平。

(3)流动比率是否合理,不同行业、不同企业以及同一企业不同时期的评价标准是不同的。因此,不应用统一的标准来评价各企业流动比例合理与否。

【例 10-6】 根据表 10-2 的资料,A 公司 2009 年的流动比率为:

$$年初流动比率 = \frac{14\ 200}{6\ 800} = 2.09$$

$$年末流动比率 = \frac{16\ 100}{8\ 000} = 2.01$$

该公司 2009 年年初和年末的流动比率均超过一般公认的安全标准,反映该公司具有较强的短期偿债能力。

2. 净营运资本

净营运资本指流动资产超过流动负债的部分,是企业在某一时点流动资产归还和抵偿流动负债后的剩余。计算公式:

$$净营运资本 = 流动资产 - 流动负债$$

计算净营运资本使用的"流动资产"和"流动负债",通常可以直接取自资产负债表。如果流动资产与流动负债相等,则并不足以保证偿债,因为债务的到期与流动资产的现金生成不可能同步同量,企业必须保持流动资产大于流动负债,即保持有一定数额的净营运资本作为缓冲,以防止流动负债"穿透"流动资产。

当流动资产大于流动负债时,净营运资本为正数,表明长期资本的数额大于长期资产,超出部分被用于流动资产。净营运资本的数额越大,财务状况就越稳定;反之,表明长期资本小于长期资产,有部分长期资产由流动负债提供资金来源。

3. 速动比率

速动比率指企业速动资产与流动负债的比率。它假定速动资产是可以用于偿债的资产,表明每 1 元流动负债有多少速动资产作为偿还保障。速动资产指流动资产减去存货、1 年内到期的非流动资产以及其他流动资产后的余额。由于剔除了存货等这些变现能力较弱且不稳定的资产,因此速动比率较之流动比率能够更加准确、可靠地评价企业资产的流动性及其偿还短期负债的能力。计算公式:

$$速动比率 = \frac{速动资产}{流动负债}$$

速动资产 = 货币资金 + 交易性金融资产 + 应收账款 + 应收票据

= 流动资产 - 存货 - 预付账款 - 1 年内到期的非流动资产 - 其他流动资产

一般情况下,速动比率越高,说明企业偿还流动负债的能力越强。通常认为,速动比率等于 1 时较为适当;速动比率小于 1,表明企业面临很大的偿债风险;速动比率大于 1,表明企业会因现金及应收账款占用过多而增加企业的机会成本。

运用速动比率指标应注意的是:

(1)速动比率过大或过小都有其负面影响。速动比率过大,虽然说明企业具有较强的偿债能力,但同时说明企业流动资产利用效益低下;反之,如果企业速动比率过小,则会使其面临短期债务无法偿还的风险。

(2)尽管速动比率较之流动比率更能反映出流动负债偿还的安全性和稳定性,但并不能认为速动比率较低的企业的流动负债到期绝对不能偿还。实际上,如果企业存货流转顺畅,变现能力较强,即使速动比率较低,只要流动比率高,企业仍然能偿还到期的债务本息。

(3)不同行业的速动比率略有差异。

(4)企业债务结构上的差异,导致企业不同时期在债务偿还规模上存在较大差异,从而导致速动比率在不同时期的差异。

【例 10-7】 根据表 10-2 的资料,A 企业 2009 年的速动比率为:

$$年初流动比率 = \frac{14\,200 - 8\,000}{6\,800} = 0.91$$

$$年末流动比率 = \frac{16\,100 - 10\,400}{8\,000} = 0.71$$

分析表明,该企业 2009 年年末的速动比率比年初有所降低。虽然该企业流动比率超过一般公认标准,但流动资产中存货所占比重过大,导致企业速动比率未达到一般公认标准,企业的实际偿债能力并不理想,须采取措施加以扭转。

4. 现金流动负债比率

现金流动负债比率指企业一定时期的经营现金净流量同流动负债的比率,是一个流量指标。它可以从现金流量角度来反映企业当期偿付短期负债的能力。计算公式:

$$现金流动负债比率 = \frac{经营活动现金净流量}{流动负债(年末或平均)} \times 100\%$$

其中,经营活动现金净流量指一定时期内(如 1 年)经营活动所产生的现金及现金等价物流入量与流出量的差额,是可以用来偿付的现金流量;流动负债可以是年末流动负债,也可以是平均负债。

现金流动负债比率从现金流入和流出的动态角度对企业的实际偿债能力进行考察。由于有利润的年份不一定有足够的现金来偿还债务,所以利用以收付实现制为基础计量的现金流动负债比率指标,能充分体现企业经营活动所产生的现金净流量可以在多大程度上保证当期流动负债的偿还,直观反映出企业偿还流动负债的实际能力。用该指标评价企业偿债能力更加谨慎,该指标越大,表明企业经营活动产生的现金净流量越多,越能保证企业按期偿还到期债务。但也并不是越大越好,该指标越大表明企业流动资金利用不充分,盈利能力不强。

【例 10-8】 根据表 10-2 的资料,同时假设 A 公司 2009 年年初和年末的经营现金净流量分别为 6 000 万元和 8 500 万元。该年现金流动负债比率为:

$$年初现金流动负债比率 = \frac{6\,000}{6\,800} \times 100\% = 88\%$$

$$年末现金流动负债比率 = \frac{8\,500}{8\,000} \times 100\% = 106\%$$

该企业 2009 年年末现金流动负债比率比年初现金流动负债比率有明显的提高,表明 A 公司的短期偿债能力增强。

5. 现金比率

速动资产中,流动性最强、可直接用于偿债的资产称为现金资产。现金资产包括货币资金、交易性金融资产等。它们与其他速动资产有区别，因为其本身就是可以直接偿债的资产，而非速动资产需要等待不确定的时间，才能转换为确定数额的现金。现金比率指现金资产与流动负债的比率，它假设现金是可以偿债的资产，表明每1元流动负债有多少现金作为偿还保障。计算公式为：

$$现金比率 = \frac{货币资金 + 交易性金融资产}{流动负债} \times 100\%$$

分析短期偿债能力要注意影响短期偿债能力的表外因素，如表10-4。

表10-4 影响短期偿债能力的因素(表外因素)

增强短期偿债能力的因素	①可动用的银行贷款指标；②准备很快变现的非流动资产；③偿债能力的声誉
降低短期偿债能力的因素	①与担保有关的或有负债，如果数额较大且可能发生，就应在评价偿债能力时给予关注； ②经营租赁合同中承诺的付款，很可能是需要偿付的义务； ③建造合同、长期资产购置合同中的分阶段付款也是一种承诺，应视同需要偿还的债务

(二)长期偿债能力指标

长期偿债能力指企业偿还长期负债的能力。企业长期偿债能力的衡量指标主要有资产负债率、产权比率、权益乘数、或有负债比率、已获利息倍数和带息负债比率六项。

1. 资产负债率

资产负债率又称负债比率，是指企业负债总额对资产总额的比率，它反映企业资产对债权人权益的保障程度。计算公式：

$$资产负债率(负债比率) = \frac{负债总额}{资产总额} \times 100\%$$

资产负债率是国际公认的衡量企业负债偿还能力和经营风险的重要指标，比较保守的经验判断一般为不高于50%，一般公认60%比较好。一般情况下，资产负债率越小，表明企业偿债能力越强。

资产负债率分析时应注意从不同利益相关者的角度对该指标进行分析。从债权人的立场看，他们最关心的是贷给企业的款项能否按期收回本金和利息。如果资产负债率过高，则表明企业的债务负担重，资金实力不强，偿债缺乏保障，这对债权人是不利的。因此，他们希望债务比例越低越好，企业偿债有保证，贷款就不会有太大的风险。从股东的立场看，由于企业通过举债筹措的资金与股东提供的资金在经营中发挥同样的作用，所以股东关心的是全部资本利润率是否超过借人款项的利息率，即借人资本的代价。在全部资本利润率高于借入资金利息率时，负债比例越高越好，否则反之。从经营者的立场看，如果举债过多，超出债权人心理承受能力，则债权人会认为是不保险的，企业就借不到钱。但如果企业不举债，或者负债的比率很低，则说明企业畏缩不前，对前途信心不足，利用债权人的资金从事经营活动的能力较差。从财务管理的角度看，企业应当审时度势，全面考虑，在利用资产负债率指标制定借入资金策略时，必须充分估计预期的利润和增加的风险，并权衡两者的利弊得失。

【例 10－9】 根据表 8－2 的资料，A 企业 2009 年的资产负债率为：

$$年初资产负债率 = \frac{10\ 800}{40\ 000} \times 100\% = 27\%$$

$$年末资产负载率 = \frac{13\ 000}{46\ 000} \times 100\% = 28.26\%$$

该企业 2009 年年初、年末的资产负债率均不高，说明企业长期偿债能力较强。如果企业未来有较强的盈利能力，还可适当提高负债率以充分发挥财务杠杆作用。

2. 产权比率

产权比率指企业负债总额与所有者权益总额的比率，反映企业股东权益对债权人权益的保障程度。计算公式：

$$产权比率 = \frac{负债总额}{股东权益总额} \times 100\%$$

一般情况下，产权比率越低，说明企业长期偿债能力越强，债权人权益的保障程度越高，承担的风险越小，但企业不能充分发挥负债的财务杠杆效应。在评价产权比率适度与否时，应从提高盈利能力与增强偿债能力两个方面综合分析，即在保障债务偿还安全的前提下，应尽可能提高产权比率。

产权比率与资产负债率对评价偿债能力的作用基本相同。两者的主要区别是：资产负债率侧重于分析债务偿付安全性的物质保障程度；产权比率则侧重于揭示财务结构的稳健程度以及自有资金对偿债风险的承受能力。

【例 10－10】 根据表 10－2 的资料，A 公司 2009 年的产权比率为：

$$年初产权比率 = \frac{10\ 800}{29\ 200} \times 100\% = 37\%$$

$$年末产权比率 = \frac{13\ 000}{33\ 000} \times 100\% = 39.4\%$$

该企业 2009 年年初、年末的产权比率都不高，同资产负债率的计算结果相互印证表明企业的长期偿债能力较强，债权人的保障程度较高。

3. 权益乘数

权益乘数指资产总额与股东权益的比率，表示每 1 元股东权益拥有的总资产。

$$权益乘数 = \frac{资产总额}{股东权益总额} = 1 + 产权比率 = \frac{1}{1 - 资产负债率}$$

权益乘数越大，表明所有者投入企业的资本占全部资产的比重越小，企业负债程度越高；该比率越小，表明所有者投入企业的资本占全部资产的比重越大，企业的负债程度越低，债权人权益受保护的程度也就越高。

4. 或有负债比率

或有负债比率指企业或有负债总额对股东权益总额的比率，反映股东权益应对可能发生的或有负债的保障程度。公式如下：

$$或有负债比率 = \frac{或有负债总额}{股东权益总额} \times 100\%$$

或有负债总额 = 已贴现商业承兑汇票金额 + 对外担保金额 + 未决诉讼、未决仲裁金额（除贴现或担保引起的诉讼或仲裁）+ 其他或有负债金额

一般情况下，或有负债比率越低，表明企业的长期偿债能力越强，股东权益应对或有负

债的保障程度越高;或有负债比率越高,表明企业承担的相关风险越大。

【例 10-11】 据表 10-2 的资料,同时假设 A 公司 2009 年年初和年末的或有事项只是对外提供担保,担保金额分别为 300 万元和 250 万元。或有负债比率为:

$$年初或有负债比率=\frac{300}{29\ 200}\times100\%=1.03\%$$

$$年末或有负债比率=\frac{250}{33\ 000}\times100\%=0.76\%$$

A 公司年末的或有负债比率比年初有所降低,表明公司应对或有负债可能引起的连带偿还等风险的能力有所增强。

5. 已获利息倍数

已获利息倍数指企业一定时期息税前利润与利息支出的比率,反映了盈利能力对债务偿付的保障程度。其中,息税前利润总额指利润总额与利息支出的合计数,利息支出指实际支出的借款利息、债券利息等。计算公式:

$$已获利息倍数=\frac{息税前利润总额}{利息支出}\times100\%$$

$$息税前利润总额=利润总额+利息支出=净利润+所得税+利息支出$$

已获利息倍数反映了企业盈利能力的大小,是衡量长期偿债能力大小的重要指标。一般情况下,已获利息倍数越高,表明企业长期偿债能力越强。通常认为,该指标为 3 时较为合适。从长期看若要维持正常偿债能力,已获利息倍数至少应当大于 1。已获利息倍数过小,企业将面临亏损以及偿债的安全性与稳定性下降的风险。

如何合理确定企业的已获利息倍数,需要与其他企业特别是本行业的平均水平进行比较。同时,从稳健性原则出发,最好比较本企业连续几年的该项指标,并选择最低指标年度的数据作为标准。这是因为,企业不仅在经营好的年头要偿债,在经营不好的年头也要偿还债务,某一个年度利润很高,已获利息倍数也会很高,但不能年年如此。采用指标最低年度的数据,可以保证最低的偿债能力。

【例 10-12】 据表 10-3 的资料,假定表中财务费用全部为利息支出。A 企业已获利息倍数为:

$$2008\ 年已获利息倍数=\frac{8\ 000+400}{400}=21$$

$$2009\ 年已获利息倍数=\frac{8\ 400+600}{600}=15$$

应当说,企业 2008 年和 2009 年的已获利息倍数都较高,有较强的偿付负债利息的能力,不过还需结合企业往年的情况和行业的特点进行判断。

6. 带息负债比率

带息负债比率指企业某一时点的带息负债总额与负债总额的比率,反映企业负债中带息负债的比重,在一定程度上体现了企业未来偿债尤其是偿还利息的压力。

$$带息负债比率=\frac{短期借款+1\ 年内到期的长期负债+应付利息+长期借款+应付债券}{负债总额}\times100\%$$

带息负债比率越低,表明企业的偿债压力越低,尤其是偿还债务利息的压力越低;带息负债比率越高,表明企业承担的偿债风险和偿还利息的风险越大。

【例 10－13】 据表 10－2 的资料，同时假设 A 公司 2009 年年初和年末的短期借款和长期借款均为带息借款。带息负债比率为：

$$\text{年初带息负债比率} = \frac{8\ 000}{10\ 800} \times 100\% = 74\%$$

$$\text{年末带息负债比率} = \frac{9\ 600}{13\ 000} \times 100\% = 73.85\%$$

公司年末带息负债比率比年初略低，但带息负债占负债总额的比重较大，表明公司承担了较大的偿还债务及其利息的压力。

影响长期偿债能力的表外因素，一是长期租赁，即当企业的经营租赁量比较大、期限比较长或具有经常性时，就形成了一种长期性筹资；二是债务担保，即需要根据有关资料判断担保责任带来的潜在长期负债问题；三是未决诉讼，未决诉讼一旦判决败诉，会影响偿债能力，因此在评价企业长期偿债能力时也要考虑其潜在影响。

二、营运能力指标

营运能力是指企业基于外部市场环境的约束，通过内部人力资源和生产资料的配置组合而对财务目标实现所产生作用的大小。营运能力指标包括人力资源营运能力指标和生产资料营运能力指标。

（一）人力资源营运能力指标

人力资源营运能力通常采用劳动效率指标。劳动效率指企业营业收入或净产值与平均职工人数（可以视不同情况具体确定）的比率。计算公式为：

$$\text{劳动效率} = \frac{\text{营业收入或净产值}}{\text{平均职工人数}}$$

劳动效率考核评价主要是采用比较的方法。例如，将实际劳动效率与本企业计划水平、历史先进水平或同行业平均先进水平等指标进行对比，进而确定其差异程度，分析造成差异的原因，以选择适宜对策，提高人力资源劳动效率。

（二）生产资料营运能力指标

生产资料营运能力指企业的总资产及其各个组成要素的营运能力。资产营运能力的强弱取决于资产的周转速度、资产运行状况、资产管理水平等多种因素。比如说资产的周转速度，一般来说，周转速度越快，资产的使用效率越高，营运能力越强；反之，营运能力就越差。资产的周转速度通常用周转率和周转天数来表示。

1. 周转率

指企业在一定时期内资产的周转额与平均余额的比率，反映资金在一定时期的周转次数。周转次数越多，周转速度越快，资产营运能力越强。

$$\text{周转率（周转次数）} = \frac{\text{周转额}}{\text{资产平均余额}}$$

2. 周转期

即周转次数的倒数与计算期天数的乘积，反映资金周转一次需要的时间长度。周转期越短，表明周转速度越快，资产营运能力越强。

$$\text{周转期（周转天数）} = \frac{\text{计算期天数（360）}}{\text{周转次数}} = \frac{\text{资产平均余额} \times \text{计算期天数（360）}}{\text{周转数}}$$

生产资料营运能力可以从流动资产周转、固定资产周转、总资产周转等方面进行分析。

3. 流动资产周转情况

反映流动资产周转情况的指标主要有应收账款周转率、存货周转率和流动资产周转率。

应收账款周转率是企业一定时期营业收入或销售收入与平均应收账款余额的比率，反映企业应收账款变现速度的快慢和管理效率的高低。计算公式为：

$$应收账款周转率(周转次数)=\frac{营业收入}{平均应收账款余额}\times 100\%$$

$$平均应收账款余额=\frac{应收账款余额年初数+应收账款余额年末数}{2}$$

$$应收账款周转率(周转天数)=\frac{平均应收账款余额\times 360}{营业收入}$$

应收账款周转率反映了企业应收账款变现速度的快慢及管理效率的高低。一般地，应收账款周转率越高，平均收账期间就越短，应收账款的回收速度就越快，表明收账迅速，账龄较短，资产流动性强，短期偿债能力强，可以减少坏账损失等；否则，企业的营运资金则过多地呆滞在应收账款上，影响其正常的资金周转。

运用应收账款周转率进行分析时，应注意以下几个问题：

(1)报表的外部使用人很难取得赊销收入净额这项数据，可以把现金销售视为收账期为零的赊销，以销售收入净额来代替赊销收入净额进行计算。

(2)公式中的应收账款包括会计核算中“应收账款”和“应收票据”等赊销账款在内，且金额应为扣除坏账准备后的净额。

(3)由于季节性经营、大量采用分期收款或现金方式结算等都可能使本指标结果失实，所以应结合企业前后期间、行业平均水平进行综合评价。

(4)分子、分母的数据应注意时间口径的一致性。

平均收账期也可作为一个单独的指标计算和分析。其计算公式如下：

$$平均收账期=\frac{360}{应收账款周转率}$$

【例 10-14】 根据表 10-2、表 10-3 的资料，假定 A 公司 2007 年年末应收账款余额 2 200 万元。该公司 2008、2009 年应收账款周转率计算如下：

2008 年：

$$平均应收账款=\frac{2\ 200+2\ 400}{2}=2\ 300(万元)$$

$$应收账款周转率=\frac{36\ 000}{2\ 300}=15.65(次)$$

$$应收账周转天数=\frac{360}{15.65}\approx 23(天)$$

2009 年：

$$平均应收账款=\frac{2\ 400+2\ 600}{2}=2\ 500(万元)$$

$$应收账款周转率=\frac{40\ 000}{2\ 500}=16(次)$$

$$应收账周转天数=\frac{360}{16}\approx 22.5(天)$$

结果表明，该企业 2009 年应收账款周转率比 2008 年有所改善，周转次数由 15.65 次提高为 16 次，周转天数由 23 天缩短为 22.5 天，说明企业的营运能力有所增强，这对流动资产的变现能力和周转速度也会起到促进作用。

存货周转率指企业一定时期的营业成本与存货平均余额之间的比率，反映企业生产经营各环节的管理状况以及企业的偿债能力和盈利能力。它是衡量企业从取得存货、投入生产到销售收回（包括现金销售和赊销）等环节中，存货运营效率的一个综合性指标。计算公式为：

$$存货周转率(周转次数) = \frac{营业成本}{平均存货余额}$$

$$平均存货余额 = \frac{存货余额年初数 + 存货余额年末数}{2}$$

$$存货周转期(周转天数) = \frac{平均存货余额 \times 360}{营业成本}$$

存货周转天数的计算与平均收账期相同。公式如下：

$$存货周转天数 = \frac{360}{存货周转率}$$

存货周转率越高表明存货周转速度越快，存货的资金占用水平越低，流动性越强，存货转换为现金、应收账款的速度越快；而存货周转速度越慢，则变现能力越差。因此，提高存货周转率可以提高企业的变现能力。

存货周转率指标的好坏反映存货管理水平，它不仅影响企业的短期偿债能力，也是整个企业管理的重要内容。存货既不能储存过少，否则可能造成生产中断或销售紧张；又不能储存过多，否则可能形成呆滞、积压。同时，一定要保证结构合理、质量可靠。运用存货周转率进行分析时，应注意以下几个问题：

（1）存货计价方法对存货周转率具有较大的影响。因此，在分析企业不同时期或不同企业的存货周转率时，应注意存货计价方法及计算口径是否一致。

（2）分子、分母的数据应注意时间上的一致性。

（3）存货周转天数不是越低越好。存货过多会浪费资金，存货过少又不能满足流转需要，在特定的生产经营条件下，存在一个最佳的存货水平，所以存货不是越少越好。

（4）应注意应付款项、存货和应收账款（或销售）之间的关系。一般来说，销售增加会拉动应收账款、存货、应付账款的增加，不会引起周转率的明显变化。

（5）应关注构成存货的产成品、自制半成品、原材料、在产品和周转材料之间的比例。

【例 10－15】 根据表 10－2、表 10－3 的资料，假定 A 公司 2007 年年末存货余额 7 600 万元。该公司 2008、2009 年存货周转率计算如下：

2008 年：

$$平均存货 = \frac{7\ 600 + 8\ 000}{2} = 7\ 800(万元)$$

$$存货周转率 = \frac{21\ 400}{7\ 800} = 2.74(次)$$

$$存货周转天数 = \frac{360}{2.74} \approx 131(天)$$

2009 年：

$$平均存货=\frac{8\ 000+10\ 400}{2}=9\ 200(万元)$$

$$存货周转率=\frac{24\ 400}{9\ 200}=2.65(次)$$

$$存货周转天数=\frac{360}{2.65}\approx 136(天)$$

结果表明，该企业 2009 年存货周转率比上年有所延缓，次数由 2.74 次降为 2.65 次，周转天数由 131 天增加为 136 天，反映出企业 2009 年存货管理效率不如上年，原因可能是当年存货增长幅度过快。

【例 10－16】 S 公司全年销售总额 5 000 万元（全部为赊销），销售毛利 30%。如果公司计划本年度存货周转率为 5，平均存货应为多少？如果公司计划应收账款平均占用资金 500 万元，应收账款必须在多少天内收回？

$$平均存货占用=\frac{5\ 000\times(1-30\%)}{5}=700(万元)$$

$$应收账款周转率=\frac{5\ 000}{500}=10(次)$$

$$应收账款周转天数=\frac{360}{10}=36(天)$$

流动资产周转率是企业一定时期营业收入与平均流动资产总额的比率，反映全部流动资产的利用效率。计算公式：

$$流动资产周转率(周转次数)=\frac{营业收入}{平均流动资产总额}$$

$$平均流动资产总额=\frac{流动资产总额年初数+流动资产总额年末数}{2}$$

$$流动资产周转期(周转天数)=\frac{平均流动资产总额\times 360}{营业收入}$$

流动资产周转率反映流动资产的周转速度，是从企业全部资产中流动性最强的流动资产角度对企业资产的利用效率进行分析，揭示影响资产质量的主要因素。周转速度快，会相对节约流动资产，等于变相扩大资产投入，增强企业盈利能力；而周转速度延缓，需要补充流动资产参加周转，会形成资金浪费，降低企业盈利能力。但是，流动资产周转率究竟多少为好，并没有一个确定的标准。通常应参照企业历年的数据并结合行业特点进行比较，然后做出评价。

【例 10－17】 根据表 10－2、表 10－3 的资料，假定 A 公司 2007 年年末流动资产余额 12 000 万元。该公司 2008—2009 年流动资产周转率计算如下：

2008 年：

$$平均流动资产=\frac{12\ 000+14\ 200}{2}=13\ 100(万元)$$

$$流动资产周转率=\frac{36\ 000}{13\ 100}=2.75(次)$$

$$流动资产周转天数=\frac{360}{2.75}\approx 131(天)$$

2009 年：

$$平均流动资产 = \frac{14\ 200 + 16\ 100}{2} = 15\ 150(万元)$$

$$流动资产周转率 = \frac{40\ 000}{15\ 150} = 2.64(次)$$

$$流动资产周转天数 = \frac{360}{2.64} \approx 136(天)$$

可见，该公司 2009 年流动资产周转速度比 2008 年延缓了 5 天，流动资金占用增加：

$$\frac{(136 - 131) \times 40\ 000}{360} \approx 556(万元)$$

4. 固定资产周转情况

反映固定资产周转情况的主要指标是固定资产周转率。固定资产周转率是企业一定时期营业收入与平均固定资产净值的比值。计算公式为：

$$固定资产周转率(周转次数) = \frac{营业收入}{平均固定资产净值}$$

$$平均固定资产净值 = \frac{固定资产净值年初数 + 固定资产净值年末数}{2}$$

$$固定资产周转期(周转天数) = \frac{平均固定资产净值 \times 360}{营业收入}$$

一般情况下，固定资产周转率高，表明固定资产利用充分，固定资产投资得当，固定资产结构分布合理，能够充分发挥固定资产的使用效率；如果固定资产周转率低，则表明企业固定资产使用效率低，提供的生产成果少，营运能力差。

运用固定资产周转率进行分析时，应注意以下几个问题：

(1) 由于公式中的固定资产净值是固定资产原值减累计折旧，再减已提取的固定资产减值准备后的余额，因此常常会因为企业所采取的固定资产折旧方法以及折旧年限、固定资产减值准备计算方法的不同产生差异，导致固定资产周转率缺乏可比性。

(2) 固定资产周转率的分析标准并无确定值，通常应参考行业标准，地区或全国的同期指标值。

【例 10－18】　根据表 10－2、表 10－3 的资料，假定 A 公司 2007 年年末固定资产净值 23 600 万元。该公司 2008、2009 年固定资产周转率计算如下：

2008 年：

$$固定资产平均净值 = \frac{23\ 600 + 24\ 000}{2} = 23\ 800(万元)$$

$$固定资产周转率 = \frac{36\ 000}{23\ 800} = 1.51(次)$$

2009 年：

$$固定资产平均净值 = \frac{24\ 000 + 28\ 000}{2} = 26\ 000(万元)$$

$$固定资产周转率 = \frac{40\ 000}{26\ 000} = 1.54(次)$$

结果表明，公司 2009 年固定资产周转率比上年有所加快，主要原因是固定资产净值的增加幅度低于销售收入净额增长幅度，表明营运能力有所提高。

5. 总资产周转情况

反映总资产周转情况的主要指标是总资产周转率。它是企业一定时期营业收入与平均资产总额的比值。计算公式：

$$总资产周转率(周转次数) = \frac{营业收入}{平均资产总额}$$

$$平均资产总额 = \frac{资产总额年初数 + 资产总额年末数}{2}$$

$$总资产周转率 = \frac{营业收入}{平均资产总额}$$

$$总资产周转期(周转天数) = \frac{平均资产总额 \times 360}{营业收入}$$

$$资产现金回收率 = \frac{经营现金净流量}{平均资产总额} \times 100\%$$

一般来说，总资产周转率越高，表明企业全部资产的使用效率越高，说明同样的资产取得的收益越多，资产的管理水平提高，相应的企业的营运能力和偿债能力越强。具体分析时，经营者可以将当期的总资产周转率和上期的指标进行对比，也可将本企业指标与同行业平均水平对比，以评价资产管理水平的高低。

【例 10－19】 据表 10－2、表 10－3 的资料，假定 A 公司 2007 年年末总资产余额 38 000万元。该公司 2008、2009 年总资产周转率计算如下：

2008 年：

$$总资产平均余额 = \frac{38\ 000 + 40\ 000}{2} = 39\ 000(万元)$$

$$总资产周转率 = \frac{36\ 000}{39\ 000} = 0.92(次)$$

2009 年：

$$总资产平均余额 = \frac{40\ 000 + 46\ 000}{2} = 43\ 000(万元)$$

$$总资产周转率 = \frac{40\ 000}{43\ 000} = 0.93(次)$$

结果表明，公司 2009 年全部资产周转率比 2008 年有所加快。这是由于该公司固定资产平均净值的增长(9.24%)虽低于销售收入的增长程度(11.11%)，但流动资产平均余额的增长程度(15.65%)却高于销售收入的增长程度，所以总资产的利用效果有了提高，但幅度不大。

6. 其他资产质量指标

不良资产比率和资产现金回收率等指标也能够反映资产的质量状况和资产的利用效率，从而在一定程度上体现生产资料的营运能力。其计算公式：

$$不良资产比率 = \frac{资产减值准备余额 + 应提未提和应摊未摊的潜亏挂账 + 未处理资产损失}{资产总额 + 资产减值准备余额}$$

$$资产现金回收率 = \frac{经营现金净流量}{平均资产总额} \times 100\%$$

【例 10－20】 据表 10－2、表 10－3 的资料，同时假设 A 公司 2007 年年末的资产总额 38 000 万元，2008 年度和 2009 年度的经营现金净流量分别为 5 000 万元和 7 000 万元。资产现金回收率的计算如下：

$$2008\text{ 年资产现金回收率} = \frac{5\ 000}{(38\ 000 + 40\ 000)/2} \times 100\% = 12.82\%$$

$$2009\text{ 年资产现金回收率} = \frac{7\ 000}{(40\ 000 + 46\ 000)/2} \times 100\% = 16.28\%$$

结果表明，该公司2009年度的资产现金回收率比2008年高。这是因为该公司经营现金净流量的增长程度（40%）远高于平均资产总额的增长程度（10.26%）。

三、盈利能力指标

盈利能力是指企业资金增值的能力，表现为收益数额的大小与水平的高低。盈利是企业生存发展的基础，不仅关系到企业所有者的利益，也是偿还债务的重要来源，受到投资者、债权人、企业管理当局的广泛关注。公司大量决策和行动的综合结果，形成了盈利能力，前面介绍的各种财务比率给出了公司经营过程的信息，它们最终将反映到公司的盈利能力上。盈利能力指标主要包括营业利润率、成本费用利润率、盈余现金保障倍数、资产净利率、净资产收益率和资本收益率六项。

实务中，盈利能力分析是通过对企业生产经营过程中的产出、耗费和利润之间的比例关系来研究企业和评价企业盈利能力，其衡量指标主要有营业毛利率、营业利润率、营业净利率和成本费用利润率等。上市公司还采用每股收益、每股股利、市盈率、每股净资产等指标评价其盈利能力。

（一）营业利润率

营业利润率是企业一定时期营业利润与营业收入的比率：

$$\text{营业净利率} = \frac{\text{净利润}}{\text{营业收入}} \times 100\%$$

$$\text{营业利润率} = \frac{\text{营业利润}}{\text{营业收入}} \times 100\%$$

营业利润率越高，表明企业市场竞争力越强，发展潜力越大，盈利能力越好。在实务中，也经常使用毛利率、营业净利率等分析企业经营业务的获利水平。公式如下：

$$\text{营业毛利率} = \frac{\text{营业收入} - \text{营业成本}}{\text{营业收入}} \times 100\%$$

【例10－21】 据表10－2资料，该公司2008—2009年的营业利润率如下：

$$2008\text{ 年营业利润率} = \frac{9\ 000}{36\ 000} \times 100\% = 25\%$$

$$2009\text{ 年营业利润率} = \frac{9\ 400}{40\ 000} \times 100\% = 23.5\%$$

结果表明，A公司的营业利润率有所下降。通过分析可以看出，这种下降趋势主要是由于公司2009年成本费用增加所致，但由于下降的幅度不大，可见公司的经营方向和产品结构仍符合现有市场需要。

（二）成本费用利润率

成本费用利润率是企业一定时期利润总额与成本费用总额的比率：

$$\text{成本费用利润率} = \frac{\text{利润总额}}{\text{成本费用总额}} \times 100\%$$

成本费用总额 = 营业成本 + 营业税金及附加 + 销售费用 + 管理费用 + 财务费用

成本费用利润率越高,表明企业为取得利润而付出的代价越小,成本费用控制得越好,盈利能力越强。同利润一样,成本费用的计算口径也可以分为不同的层次,比如主营业务成本、营业成本等。在评价成本费用开支效果时,应当注意成本费用与利润之间在计算层次和口径之间的对应关系。

【例 10-22】 据表 10-3 的资料,计算 A 公司 2008—2009 年的成本费用利润率。

$$2008\text{ 年成本费用利润率} = \frac{8\ 000}{21\ 400 + 2\ 160 + 3\ 240 + 1\ 600 + 400} \times 100\% = 27.8\%$$

$$2009\text{ 年成本费用利润率} = \frac{8\ 400}{24\ 400 + 2\ 400 + 3\ 800 + 2\ 000 + 600} \times 100\% = 25.3\%$$

结果表明,A 公司 2009 年度的成本费用利润率比 2008 年度有所下降,公司应当深入检查导致成本费用上升的因素,改进有关工作,以便扭转效益指标下降的状况。

(三)盈余现金保障倍数

盈余现金保障倍数是企业一定时期经营现金净流量同净利润的比值,反映了企业当期净利润中现金收益的保障程度,真实地反映了企业盈余的质量。计算公式为:

$$\text{盈余现金保障倍数} = \frac{\text{经营现金净流量}}{\text{净利润}}$$

盈余现金保障倍数是从现金流入和流出的动态角度,对企业收益的质量进行评价,对企业的实际收益能力进行再次修正。盈余现金保障倍数在收付实现制基础上,充分反映出企业当期净收益中有多少是有现金保障的,挤掉了收益中的水分,体现出企业当期收益的质量状况,同时减少了权责发生制会计对收益的操纵。

一般而言,企业当期净利润大于 0 时,该指标应当大于 1。该指标越大,表明企业经营活动产生的净利润对现金的贡献越大。但由于指标分母变动较大,致使该指标的数值变动也比较大,所以对该指标应根据企业实际效益状况有针对性地分析。

【例 10-23】 据表 10-3 的资料,同时假设 2008 年度和 2009 年度的经营现金净流量分别为 5 000 万元和 7 000 万元。A 公司 2008—2009 年的盈余现金保障倍数如下:

$$2008\text{ 年盈余现金保障倍数} = \frac{5\ 000}{6\ 000} = 0.83$$

$$2009\text{ 年盈余现金保障倍数} = \frac{7\ 000}{6\ 300} = 1.11$$

结果表明,A 公司 2009 年盈余现金保障倍数比 2008 年有所提高,是因为在净利润略有增长的情况下,经营现金净流量有较大增长,表明该公司收益的流动性有所提高。

(四)资产净利率

资产净利率指企业一定时期内获得的净利润与资产平均总额的比率。表示企业包括净资产和负债在内的全部资产的总体盈利能力,反映了企业资产的综合利用效果。计算公式:

$$\text{资产净利率} = \frac{\text{净利润}}{\text{平均资产总额}} \times 100\%$$

资产净利率反映全部资产获取收益的水平,反映盈利能力和投入产出状况。通过对该指标的深入分析,可以增强各个利益相关者对企业资产经营的关注,促进提高单位资产的收益水平。一般情况下,可据此指标与市场资本利率进行比较,如果该指标大于市场利率,表明企业可以充分利用财务杠杆，进行负债经营，获取尽可能多的收益。该指标越高，表明资产利用效益越好，整个企业盈利能力越强。

【例 10－24】 根据表 10－3 的资料，同时假设 A 公司 2007 年末资产合计为 38 000 万元，A 公司 2008—2009 年的资产净利率如下：

$$2008\text{ 年资产净利率}=\frac{6\ 000}{39\ 000}\times 100\%=15.38\%$$

$$2009\text{ 年资产净利率}=\frac{6\ 300}{43\ 000}\times 100\%=14.65\%$$

结果表明，A 公司 2009 年度的资产净利率比 2008 年度有所降低，是因为在净利润略有增长的情况下，资产有较大增长。

（五）净资产收益率

净资产收益率是企业一定时期净利润与平均净资产的比率，反映了企业自有资金的投资收益水平。计算公式：

$$\text{净资产收益率}=\frac{\text{净利润}}{\text{平均净资产}}\times 100\%$$

$$\text{平均净资产}=\frac{\text{所有者权益年初数}+\text{所有者权益年末数}}{2}$$

其中，净资产收益率是评价企业自有资本及其累积获取报酬水平的最具综合性与代表性的指标，反映企业资本运营的综合效益。该指标通用性强，适应范围广，不受行业局限，在国际上的企业综合评价中使用效率非常高。通过对该指标的综合对比分析，可以看出企业盈利能力在同行业中所处的地位，以及与同类企业的差异水平。净资产收益率越高，企业自有资本获取收益的能力越强，运营效益越好，对企业投资人、债权人利益的保证程度越高。

【例 10－25】 据表 10－2、表 10－3 的资料，同时假设 A 公司 2007 年度的年末资产净额 26 000 万元。该公司 2008 年度和 2009 年度净资产收益率的计算如下：

$$2008\text{ 年净资产收益率}=\frac{6\ 000}{(26\ 000+29\ 200)/2}\times 100\%=21.74\%$$

$$2009\text{ 年净资产收益率}=\frac{6\ 300}{(29\ 200+33\ 000)/2}\times 100\%=20.26\%$$

结果表明，2009 年净资产收益率比上年降低了 1.48 个百分点，主要是由于该公司所有者权益的增长快于净利润增长所引起的。所有者权益增长率为（31 100－27 600）÷27 600×100%＝12.68%，净利润增长率为（6 300－6 000）÷6 000×100%＝5%。

（六）每股收益

每股收益也称每股利润或每股盈余，是反映企业普通股股东持有每一股份所能享有企业利润或承担企业亏损的业绩评价指标。每股收益的计算包括基本每股收益和稀释每股收益。

基本每股收益的计算公式为：

$$\text{基本每股收益}=\frac{\text{归属于普通股股东的当期净利润}}{\text{当期发行在外普通股的加权平均数}}$$

$$\text{当期发行在外普通股加权平均数}=\text{期初发行在外普通股股数}+\text{当期新发行在外普通股股数}\times\frac{\text{已回购时间}}{\text{报告期时间}}$$

$$-\text{当期回购普通股股数}\times\frac{\text{已回购时间}}{\text{报告期时间}}$$

其中,已发行时间、报告期时间和已回购时间一般按天数计算,在不影响计算结果的前提下,也可以按月份简化计算。

稀释每股收益是在考虑潜在普通股稀释性影响的基础上,对基本每股收益的分子、分母进行调整后,再计算的每股收益。潜在的稀释性因素包括认股权证、可转换债券、股票期权等。每股收益越高,表明公司的盈利能力越强。

每股收益是分析上市公司盈利能力的一个综合性较强的财务指标,可以分解为若干个相互联系的财务指标。因此,在对每股收益进行分析时,可以运用连环替代法来分析各个要素对指标的影响。计算公式:

$$\begin{aligned}\text{每股收益}&=\frac{\text{净利润}}{\text{普通股平均股数}}=\frac{\text{净利润}}{\text{平均股东权益}}\times\frac{\text{平均股东权益}}{\text{普通股平均股数}}\\&=\text{股东权益收益率}\times\text{平均每股净资产}\\&=\frac{\text{净利润}}{\text{资产平均总额}}\times\frac{\text{资产平均总额}}{\text{平均股东权益}}\times\frac{\text{平均股东权益}}{\text{普通股平均股数}}\\&=\text{总资产收益率}\times\text{权益乘数}\times\text{平均每股净资产}\\&=\frac{\text{净利润}}{\text{营业收入}}\times\frac{\text{营业收入}}{\text{资产平均总额}}\times\frac{\text{资产平均总额}}{\text{平均股东权益}}\times\frac{\text{平均股东权益}}{\text{普通股平均股数}}\\&=\text{营业净利润}\times\text{总资产周转率}\times\text{权益乘数}\times\text{平均每股净资产}\end{aligned}$$

【例 10－26】 据表 10－2、表 10－3 的资料,同时假定 A 公司 2007 年度的年末资产总额 38 000 万元,年末净资产 26 000 万元,2007 年至 2009 年发行在外普通股股数均为 15 000 万股。计算所需数据如表 10－5 所示。

表 10－5　计算所需数据　(单位:万元)

项目	2007 年	2008 年	2009 年
净利润		6 000	6 300
营业收入		36 000	40 000
年末资产总额	38 000	40 000	46 000
资产平均总额		39 000	43 000
年末股东权益总额	26 000	29 200	33 000
平均股东权益		27 600	31 100
年末普通股股数	15 000	15 000	15 000
普通股平均股数	15 000	15 000	15 000
每股收益		0.4	0.42
营业净利率		16.67%	15.75%
总资产周转率		0.92	0.93
股东权益比率		141.3%	138.26%
平均每股净资产		1.84	2.07

每股收益 = 营业净利率 × 总资产周转率 × 权益乘数 × 平均每股净资产

2008 年指标：16.67% ×0.92 ×141.3% ×1.84 =0.399　　①

第一次替代：15.75% ×0.92 ×141.3% ×1.84 =0.377　　②

第二次替代：15.75% ×0.93 ×141.3% ×1.84 =0.381　　③

第三次替代：15.75% ×0.93 ×138.26% ×1.84 =0.373　　④

第四次替代：15.75% ×0.93 ×138.26% ×2.07 =0.419　　⑤

② - ① =0.377 -0.399 = -0.022　　营业净利率下降的影响

③ - ② =0.381 -0.377 =0.004　　总资产周转率上升的影响

④ - ③ =0.373 -0.381 = -0.008　　股东权益比率下降的影响

⑤ - ④ =0.419 -0.373 =0.046　　平均每股净资产增加的影响

（七）每股股利

每股股利是上市公司本年发放的普通股现金股利总额与年末普通股总数的比值，反映上市公司当期利润的积累和分配情况。计算公式为：

$$每股股利 = \frac{普通股股利总额}{年末发行在外普通股总数}$$

【例 10 -27】　据表 10 -2、表 10 -3 的资料，同时假定 A 公司 2008 年度和 2009 年度分别发放普通股股利 1 500 万元和 1 700 万元，2008 年度和 2009 年发行在外普通股股数均为 15 000万股。该公司 2008 年度和 2009 年度每股股利的计算如下：

$$2008 年每股股利 = \frac{1\ 500}{15\ 000} = 0.1(元)$$

$$2009 年每股股利 = \frac{1\ 700}{15\ 000} = 0.113(元)$$

计算可知，该公司 2008 年度的每股股利比 2007 年度上涨了 1.3 元，这是由于该公司普通股总数没有变化，而发放的普通股股利增加引起的。

（八）市盈率

市盈率是上市公司普通股每股市价与每股收益的比率，反映投资者对上市公司每股净利润愿意支付的价格。可以用来估计股票的投资报酬和风险。计算公式：

$$市盈率 = \frac{普通股每股市价}{普通股每股收益}$$

一般来说，市盈率高，说明投资者对该公司发展前景看好，愿意出较高的价格购买该公司股票。但某种股票的市盈率过高，也意味着这种股票具有较高的投资风险。

【例 10 -28】　据表 10 -2、表 10 -3 的资料，同时假定 A 公司 2007 年度至 2009 年度发行在外普通股股数均为 15 000 万股，2008 年和 2009 年年末的每股市价分别为 5 元和 6 元。该公司 2008 年度和 2009 年度年末市盈率的计算如下：

$$2008 年市盈率 = \frac{5}{6\ 000/15\ 000} = 12.5$$

$$2009 年市盈率 = \frac{6}{6\ 300/15\ 000} = 14.29$$

（九）市净率

市净率是指普通股每股市价与每股净资产的比率，反映普通股股东愿意为 1 元净资产支付的价格。计算公式：

$$市净率 = \frac{每股市价}{每股净资产}$$

（十）每股净资产

每股净资产是上市公司年末净资产（即股东权益）与年末普通股总数的比值：

$$每股净资产 = \frac{年末股东权益}{年末普通股总数}$$

【例 10－29】 据表 10－2、表 10－3 的资料，同时假设 A 公司 2008 年度和 2009 年度发行在外普通股股数为 15 000 万股。该公司每股净资产计算如下：

$$2008年每股净资产 = \frac{29\ 200}{15\ 000} = 1.95$$

$$2009年每股净资产 = \frac{33\ 000}{15\ 000} = 2.2$$

四、发展能力指标

发展能力是企业在生存基础上，扩大规模、壮大实力的潜在能力。主要考察八项指标：营业收入增长率、资本保值增值率、资本积累率、总资产增长率、营业利润增长率、技术投入比率、营业收入三年平均增长率和资本三年平均增长率。

（一）营业收入增长率

营业收入增长率是企业本年营业收入增长额与上年营业收入总额的比率，反映企业营业收入的增减变动情况。计算公式为：

$$营业收入增长率 = \frac{本年营业收入增长额}{上年营业收入总额} \times 100\%$$

$$本年营业收入增长额 = 本年营业收入总额 - 上年营业收入总额$$

营业收入增长率是衡量企业经营状况和市场占有能力，预测企业经营业务拓展趋势的重要指标。营业收入增长率大于零，表明企业本年营业收入有所增长，该指标值越高，表明营业收入的增长速度越快，市场前景越好；若该指标小于零，则说明产品或服务不畅，或质次价高，或是存在售后服务方面的问题，导致市场份额萎缩。该指标应结合企业历年的营业收入水平、市场占有率、行业未来发展等因素进行判断。

【例 10－30】 据表 10－3 的资料，A 公司 2009 年度的营业收入增长率计算如下：

$$营业收入增长率 = \frac{40\ 000 - 36\ 000}{36\ 000} \times 100\% = 11.1\%$$

（二）资本保值增值率

资本保值增值率是扣除客观因素后的本年末所有者权益总额与年初所有者权益总额的比率，反映企业当年资本在企业自身努力下实际增减变动的情况。计算公式为：

$$资本保值增值率 = \frac{扣除客观因素后的年末所有者权益总额}{年初所有者权益总额} \times 100\%$$

一般认为，资本保值增值率越高，表明企业的资本保全状况越好，所有者权益增长越快，债权人的债务越有保障。该指标通常应当大于 100%。

【例 10－31】 据表 10－3 的资料，同时假设不存在客观因素。A 公司 2009 年度的资本保值增值率计算如下：

$$资本保值增值率 = \frac{33\ 000}{29\ 200} \times 100\% = 113.01\%$$

（三）资本积累率

资本积累率是本年所有者权益增长额与年初所有者权益的比率，反映企业当年资本的积累能力。计算公式为：

$$资本积累率=\frac{本年所有者权益增长额}{年初所有者权益}\times 100\%$$

$$本年所有者权益增长额=所有者权益年末数-所有者权益年初数$$

资本积累率是企业当年所有者权益总的增长幅度，反映所有者权益在当年的变动水平，体现了企业资本的积累情况，是企业发展强盛的标志，也是扩大再生产的源泉，展示了企业的发展潜力。同时，资本积累率还反映了投资者投入企业资本的保全性和增长性。该指标若大于零，表明资本积累增多，应对风险、持续发展的能力增强；该指标小于零，表明企业资本受到侵蚀，所有者利益受到损害。

【例 10－32】 据表 10－2 的资料，A 公司 2009 年的资本积累率计算如下：

$$资本积累率=\frac{33\ 000-29\ 200}{29\ 200}\times 100\%=13.01\%$$

（四）总资产增长率

总资产增长率是本年总资产增长额同年初资产总额的比率，反映企业本期资产规模的增长情况。计算公式为：

$$总资产增长率=\frac{本年总资产增长额}{年初资产总额}\times 100\%$$

$$本年总资产增长额=年末资产总额-年初资产总额$$

总资产增长率是从企业资产总量方面衡量企业的发展能力，表明规模增长水平对发展后劲的影响。该指标越高，表明一定时期内资产经营规模扩张的速度越快。实际分析时，不能简单地认为指标高，应对风险能力强，发展前景好，应注意考虑资产规模扩张的质和量的关系，以及后续发展能力，避免资产盲目扩张。

【例 10－33】 据表 10－2 的资料，A 公司 2009 年度的总资产增长率计算如下：

$$总资产增长率=\frac{46\ 000-40\ 000}{40\ 000}\times 100\%=15\%$$

（五）营业利润增长率

营业利润增长率是本年营业利润增长额与上年营业利润总额的比率，反映企业营业利润的增减变动情况。计算公式为：

$$营业利润增长率=\frac{本年总利润增长额}{上年营业利润总额}\times 100\%$$

$$本年营业利润增长额=本年营业利润总额-上年营业利润总额$$

【例 10－34】 据表 10－3 的资料，A 公司 2009 年度的营业利润增长率如下：

$$营业利润增长率=\frac{9\ 400-9\ 000}{9\ 000}\times 100\%=4.44\%$$

（六）技术投入比率

技术投入比率是本年科技支出（包括用于研究开发、技术改造、科技创新等方面的支出）与本年营业收入的比率，反映企业在科技进步方面的投入，在一定程度上可以体现企业的发展潜力。计算公式为：

$$技术投入比率=\frac{本年科技支出合计}{本年营业收入}\times 100\%$$

(七)营业收入三年平均增长率

营业收入三年平均增长率表明营业收入连续三年的增长情况,反映企业持续发展态势和市场扩张能力。计算公式为:

$$营业收入三年平均增长率 = \left(\sqrt[3]{\frac{本年营业收入总额}{三年前营业收入总额}} - 1\right) \times 100\%$$

该指标越高,表明企业累积的基础越牢,可持续发展能力越强,发展潜力越大。营业收入三年平均增长率指标能够反映企业的经营业务增长趋势和稳定程度,体现企业的连续发展状况和发展能力,避免因少数年份业务波动而对发展潜力的错误判断。一般认为,营业收入三年平均增长率越高,表明企业营业持续增长势头越好,市场扩张能力越强。

(八)资本三年平均增长率

资本三年平均增长率表示企业资本连续三年的积累情况,在一定程度上反映了企业的持续发展水平和发展趋势。计算公式为:

$$资本三年平均增长率 = \left(\sqrt[3]{\frac{年末所有者权益总额}{三年前末所有者权益总额}} - 1\right) \times 100\%$$

该指标能反映资本积累或资本扩张的历史发展状况,以及企业稳步发展的趋势。一般认为,资本三年平均增长率越高,表明企业所有者权益得到保障的程度越高,应对风险和持续发展的能力越强。

第四节　综合指标评价

一、综合指标评价概述

综合评价的最终目的在于全面、准确、客观地揭示与披露企业财务状况和经营管理成果,并对企业经济效益的优劣作出系统的、合理的评价。显然,要达到这样一个分析目的,仅仅测算出几项财务指标是很难得出合理、正确的综合性结论的,有时甚至会得出错误的结论。因此,要想对企业财务状况和经营成果有一个总的评价,只有将企业偿债能力、营运能力、盈利能力及发展能力等各项分析指标作为一个整体,建立一个综合财务指标体系,系统、全面地对企业财务状况和经营成果进行相互关联的分析,采用适当的标准进行综合性评价,才能得出正确的分析结论。

综合财务指标体系的建立,应当具备三个基本素质:

(1)指标要素齐全适当。财务综合分析以各财务报表单项指标及各指标要素为基础,各单项指标要素及计算一定要真实、全面和适当,所设置的评价指标必须能够涵盖企业盈利能力、偿债能力、营运能力和发展能力等诸方面总体分析的要求。

(2)主辅指标功能匹配。财务指标众多,进行综合财务报表分析,一定要抓重点,只有抓住主要目标,才能抓住影响企业财务状况的主要矛盾。在对主要财务指标进行分析的基础上对辅助指标进行分析,才能分析透彻,把握准确、详尽。在利用主辅指标时,还应特别注意主辅指标间的本质联系和层次关系。

(3)满足多方信息需要。财务综合分析要能够尽量满足企业利害关系各方的不同财务信息要求,切不可仅从企业内部管理的角度,或债权人,或国家宏观监管等某一方面的要求进行分析、做出判断,要从多角度、多层次进行综合评价和分析。

二、综合指标评价方法

综合指标评价方法主要有杜邦财务报表分析体系和沃尔比重评分法。

(一)杜邦财务报表分析体系

杜邦财务报表分析体系(简称杜邦体系),是利用各财务指标间的内在关系对企业综合经营理财及经济效益进行系统分析评价的方法。该体系以净资产收益率为核心,分解为若干财务指标,通过分析各分解指标的变动对净资产收益率的影响,揭示企业盈利能力及其变动原因。杜邦体系各主要指标之间的关系如下:

$$\text{净资产收益率} = \text{资产净利率} \times \text{权益乘数}$$
$$= \text{营业净利率} \times \text{总资产周转率} \times \text{权益乘数}$$

$$\text{营业净利率} = \frac{\text{净利润}}{\text{营业收入}}$$

$$\text{总资产周转率} = \frac{\text{营业收入}}{\text{平均资产总额}}$$

$$\text{权益乘数} = \frac{\text{平均资产总额}}{\text{平均所有者权益总额}} = \frac{1}{1 - \text{资产负债率}}$$

在具体运用杜邦体系进行分析时,可以采用因素分析法,首先确定营业净利率、总资产周转率和权益乘数的基准值,然后顺次代入这三个指标的实际值,分别计算分析这三个指标的变动对净资产收益率的影响方向和程度。还可以使用因素分析法进一步分解各个指标,并分析其变动的深层次原因,找出解决的方法。

【例 10－35】 据表 10－2、表 10－3 的资料,A 公司 2009 年度杜邦财务报表分析体系的各项指标如图 10－1 所示。

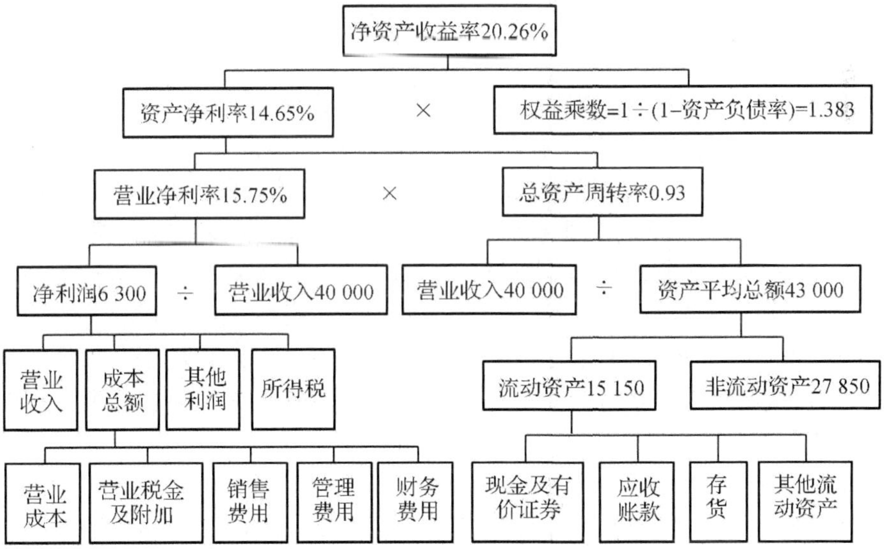

图 10－1　A 公司杜邦系统分析图

从杜邦分析图中,可以了解到:

(1)净资产收益率是一个综合性最强的财务比率,是杜邦财务体系的核心。该指标反映了所有者投入资本的盈利能力，它取决于企业的资产净利率和权益乘数。净资产收益率反映企业运用资产进行生产经营活动的效率高低，而权益乘数则主要反映企业的筹资情况，即企业资金来源结构。

(2)资产净利率是影响净资产收益率的最重要财务比率，也是整个财务报表分析中十分重要的财务指标，综合性也很强。它是营业净利率和资产周转率的乘积。因此，要进一步从营业活动和资产管理两方面来分析。

(3)营业净利率反映了企业净利润与营业收入之间的关系，提高销售净利率是提高企业盈利的关键。一般来说，营业收入增加，企业的净利润会随之增加，但要想提高营业净利率，必须一方面提高营业收入，另一方面降低各种成本费用，这样才能使净利润的增长高于营业收入的增长，从而使营业净利率得到提高。

(4)资产周转率揭示出企业运用资产实现营业收入的综合能力。对资产周转率的分析，可以从资产的构成比例是否恰当、资产的使用效率是否正常、资产的运用效果是否理想等方面进行。

(5)权益乘数主要受资产负债率的影响。负债比例大，权益乘数就高。企业有较高的负债程度，能给企业带来较大的杠杆利益，同时也给企业带来较大的风险。因此，企业既要合理使用全部资产，又要妥善安排资本结构。

可见，净资产收益率与销售规模、成本水平、资产运营、资本结构等有着密切的联系，这些相关因素构成一个相互依存的系统，只有将各相关因素安排协调好，才能使净资产收益率达到最大，实现股东财富最大化的理财目标。

杜邦分析法的指标设计也有一定局限性，它偏重企业所有者的利益角度。从杜邦指标体系来看，在其他因素不变的情况下，资产负债率越高，净资产收益率就越高，这是因为利用较多的负债和财务杠杆作用的结果，但是没有考虑财务风险的因素，负债越多，财务风险越大，偿债压力就越大。因此，应结合其他指标进行综合分析。

(二)沃尔比重评分法

沃尔比重评分法是将选定的财务比率用线性关系结合起来，分别给定各自的分数比重，通过与标准比率进行比较，确定各项指标的得分及总体指标的累计分数，从而对企业的信用水平作出评价的方法。一般选取流动比率、产权比率、固定资产比率、存货周转率、应收账款周转率、固定资产周转率、主权资本(即所有者权益)周转率等七项财务比率，分别给定分数比重，总和为100分，然后通过与标准比率进行比较，确定各项指标的得分及总体指标的累计分数，对企业作出综合评价。

原始意义上的沃尔比重分析法存在两个缺陷：一是不能证明为什么要选择这七项指标；二是当某项指标严重异常时会对总分产生不合逻辑的重大影响。因此，在选择指标时，还应当适当选取一些非财务指标作为参考。

沃尔比重评分法的基本步骤包括：选择评价指标并分配指标权重；确定各项评价指标的标准值与标准系数；对各项评价指标计分并计算综合分数；形成评价结果。

【例10-36】 运用沃尔比重评分法对A公司评价的基本步骤如下：

(1)选择评价指标并分配指标权重，如表10-6所示。

(2)确定各项评价指标的标准值，如表10-6所示。

$$各项评价指标的得分 = 各项指标的权重 \times \left(\frac{指标的实际值}{标准值}\right)$$

表 10－6　指标权重分配和标准值

选择的指标	分配的权重	对 A 公司评价
一、偿债能力	20	
1. 资产负债率	12	60%
2. 已获利息倍数	8	3
二、盈利能力指标	38	
1. 净资产收益率	25	25%
2. 资产净利率	13	16%
三、营运能力指标	18	
1. 总资产周转率	9	2
2. 流动资产周转率	9	5
四、发展能力指标	24	
1. 营业增长率	12	10%
2. 资本累计率	12	15%
	100	

（3）对各项评价指标计分并计算综合分数，如表 10－7 所示。

$$综合分数 = \sum 各项评价指标的得分$$

表 10－7　综合分数

选择的指标	分配的权重①	指标的标准值②	指标的实际值③	实际得分 ④＝①×③÷②
一、偿债能力	20			
1. 资产负债率	12	60%	28.26%	5.65
2. 已获利息倍数	8	3	15	40
二、盈利能力指标	38			
1. 净资产收益率	25	25%	20.26%	20.26
2. 总资产报酬率	13	16%	20.93%	17.01
三、营运能力指标	18			
1. 总资产周转率	9	2	0.93	4.19
2. 流动资产周转率	9	5	2.64	4.75
四、发展能力指标	24			
1. 营业增长率	12	10%	11.1%	13.33
2. 资本累计率	12	15%	13.01%	10.41
综合得分	100			115.6

(4)形成评价结果。最终评价时,如果综合得分大于100,则说明企业的财务状况较好;反之,则说明企业的财务状况比同行业平均水平或本企业历史先进水平差。由于A公司的综合得分为115.6,大于100,说明其财务状况较为良好。

第五节 业绩评价

一、业绩评价的意义

业绩评价是运用数理统计和运筹学方法,建立综合评价指标体系,对照相应的评价标准,定量分析与定性分析相结合对企业一定经营期间的盈利能力、资产质量、债务风险以及经营增长等经营业绩和努力程度等的综合评判。

科学地评价企业业绩,可以为出资人选择是否继续聘用经营者提供重要依据,可以有效地加强对企业经营者的监管和约束,为有效激励经营者提供可靠依据,还可以为政府有关部门、债权人、企业职工等利益相关方提供有效的信息支持。

二、业绩评价的内容

根据国务院国资委要求,业绩评价由财务业绩定量评价和管理业绩定性评价两部分组成。

(一)财务业绩定量评价

财务业绩定量评价是指对企业一定期间的盈利能力、资产质量、债务风险和经营增长四个方面进行定量对比分析和评判。

(1)企业盈利能力分析与评判。主要通过资本及资产报酬水平、成本费用控制水平和经营现金流量状况等方面的财务指标,综合反映企业的投入产出水平以及盈利质量和现金保障状况。

(2)企业资产质量分析与评判。主要通过资产周转速度、资产运行状态、资产结构以及资产有效性等方面的财务指标,综合反映企业所占用经济资源的利用效率、资产管理水平和资产的安全性。

(3)企业债务风险分析与评判。主要通过债务负担水平、资产负债结构、或有负债情况、现金偿债能力等方面的财务指标,综合反映企业的债务水平、偿债能力及其面临的债务风险。

(4)企业经营增长分析与评判。主要通过销售增长、资本积累、效益变化以及技术投入等方面的财务指标,综合反映企业的经营增长水平及发展后劲。

(二)管理业绩定性评价

管理业绩定性评价是指在企业财务业绩定量评价的基础上,通过采取专家评议的方式,对企业一定期间的经营管理水平进行定性分析和综合评判。

三、业绩评价指标

业绩评价指标一般由财务业绩定量评价和管理业绩定性评价两大体系构成。确定各项具体指标后,分别分配权重,使之成为一个完整的指标体系。

(一)财务业绩定量评价指标

财务业绩定量评价指标依据各项指标的功能作用划分为基本指标和修正指标。

其中,基本指标反映企业一定期间财务业绩的主要方面,并得出企业财务业绩定量评价的基本结果。修正指标根据财务指标的差异性和互补性,对基本指标的评价结果作进一步的补充和矫正。

(1)盈利能力指标。包括净资产收益率、总资产报酬率两个基本指标和营业利润率、盈余现金保障倍数、成本费用利润率、资本收益率四个修正指标。主要反映企业一定经营期间的投入产出水平和盈利质量。

(2)资产质量指标。包括总资产周转率、应收账款周转率两个基本指标和不良资产比率、流动资产周转率、资产现金回收率三个修正指标。主要反映企业所占用经济资源的利用效率、资产管理水平与资产的安全性。

(3)债务风险指标。包括资产负债率、已获利息倍数两个基本指标和速动比率、现金流动负债比率、带息负债比率、或有负债比率四个修正指标。主要反映企业的债务水平、偿债能力及其面临的债务风险。

(4)经营增长指标。包括营业收入增长率、资本保值增值率两个基本指标和营业利润增长率、总资产增长率、技术投入率三个修正指标,主要反映企业的经营增长水平、资本增值状况及发展后劲。

(二)管理业绩定性评价指标

管理业绩定性评价指标包括企业发展战略的确立与执行、经营决策、发展创新、风险控制、基础管理、人力资源、行业影响、社会贡献等八个方面的指标。主要反映企业在一定经营期间所采取的各项管理措施及管理成效。如表 10－8 所示。

表 10－8　管理业绩定性评价指标

评价指标	反映内容
战略管理	制定战略规划的科学性,战略规划是否符合企业实际,员工对战略规划的认知程度,战略规划的保障措施及其执行力,以及战略规划的实施效果等方面的情况
经营决策	决策管理、决策程序、决策方法、决策执行、决策监督、责任追究等方面采取的措施及实施效果,重点反映企业是否存在重大经营决策失误
发展创新	经营管理创新、工艺革新、技术改造、新产品开发、品牌培育、市场拓展、专利申请及核心技术研发等方面的措施及成效
风险控制	财务风险、市场风险、技术风险、管理风险和道德风险等方面的管理和控制措施及效果,包括风险控制标准、风险评估程序、风险方法与化解措施等
基础管理	制度建设、内部控制、重大事项管理、信息化建设、标准化管理等方面的情况,包括财务管理、对外投资、采购与销售、存货管理、质量管理、安全管理、法律事务等
人力资源	人才结构、人才培养、人才引进、人才储备、人事调配、员工绩效管理、分配与激励、企业文化建设、员工工作热情等方面的情况
行业影响	主营业务的市场占有率、对国民经济及区域经济的影响力与带动力、主要产品的市场认可程度、是否具有核心竞争能力以及产业引导能力等方面的情况
社会贡献	资源节约、环境保护、吸纳就业、工资福利、安全生产、上缴税收、商业诚信、和谐社会建设等方面的贡献程度和社会责任的履行情况

企业管理绩效定性评价指标应当根据评价工作需要作进一步细化,能够量化的应当采用量化指标进行反映,如表 10 - 9 所示。

表 10 - 9　业绩评价指标及其权重

评价内容与权数		财务业绩(70%)				管理业绩(30%)	
		基本指标	权数	修正指标	权数	评议指标	权数
盈利能力状况	34	净资产收益率 总资产收益率	20 14	营业利润率 盈余现金保障倍数 成本费用利润率 资本收益率	10 9 8 7	战略管理 发展创新 经营决策 风险控制 基础管理 人力资源 行业影响 社会贡献	18 15 16 13 14 8 8 8
资产质量状况	22	总资产周转率 应收账款周转率	10 12	不良资产比率 流动资产比率资产 现金回收率	9 7 6		
债务风险状况	22	资产负债率 已获利息倍数	12 10	速动比率 现金流动负债比率 带息负债比率 或有负债比率	6 6 5 5		
经营增长状况	22	营业增长率 资本保值增长率	12 10	营业利润增长率 总资产增长比率 技术投入比率	10 7 5		

四、业绩评价标准和评价方法

业绩评价标准分为财务业绩定量评价标准和管理业绩定性评价标准,通常由政府等权威部门统一测算和发布。

(一)评价标准

财务业绩定量评价标准,包括国内行业标准和国际行业标准,并按照不同行业、不同规模及指标类型划分档次;管理业绩定性评价标准,根据评价内容,结合企业经营管理的实际水平和出资人监管要求等统一测算并划分档次。如表 10 - 10 所示。

表 10 - 10　评价标准

评价标准		内 容	评价档次(标准系数)
财务业绩定量评价标准	国内行业标准	根据国内企业年度财务和经营管理统计的数据,运用数理统计方法,分年度、分行业、分规模统一测算	优秀(1.0) 良好(0.8) 平均(0.6) 较低(0.4) 较差(0.2)
	国际行业标准	根据居于行业国际领先地位的大型企业相关财务指标实际值,或者根据同类型企业相关财务指标的先进值,在剔除会计核算差异后统一测算	
管理业绩定性评价标准		根据评价内容,结合企业经营管理的实际水平和出资人监管要求等统一测算	优、良、中、低和差

（二）评价方法

1. 财务业绩定量评价方法

财务业绩定量评价是运用功效系数法的原理，以企业评价指标实际值对照企业所处行业（规模）标准值，按照既定的计分模型进行定量测算。其基本步骤包括：

（1）提取相关数据，加以调整，计算各项指标实际值。财务业绩定量评价的基本数据资料主要为企业评价年度财务会计报告。为了客观、公正地评价企业业绩，保证评价基础数据的真实、完整、合理，在实施评价前通常应当对基础数据进行核实，视实际情况按照重要性和可比性原则进行适当调整。在此基础上，运用前文列出的各项指标的计算公式，确定各项指标的实际值。

（2）确定各项指标标准值。各项指标的标准值是有关权威部门运用数理统计方法，分年度、分行业、分规模统一测算和发布的。企业一般可以根据自己的主营业务领域对照国家规定的行业基本分类，选择适合自己的行业标准值。

（3）按照既定模型对各项指标评价计分。财务业绩评价包括基本指标和修正指标，两种指标的计分模型是不同的。

财务业绩定量评价基本指标计分是按照功效系数法计分原理，将评价指标实际值对照行业评价标准值，按照既定的计分公式计算各项基本指标得分。计算公式为：

$$\text{基本指标总得分} = \sum \text{单项基本指标得分}$$

$$\text{本档基础分} = \text{指标权数} \times \text{本档标准系数}$$

$$\text{单项基本指标得分} = \text{本档基础分} + \text{调整分}$$

$$\text{调整分} = \text{功效系数} \times (\text{上档基础分} - \text{本档基础分})$$

$$\text{上档基础分} = \text{指标权数} \times \text{上档标准系数}$$

$$\text{功效系数} = (\text{实际值} - \text{本档标准值}) / (\text{上档标准值} - \text{本档标准值})$$

本档标准值是指上下两档标准值居于较低等级一档。

财务业绩定量评价修正指标的计分是在基本指标计分结果的基础上，运用功效系数法原理，分别计算盈利能力、资产质量、债务风险和经营增长四个部分的综合修正系数，再据此计算出修正后的分数。单项修正系数控制修正幅度为0.7～1.3。计算公式为：

$$\text{某指标加权修正系数} = \frac{\text{修正指标权数}}{\text{该部分权数}} \times \text{该指标单项修正系数}$$

$$\text{某部分基本指标分析系数} = \frac{\text{该部分基本指标得分}}{\text{该部分权数}}$$

计算修正指标单项修正系数过程中，对于一些特殊情况需要进行调整：

$$\text{某指标单项修正系数} = 1.0 + (\text{本档标准系数} + \text{功效系数} \times 0.2 - \text{该部分基本指标系数})$$

如果修正指标实际值达到优秀值以上，其单项修正系数的计算公式如下：

$$\text{单项修正系数} = 1.2 + \text{本档标准系数} - \text{该部分基本指标分析系数}$$

如果修正指标实际值处于较差值以下，其单项修正系数的计算公式如下：

$$\text{单项修正系数} = 1.0 - \text{该部分基本指标分析系数}$$

如果资产负债率≥100%，指标得0分；其他情况按照规定的公式计算。

如果盈余现金保障倍数分子为正数，分母为负数，单项修正系数确定为1.1；如果分子为负数，分母为正数，单项修正系数确定为0.9；如果分子分母同为负数，单项修正系数确定为0.8。

如果不良资产比率≥100%，或分母为负数，单项修正系数确定为0.8。

对于营业利润增长率指标，如果上年主营业务利润为负数，本年为正数，单项修正系数为1.1；如果上年主营业务利润为零，本年为正数，或者上年为负数，本年为零，单项修正系数确定为1.0。

如果个别指标难以确定行业标准，该指标单项修正系数确定为1.0。

(4)计算财务业绩评价分值，形成评价结果。在计算出财务业绩定量评价分值的基础上，需要对定量评价进行深入分析，诊断企业经营管理存在的薄弱环节，形成评价结果。

2. 管理业绩定性评价方法

管理业绩定性评价指运用综合分析判断法的原理，根据评价期间企业管理业绩状况等相关因素的实际情况，对照管理业绩定性评价参考标准，对企业管理业绩指标进行分析、评议，确定评价分值。其基本步骤包括：

(1)收集整理相关资料。为了深入了解企业的管理业绩状况，可以通过问卷调查、访谈等方式，充分收集并认真整理管理业绩评价的有关资料。财务业绩定量评价结果也是进行管理业绩定性评价的重要资料之一。

(2)参照管理业绩定性评价标准，分析企业管理业绩状况。

(3)对各项指标评价计分。管理业绩定性评价指标的计分一般通过专家评议打分完成(聘请的专家通常不少于7位)。评议专家应当在充分了解企业管理绩效状况的基础上，对照评价参考指标，采取综合分析判断法，对企业管理绩效指标作出分析评议，评判各项指标所处的水平档次，并直接给出评价分数。其计算公式如下：

$$\text{管理业绩定性评价指标分数} = \sum \text{单项指标分数}$$

$$\text{单项指标分数} = \frac{\sum \text{每位专家给定的单项指标分数}}{\text{专家人数}}$$

(4)计算管理业绩评价分值，形成评价结果。管理绩效定性评价工作的最后是汇总管理绩效定性评价指标得分，形成定性评价结论。

3. 计算综合业绩评价分值，形成综合评价结果

根据财务业绩定量评价结果和管理业绩定性评价结果，按照既定的权重和计分方法，计算出业绩评价总分，考虑相关因素进行调整后，得出企业综合业绩评价分值。

综合评价结果是根据企业综合业绩评价分值及分析得出的评价，结论分为优(A)、良(B)、中(B)、低(D)和差(E)五个等级。评价级别是对每种类型再划分次级，以体现同一评价类型的差异，采用字母和在字母右上端标注“++”、“+”、“-”的方式表示，如表10-11所示。

表10-11　综合评价结果

综合业绩评价分值(β)		评价类型	评价级别
β≥85分	β≥95分	优(A)	A^{++}
	90分≤β<95分		A^{+}
	85分≤β<90分		A
70分≤β<85分	80分≤β<85分	良(B)	B^{+}
	75分≤β<80分		B
	70分≤β<75分		B^{-}

表 10－11 （续）

综合业绩评价分值		评价类型	评价级别
50 分$\leqslant \beta <$70 分	60 分$\leqslant \beta <$70 分	中(C)	C
	50 分$\leqslant \beta <$60 分		C^-
40 分$\leqslant \beta <$50 分		低(D)	D
$\beta <$40 分		差(E)	E

五、业绩评价报告

业绩评价报告是根据业绩评价结果编制，反映被评价企业业绩状况的文件，由报告正文和附件构成。综合评价报告正文应当包括评价目的、评价依据与评价方法、评价过程、评价结果以及评价结论，需要说明的重大事项等内容。

业绩评价报告附件应当包括企业经营业绩分析报告、评价结果计分表、问卷调查结果分析、专家咨询报告、评价基础数据及调整情况等内容。

思考与练习

1. 财务报表分析的目的是什么？基本方法有哪些？

2. 财务报表分析的指标都有哪些？如何理解和运用它们？

3. 分析偿债能力、营运能力、盈利能力和发展能力的指标与方法有哪些。

4. 杜邦分析法在企业综合财务报表分析中的作用是什么？

5. 如何对企业进行业绩评价？业绩评价由哪些部分组成？

6. (1) 资料：某企业的全部流动资产为 600 000 元，流动比率为 1.5。该公司刚完成以下两项交易：①购入商品 160 000 元以备销售，其中 80 000 元为赊购。②购置运输车辆一部，价值 50 000 元，其中 30 000 元以银行存款支付，其余开出期限为 3 个月的应付票据一张。

(2) 要求：计算每笔交易后的流动比率。

7. (1) 资料：某企业年销售额（全部赊销）500 000 元，毛利率 20%，流动资产 100 000 元，流动负债 80 000 元，存货 40 000 元，现金 5 000 元(1 年按 360 天计算)。

(2) 要求：①计算该企业的流动比率、速动比率和现金比率；

②如该企业要求存货年周转次数达 16 次（以销售成本计算），年平均存货持有量应为多少？

③如果该企业要求应收账款平均持有量达到 40 000 元的水平，问应收账款回收期应为多少天？

8. (1) 资料：A 公司有关资料如下：

①2011 年年末简化资产负债表如下表。（单位：万元）

②该公司 2011 年度销售收入为 1 500 万元，净利润为 75 万元。

资产	金额	负债与所有者权益	金额
货币资金	30	应付票据	25
应付账款	60	应收账款	55
存货	80	应付职工薪酬	10
长期投资	30	长期借款	100
固定资产净额	300	股本	250
		水分配利润	60
总计	500	总计	500

(2)要求计算:①销售利润率;②总资产周转率(用年末数计算);③权益乘数。

9.(1)资料:某企业2008年流动资产为120万元,年初存货为60万元,年初应收账款为38万元。2011年年末的有关资料为:流动负债70万元,流动比率2.2,速动比率1.2,现金比率0.6。全年应收账款周转率为5次,全年销售成本156万元,销售收入中赊销收入所占的比重为40%。假定该企业流动资产仅包括速动资产与存货。

(2)要求计算:①该企业年末流动资产、年末存货和年末应收账款;②该企业流动资产周转率和存货周转率。

10.(1)资料:A公司2011年度资产负债表和利润表资料如下表所示。A公司发行在外普通股2010年1 000万股,2011年1 200万股,平均市价分别为每股2.2元和每股2.5元,2011年派息400万元。

A公司利润表(2011年度) (单位:万元)

项目	本年数	上年数
一、营业收入	15 000	11 500
减:营业成本(销售成本)	8 500	6900
销售费用	500	450
管理费用	840	750
财务费用(利息费用)	60	50
进货费用	40	35
营业税金及附加	750	575
投资收益	70	50
二、营业利润	4 380	2 790
加:营业外收入	50	60
减:营业外支出	30	50
三、税前利润	4 400	2 800
减:所得税(25%)	1 100	700
四、税后净利	3 300	2 100

(2)要求:①根据报表资料分别对该公司偿债能力、营运能力、盈利能力等各项进行分析;②用杜邦分析法进行综合分析。

11.(1)资料:A 公司 2011 年 12 月 31 日资产负债表如下表所示。

资产负债表 （单位:万元）

项 目	年初数	年末数	项 目	年初数	年末数
流动资产					
货币资金	100	95	流动负债合计	220	218
应收账款净额	135	150	长期负债合计	290	372
存货	160	170	负债合计	510	590
长期股权投资	30	35	所有者权益合计	715	720
流动资产合计	425	450			
固定资产	800	860			
合 计	1 225	1 310	合 计	1 225	1 310

另外,该公司 2010 年销售净利率为 20%,权益乘数 1.71,自有资金利润率 23.94%。2011 年销售收入净额 1 014 万元(其中赊销收入 570 万元),净利润 253.5 万元。

(2)要求计算:

①年末的流动比率、速动比率、产权比率、资产负债率和权益乘数;

②计算应收账款周转率、固定资产周转率、总资产周转率;

③计算销售净利率、资本保值增值率;

④采用因素分析法,分析销售净利率、总资产周转率和权益乘数对自有资金利润率的影响。

12.(1)资料:F 公司经营多种产品,最近两年的财务报表数据摘要如下(单位:万元):

利润表数据	上年	本年
营业收入	10 000	30 000
销货成本(变动成本)	7 300	23 560
管理费用(固定成本)	600	800
营业费用(固定成本)	375	450
财务费用(借款利息)	1 125	750
税前利润	1 500	1 800
所得税	375	450
净利润	1 125	750
资产负债表数据	上年末	本年末
货币资金	500	1 000
应收账款	2 000	8 000
存货	5 000	20 000
其他流动资产	0	1 000

（续）

利润表数据	上年	本年
流动资产合计	7 500	30 000
固定资产	5 000	30 000
固定资产总计	5 000	30 000
资产总计	12 500	60 000
短期借款	1 850	15 000
应付账款	200	300
其他流动负债	450	700
流动负债合计	2 500	16 000
长期借款	0	29 000
负债合计	2 500	45 000
股本	9 000	13 500
盈余公积	900	1 100
未分配利润	100	400
所有者权益合计	10 000	15 000
负债及所有者权益总计	12 500	60 000

(2)要求:进行以下计算、分析和判断(提示:为了简化计算和分析,计算各种财务比率时需要的存量指标如资产、所有者权益等,均使用期末数;一年按360天计算)。

①净利润变动分析:该公司本年净利润比上年增加了多少?按顺序计算确定所有者权益变动和净资产收益率变动对净利润的影响数额(金额)。

②净资产收益率变动分析:确定净资产收益率变动的差额,按顺序计算确定资产净利率和权益乘数变动对净资产收益率的影响数额(百分点)。

③资产净利率变动分析:确定资产净利率变动的差额,按顺序计算确定资产周转率和销售净利率变动对资产净利率的影响数额(百分点)。

④资产周转天数分析:确定总资产周转天数变动的差额,按顺序计算确定固定资产周转天数和流动资产周转天数变动对总资产周转天数的影响数额(天数)。

⑤风险分析:计算上年(销售额为10 000万元)的经营杠杆、财务杠杆和总杠杆;本年(销售额为30 000万元)的经营杠杆、财务杠杆和总杠杆。

13.(1)资料:甲酒店是一家总部位于中国某市的五星级酒店集团。近年来,甲酒店在全国范围内通过托管、合并与自建等方式大力发展经营业务。一家投资公司准备向甲酒店投资入股,现在正对甲酒店的财务状况进行分析。为了进行比较,该投资公司选取了乙酒店作为参照对象,乙酒店是中国酒店业的龙头企业。甲酒店和乙酒店的资产负债表数据与利润表数据如下:

两家酒店的资产负债表对比(2011 年 12 月 31 日)　　(单位:万元)

	甲酒店		乙酒店	
	年末余额	年初余额	年末余额	年初余额
货币资金	21 376	22 659	74 173	67 775
应收票据	0	900	2	11
应收账款	7 985	1 924	3 271	4 092
预付款项	33 372	15 237	1 765	198
应收利息	0	0	0	0
应收股利	0	0	1 323	320
其他应收款	9 190	10 617	2 657	3 210
存货	24 106	45 672	1 257	1 081
其他流动资产	39	0	0	0
流动资产合计	96 068	100 009	84 448	76 687
可供出售金融资产	0	0	90 921	395 650
长期股权投资	6 121	6 174	95 143	99 223
固定资产	164 917	93 684	25 556	27 989
在建工程	6 148	9 337	699	865
工程物资	136	0	0	0
无形资产	15 479	8 958	21 614	22 086
商誉	0	0	1100	1 100
长期待摊费用	22 389	10475	2 678	1 667
递延所得税资产	2 307	528	37	983
非流动资产合计	217 497	129 156	237 748	549 563
资产总计	313 565	229 165	322 196	626 250
短期借款	70 200	50 200	550	1 100
应付票据	2 000	0	0	0
应付账款	6 336	4 299	5 471	5 592
预收款项	8 089	5 101	2 286	2 428
应付职工薪酬	1 043	1 095	7 392	7 948
应交税费	5 028	5 442	1 847	4 033
应付股利	0	69	18	643
其他应付款	31 380	15 134	3 310	4 168
一年内到期的非流动负债	6 773	6 500	0	0
其他流动负债	4	0	0	0
流动负债合计	130 853	87 840	20 874	25 912
长期借款	33 784	41 564	204	204

（续）

	甲酒店		乙酒店	
	年末余额	年初余额	年末余额	年初余额
长期应付款	12 713	10 288	0	0
专项应付款	0	2635	0	0
预计负债	0	0	221	0
递延所得税负债	1 081	1 441	18 111	95 105
其他非流动负债	6 477	8 368	0	0
非流动负债合计	54 055	64 296	18 536	95 309
负债合计	184 908	152 136	39 410	121 221
股本	36 868	34 568	60 324	60 324
资本公积	49 002	14 793	133 909	362 350
盈余公积	1 290	1 159	44 387	41 835
未分配利润	41 497	26 509	44 166	40 520
股东权益合计	128 657	77 029	282 786	505 029
负债及股东权益总计	313 565	229 165	322 196	626 250

两家酒店的利润表对比（2011 年度）

（单位：万元）

	甲酒店		乙酒店	
	本年金额	上年金额	本年金额	上年金额
营业收入	90 137	61 182	79 363	83 476
营业成本	42 406	23 385	24 855	25 441
营业税金及附加	4 938	3 056	3 266	3 419
销售费用	1 736	1 097	23 056	23 154
管理费用	27 586	21 355	17 504	18 648
财务费用	6 638	3 736	-1 745	-742
财产减值损失	904	172	32	-28
投资收益（股权）	-53	55	17 909	18 565
营业利润	5 876	8 436	30 304	32 149
营业外收入	8 957	11 236	1 901	341
营业外支出	134	167	82	35
利润总额	14 699	19 505	32 123	32 455
所得税费用	1 436	2 342	3 269	4 495
净利润	13 263	17 163	28 854	27 960

注:假设利息费用等于财务费用,货币资金均处理为金融资产,长期应付款均为经营性应付款,应收票据、应付票据均为无息票据。

(2)要求:①按照改进杜邦财务分析体系分别计算甲酒店与乙酒店2011年度的经营资产、经营负债、金融资产、金融负债、净经营资产、税后经营净利润和税后利息的金额,结果填入给定的表格中(小数点后取三位小数)。

		甲酒店	乙酒店
经营资产	年初余额		
	年末余额		
经营负债	年初余额		
	年末余额		
金融资产	年初余额		
	年末余额		
金融负债	年初余额		
	年末余额		
净经营资产	年初余额		
	年末余额		
税后经营净利润	本年金额		
税后利息	本年金额		

②根据改进杜邦财务分析体系分别计算甲酒店和乙酒店2011年度的税后经营净利率、净经营资产周转次数、净经营资产净利率、税后利息率、经营差异率、净财务杠杆、杠杆贡献率、净资产收益率,结果填入给定的表格中(计算净经营资产周转次数和净财务杠杆时小数点后取四位小数,其他百分率指标小数点后取三位小数)。

	甲酒店	乙酒店	指标差异 = 甲酒店 - 乙酒店
税后经营净利率(%)			
净经营资产周转次数			
净经营资产净利率(%)			
税后利息率(%)			
经营差异率(%)			
净财务杠杆			
杠杆贡献率(%)			
净资产收益率(%)			

③以乙酒店为基准使用连环替代法并按照净经营资产净利率差异、税后利息率差异和净财务杠杆差异的顺序,计算甲酒店与乙酒店净资产收益率差异的驱动因素,结果填入给

定的表格中(净财务杠杆小数点后取四位小数,其他百分率指标小数点后取三位小数)。

差异影响因素	乙酒店	替换净经营资产净利率	替换税后利息率	替换净财务杠杆
净经营资产净利率(%)				
税后利息率(%)				
经营差异率(%)				
净财务杠杆				
杠杆贡献率(%)				
净资产收益率(%)				
差异影响(%)				

④根据要求②计算的指标结果,简要指出甲酒店与乙酒店相比,在哪些方面存在不足。

⑤使用传统杜邦分析体系分别计算甲酒店与乙酒店的资产营运能力,并与改进杜邦体系的分析结果相比较,结果有何差异?并简要说明理由。

参考文献

[1]荆新.财务管理学[M].6版.北京:中国人民大学出版社,2012.
[2]闫华红.财务管理学[M].2版.北京:首都经济贸易大学出版社,2012.
[3]王明虎.企业集团财务管理教程[M].上海:立信会计出版社,2009.
[4]汤谷良.财务管理案例[M].2版.北京:北京大学出版社,2012.
[5]王兰会,孟庆华.财务管理职位工作手册[M].3版.北京:人民邮电出版社,2012.
[6]王德敏.财务会计精细化管理全案[M].2版.北京:人民邮电出版社,2012.
[7]王峰娟.企业集团财务管理[M].北京:经济科学出版社,2012.
[8]胡淑姣.初级财务管理[M].北京:北京大学出版社,2012.
[9]邵军.财务管理案例分析[M].上海:立信会计出版社,2011.
[10]苏伟伦.财务主管绩效管理[M].北京:中国纺织出版社,2011.